1

ALFONSO C. SANZ NÚÑEZ

Don Cristóbal Colón, Almirante de Castilla

Primera edición: mayo 2015
Segunda edición: mayo 2017

© Alfonso Carlos Sanz Núñez 2020
© Prólogo: Excmo. Sr. D. Cristóbal Colón de Carvajal, duque de Veragua
Fotografías del interior: Alfonso C. Sanz Núñez
Fotografía del Quetzal: Luis Manuel Cuaresma Gallardo
Fotografía del escudo de Sto. Domingo: Periódico La Razón
Ilustraciones del interior: Rafael Pérez Fernández
Diseño e ilustración de cubierta: Shairys BJ; www.doart.es
Registro Territorial de la Propiedad Intelectual
Nº de expediente: 12/RTPI-001632/2012
REGISTRO Nº M-001585/2012

REGISTRO DE MARCA CRISTÓBAL COLÓN
Clase 16, 41.
MARCA Nº: 2.914.752
Depósito legal: M-9313-2015

*Los problemas que se derivan de la historia o que ésta plantea,
sea cuales fueren, deben estudiarse imparcialmente, sin prejuicios
y con el firme propósito de averiguar la verdad o por lo menos la
mayor cantidad posible de verdad.*
Julián Juderías. *La Leyenda Negra.* 1917

"Es muy complicado nadar contra la corriente del peso de la tradición. Cuando una idea o una imagen esta depositada en nuestro imaginario, cambiar las reglas resulta difícil o tedioso. Generar un estímulo para que la mayoría cambie de opinión, o siquiera, se plantee la veracidad de la información establecida genera una complicación que no todo el mundo está dispuesto a asumir. La psicología de masas, aplicada a la identificación del individuo como personaje histórico, cuando este nos resulta lejano, también funciona".
Christian Gálvez. *Leonardo da Vinci-Cara a Cara-* 2019

Índice

Prólogo de D. Cristóbal Colón de Carvajal, Duque de Veragua

Como todos los lectores saben, Cristóbal Colón es el personaje histórico sobre el que se han publicado más libros a causa de los múltiples misterios que rodean su existencia. Entre ellos, el más notable y el que ha generado mayor controversia entre los investigadores es aquel de su lugar de nacimiento. La fama alcanzada por su encumbrada figura hace que en la actualidad numerosos pueblos, ciudades y naciones se disputan el honor de ser la cuna del héroe.

El asunto, que nunca debiera abandonar el entorno académico en el que se mueven los investigadores de la Historia, en ocasiones ha generado una disputa que ha subido de tono cuando el sentimiento nacionalista ha hecho su aparición. Políticos y autoridades locales han salido en apoyo de sus investigadores locales como si en ello estuviera en juego el prestigio de su pueblo, ciudad o nación.

El libro que tenemos ante nosotros es una obra que entra de lleno en este debate sobre el origen del Gran Navegante, pues apunta que su origen lo tuvo en una villa de la provincia de Guadalajara, en el centro de la región de La Mancha, perteneciente al viejo reino de Castilla.

La tesis sostenida por Alfonso Sanz Núñez no es nueva. Nació en 1980 de la mano de su padre Ricardo Sanz, que publicó en esa fecha sus primeros estudios sobre este asunto junto a Emilio Cuenca y Margarita del Olmo. Ya en solitario, publicó en 1986 el libro Cristóbal Colón Alcarreño, o América la bien llamada, y posteriormente, en el año 1995, Ricardo Sanz daría a la imprenta una nueva obra ampliada bajo el título Cristóbal Colón, un genio español.

Casi veinte años han pasado desde entonces, un largo período en el que el autor ha seguido la senda trazada por su padre, en paciente y fructífera investigación. Su afición a la Historia le ha llevado a leer los numerosos volúmenes que sobre el tema colombino reúne la bien surtida biblioteca familiar, pero también se ha movido por toda la región manchega para recoger todos los vestigios y pruebas que podían apuntalar la tesis paterna.

La primera labor que Alfonso Sanz ha debido acometer, como todo investigador colombino que sostenga una tesis distinta de la tradicional genovesa es señalar las debilidades que ésta presenta y que son debidos a las discrepancias con los datos ciertos e incontrovertibles que conocemos sobre el histórico nauta.

Cristóbal Colón fue muy aficionado a escribir, o tal vez no le quedó más remedio para defender su causa y hacer propaganda de su grandioso descubrimiento, que de otra forma hubiera sido menospreciado. Gracias a ello, hoy tenemos muchas de sus cartas dirigidas a los Reyes Católicos, a los principales personajes de la Corte o a sus hijos Diego y Hernando. Junto a ellos están numerosos informes, diarios de viajes e incluso libros —como su enigmático Libro de las Profecías, escrito con la ayuda del fraile Gaspar Gorricio, de la sevillana Cartuja de las Cuevas. La documentación colombina es tan extensa que una vez recopilada, alcanza para llenar varios volúmenes.

A pesar de ello, el navegante fue muy cuidadoso y evitó dejar huellas acerca de su origen patrio. Sin embargo, entre esa montaña de documentos, aparecen numerosos datos que los investigadores utilizan como ladrillos para edificar las diferentes tesis. A veces esos datos no encajan bien y los investigadores se desesperan. Una de ellas es la fecha de nacimiento del candidato, que ha de coincidir con la manifestada por Andrés Bernáldez, cura de Los Palacios, quien escribió que murió en la ciudad castellana de Valladolid, en senectude bona, de edad de setenta años, poco más o menos.

En su investigación, Alfonso Sanz no solo lee una y otra vez los documentos en las obras de compilación referidas, sino que también ha recorrido la región en busca de otro tipo de pruebas. Son aquellas que están grabadas en la piedra de ciertos edificios que fueron levantados en vida de Cristóbal Colón o con anterioridad a su fallecimiento en 1506. Nos referimos al monasterio de Lupiana y al palacio perteneciente al duque del infantado en Cogolludo, una señorial villa de la provincia de Guadalajara, así como en las fachadas de otras iglesias contemporáneas.

Por eso, el autor ha buscado entre las figuras que aparecen en los capiteles de las columnas del claustro monacal, en los escudos nobiliarios y decoraciones de la fachada de dicho palacio, que aparecen como ilustraciones en las páginas de esta obra. No podemos olvidar que en la biografía de su padre Historia del Almirante, Hernando Colón escribe que su progenitor había manifestado que no era el primer almirante de su familia. Tampoco que en sus negociaciones con los Reyes Católicos –como antes lo hiciera frente a don Juan II de Portugal- el navegante se empeñara en obtener el título y cargo de Almirante como pago de sus servicios y aún que éste estuviera adornado con todas las prebendas otorgadas al Almirante de Castilla, que había tomado como modelo de referencia. Su deseo de poseerlo era tan fuerte que el navegante estaba dispuesto a renunciar a su empresa en España si no se le concedía esta distinción.

Esa es una de las pistas que seguirá el autor entre las principales familias del reino castellano para buscar a su candidato. En línea próxima se encuentra el estudio del escudo de armas que los Reyes otorgaron a Cristóbal Colón cuando le recibieron con todos los honores en Barcelona tras su arribada a Palos de la Frontera con la buena nueva del feliz descubrimiento de las nuevas islas en el otro lado del Océano. Sobre las armas otorgadas por los Reyes, que reproducían el castillo y el león del escudo real de Castilla nada más se puede decir, pero el enigma surge del cuartel reservado a "las armas que solíades tener". Alfonso Sanz razona que esta frase no deja lugar a dudas acerca de un origen noble de su familia, pues en caso contrario la afirmación carecería de sentido. Por ello se lanza a investigar entre los escudos de armas de las principales familias castellanas para tratar de encontrar el origen de la banda que cruza el cuartel de las armas colombinas anteriores. La pertenencia a esta clase privilegiada es un elemento que analiza con detenimiento, dando argumentos a su favor y apunta que este es un elemento diferencial con el Colón genovés nacido en el seno de una familia de tejedores de paños. Este era un asunto relevante al tratarse de una época de inmovilismo social.

Sobre el acento y la manera de hablar del Almirante han escrito varios de los que le conocieron y su propio hijo Hernando Colón escribió: sus contemporáneos le veían disposición de otra tierra o ajeno a su lengua. Para ello tiene también el autor una singular interpretación.

Pero es sobre el enigma de la firma de Cristóbal Colón sobre lo que se debate largamente en la páginas de la obra. También entra el autor en el importantísimo aspecto de la religiosidad d Cristóbal Colón, una constante en su vida y de la que ha dejado repetidas pruebas en sus escrito que Sanz interpreta como la consecuencia de los primeros años de formación monacal d candidato que identifica con nuestro histórico personaje. Otro punto en el que busca una solució creíble es sobre la información aportada por fray Bartolomé de las Casas en su obra, cuando refiere al navegante como Cristóbal Columbo de Terra Rubia, que trata de identificar en entorno geográfico manchego.

Con estos y otros aspectos puntuales del entorno y de su personalidad, el autor encuentra a personaje local, nacido en el seno de una familia noble que se vio afectada en el siglo XVI varias intrigas que pudieron obligar a la ocultación del verdadero nombre del muchacho, que autor acaba convirtiendo en el Cristóbal Colón de los libros de Historia.

Por todo ello, creemos no faltar a la verdad afirmando que la obra mejora notablemente la t formulada inicialmente por su padre Ricardo Sanz, con la incorporación de nuevos dato interpretaciones que el autor ha recogido a lo largo de los últimos años y que presenta ante lectores con numerosas e interesantísimas fotografías repartidas entre las páginas de esta obra.

Cristóbal Colón de Carvajal, Duque de Veragua*
Madrid a 4 de septiembre de 2014

* Es el actual descendiente del Descubridor de América y cabeza de la línea principal.

Introducción, reconocimientos y agradecimientos

Iniciar estas lineas, después de varios años de lectura y unas cuantas conferencias de divulgación de la tesis de mi padre, me lleva a compartir las siguientes confidencias con el lector:

La tesis expuesta en esta obra es el resultado de unificar las ya editadas del origen del castellano y Almirante de la Mar Oceana, don Cristóbal Colón, con las mismas prerrogativas que los Almirantes de Castilla.

El autor de la tesis a la que nos referimos no es otro que mi padre, Ricardo Sanz García, médico militar, que ejerció en Guadalajara a lo largo de casi toda su vida dedicada a los enfermos, y cuya labor humanitaria fue reconocida por el Ayuntamiento de esta ciudad y por el Ayuntamiento de Cogolludo dándole su nombre a una calle de estos municipios.

Una vez jubilado dedicó su tiempo, con el mismo ahinco que lo había hecho con sus enfermos, a la investigación sobre el origen de D. Cristóbal Colón, animado por una semilla que, desde sus inicios en el estudio de Historia de España, allá en el colegio de los Jesuítas de Valladolid, le inoculó el profesor Herrera Oria, pues recordaba cómo insistía ante sus alumnos en manifestarles la duda que le asaltaba sobre el nacimiento del Almirante en Génova, poniendo en cuestión tal afirmación.

Tanto el estudio de mi padre, como el mío, ha seguido los patrones del método científico tradicional: observación, hipótesis, deducción y comprobación.

Los principios, como en toda investigación, fueron difíciles, ya que lo publicado hasta entonces apuntaba y aseguraba en casi todos los casos que el origen genovés no ofrecía ninguna duda; pero a medida que avanzaba en las pesquisas iba confirmando las incertidumbres y contradicciones que desde hacía tantos años le asaltaban.

Las averiguaciones, con sus momentos de avance y retroceso, mi padre las daba a conocer a toda su familia compuesta por su esposa y siete hijos, haciéndonos partícipes de su entusiasmo.

Milagros Núñez Garralón, mi madre, desde el primer momento se prestó para ayudarle y ejerció de secretaria durante todo el tiempo que duró el estudio, a lo largo de más de veinte años (1980-2003), y fue un pilar de apoyo sólido en los momentos difíciles que en toda investigación se dan.

Quien esto escribe, a su vez, ejerció de opositor a la tesis argumentando hechos o afirmaciones de reconocidos historiadores a los que mi padre rebatía con documentos o hipótesis que posteriormente demostraba estar en lo cierto.

Así, poco a poco, tambien me inoculó esa duda del origen genovés de nuestro personaje, y fui testigo y partícipe de alguno de los argumentos que aquí se exponen. Acompañé a mi padre a los lugares en los que se dieron los hechos; busqué con él los motivos escultóricos o documentos que se exponen de manera gráfica en esta tesis y disfruté de su palabra y compañía durante muchas horas, hasta el punto de que, a su fallecimiento, y pensando que habría todavía hechos no expuestos en sus tres libros, decidí embarcarme en completar muchas de las investigaciones que él había iniciado y que no habían sido dadas a conocer.

Heredé su biblioteca colombina que he ido completando con obras nuevas hasta llegar en la actualidad a tener más de cuatrocientos ejemplares, y una extensa colección epistolar y artículos de revistas pendientes de clasificar, a disposición de quienes quieran realizar su consulta en la página web: www.cristobalcoloncastellano.es

Desde el convencimiento de que lo que se expone a continuación es producto de los resultados que se han ido obteniendo sin una previa hipótesis de partida, sino de la obtención de hechos que han ido surgiendo a lo largo del estudio de documentos y, sobre todo ello, haciendo caso a lo que el propio Almirante dice en sus escritos, quiero agradecer a las personas que me han ayudado en la interpretación de algún texto, o que han sido fieles seguidores, porque creen que el resultado del estudio es la verdad, y me han apoyado facilitando contactos u organizando conferencias para dar a conocer a quienes han querido asistir a ellas las bases en las que se fundamenta este trabajo.

En primer lugar, quiero dar las gracias a mi padre Ricardo (+) por haberme despertado el interés por este personaje que atrapa desde el momento que se inicia su estudio.

A mi madre Milagros (+), que apoyó siempre la tarea de su esposo y con un enorme trabajo pasó a máquina los resultados de la investigación, con las dificultades que entrañaba el hacerlo con este aparato, tan lejano ya hoy para nosotros, en el que cada corrección suponía iniciar de nuevo la página escrita.

A mi esposa María Jesús y a mis hijos Alfonso Carlos, Álvaro, Sergio, Eduardo y Ricardo que, al igual que hizo mi padre conmigo y mis hermanos, han escuchado mis nuevos descubrimientos y he obtenido de ellos siempre su apoyo.

A mis hermanos Milagros, Evelia, Isabel, Ricardo, María Jesús y Rafael.

Al Excmo. Sr. D. Cristóbal Colón de Carvajal, duque de Veragua, que ha asistido con interés a varias de mis conferencias y ha tenido la gentileza de prologar esta obra.

A don Manuel Ballesteros Gaibrois (+) Catedrático Emérito de Historia de América de l Universidad Complutense de Madrid, que escuchó y se interesó vivamente por los resultado obtenidos por mi padre en la investigación; que nos recibió en numerosas ocasiones en su casa d "la profesorera" de Moncloa, en Madrid, y visitó y nos regaló con su estancia en nuestras casas d Cogolludo y Guadalajara, discutiendo y participando en la corrección y ordenación de los temas el último libro editado por mi padre.

Al padre Salesiano don Miguel Herrero, que intervino en la interpretación de algunos signos que analizan en alguno de los documentos originales, y participó en la traducción de textos latinos.

Al historiador don Jesús Valiente Malla (+), que ha corregido y traducido alguno de los tex latinos, y me ha asesorado en la interpretación de algunas de las frases que suscitaban alguna dud

A don José Antonio Lorente, catedrático de la Universidad de Granada y director científico GENYO (Centro de Genómica e Investigación Oncológica: Pfizer) /Granada, por su asesoramie y análisis ADN de los restos de Cristóbal Colón hallados en Sevilla, y de cinco cuerpos de sepultura de Cogolludo, en busca de los restos del propio Almirante y de doña Aldonza Mendoza, madre del Almirante en esta tesis.

A don José Carlos Tamayo, que con casi más entusiasmo que yo, ha organizado rutas colombi conferencias, y ha introducido un apartado en el que se recogen las actividades de divulgació esta tesis en la página web: asociacionculturallagodebolarque.blogspot.com.es

A don Florentino Antón Reglero, Master Universitario en Derecho Nobiliario, Heráldi Genealogía. Académico de Número de la Academia Asturiana de Heráldica y genealogía, qu ha asesorado sobre la armería del escudo del Almirante, y me ha proporcionado la bibliog necesaria para ampliar lo ya expuesto por mi padre.

A Isabella de Cuppis, que tradujo los textos italianos de la ubicación del monasterio jerónimo en La Colombaia (Italia).

A don Juan Manuel Gracia Menocal, Capitán de la Marina Mercante Española, presidente de la Agrupación El Mar y sus Ciencias, del Ateneo de Madrid, que me invitó a impartir una conferencia en este escenario sobre la obra de mi padre

Al Dr. Pablo Muñoz Sotés, que fue jefe de la unidad de rehabilitación del lenguaje del hospital universitario La Paz de Madrid y director del Centro Médico de Ciencias del Lenguaje de Madrid, que elaboró el informe sobre el lenguaje del Almirante que se incluye en esta obra.

A los párrocos de la iglesia de Cogolludo de todo el tiempo que ha durado la investigación, don Pablo de Julián (+); don Juan José Plaza; don Jesús Mercado; don José Luis Ruiz; don José María Rodrigo y don Mauricio Muela; que han permitido el acceso al Archivo Histórico Parroquial de este municipio, y han facilitado la toma de imágenes que se incluyen en esta obra.

A don Saturnino Zorita Antón, Marqués de Zorita y Señor de Balanzategui y primer Conde de los Ángeles de Zorita, que me ha acompañado en las visitas a Lupiana, Sigüenza, Cogolludo, Usanos, Sevilla, y fiel seguidor de esta tesis.

A don Pedro López Diéguez, cronista de Mondéjar, por la ayuda recibida en el asesoramiento y la toma de imágenes de los monumentos de esta histórica villa.

A don Emilio Blanco Castro, biólogo, por su interpretación de las imágenes del palacio de los Duques de Medinaceli en Cogolludo.

A don Mariano Fernández Urresti, que me honra con su amistad, y del que hemos tomado de su obra algúno de sus razonamientos, hasta la fecha no tenidos en cuenta por otros historiadores.

A don Fernando López Mirones, que ha resuelto un problema en la interpretación de una escultura del palacio de los duques de Madinaceli, en Cogolludo, y con quien he establecido una fuerte amistad a través de esta obra.

A don Raúl Muñoz, doña Maika Sáenz y don Raúl Fernández, de quienes estoy recibiendo un importantísimo apoyo documental y gráfico.

A doña Doña Daniela Bogdanic, fitoterapeuta de Chile; y a doña María Teresa Sánchez Salazar, doctora en Geografía de la Universidad Autónoma de México (UNAM), que emitieron un informe sobre una escultura del palacio de los duques de Medinaceli en Cogolludo.

A las siguientes instituciones: Ayuntamiento de Cogolludo; Comunidad de Madrid; Dirección del Monasterio de San Bartolomé de Lupiana; Museo Arqueológico de Madrid; Jardín Botánico de Madrid; Universidad de Granada; Sociedad de Amigos de Cogolludo (SADECO); Casa de Guadalajara en Madrid; Casa de Castilla-La Mancha en Madrid; Casa de Castilla-La Mancha de Leganés, Casino Provincial de Guadalajara; Caja Provincial de Guadalajara; Real Liga Naval Española; Asociación Cultural Lago de Bolarque; Club Rotary Madrid-Norte; Biblioteca Pública Pedro Salinas, de Madrid; al centro de mayores Pérez Galdós, de Madrid, al Ayuntamiento de Mondéjar que me proporcionaron información específica sobre algunos temas, o me abrieron sus puertas para poder dar a conocer y debatir los argumentos y avances en el estudio de la tesis; al Real Liceo Casino de Alicante, a la Asociación Espejo de Alicante; a la Cadena COPE; Cadena SER; Radio Exterior de España; Es Radio Guadalajara; Televisión de Castilla-La Mancha; Televisión Guadalajara; AlcarriaTV; Nueva Alcarria; La Tribuna de Guadalajara; y a cuantos medios de comunicación han divulgado en todo o en parte esta tesis.

A todos aquellos que de forma anónima me han dado energía para seguir las investigaciones de mi padre, y me apoyan cada día con la asistencia a mis conferencias para divulgar los avances obtenidos hasta la fecha; y a tí, lector, que tienes el libro en tus manos. A todos, MUCHAS GRACIAS.

I
¿Quién fue Cristóbal Colón?

I.1. ¿Dónde nació el Almirante?

Dónde nació Cristóbal Colón es uno de los enigmas que le dan a este personaje un halo de misterio que han tratado de desvelar innumerables historiadores desde su fallecimiento.

Como es de todos conocido, los documentos que pueden afirmar con rotundidad el origen de su nacimiento no existen, y, cuando los distintos testimonios de sus biógrafos contemporáneos hacen alguna referencia a este tema, la indefinición es la característica más frecuente, por lo que la interpretación de estas fuentes está sometida y condicionada, en la mayoría de las ocasiones, al "ajuste" que más le conviene al investigador.

La tesis más admitida por los historiadores, hasta la fecha, es que Cristóbal Colón nació en Génova. A ello hemos de manifestar que, en el tratamiento especial que le vamos a dar en esta obra, demostraremos que no es verídico que fuera genovés, explicando la relación que el Almirante tenía con una familia genovesa, y cómo, con su estudio, llegamos a conocer la gran verdad sobre el nacimiento y vida oculta del descubridor de América.

En las numerosas publicaciones manejadas para el estudio de la verdadera identidad y el lugar de nacimiento del Almirante, nos encontramos con la paradoja de que, a nuestro juicio, la mayoría de los historiadores pasan por alto la relación que tuvo Colón con personajes vinculados a las órdenes religiosas, como los franciscanos o los jerónimos, y, aunque reconocen la influencia que estos tuvieron en la presentación del descubridor a las personas más influyentes de la Corte, no estudian las motivaciones que le impulsaron a ello. Algún historiador se hace esta pregunta, pero no encuentra la respuesta.

Tras más de veinticinco años de lecturas e investigación, y con una dedicación de más de ocho horas diarias, Ricardo Sanz García[1], elaboró una Tesis sobre el lugar de nacimiento del Almirante de la Mar Océana, y fruto de sus trabajos de investigación son tres libros, editados por él, con el título "Nacimiento y vida del noble castellano Cristóbal Colón"[2], "Cristóbal Colón Alcarreño, o América la bien llamada"[3] y "Cristóbal Colón un genio español. Única tesis verdadera"[4]

---

[1] SANZ GARCÍA, Ricardo. [Aranda de Duero (12.02.1910). + Guadalajara (3.08.2003)] Estudió el Bachillerato en el Colegio S. José, de los Jesuitas de Valladolid. Licenciado en Medicina y Cirugía por la Facultad. de Medicina de San Carlos, en 1933. Médico de Asistencia Pública Domiciliaria, por oposición, en 1934. Ejerció en Castro de Fuentidueña (Segovia) y Burgos. Médico Militar por la Academia de Toledo en 1940. Médico de Familia de la S.S. en Guadalajara desde 1940 hasta su jubilación en 1980. Profesor de la Academia de Transformación de Infantería de Guadalajara de 1941 a 1953. Director de la Clínica Militar de Guadalajara hasta su jubilación con el grado de Coronel Médico Honorario. Cruz y Placa de San Hermenegildo en 1955 y 1965. Consejero de la Institución. Cultural Marqués de Santillana de la Excma. Diputación Provincial de Guadalajara. Miembro de la Asociación Española de Médicos Escritores. Miembro de la Asamblea Amistosa Literaria. Socio del Año 1992 de la Casa de Guadalajara en Madrid. Conferenciante y tertuliano en cadenas de Radio y TV. (TVE, A3; RNE, SER, COPE, Radio Exterior de España…). Reconocido públicamente por sus enfermos por el ejercicio de una medicina humanitaria en Guadalajara a lo largo de más de 40 años. El Ayuntamiento de Guadalajara le reconoció su trabajo dándole su nombre a una calle de la ciudad.

[2] SANZ GARCIA, Ricardo; CUENCA, Emilio; DEL OLMO, Margarita del. Ed. Nueva Alcarria, Guadalajara. 1980.
[3] SANZ GARCÍA, Ricardo. Cristóbal Colón alcarreño, o América la bien llamada. Gráficas Dehon. Torrejón de Ardoz (Madrid). 1986
[4] SANZ GARCÍA, Ricardo. Cristóbal Colón, un genio español. Única tesis verdadera. Diseño Gráfico AM2000. Madrid, 1995

[5] FERNÁNDEZ URRESTI, Mariano. Una biografía heterodoxa de COLÓN, el Almirante sin rostro. Edaf. Madrid 2006, págs. 43-45

Las fuentes de estudio, ampliadas por nuevas adquisiciones posteriores al año 2003, fecha del fallecimiento de este autor, figuran en la Bibliografía de la Biblioteca Colombina Ricardo Sanz García, y, en número de más de trescientas sesenta, están recogidas en la página web www.cristobalcoloncastellano.es

Aquí vamos a hacernos la pregunta de la que pretendemos conocer la respuesta razonable que han venido buscando los historiadores de todo el mundo a lo largo de más de quinientos años: ¿Quién fue y cuál es el origen de Cristóbal Colón? Si sabemos quién fue realmente, nos será más fácil dar con el lugar de su nacimiento.

Del Almirante un hecho cierto que conocemos es la fecha de su fallecimiento, el 20 de mayo de 1506 en Valladolid, así que teniéndolo como referencia, y haciendo caso a lo que él mismo ha dicho de sus actividades iremos hacia atrás en el tiempo, siguiendo los razonamientos de Fernández Urresti[5].

Cristóbal Colón fallece, como hemos dicho, en Valladolid en 1506.

El 14 de enero de 1493, en carta a los Reyes afirma:

"despues que yo vine a les servir **son siete años agora** a veinte días de enero este mismo mes"

Si a 1493 le restamos siete años, el resultado es que llegó a Castilla en 1486.

En otra carta al rey Fernando, fechada en 1505, asegura haber estado catorce años en Portugal. Haciendo la resta de 1486 menos catorce años, llegamos al año 1472.

En el diario de a bordo, el día 21 de diciembre de 1492, Colón escribe:

"...he andado **veintitrés años** en la mar sin salir de ella tiempo que se halla de contar..."

Siguiendo con la cuenta hacia atrás, si restamos a 1472 veintitrés años, llegamos a 1449.

En otra carta, dirigida a su hijo Diego, le dice que comenzó a navegar a los catorce años, con lo c la cuenta final 1449-14 nos da el año de nacimiento: **1435.**
¿Qué historiadores coinciden con esta fecha de nacimiento del Almirante? Veamos los testimon y cómo se llega, por caminos diferentes, a la misma fecha.

Andrés Bernáldez, el <<cura de Los Palacios>>, historiador que convivió con él, gozó de amistad hasta el punto de tenerlo alojado en su casa, y por tanto persona que nos ofrece una g credibilidad, afirma que Colón murió en Valladolid, en 1506 **a los setenta años**. Si restamos a 1 setenta, nos plantamos en al año **1436** como fecha de nacimiento.

Alejandro de Humboldt, dice:

"... mientras Colón contaba **cincuenta y seis años** cuando, saliendo de la barra del río de Saltes el agosto de 1492..."[6],

---

[6] HUMBOLDT, Alejandro de. Cristóbal Colón y el Descubrimiento de América. Librería de la viuda de Hernand Cia. Madrid, 1892; pag 23

De nuevo tenemos otra cuenta que hacer, siguiendo otra fuente de información distinta, como es la edad que tenía el Almirante al iniciar su primer viaje: 1492-56 = **1436**

Whasington Irving[7] expresa:

"A juzgar por el testimonio de uno de sus contemporáneos e íntimos amigos, debe de haber nacido por los años de **1435 ó 1436**"

Julio Verne[8] manifiesta:

"...nació, según es lo más probable, en Génova, **hacia el año 1436.** Decimos "lo más probable," porque las poblaciones de Cogoreo y Nervi reclaman, con Savona y Génova, el honor de haberlo visto nacer. En cuanto al año exacto del nacimiento de este ilustre navegante, varía según los comentadores, de 1430 a 1445; pero el año 1436 parece corresponder más exactamente con los documentos menos discutibles".

Este autor, como vemos, cuestiona el lugar de nacimiento, pero no el año. Hasta esto es así que, en el título, detrás del epígrafe Cristóbal Colón, entre paréntesis coloca los años de nacimiento y fallecimiento (1436-1506)

Más adelante, en la misma obra,[9] por si hubiese quedado alguna duda, afirma:

"Así, pues, solamente a los diez y ocho años de haber concebido su proyecto, y a los siete después de haber salido del monasterio de Palos, fue cuando Colón, **que se hallaba entonces en los cincuenta y seis años,** firmó en Santa Fe, el 17 de abril de 1492, su tratado con el rey de España".

De nuevo, haciendo la resta del año de la firma de las Capitulaciones de Santa Fe (1492) y la edad que tenía Colón en ese momento, (56 años): 1492-56 = **1436**
Otro testimonio más de la tesis favorable a que el año de nacimiento del Almirante se corresponde con el año 1436 es el de Roselly de Lorgues, C. (Historia de la vida y viajes de Cristóbal Colón; Jaime Seix. 1978; Tomo I, pág 80) que dice:

"En 1476, habiendo Cristóbal Colón cumplido los cuarenta de su edad..."

Si en 1476 ya tenía cuarenta años, es fácil deducir que había nacido en 1436.

Con estos datos, la tesis genovesa no tiene base alguna para demostrar que Cristóbal Colón es originario de Génova; pues la fecha de la venida al mundo de nuestro personaje italiano la emplazan en el año 1451; bien distinta a la que hemos visto, 1435-1436.

De otra parte, en el Memorial que dio el Almirante a don Antonio Torres para los Reyes Católicos, dice en su segundo punto:

Primeramente, dadas las cartas de creencia que lleváis de mí para Sus Altezas, besaréis por mí sus reales pies y manos, e me encomendaréis en sus Altezas como a Rey e Reyna mis señores naturales...[10]

---

[7] IRVING, Wasshington. Vida del Almirante Don Cristóbal Colón. Colegio Universitario de Ediciones Istmo. Madrid, 1987; pág 8.
[8] Verne, Julio. Cristóbal Colón (1436-1506). Se editó por primera vez en París, Hetzel, en 1882. La referencia está tomada de la edición de 1884. Librería de CH. BOURET. Pág 20
[9] Ibidem. pág 30
[10] CRISTÓBAL COLÓN. Los Cuatro Viajes del Almirante y su Testamento. Ed. Y prólogo de Ignacio B. Anzoátegui. Sexta edición. Col. Austral. Espasa Calpe. 1977 pág. 155

Iniciamos el análisis de las tesis que avalan el origen genovés con la expuesta por don Salvador de Madariaga[11], que, con mejor deseo que acierto histórico, nos lo hace hijo de judíos sefarditas huidos de España, con residencia en Génova o algún lugar de Italia.

Argumenta su tesis en la amistad que el Almirante tenía con los judíos, entendiendo nosotros que esta razón no es válida por lo que más adelante veremos, ya que las causas del cambio de nombre del descubridor quedarán aclaradas en capítulos posteriores, y nunca fueron debidos a su posible origen judío. Por otro lado, la influencia de los judíos en España, en aquella época, era muy grande, y el poder económico que detentaban hacía que sus relaciones en este campo estuvieran presentes en la mayor parte de las importantes transacciones comerciales que se realizaban, tanto en el comercio interno como en el internacional.

A este respecto, nos apoyamos en el argumento de Juan Miralles en la defensa de la no existencia de racismo en la sociedad de la época. Dice así:

"La exclusión de algunos individuos de la sociedad no era precisamente racista, sino que respondía a factores de índole político-religioso. Podrían citarse innumerables ejemplos en este sentido. Entre los casos de conversos más conocidos, figuran el de fray Hernando de Talavera, confesor de la reina Isabel, el del máximo inquisidor fray Tomás de Torquemada, el tesorero Luis de Santángel, Andrés Cabrera, alcaide de Segovia, y su esposa Doña Beatriz de Bobadilla, marquesa de Moya, camarera mayor de la soberana, y persona que gozaba de gran ascendencia sobre ella"[12]...

Otro de los argumentos de Madariaga es el afán de riquezas o dinero que se le atribuye a Almirante. Si el afán de riquezas fuese en exclusiva patrimonio de los judíos, el mundo estaría solamente poblado por ellos, pues es de todos conocido que, por suerte o por desgracia, una de las aspiraciones o debilidades del ser humano es la posesión de riquezas que le otorguen poder sobre s entorno. No se corresponde este argumento con los deseos manifestados por Colón en las exigencias que anteponía a los bienes materiales en las Capitulaciones de Santa Fé (Granada), que no son otras que los títulos nobiliarios, como se verá más adelante.

Argumentar que los rasgos físicos del rostro del Almirante se corresponden con los de los judíos lo suficientemente endeble como para que sustenten esta hipótesis.

Por otra parte, en su análisis, a Madariaga no le cuadran las fechas de su nacimiento y fallecimiento en Valladolid, y lo justifica alegando un error en la referencia que hace And Bernáldez, el cura de los Palacios, al afirmar que Colón murió de "senectute bona". Lo argume de la manera siguiente:

"No sabemos de cierto cuando nació Cristóbal Colón. Si se lee a Bernáldez literalmente, **nació en 143€** que el veterano cronista nos dice: <<el cual dicho Almirante Don Cristóbal Colón de maravillosa y hon memoria, natural de la provincia de Milán, estando en Valladolid en 1506 en el mes de mayo, muri€ senectute bona, inventor de las Indias, **de edad de setenta años,** poco más o menos>>[13] Es opinión gen que Bernáldez, que conoció a Colón, escribió sesenta, fácilmente transformable en setenta por errata.[14] nota al pie de página corresponde a la que figura en la obra de Madariaga)

---

[11] MADARIAGA, Salvador de. (1975) Vida del muy Magnífico Señor D. Cristóbal Colón. Espasa Calpe. Madrid
[12] MIRALLES, Juan. (2004). Hernán Cortés, inventor de México; Biblioteca ABC, Protagonistas de la Historia; Volumen I, pág 57. Ediciones Folio S.A.
[13] Bernáldez, cap. CXXXI, vol. II, pág. 82. Bien es verdad que el texto dice 70 y no sesenta; y que en otros lugares cambio se dan cifras análogas en letra y no en cifra. Pero los códices existentes son todos copias del de Rodrigo C Es posible que Bernáldez escribiera 70; pero no es seguro. Y además, como el mismo Bernáldez dice, es más bien impresión que dato. Un error de catorce años en hombre mal conservado no es inverosímil. Véase una discusión completa de las fechas propuestas en *Vignaud-Études*, pág. 214
[14] Madariaga, Salvador de. Op, cit; pág 52

¿Cómo puede equivocarse en la edad del personaje alguien que ha vivido con él? En los estudios que se han hecho sobre los orígenes del Almirante es frecuente la manipulación y desaparición de documentos originales, el "ajuste" de las fechas, según el caso, por algunos investigadores para "cuadrar" su tesis, y estimamos que debemos creer a quienes vivieron en el mismo espacio y tiempo que el descubridor, pues, al documentar los hechos acaecidos en ese momento, y no existiendo intereses materiales que les beneficiasen, no tenían, como biógrafos o historiadores, nada que ocultar o manipular. Por otro lado, no tenemos porqué dudar de lo que hay escrito en el original. Suponer que existió un error, o imaginar que el autor quiso poner otra fecha es invalidar la veracidad del documento, cosa de todo punto inaceptable en una investigación. Lo que pone es *setenta años*, y a eso nos tenemos que atener. En virtud de ello, el año de nacimiento es *en 1436*, resultado de restar a 1506 la cifra de 70 (1506-70 = 1436).

Ramón Menéndez Pidal, en el estudio que realiza de la escritura de Colón, nos asegura que no guarda ninguna semejanza con la de los judíos sefarditas. Destaca, como algo digno de mención, que el Almirante cometía faltas anárquicas en sus escritos, algo que se aclarará más adelante. Lo que sí queda claro es que las primeras lenguas que aprendió fueron el castellano y el latín, siendo, según el padre Las Casas, un buen latinista.

Existen tesis que tratan de demostrar que Colón fue español. Su argumento principal es que, en sus escritos o en la denominación de alguno de los nuevos lugares descubiertos, los topónimos guardan relación o semejanza con otros de diferentes regiones españolas como Galicia, Cataluña, el País Vasco o las Islas Baleares. También relacionan ciertos topónimos con iglesias, lugares y accidentes, en ocasiones acompañados de un legajo en el que figura el apellido de Colón o Colom. Véanse los argumentos que expone D. Manuel Ballesteros Gaibrois en el prólogo de *"Cristóbal Colón, un genio español. Única tesis verdadera"*[15]. Dice así:

"Fue en 1914 cuando rompió fuego patriótico Don Celso García de la Riega, gallego indiano, que se le ocurrió que muy bien pudiera ser galaico el Descubridor. Revuelo académico y publicitario, y descrédito de la teoría por la demostración de manipulaciones en los documentos aducidos. Pero quedaba flotando en el aire que Colón "pudo no ser" genovés y, tímidamente, algún autor francés, si no afirmaba su nacimiento en tierra gala, sí le ponía un pariente marino: el pirata Coulombe «le Vieux», que mariposeaba por el Atlántico y se alquilaba como mercenario a quien recurría a sus servicios, como el rey de Portugal.

Y así han ido surgiendo hipótesis: el Colón nacido en una isleta de los alfaques tortosinos, llamada Génova; el Colón extremeño, nacido, sí, en Génova de una familia de Oliva, que tenía su asiento en la Colomera; el Colón de origen judío, al que se inclinaba Madariaga, sin explicar por qué no se lo dijo a los Reyes Católicos, que tenían una corte de «marranos», conversos e hijos de conversos, como Luis de Santángel. Y también, ahora, el Colón Ibicenco, o al menos lemosín, que habla en catalán, defendido con datos lingüísticos por Verdera, y yo me pregunto ¿por qué Colón no le escribió a Fernando en catalán, que era una lengua oficial de la Cancillería del rey de Aragón? Pero los baleáricos no acaban en Ibiza, que en Mallorca hay todavía dos más; Vert, presidente de una Asociación colombinista, cuyas actividades han contribuido a que en las escuelas mallorquinas se les diga a los niños que Colón nació en Felanitx. El otro mallorquín es un ingeniero, Enseñat, que se ha metido en los archivos y reconstruído linajes enteros desde el siglo XIIII [sic], no sólo de los Colón y similares, sino de parientes de los Santángel valencianos. Sólo nos faltaba la patria alcarreña, y ésta ha surgido en los desvelos del Médico militar Don Ricardo Sanz, mi amigo, al que no sólo no puedo negarle una introducción a su último libro —éste—, sino que me ofrecí a ello por las razones que indicaré más adelante"

---

[15] Sanz García, Ricardo. Madrid, 1995. El título del libro fue propuesto al autor por Ballesteros, razón de más para avalar esta tesis.

Es impensable que un personaje que ha recorrido las costas mediterráneas y atlánticas no pueda encontrar cierto parecido en el relieve, la vegetación o el clima con lugares análogos, y utilice estas correlaciones para asignar un nombre a un lugar que descubre por vez primera. Hemos de pensar, también, que el Almirante no camina solo por estos nuevos mundos, y a la hora de señalar un topónimo puede recibir sugerencias de quienes le rodean. Aun así, el hecho de que designe un lugar con un nombre ya repetido, no es argumento suficiente para justificar el nacimiento en ese sitio. Como mucho, se puede admitir el conocimiento de esos lugares, sin que ello presuponga, como decimos, que correspondan a la población que le vio nacer.

Año	Motivo	Observaciones	Años de edad según Italia	Edad según teoría alcarreña
1451	Año de nacimiento según la teoría italiana		0	
1435	Año de nacimiento de Colón	Según Andrés Bernaldez. Cura de los Palacios[16]	0	0
1435-36	Año de nacimiento de Colón	Según Washington Irving[17].	0	0
1435	Año de nacimiento de Colón	Según Mariano Fernández Urresti.[18]	0	0
1435	Año de nacimiento de Colón	Según Ricardo Sanz García[19]	0	0
1460	Batalla para apresar "La Fernandina" en la que Colón mandaba un barco	Ricardo Sanz García[20]	9	25
1474	Correspondencia con Pablo Toscanelli	Ver Washington Irving Pág 27	23[21]	39
1474	Idem.	Ver pág 31		39
1476	Mandaba una escuadra	Ver Washington Irving Pág 15	25	41
1485	Colón mandaba un bajel veneciano	Ver Washington Irving. Pág 15	34	50
1485	¿Llegada a La Rábida?	Ver pág 41	34	50
1486	Llegó a Córdoba a principios de este año para entrevistarse con los Reyes, pero fracasó en su intento	Ver Washington Irving. Pág 44	35	51
1492	Sale de España el 3 de agosto de 1492 para descubrir América	Ver Humboldt. Vol I. Pág 23	41	56

[16] Dice Berrnáldez: *"Cristóbal Colón murió en la ciudad de Valladolid el 20 de mayo de 1506. Murió de senect bona, es decir, a la edad de 70 años"*
[17] IRVING, Washington, Vida del Almirante Don Cristóbal Colón. Colegio Universitario de Ediciones Istmo. M. 1987. Pág. 8
[18] FERNÁNDEZ URRESTI, Op, cit. Pág 43-45.
[19] SANZ GARCÍA, Ricardo. Op, cit. Pag 95-97.
[20] SANZ GARCÍA, Ricardo. *Ibídem.*
[21] Según un acta notarial italiana, a los 19 años era tratante de vinos, y observamos que a los 23 se escribe con Toscanelli (¿?), matemático, astrónomo y cosmógrafo.

En el cuadro comparativo entre fechas y hechos bien documentados, podemos ver las diferencias en edad que se han establecido en torno a las fechas de nacimiento, por diversos historiadores.

Dice Las Casas sobre su nacimiento:

"Fue, pues este varón escogido de nación ginovés, de algún lugar de la provincia de Génova; cuál fuese donde nació o qué nombre tuvo el tal lugar, no consta la verdad dello, más que se solía llamar, antes que llegase al estado que llegó, CRISTOBAL COLUMBO DE TERRA-RUBIA"[22]   (las mayúsculas son nuestras)

Si estudiamos con detenimiento el texto de Las Casas, no nos cabe por menos que afirmar que no sabemos de dónde era originario el Almirante, pues, con la afirmación "cuál fuese donde nació o qué nombre tuvo el tal lugar, no consta la verdad dello", creemos que invalida la versión *de nación ginovés* como veremos más adelante con otros escritos de la época.

Era costumbre en el tiempo en que los hechos suceden, que el apellido de las personas coincidiese con el del lugar de nacimiento. Entre los acompañantes del Almirante en su primer viaje podemos citar como ejemplo a Francisco de Aranda; Juan de Villar; Pedro de Talavera; Sebastián de Mayorga; Antonio de Jaén; Martín de Logrosán, cerca de Guadalupe [sic]

Éste último, con la aclaración de que Logrosán está cerca de Guadalupe, confirma que *de...* corresponde al lugar de nacimiento.

Fernando Colón[23] dice que:

"el almirante, conforme a la patria donde fue a vivir y a empezar su nuevo estado limó el vocablo (Colombo) para conformarlo con el antiguo y distinguir los que procedían de él de los demás que eran parientes colaterales, y así se llamó Colón"

Analicemos estos dos textos:

Las Casas nos está diciendo: *se solía llamar antes que llegase al estado que llegó, CRISTOBAL COLUMBO DE TERRA-RUBIA* por lo que, "terra rubia" entendemos que es el nombre del lugar en el que nació Colón.

Si, de otra parte, tenía que diferenciarse de sus parientes *"colaterales"* su hijo Fernando nos está indicando que su familia no lo es por línea directa. Véase la definición que de este vocablo dice la R.A.E[24]. De acuerdo con esta definición, sus" hermanos" Bartolomé y Diego no lo son por línea directa, lo que invalidaría, de nuevo, la tesis genovesa.

Para ver cómo se llamaba el Almirante en esas fechas, necesitamos encontrar una firma de Colón antes de llegar "a su nuevo estado" cosa prácticamente imposible, por lo que buscamos una de su hermano Bartolomé que, salvo el nombre, firmaba igual.

Cristóbal Colón, antes de su llegada "oficial" a España, había propuesto la ruta del descubrimiento al rey de Portugal, y éste envió una nave con tripulación portuguesa para verificar si ello era posible, fracasando el encargo por las malas condiciones del tiempo y la impericia de quienes la mandaban, por lo que Colón, enterado de ello, y sintiéndose traicionado, decidió pasar a Castilla

---

[22] Las Casas, ob, cit; Capítulo II, pág 21.
Columbus/Columbo=Palomo. Diccionario Spes latino-español. Barcelona. 1960; pág 89.
[23] Colón, Fernando. Vida del Almirante. Capítulo I
[24] R.A.E. 2. Adj. Dicho de un pariente: Que no lo es por línea directa. U.t.c.s.

21

con su hijo Diego, no sin antes enviar a su hermano Bartolomé a ofrecerle el proyecto al rey de Inglaterra, Enrique VII.

En este viaje a Inglaterra, Bartolomé fue asaltado por unos corsarios que le robaron todo lo que llevaba, por lo que tuvo que ganarse la vida haciendo cartas de marear. En una de estas cartas, entregada al rey, se puede leer el texto siguiente:

"Pro auctotre sive pictore Ianua cui patria est, nomen cui Bartolomeus Columbus *de terra rubra,* opus edit istud Londonija Anno Dni 1488. Atque in super Anno 8, decimaque die, cum tertia, mensis Februarii. Laudes Christo cantetur abundé".

"Y porque alguno reparará que dice Columbus *de terra rubra* digo que he visto alguna firma del almirante antes que adquiriese el estado de esta forma: Columbus de terra rubra"[25]

Bartolomé de Las Casas, en el capítulo XXIX de su Historia de las Indias, dice:

"...El autor de aquella pintura dice ser de la patria ginovés, y que tiene por nombre Bartolomé Colón de *Tierra Rubia...*"

Existe, pues, una disparidad entre *rubra* del escrito del libro de Fernando Colón y *rubea* de Bartolomé de Las Casas[26].

La traducción de *rubra* en castellano es *roja* y la traducción en castellano de *rubea* es *rubia.*

¿Cuál de las dos traducciones es la verdadera? Nos inclinamos por la de Las Casas, que era un bue latinista, y que ha tenido gran cuidado de escribir *rubia* en dos citas diferentes de la misma obra: el capítulo I, y en el capítulo XXIX de su obra Historia de las Indias.

A pesar de ello, hemos querido conocer la opinión de un latinista, el padre salesiano don Migu Herrero, y he aquí su informe:
(En cursiva la palabra rectificada por Las Casas a textos escritos incorrectamente)

"Advertimos variantes en la transcripción que hacen autores italianos de la leyenda que acompaña al Ma Mundi y lo que escribe Bartolomé de las Casas[27] .

Texto original	Corrección del padre Las Casas
Bartolomé de las casas, **autore**	*authore*
Sive	*seu*
Janua	*Gennua*
Bartolomeus	*Bartholomaeus*
De terra **rubra**	De terra **rubea**

"Es evidente la intención de Bartolomé de las Casas de perfeccionar el texto y así corrige grafías y susti algunas palabras por otras más acordes con lo que se emplea en la época. Por eso es significativo que sustituido el término rubra, más sencillo y de uso más frecuente, por el más raro rubea".

El adjetivo en género femenino Rubra se traduce por "roja". Bartolomeus Columbus de T Rubra significa Bartolomé Colombo de tierra roja. ¿Y cómo se traduce "Rubea" de Bartolom las casas? dejándose llevar por el fácil sendero que ha transformado el "Rubeus" latino en R

---

[25] Colón, Fernando. Vida del Almirante, Capítulo X.
[26] La lectura de este párrafo corresponde a la Historia de las Indias, edición de 1927, con prólogo de Gonzalo Rep: En la edición de B. de A.E. 1964, también existe el mismo error (terra rubra)
[27] Las Casas, op, cit; Tomo I, cap XXIX, pág 109

22

castellano ha traducido Bartolomé Colombo de tierra Rubia. ¿Es este el significado preciso de "Rúbea"? Es chocante que se califique como rubia a la tierra.

Cristóbal Colón tuvo una sólida formación en las letras latinas bajo la guía de los monjes de San Jerónimo y un conocimiento profundo de la Biblia: se sintió fascinado de manera especial por la figura de Moisés, Salvador del pueblo.

Por eso, al leer la *Vulgata latina de San Jerónimo* (siempre San Jerónimo, como veremos más adelante) reparó que Dios llamó al Patriarca hablándole desde una zarza "*rubus*" en latín. Rubus rubi: zarza, espino. Es un término que, de los autores latinos, sólo utilizan el naturalista Plinio y el poeta Elegiaco; en cambio, en la *Vulgata latina*, en autores latinos-cristianos, en antífonas del rezo del oficio divino aparece siempre que se narra la llamada de Dios a Moisés desde la zarza ardiente.

Este adjetivo latino "Rubeus Rubea Rubeum", y precisamente en su terminación de género femenino, está atestiguado en literatura clásica latina, en Virgilio, libro I de las Geórgicas, verso 266:

"Nunc fácilis **rubea** Texatur fiscina virga".
"Ahora con facilidad se teje una cestita con rama **de zarza**"

Por consiguiente, cuando Cristóbal Colón se firma como "*de Terra rubea*" quiere decirnos que es de tierra de zarzas, de tierra espinosa, ya que en aquellos tiempos el segundo apellido coincidía con el lugar de nacimiento.

La diferencia entre una traducción y otra es muy dispar, porque *rubea* significa rubia, pero, igualmente, de *rubus-i* significa **espina** o **zarza**.

Analicemos el gentilicio de terra rubia:

Del latín: Rubeus –a –um: de zarza[28] (o espina)

En su declinación:
Rubus (masculino) significa espinoso.
Rubea (femenino) significa *espinosa*
Rubum (neutro) significa espinoso

Así llegamos a deducir, si aplicamos este significado, que Colón es *de tierra espinosa…*

Se puede afirmar, para defender la tesis del origen genovés del Almirante, que Las Casas lo deja bien claro cuando dice que era "*de nación ginovés*", pero, como en otras ocasiones, lo que dice es una media verdad o nos quiere llevar a la duda e indefinición de la frase escrita, pues, después de la afirmación de la nacionalidad genovesa, nos aclara que no consta la verdad del lugar de nacimiento, como así hemos constatado con anterioridad.

Para entender esta manera de decir las cosas, y leyendo la Historia de San Jerónimo, nos hemos encontrado con la descripción de uno de los primeros eremitas que llegaron a España procedentes de Italia. Dice así:

Entre los discípulos de Thomas Sucho, había uno que *procedente de Italia* pasó a España; se llamaba Fray Vasco, era *natural de España y portugués de nación* [sic]. Él relata los muchos milagros y profecías anunciadas y cumplidas en su maestro Thomas Sucho…[29]

---

[28] Diccionario Ilustrado Latino- Español; Español- Latino. Spes. Barcelona. 1960. Quinta edición; pág 443

Si alguien, con este texto, quiere conocer el lugar de nacimiento de este Fray Vasco se encuentra que, si hacemos caso del gentilicio nos indica que es del País Vasco (si es natural de España ello es posible), pero al ser portugués de nación, parece que nos dice que su lugar de nacimiento es Portugal... ¿no es algo similar a lo que nos describe Las Casas sobre el lugar de nacimiento de Colón?

En la obra de Carlos Sanz[30], refiriéndose a las características de un mapa leemos:

"... sus caracteres góticos se identifican con los de Nicolás Bakälar, <u>nacido</u> en Hungría y eslovaco de <u>nación</u>..."

Es decir, que diferencia claramente los conceptos de lugar de nacimiento y nación porque son distintos, y la pertenencia a una nación no tiene porqué significar que se ha nacido allí.

Oviedo nos dice que *"Colón se había hecho natural vasallo de aquella tierra por su matrimonio"*[31] refiriéndose a Portugal y Castilla, como nos aclara Salvador de Madariaga,[32] que no eran clara y taxativamente dos patrias separadas, escribe: *"teniéndose por natural de estos reinos que eran patria de sus hijos"*

Vemos, de esta manera, que el ser natural de, sí nos indica el lugar de nacimiento, y no es así cuando nos referimos a nación...

En los textos coetáneos del Almirante, observamos que, en muchos autores, se produce la misma indefinición, o se induce a decir y no decir; simplemente se insinúa o se conduce al lector a una interpretación que posibilite creer una misma cosa y la contraria.
La lectura de los numerosos libros que componen la que yo llamo "Biblioteca Colombina de Ricardo Sanz", sorprende de vez en cuando por encontrar, en alguna de las obras que la componen hechos que no suponen ninguna novedad, pues están ahí desde que el historiador los describió y obra se editó y publicó, pero que, conocido en el espacio y tiempo en que sucedieron, pueden ten una importancia capital.

Este es el hallazgo del que voy a dar cuenta aquí por la importancia que tiene.

Se trata de dar a conocer quién era el cocinero del Almirante en unas circunstancias trágicas para y la importancia que tiene para esta tesis.

Había emprendido Cristóbal Colón su tercer viaje a las Indias, y lo que allí sucedía no era lo que él ni los Reyes Católicos deseaban, pues la ambición de unos pocos, y los escasos recursos de e especias y productos de gran valor que se buscaban no eran lo suficiente para satisfacer a quie allí acudieron pensando en disfrutar de una vida mejor.

Rebeliones de los colonos y algunos abusos a costa de los nativos obligaron al Almirante a apl la disciplina que estaba en uso en aquellos tiempos y que hoy nos parecería dura, pero, e momento de su cumplimiento era la normal en cualquier sociedad civilizada.

---

[29] Sigüenza, fray José de. Historia de la Orden de San Jerónimo. Baylly//Bailliére e hijos. Madrid 1907. Tomo I y Madrid 1918. Tomo II.
[30] Sanz, Carlos. El nombre de América. Libros y mapas que los impusieron. Librería General Victoriano Suárez. Madrid, 1959, pág 126
[31] Oviedo, lib II, cap IV, folio V verso. "Teniéndose por natural de estos reinos (Portugal y Castilla) que eran patri sus hijos".- F.C; cap XI.
[32] Ob, cit, pág 78

Las acusaciones por supuestos excesos llevados a cabo por el Almirante llegaron hasta los reyes y éstos enviaron a las nuevas tierras descubiertas a un juez pesquisidor llamado Francisco de Bobadilla; juez ambicioso de poder que anuló las atribuciones y el mando que tenía Colón y los asumió en su persona.

Los reyes, convencidos de que las acusaciones que llegaban hasta la corte eran ciertas, le dieron a Bobadilla tales poderes que le facilitaron pergaminos en blanco firmado por ellos para poner disciplina y orden donde no lo había.

Con estos documentos, Bobadilla era ya de facto el verdadero Virrey. Ordenó que a Colón y sus hermanos se les tomase presos y se les encadenase para presentarlos ante la justicia en Castilla, y de esta manera se dictó una orden de arresto para ellos.

El conde Roselly de Lorgues en su obra: Historia de la vida y viajes de Cristóbal Colón, (1828). Barcelona, Ed. Jaime Seix; Tomo I; pág 498, nos relata la situación del Nauta cuando iba a ser encadenado por Bobadilla para entregarlo a los reyes, de regreso a España y no quería ninguno de los presentes cumplir la orden de colocarle unos grilletes, por creer todos ellos que era una orden injusta.

El texto de Roselly dice así:

"Ninguno de los oficiales y soldados del Gobernador se sintió con fuerzas para cumplir aquella orden execrable. El dolor comprimido ahogaba la voz de todos y secretamente se rebelaban contra su degradante obediencia. La serenidad de aquel héroe imponía cierto doloroso respeto. Las cadenas que se habían traído a su presencia continuaban en el suelo del calabozo sin que ninguno de los asistentes osara levantarlas. Ante semejante afrenta los mismos carceleros retrocedían como ante la idea de un sacrilegio. No podía, pues, ejecutarse la bárbara orden del gobernador, cuando se presentó eligiéndose alegremente para aquel crimen, no un agente de Bobadilla, no un indio estúpido u odioso, sino un hombre de la casa del Almirante, **un familiar suyo,** su propio cocinero. Aquel infame cargó alegremente sobre sí aquella deshonra y, con imprudente presteza, remachó las cadenas de su amo. Las Casas le conocía: **se llamaba Espinosa** "

A pesar de lo expuesto, no nos quedamos conformes con los hechos si no tenemos confirmación de que, efectivamente, el padre Fray Bartolomé de Las Casas conocía el nombre de este familiar, y acudimos a la obra Historia de las Indias, del dominico, para comprobarlo.

Las Casas nos lo descríbe así:

... "Y lo que no sin gran lástima y dolor se puede ni conviene decir: cuando querían echar los grillos al Almirante, no se hallaba presente quien por su reverencia y compasión se los echase, sino que fué un cocinero suyo desconocido y desvergonzado, el cual, con tan deslavada frente se los echó, como si se sirviera con algunos platos de nuevos y preciosos manjares. Este yo le conogscí bien y llamábase **Espinosa**, si no me he olvidado"[33].

Observemos una contradicción en este texto: primero dice "fue un cocinero suyo *desconocido*" y luego afirma: *"Este yo le cognosci bien..."* Ahora nos preguntamos: ¿Le conocía bien o no? ¿No nos quiere decir que era familiar suyo?

Si en la época del descubrimiento de América había que tener alrededor gente de confianza, el puesto de cocinero era uno de los más importantes, pues era muy común la eliminación de familiares, rivales, amigos y gentes poco respetables, por uno de los productos mortales más activos: el veneno mezclado en la comida, y de ahí la costumbre de hacer "salva" a los invitados

---

[33]Las Casas. Historia de las Indias. B.A.E. Madrid, 1957. Tomo I, pág 480

importantes, que consistía en que algún esclavo probase los alimentos antes que el propio comensal para evitar el envenenamiento.

En estas circunstancias, ¿a quién de más confianza que un familiar se le podía encomendar la elaboración de la comida para no ser envenenado?

El Almirante tuvo por cocinero a un pariente suyo con una dudosa conducta, o puede que no, y así nos lo describe el conde, posiblemente porque no conoce que los dos son nacidos en el mismo lugar. Colón *"de terra rubea"* (de tierra Espinosa), y el cocinero "Espinosa"

Aparentemente este familiar es un traidor y ha cumplido una orden que no se han atrevido a ejecutar quienes estaban próximos al Almirante y le conocían, por ser injusta; pero, si tenemos en cuenta que, dadas las circunstancias, si no se cumplía el mandato de Bobadilla las cosas podían haber terminado con la ejecución allí mismo de Colón, y no habría pasado nada, el cocinero, su pariente, actuó correctamente para evitar males mayores.

El relato es de uno de los biógrafos más importantes del Almirante, y la obra de la que hemos recogido este testimonio es, como se ve en su cita, del año 1828.

De haber sido escrita en la actualidad, se podría dudar de la veracidad de que el cocinero era *familiar* del Almirante, pues los intereses por hacerse con la cuna de este gran personaje de la Historia son muy importantes y se recurre a cualquier dato que beneficie a algunos biógrafos para sus objetivos, a pesar de que hay quien dice que lo importante no es su lugar de nacimiento, sino que los Reyes Católicos, y Castilla, fueron quienes pusieron los medios y las gentes para descubrir un Nuevo Mundo.

En este caso no dice Las Casas que fuera pariente suyo, pero es dudoso que Roselly se lo invent pues, en el momento de la descripción, lo importante no es que sea o no familiar suyo, sino que e su cocinero.

Recordemos una vez más, que en nuestra tesis Cristóbal Colón nació en Espinosa de Henar (Guadalajara) y que este pariente suyo, que llevaba por nombre el gentilicio de Espinosa, lo m probable es que hubiera nacido en este lugar, debería conocer la vida oculta de Colón, de ahí c estuviese ocupando un puesto de confianza tan importante en aquella época como el de cocinero su actitud puede no ser tan deshonrosa como nos lo presenta el historiador, pues, tal y como describe el cuadro, de no haber sido esposado, podría Bobadilla tener una reacción violenta c hubiese acabado con la vida del Almirante, y no habría pasado nada…

Pero no quedamos satisfechos con el hallazgo y, en la lectura del Testamento del Almirante, he en el año 1506, meses antes de su fallecimiento en Valladolid, volvemos a encontrar de nuev Espinosa, en este caso con su nombre propio: Juan Despinosa, así está escrito, y no en una ocas sino en dos.

Figura en la relación de siete sirvientes del descubridor, a quienes agradece sus servicios prestac

La pregunta es que, si en aquella ocasión en la que el Almirante podría haber sido ejecutado a de su vuelta a España a manos de Francisco de Bobadilla, sin que nadie hubiese podido al nada, pues, con los pergaminos en blanco y firmados por los reyes, le podría haber acusado c que quisiera, su familiar Espinosa resuelve la situación encadenándolo y dando por terminac problema, ¿cabría pensar que, de no ser como imaginamos, lo habría mantenido a su servicio, lo agradecería meses antes de morir, en su testamento?

Vemos pues, que el gentilicio Despinosa indica el lugar de nacimiento de este hombre importante en la vida del Almirante, al que le agradece los servicios prestados como sirvien menos desde 1498, que se produce el encadenamiento, hasta el año 1506, fecha del testamento en el que figura el sirviente, es decir, ocho años.

Si el cocinero hubiese sido un infame, como lo describe Roselly, o un desvergonzado, como le llama Las Casas, ¿habría seguido al servicio del Almirante durante los ocho años siguientes, y figuraría como un hombre fiel en su testamento? No nos parece lógico, por lo que podemos afirmar que le era un leal servidor.

En las imágenes siguientes mostramos el Testamento de dos hojas, en el que se puede observar, al final de la cuarta línea, contandos desde el final hacia el principio, el nombre Juan Despìnosa.

En el detalle y su traducción, se lee claramente este apellido, en este caso con su nombre Juan.

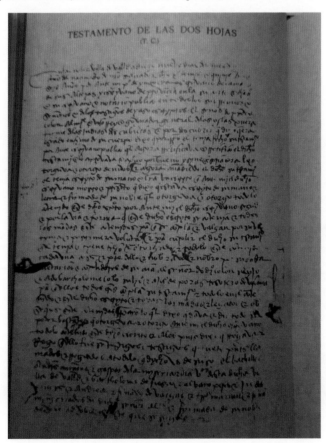

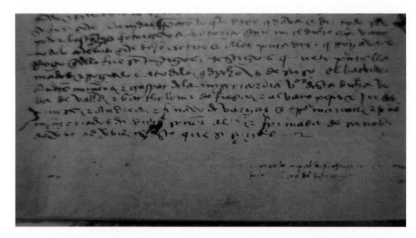

Detalle. Véase el final de la cuarta línea de abajo hacia arriba: dice: juan des, y en el principio de la tercera pinosa.

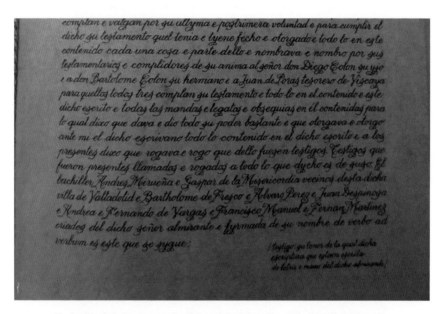

Traducción de la imagen anterior. Léase el final de la línea 4 desde abajo hacia arriba

En el original de otro de los testamentos del Almirante, se lee con más claridad el nombre de Despinosa, en la línea 11 desde el inicio, de la imagen que se presenta a continuación, y en la detalle de la misma y su traducción.

Entendemos que está claro que el Almirante ha mantenido a lo largo de ocho largos años confianza que tenía desde un principio en su cocinero, familiar suyo, y por ello lo menciona e testamento y, asimismo, quien hace una copia del testamento de las "dos hojas", también, pu hace presente entre quienes son testigos de que se realiza una copia, que es la que se conoce, an caso de que el original fuese destruido, modificado o desaparecido por cualquier otro medio, así fue.

28

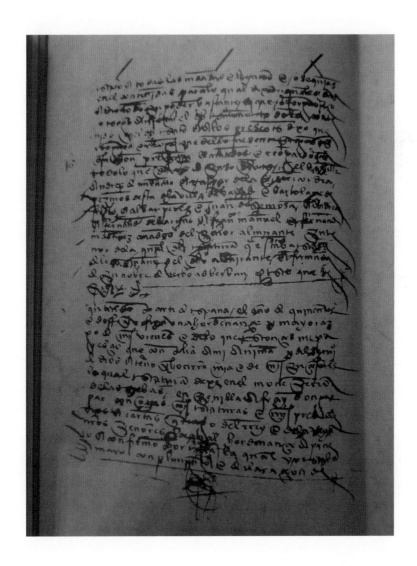

En la línea 11 desde el inicio, puede observarse, en el centro, claramente el nombre de Juan Despinosa.

Detalle del documento anterior. Ver la línea nº 7, al centro.

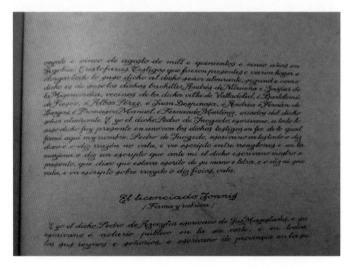

Traducción de las imagenes anteriores: Obsérvese el centro de la línea 6.
Dice: é Juan Despinosa…

Espinosa es el lugar en el que fallece de parto Aldonza de Mendoza y nacen dos niños gem
como después se verá.

Es este un dato importante para ser tenido en cuenta en esta tesis, pues, como vemos, por
coincidencia, una vez más, un hecho incontestable como es que el Almirante y su cocinero, fam
suyo, se hacen llamar Espinosa, gentilicio que uno lo utiliza en latín, lógico para segui
identificarse, y el otro en castellano.

A propósito de este nombre, de nuevo es el Almirante quien nos da otra pista más y es recogida por el padre Las Casas cuando, en su Historia de las Indias, nos relata que:

"... y llegó a las islas de Cabo Verde a 27 de junio; y vido la isla de la Trindad, martes 31 días de julio, y luego, miércoles, primero día de agosto, vido al Sur la tierra firme por la angostura de dos leguas, que hace con la isla de la Trinidad, que llamó la boca de la Sierpe, y a la tierra firme, creyendo que era isla, nombró la isla Sancta, y luego, el viernes siguiente, vido y descubrió a Paria, y llamóla isla de Gracia, por creer que también era isla."[34]

Vemos que, junto a la isla Trinidad, nombre con el que iniciaba sus escritos: "En nombre de la Santísima Trinidad..." asigna tres topónimos vinculados con su vida: boca de la Sierpe (recordaremos más adelante el enfrentamiento con una sierpe, a la que dio muerte y trajo a Castilla para que la vieran los reyes); Sancta y Gracia (topónimos del lugar de Santas Gracias, en Espinosa de Henares, del que nos dice Herrera Casado[35]

"Sabido es que por este valle del Henares pasaba la calzada romana que desde Mérida se dirigía a Zaragoza, y según los cálculos descritos en los clásicos itinerarios romanos por la península Ibérica, esta zona del Henares por Espinosa corresponde a la población de Caesada. Es indudable la existencia de villas romanas y otras construcciones antiquísimas en el lugar denominado Santas Gracias, en la junta de los ríos (se refiere a los ríos Aliendre y Henares), pues allí se han encontrado numerosos y curiosos objetos arqueológicos de aquella época, estando necesitado el enclave de una investigación a fondo en este sentido".

El padre Las Casas nos habla, en su ya comentada Historia de las Indias, de las injusticias que se cometieron con el Almirante por parte de quienes querían engañar diciendo que el descubridor del Nuevo Mundo fue Américo Vespucio, y, en uno de sus textos nos aclara qué nombre puso Colón a las tierras descubiertas. Dice así:

"Desta falsedad o yerro de péndola o lo que haya sido, y de saber bien y por buen estilo relatar y parlar y encarecer Américo sus cosas y navegación, y callar el nombre de su capitán, que fue Hojeda, y no hacer más mención que de sí mismo y escribir a rey, han tomado los escriptores extranjeros ocasión de nombrar la nuestra tierra firme América, como si Américo solo, y no otro con él, y antes que todos, la hobiera descubierto. Parece, pues, cuánta injusticia se hizo, si de industria se le usurpó lo que era suyo, al Almirante don Cristóbal Colón, y con cuánta razón al Almirante don Cristóbal Colón (después de la bondad y providencia de Dios, que para esto le eligió), este descubrimiento y todo lo sucedido a ello se le debe, y cómo le pertenecía más a él, que se llamara la dicha tierra firme Columba, de Colón o Columbo que la descubrió, o la tierra *Santa o de Gracia, que él mismo por nombre le puso*, que no de Américo denominalla América"[36] (las cursivas son nuestras)
Santa o de *Gracia* se corresponde con el mismo topónimo, *Santas Gracias*, que el ya comentado de la villa romana próxima a Espinosa de Henares, y es, según Las Casas, el nombre que Colón le puso a las tierras descubiertas. Parece, pues, clara la coincidencia, una vez más, de la relación del Almirante con Espinosa de Henares.

Por si esto fuera poco todo lo anterior, otro dato importante es el gentilicio por el que se conoce al Almirante: "genovés", y que puede llevar a equívocos.

En la actualidad, se puede afirmar que, en la práctica, todavía hay muchos países en los que las expresiones orales confunden a quienes las escuchan; y es de todos conocido que a los españoles en Argentina nos llaman "gallegos", sin tener en cuenta el lugar de nacimiento en España, distinto en muchos casos, al de la hermosa región gallega.

[34] Las Casas. Ob, cit. Capítulo CXXXIX; pág 372
[35] Herrea Casado, Antonio. Crónica y Guía de la Provincia de Guadalajara. Diputación Provincial de Guadalajara.1983. pág 40
[36] Las Casas. Ob, cit. Capítulo CXXXIX; pág 374

Asimismo, y dentro de la propia España, en Cataluña se le llamaba "castellano" a todo aquel que ha nacido fuera de esta región, sin que se especifique, al igual que en el caso argentino, o como se hacía en los escritos que hemos analizado, el lugar verdadero del nacimiento del individuo.

En los años vividos por el Almirante, Génova era la cuna de las transacciones comerciales, y los genoveses recorrían Europa como negociantes, marineros y banqueros, por lo que, a quienes ejercían cualquiera de esas actividades relacionadas con el comercio, en muchos lugares se les identifricaba con el gentilicio "genovés",

¿Qué es lo que se oculta tras la figura de nuestro personaje? No es posible que ningún biógrafo de los que le conocieron lo describa tal cual era. ¿Existen razones políticas? ¿Son de orden moral? ¿Religiosas? ¿Familiares? Esa es una incógnita que, sin duda, se encontrará sin desvelar en algún documento perdido entre tantos que existen en archivos pendientes de estudio, si es que alguna mano bien conocedora de las motivaciones que nos llevan a dudar no los ha hecho ya desaparecer.

A pesar del conocimiento de su fallecimiento, y que el óbito se produjo en Valladolid, todavía no está confirmado fehacientemente el lugar de su enterramiento, como analizamos en capítulo aparte. En ocasiones, se encuentran desaparecidos documentos que *podrían* aclarar dudas sobre el lugar de nacimiento; en otras los documentos originales han sido alterados en la transcripción, unas veces interesadamente y otras por error u omisión, llegándose a la anécdota de que también su biógrafo el padre Las Casas, se encuentra "desaparecido".

Fig. 1.- Placa en recuerdo del padre Las Casas, en la fachada exterior de la iglesia de Nuestra Señora de Atocha. Madrid. Tampoco se conoce su lugar exacto de enterramiento, ni hay lápida que lo indique en lugar alguno de la basílica, por lo que el texto no dice "está enterrado", sino "fue enterrado".

I.2 ¿Cómo fue la aparición del futuro Almirante en Castilla?

La llegada de Colón a España, como todas las cosas del Almirante antes de su presentación a los Reyes Católicos, tiene para quienes han estudiado los hechos de este tan desconocido personaje, sus luces y sus sombras. Por un lado, hay quienes afirman categóricamente su nacionalidad italiana y hay quien duda de todo lo acontecido y escrito sobre el descubridor por quienes no han convivido con él cuestionando, asimismo, a aquellos que sí lo han hecho y lo han dejado escrito, por no coincidir lo que la letra impresa dice con lo averiguado por el investigador.

En la obra de Roselly[37], en la introducción, el padre Ramón Buldú nos dice:

"Llegado providencialmente Colón de Italia a España, se le consideraba en ella como extranjero, a pesar de sus cartas de naturalización"

---

[37] Roselly de Lorgues, Conde de. Historia de la vida y viajes de Cristóbal Colón. Barcelona, 1828, Jaime Seix. Tomo I. Traducida por D. Pelegrin Pasabó y Pagés, pág 10.

Aquí le falla el subconsciente al padre Buldú, o lo afirma porque está convencido de que Colón no era extranjero en España, y por ello le llama la atención que a alguien se le considere extranjero en su tierra. Entendemos que la consideración como extranjero en España quiere decir que era un error por parte de quienes así lo hacían, pues si tal era, o no habría hecho ese comentario, o bastaría decir que no era español, y más por cuanto nos aclara que tenía cartas de naturalización española que así lo avalaban.

En cualquier caso, sabemos que, en el año 1485, y procedente de Portugal, llegó Cristóbal Colón a Castilla. ¿Su visita al monasterio de La Rábida fue pura casualidad? Estimamos que la sed y el hambre de su pequeño hijo Diego, que le acompañaba, es una anécdota más sobre los hechos del Almirante para ponerse en contacto con los monjes, porque, como se dice textualmente en la obra de Las Casas[38], Colón quizá

"tenía cognoscimiento con algunos de los marineros de allí, e también, por ventura, con algunos religiosos de San Francisco"

lo que nos lleva a pensar que sabía que allí se encontraban Fray Antonio Marchena, Fray Juan Pérez, los dos frailes franciscanos, y el físico García Hernández[39], muy dados los tres al estudio de la astronomía y navegación. ¿Quién le informó de ello?

Es a partir de aquí cuando comienza un "vía crucis" para el Almirante. En el espacio y tiempo en que sucede la acción, es imposible que un "lanero, extranjero en España" tenga la más mínima posibilidad de acercarse a los reyes o a su entorno. Las diferencias de clases estaban tan establecidas y tan distantes entre una y otra, que es impensable una reunión entre personas de dos estamentos sociales tan dispares entre sí. Por eso, Las Casas, nos describe las dificultades de Colón para hacerse oír[40].

"Llegado en la corte a 20 de enero año de 1485, comenzó a entrar en una terrible, continua, penosa y prolija batalla, que por ventura no le fuera áspera ni tan horrible la de materiales armas, cuanto la de informar a tantos que no le entendían, aunque presumían de le entender; *responder y sufrir a muchos que no cognoscían ni hacían mucho caso de su persona*, rescibiendo algunos baldones de palabras que le afligían el ánima. Y porque el principio de los negocios arduos en las cortes de los reyes es dar noticia larga de los que se pretende alcanzar a los más privilegiados y allegados a los príncipes, asistentes más continuamente a las personas reales, o en consejo o a favor o privanza, por ende procuró de hablar e informar las personas que por entonces había en la corte señaladas y que sentía podían ayudar. Estas fueron el cardenal D. Pero González de Mendoza, que aquellos tiempos, por su gran virtud, prudencia, fidelidad a los Reyes y generosidad de linaje y de ánimo, eminencia de dignidad, era el que mucho con los Reyes privaba; con el favor deste señor, dice la historia portoguesa que aceptaron los reyes la empresa de Cristóbal Colón; otro era el maestro del príncipe D. Juan, fray Diego de Deza, de la Orden de Santo Domingo, que después fue arzobispo de Sevilla; otro fue el comendador mayor, Cárdenas; otro el prior de Prado, fraile de San Hierónimo, que fue después el primer arzobispo de Granada; otro fue Juan Cabrero, aragonés, camarero del Rey, hombre de buenas entrañas, que querían mucho el Rey e la Reina"

---

[38] Dice así: … *"tomando a su hijo niño, Diego Colón, dio consigo en la villa de Palos, donde quizá tenía cognoscimiento con algunos de los marineros de allí, e también, por ventura, con algunos religiosos de San Francisco, del monasterio que se llama Santa María de la Rábida, que está fuera de la villa"*…

[39] En algunas obras se le denomina García Fernández
[40] Las Casas. Historia de las Indias. B.A.E. Madrid, 1957. Tomo I, pág 110

Vemos que en una de las frases se queja de recibir afrentas o injurias de muchos *"que no conocían ni hacían mucho **caso de su persona**"* y por ello le afligían el ánima. Parece que lo que nos está indicando con ello es que no hacen caso a sus propuestas *porque no saben quién es*, siendo esto más importante que aquello. Por ello tiene que responderles y sufrirles. Asimismo, observamos que en este texto nos indica que en la corte había personas que *"sentía podían ayudar"*, y entre ellas cita en primer lugar al Cardenal Mendoza.

Aquí viene una primera reflexión: Si acaba de llegar de Portugal, y lo lógico es que no conozca a nadie de la Corte, ¿por qué cree el marinero o lanero extranjero que el Cardenal Mendoza le va a echar una mano? ¿Tenía alguna razón que le permitiese creer que este clérigo le ayudaría? ¿Quién le había hablado del Cardenal? A pesar de ello, y dadas las circunstancias, recibe ayuda de numerosas personas, mayoritariamente vinculadas a la Iglesia.

Son éstas: El Cardenal Mendoza; fray Diego de Deza, (dominico); el prior de Prado (jerónimo), fray Juan Pérez, (franciscano que representó a Colón en las Capitulaciones de Santa Fé); fray Hernando de Talavera (confesor de la reina Isabel), y son ellos posteriormente quienes negociarán para que Colón sea escuchado por los reyes.

Como resultado de todos estos hechos, y puesto que los reyes estaban pendientes de la guerra de Granada y no podían distraerse en otros menesteres, la propuesta de Colón fue rechazada, al no ser aprobado el proyecto en Salamanca por un grupo de sabios. Pasados más de cinco años sin sacar fruto alguno, el Almirante volvió a Sevilla y, a tener conocimiento del poder económico y político de don Enrique de Guzmán, duque de Medina Sidonia, se dirigió a él para proponerle su proyecto, que fue rechazado. Normal si tenemos en cuenta las circunstancias sociales de la época.

Dejado el duque de Medina Sidonia, nos dice Las Casas, acordó pasarse Cristóbal Colón al duque de Medinaceli, don Luis de la Cerda, que a la sazón residía en su vi del Puerto de Santa María…[41] Nos lo describe de la manera siguiente:

"Este señor, puesto que no se le habían ofrecido negocios en que la grandeza de su ánimo y generosid de su sangre pudiese haber mostrado, tenía, empero, valor para que, ofreciéndosele materia, obr cosas dignas de su persona. Este señor (el duque de Medinaceli) luego que supo que estaba en su tie aquel de quien la fama refería ofrecerse a los reyes que descubriría otros reinos y que serían señores tantas riquezas y cosas de inestimable valor e importancia, **mandole llamar** y haciéndole el tratamie que según la nobleza y benignidad suya y la autorizada persona y graciosa presencia de Cristóbal Co merecía informóse del muy particularizadamente, por muchos días, de la negociación, y tomando gu el generoso duque en las pláticas que cada día tenía con Cristóbal Colón, y más y más se aficionanc su prudencia y buena razón, hobo de concebir buena estima de su propósito y viaje que deseaba ha y tener en poco cualquiera suma de gastos que por ello se aventurasen, cuanto más siendo tan poc que pedía. En estos días, sabiendo que no tenía el Cristóbal Colón para gasto ordinario abundai mandóle proveer de su casa todo lo que le fuese necesario…"

Y aquí observamos ya una serie de hechos extraños:

Como vemos por el texto tomado del padre Las Casas, Cristóbal Colón no acudi duque de Medinaceli, *fue el duque quien le mandó llamar*. Pero no solamente

---

[41] Ob, cit; Cap. XXX, pág 115

Primero afirma que Colón era una autorizada persona de graciosa presencia y merecía por ello ser recibido. En segundo lugar, dice que se informó de él *"particularizadamente"* y le escuchó ya su negociación; luego da a entender que, cuando escucha su propuesta, ya sabe quién es. También llama la atención que no dé importancia al coste de la operación y dice que es poco lo que pedía. ¿Se refiere a dinero o a los títulos y honores que después se verán? Por último, le provee de todo lo que necesite para el gasto ordinario.

La pregunta inmediata es que a qué se debe tanta generosidad para con un desconocido, pobre, extranjero, y que no ha descubierto todavía nada. ¿Es la palabra de Colón suficiente para que le proporcione un salario para sobrevivir, a cambio de NADA? Sin duda que no, y las razones tienen que ser otras.

Cuenta la historia que el duque de Medinaceli le tuvo ***dos años*** alojado en su casa, como veremos posteriormente en un documento en el que así lo escribe el propio duque, y que es corroborado por Henri Harrise, célebre historiador de las navegaciones, que afirma que la mayor parte de este tiempo lo pasó Cristóbal Colón en la villa de Cogolludo (Guadalajara).

El duque de Medinaceli dio a Colón cuatro mil ducados que Las Casas dice que fueron para que hiciese tres navíos o carabelas provistas de comida para más de un año, reclutase tripulación y se aprovisionase de lo que más pareciese que era necesario, pues el duque quería realizar la empresa o aventura por su cuenta.

Realmente que don Luis de la Cerda, duque de Medinaceli, diese a Colón 4.000 ducados para realizar la empresa americana por su cuenta cuesta mucho creer y ello por los siguientes hechos:

- Cristóbal Colón, recibido ese dinero, no compra carabelas; no recluta, por lo tanto, personas para navegar con ellas; no se ocupa de adquirir ni gestionar comida para más de un año, y, sin embargo, a pesar del incumplimiento de los fines para los que recibe el dinero, acude más tarde de nuevo al duque y le pide una carta de presentación a los reyes para proponerles otra vez a ellos la empresa del Descubrimiento. Don Luis de la Cerda atiende la demanda de Colón, entregándole una carta para el Cardenal Mendoza rogándole haga la presentación de Colón a los reyes, como así consta que fue, de nuevo ayudado para ello por fray Diego de Deza.

- ¿Es creíble que alguien dé una carta de presentación a los reyes de un sujeto que no ha cumplido lo convenido anteriormente, como es la compra de tres carabelas, la recluta de marineros y la adquisición de víveres, y se lo ha gastado no se sabe en qué? Ello sería tanto como dar una carta de presentación a favor de un estafador.

El primer viaje de Cristóbal Colón a las Indias patrocinado por los Reyes Católicos costó un millón ciento cincuenta mil maravedís. Desconocemos cual fue el destino de los cuatro mil ducados, pero recordemos que Colón llevaba cinco años viviendo de dibujar cartas de navegación, y sin duda este oficio no le daba para vivir de la manera que correspondía a su persona, por lo que la cantidad recibida es desmesurada.

¿Qué efecto tuvo la carta de recomendación entregada por el duque de Medinaceli al Cardenal Mendoza por el futuro Almirante? Colón fue acogido por el Cardenal muy favorablemente y podría afirmarse que de forma excesivamente favorable por las razones que se expondrán en otro capítulo.

En aquellas fechas, la Corte era itinerante y los reyes no se encontraban en palacio, pero el cardenal Mendoza facilitó al futuro Almirante alojamiento en su casa hasta que los monarcas pudieran recibirle. De nuevo hemos de constatar que en el espacio y tiempo en el que se desarrollan los hechos, es impensable que el Cardenal aloje en su propia casa palaciega a un desconocido, pobre y extranjero, sin que conozca su origen y condición social.

Y no es normal que el trato que le dispensa el duque de Medinaceli sea en los siguientes términos:

"Esto así mandado y comenzado y autorizado fuese su hecho, envió por licencia real, suplicando al Rey y a la Reina tuviesen por bien que él con su hacienda y casa favoreciese y ayudase aquel varón tan egregio que a hacer tan gran hazaña y a descubrir tantos bienes y riquezas se ofrecía y para ello tan buenas razones daba, porque él esperaba en Dios que todo resultaría para prosperidad destos reinos y en su real servicio"[42].

En esta frase dice el duque de Medinaceli de Colón que es un "*varón tan egregio*", es decir, un varón ilustre o distinguido.

Para darnos una idea de cómo eran las cosas entonces, veamos lo que nos dice l historiadora Ana Díaz Medina sobre la sociedad del momento:

..." Estamos ante una sociedad muy poco permeable, en la que el ascenso social no sólo difícil sino muchas veces algo que la sociedad trata de impedir, criticando, con dureza, a qui intenta salir del grupo.

... Uno de los aspectos más interesantes del comportamiento de una sociedad es el estudio las posibilidades de elevación personal que ofrece a sus miembros.
El ascenso social no presentaba muchas perspectivas en la sociedad del siglo XV. Tengan presente que *el nacimiento condiciona al individuo* de por vida, por lo que sus anteceden familiares, étnicos o religiosos, se tendrán siempre en cuenta. De otro lado, una sociedad tolera la esclavitud sin plantearse mayores problemas es necesariamente *una sociedad q aceptando que ciertos individuos deben carecer de libertad, difícilmente facilitará el asce social de otros.*"[43]

Luis Arranz[44] sobre la relación de Colón con *Beatriz Enríquez de Arana*, con la tuvo a su hijo Hernando, y con la que no se casó, indica que algunos historiadores apuntado a que la causa de ello fue "la condición humilde de esta mujer, verdad *descanso del guerrero* mientras Colón vagaba por Córdoba como uno más del con pero marginada, al fin, cuando el nauta ascendió después, por obra y gracia de su ge descubrimiento, a la más alta nobleza atiborrada de privilegios y de discrimina

[42] Las Casas, fray Bartolomé de. Historia de las Indias. Biblioteca de Autores Españoles. Madrid. 195 Tomo I. pág 115
[43] Díaz Medina, Ana (1988) Gran Historia Universal. Vol VI. Renacimiento y Humanismo. Club Internacional del Libro. Pág. 34.
[44] Arranz, Luis. Cristóbal Colón. Historia 16. Protagonistas de América. Madrid, 1986; pág 42

social. A partir de 1492, este navegante extranjero era ya en Castilla almirante, virrey y gobernador de las Indias, cargos que le equiparaban a la grandeza castellana y, con ello -ha expuesto acertadamente Manzano-, quedaba sometido a las leyes vigentes que le prohibían unirse con mujer de baja condición social, *aquellas que son llamadas viles, por razón de sí mismas, o por razón de aquellos do descendieron*, en palabras del legislador".

Asimismo, el historiador Juan Miralles afirma:

"Los prejuicios de casta eran muy frecuentes en la sociedad, y estaban muy arraigados en ella".

Cortés, en el *interrogatorio general*, al presentar los descargos en el juicio de residencia, impugnó a varios testigos por las razones siguientes:

A Antonio de Carvajal, porque "es hijo de una pescadera e de un clérigo, y tiene ansí mesmo un hermano que vende pescado guisado, públicamente, en la cibdad de Sevilla".

Rechaza a Juan Coronel "por haber desempeñado oficios bajos, como es el de calcetero", y a Francisco de Orduña, porque cuando se emborracha vomita, y además, por incontinencia, se ensucia en las calzas"[45]

No ser admitido como testigo a juicio por haber desempeñado oficios bajos, como el de calcetero, nos da una idea de las diferencias de clase. Por otro lado, si admitimos que nuestro personaje procede de una familia de laneros o vinateros, ¿no está en las mismas condiciones que el anterior? ¿Cabe la posibilidad de que el duque de Medinaceli le llame "*varón tan egregio*" en estas circunstancias? Hemos de reconocer que no.

Al historiador Luis Arranz[46] le llama la atención el tratamiento que recibe el Almirante antes de haber descubierto nada.

"¡Cuántas veces desconcierta este personaje! Ahora es una de ellas. Si es verdad que estamos ante un plebeyo, un cualquiera, según Mártir de Anglería, tomado a burla por aquí y por allá, imaginativo y hablador, mal vestido y con mucha necesidad, ¿cómo explicar la carta que el rey de Portugal, Juan II, le escribiera el 20 de marzo de 1488? Por el encabezamiento, iba dirigida a Cristóbal Colón, nuestro especial amigo, en Sevilla. O mucho disimula aquí el monarca lusitano, o esta carta puede ser el reflejo de algo que se nos escapa, como si el destinatario fuera un gran personaje más que un proyectista desvalido. En sus líneas se trasluce cordialidad, buenas relaciones y correspondencia no interrumpida, reconocimiento de las cualidades colombinas, complacencia del Rey por que [sic] la ida de Colón a Portugal sea rápida, *dándole toda clase de seguridades personales* e insistiéndole en que quedará satisfecho."

Observamos que la carta es de 1488, y así lo hemos subrayado, cuatro años antes del Descubrimiento. ¿Es posible esta cordialidad entre un rey y un plebeyo en aquella época?

¿Por qué ha de darle toda clase de seguridades personales? ¿Corre peligro su vida?

---

[45] Miralles, Juan (2004). Hernán Cortés, inventor de México. Ed. ABC.S.L. Pág.54
[46] Ob, cit; pág 43 (el subrayado es nuestro)

En el apartado sobre el escudo del Almirante, veremos que claramente se llega a la conclusión de que el descubridor tenía armas… ¿Sería hidalgo? Veamos qué se entendía por hidalgo en esa época, y cómo se accedía a ello:

Una de las características del hidalgo era el orgullo de casta: un orgullo feroz, *que les vedaba trabajar con las manos.* Con esa mentalidad tenían pocas salidas, sobre todo aquellos que no disfrutaban de rentas. Podrían aspirar a cargos públicos, seguir la carrera de las armas, ingresar en religión o practicar alguna de las contadas profesiones consideradas honrosas, tal cual era el caso de las leyes.

A las filas de la hidalguía se accedía por varios caminos: los más frecuentes eran los de *solar conocido y los de braguета.* En el primero de los casos figuraban los que poseían casa solariega o la habían poseído; y los segundos eran aquellos que recibían el privilegio por haber engendrado siete hijos varones en el matrimonio. Eran tiempos en que se precisaban hombres para empuñar la lanza, y los hidalgos constituían el brazo armado que acudía en defensa del reino en momentos de peligro. Un hidalgo sin dinero era un segundón, un don nadie; pero así, contaban con algunos privilegios, como la exención del pago de impuestos. Además, en el caso de ser sentenciados a muerte, les asistía la prerrogativa de ser decapitados en lugar de morir ahorcados (así murieron Balboa y Olid. Se les guardó la hidalguía) [47]

El Almirante no tenía solar conocido, y tampoco podía acceder a la hidalguía por la segunda línea, pues no había engendrado siete hijos para ello.

Como vemos, el ascenso social era más que difícil, pues, **el nacimiento condiciona** **individuo de por vida,** *por lo que sus antecedentes familiares, étnicos o religiosos, se tendrá siempre en cuenta,* o simplemente por el hecho de trabajar como calcetero, o ser hijo d una pescadera, es suficiente para ser rechazado como testigo en un juicio.

El propio Hernando Colón, en Historia del Almirante, dice que,

"aunque él mismo (Colón) no se hubiera contradicho, el propio sentido común hacía ver q un hombre que se dedicase a algún arte manual u oficio tenía que *nacer y morir en él* pa llegar a aprenderlo a la perfección"

Es decir, que su padre no habría podido ascender nunca en la escala social, caso de s tejedor.

Cuesta creer que, en estas circunstancias, a Colón, si era como dicen un hijo de lane además extranjero y sin medios para ganarse la vida, le aloje en su palacio el Carde Mendoza, sin más, esperando la llegada de los reyes para hacer su presentación, an de haberle tenido dos años en su casa el duque de Medinaceli y haberle proporcion éste 4000 ducados.

La entrevista con los Reyes Católicos tuvo lugar el 20 de enero de 1486 en Alcalá Henares (Madrid), en la llamada por ello Casa del Encuentro, sita junto a la Plaza de Santos Niños, en la actualidad.

---

[47] Miralles, Juan (2004). Hernán Cortés, inventor de México. Ed. ABC.S.L.; pág 54.

Dice la historia que los reyes —más sin duda la reina— habrían quedado impresionados por la elocuencia apasionada, aunque controlada, del presunto genovés. En varias coyunturas posteriores ordenaron a su tesorero que colaborase al mantenimiento de aquél, en espera que la Junta (nombrada para estudiar el plan) formulase su informe. De nuevo aquí se pone de manifiesto la ayuda económica que, en este caso, la reina manda a su tesorero para que le asista a Colón en su mantenimiento, sin haber ni siquiera sido aprobado su proyecto ante la junta de sabios que deben dar su visto bueno o denegarlo. Sin duda tiene que haber otras razones para ello, pues de nuevo nos llama la atención tanta generosidad para con un cardador de lana, vinatero o marinero que, hasta la fecha, no ha conseguido convencer a nadie de su idea sobre el nuevo itinerario para llegar a las Indias.

El ánimo, aliento y apoyo del Cardenal Mendoza fueron firmes en todo momento, y son muchos los historiadores que afirman que "sin el Cardenal Mendoza, el descubrimiento de América no hubiese sido español".

Como ya hemos dicho, llama mucho la atención la gran ayuda prestada a Colón por estos dos miembros tan influyentes en la Corte:

El duque de Medinaceli llama a Colón desde el primer momento egregio señor... ¿a un marinero en aquellos tiempos?... y lo aloja en su propia casa.

El Cardenal Mendoza lo acoge asimismo en su palacio.

¿El apoyo de la familia Mendoza y del duque de Medinaceli, era real? Se necesita un hecho por parte de Colón que revele esta impresión, tal vez apasionada por los investigadores. Veamos qué sucede que reafirme estos hechos:

Colón ha realizado su primer viaje de ida a las Indias descubriendo San Salvador y La Española... y regresa de camino a Castilla triunfal. Cuando los días 13 y 14 de febrero de 1493 ya ve las costas de Europa, la mar se agita, y el velamen de su carabela *La Niña* queda destrozado por una gran tempestad marina. El día catorce de febrero, ante la posibilidad de que su descubrimiento no sea conocido, escribe una carta a los reyes de Castilla y la echa al mar dentro de un barril, por si acaso no llega la tripulación a tierra con vida.

Pasada esta fuerte tempestad, les sorprende otra casi más importante frente a las costas de Portugal, el día cuatro de marzo, y han de refugiarse en Sintra, cerca de Lisboa.

Desde Lisboa, Cristóbal Colón envía tres cartas en las que describe todo lo que ha encontrado para asegurarse de que al menos una de ellas llegue sin novedad a su destino y no quede el descubrimiento sin ser conocido por el mundo: Una la dirige a Luis de Santangel, "maestre raçional"[48] de los Reyes Católicos; otra a Gabriel Sánchez, tesorero

---

[48] R.A.E. **maestre.** (Del lat. *magister*). **1.** m. Superior de cualquiera de las órdenes militares. ORTOGR. Escr. con may. inicial. **2.** m. Mar. *Hombre a quien después del capitán correspondía antiguamente el gobierno económico de las naves mercantes.* **3.** m. ant. Título equivalente a doctor o maestro. *Maestre Épila. Maestre Rodrigo.* ~ **racional. 1.** m. *Ministro real que tenía la razón de la Hacienda en cada uno de los Estados de la antigua Corona de Aragón*

de los reyes, y una tercera a don Luis de la Cerda, duque de Medinaceli. Esta última carta, desaparecida, no consta en ningún archivo, pero tenemos conocimiento de ella porque, a raíz de ser leída por el duque, éste envía otra al Cardenal Mendoza, en la que hace alusión a la escrita por Colón, dándole cuenta de que el Almirante ha vuelto de su viaje y ha descubierto todo lo que prometió (figura 2). Este documento se encuentra en el Archivo Histórico de Simancas (Valladolid), y es considerado por muchos historiadores el primer documento escrito en el que se da cuenta del descubrimiento de América, pues está fechado en Cogolludo (Guadalajara), el día 19 de marzo de 1493, días antes de que recibieran los originales de Colón sus otros dos destinatarios.

Algunos autores[49] solamente reconocen dos cartas ignorando la que envió al duque porque está desaparecida, y aunque sí conocen la que escribe el duque al cardenal Mendoza no dan cuenta de ella, y nos preguntamos ¿por qué conociendo la existencia de la misma se oculta? Creemos que no es por no querer darla a conocer, sino porque no le dan la importancia que tiene en la relación de Colón con el duque.

Afirmamos que la carta dirigida al duque de Medinaceli está perdida, porque el desembarco en Portugal tuvo lugar el día 4 de marzo de 1493 y la carta que el duque escribe al Cardenal Mendoza, como se puede ver, está fechada "en la mi villa de Cogolludo a 19 de marzo de 1493".

---

[49] VARELA, Consuelo: Cristóbal Colón. Los cuatro viajes. Testamento. Alianza Editorial, Madrid, 2(pág 12

El original de la misma es el siguiente:

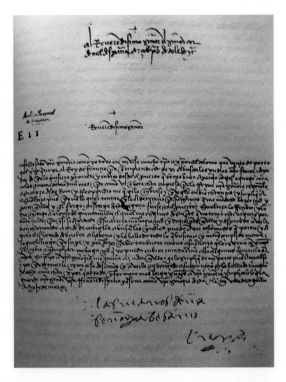

Figura 2.- Carta del duque de Medinaceli al Cardenal Mendoza

Reverendísimo Señor. No sé si sabe Vuestra Señoría cómo <u>yo tove en mi casa mucho tiempo</u> a Cristóbal Colomo, que se venía de Portogal y se quería ir al Rey de Francia para que emprendiese de ir a buscar las Indias con su favor y ayuda; e yo lo quisiera provar y enbiar desde el Puerto, que tenía buen aparejo con tres o cuatro carabelas, que no me demandava más; pero como vi que hera esta empresa para la Reina, Nuestra Señora, escrivilo a Su Alteza desde Rota y respondióme que gelo enviase. Y yo gelo embié entonçes y supliqué a Su Alteza, pues yo no lo quise tentar y lo adereçava para su serviçio, que me mandase hazer merced y parte en ello, y que el cargo y descargo d'este negoçio fuese en el Puerto. Su Alteza lo reçibió y lo dio en cargo a Alonso de Quintanilla; el cual me escrivió de su parte que no tenía este negoçio por muy çierto, pero que, si se acertase, que Su Alteza me haría merced y daría parte en ello; y después de averle bien esaminado, acordó de enviarle a buscar las Indias. Puede aver ocho meses que partió y agora él es venido de buelta a Lisbona y ha hallado todo lo que buscava y muy complidamente, lo cual luego yo supe; y por facer saber tan buena nueva a Su Alteza, gelo escrivo con Xuares y le enbío a suplicar me haga merced que yo pueda enviar en cada año allá algunas caravelas mías. Suplico a Vuestra Señoría me quiera ayudar en ello e gelo suplique de mi parte, pues a mi cabsa y <u>por yo detenerle en mi casa **dos años**</u> y averle endereçado a su serviçio se ha hallado tan grande cosa como ésta; y porque de todo informará mas largo Xuares a Vuestra Señoría, suplícole le crea.
Guarde Nuestro Señor vuestra reverendísima persona como Vuestra Señoría desea.
De la mi villa de Cogolludo, a XIX de março (1493)
Las manos de Vuestra Señoría besamos. LUIS (DE LA CERDA)[50]

---

[50] El subrayado y la negrita es nuestro

A propósito de este documento, dice Carlos Sanz:

"El rigor no puede afirmarse por las palabras del Duque, que las noticias que tenía de la vuelta de Colón, las recibiera directamente de la famosa Carta, y así lo han manifestado algunos autores, y bien pudo haber recibido la información por otro conducto. Pero las alusiones son tan precisas como, por ejemplo: el tiempo de duración del viaje, el haber llegado a las Indias y la magnitud del Descubrimiento, que no es posibre rehusar una influencia del Mensaje colombino. De otra parte, ¿quién más interesado que el mismo Colón en informar a su antiguo protector el feliz resultado de la expedición? La Carta o las noticias del regreso de Colón han llegado al Duque directamente desde Lisboa, como lo declara implícitamente el escrito al Gran Cardenal, y se deduce su fecha, pues si el Almirante desembarcó el día 15 en Palos de Moguer, no era posible que recibieran sus mensajes en la Villa de Cogolludo, que está situada en el centro geográfico de España. La cosa cambia cuando se entiende enviada desde Lisboa el 4 de marzo" [51]

La distancia entre Cogolludo y Lisboa, en línea recta, es de 573 km[52]. Del cuatro al diecinueve de marzo es lo que tardaba un buen trotero en llevar una carta desde Lisboa al centro de la Península Ibérica, en este caso a Cogolludo (Guadalajara).

Tenemos referencia de lo que tardaba un correo entre Barcelona y Sevilla, y en ella nos apoyamos para afirmar que la carta enviada a Cogolludo lo fue desde Lisboa.
En España, a finales del siglo XV,

"los correos tenían cierta regularidad, y así, de Barcelona a Sevilla por Lérida, Caspe, Zaragoza Guadalajara, Alcalá, Toledo y Córdoba, o a la inversa, un correo ordinario tardaba doce días, uno especial diez"[53];

"La carta que la Reina Católica envió a Colón, fechada en Barcelona el 5 de septiembre (1493, y que, según la referida indicación escrita con letra de la época, fué recibida a 18 (septiembre de 1493 en el Puerto de Santa María, o sea que invirtió trece días en salvar distancia que media entre Barcelona y Puerto de Santa María"[54]

La primera fecha de la que hay constancia de la *Carta de Colón* comunicando l descubrimientos de su primer viaje transatlántico, en un Libro de Actas Capitulares (Cabildo de Córdoba, es de fecha 22 de marzo de 1493, por lo que afirmamos que *carta del duque de Medinaceli al cardenal Mendoza, de fecha 19 de marzo de 1493, el primer documento escrito que da la noticia del Descubrimiento de América.*[55]

En la carta que el duque envía al cardenal Mendoza le ruega que interceda ante : altezas para que le dejen enviar por su cuenta unas carabelas cada año a aquellas tien Nadie se aventura a hacer tal petición si no conoce de antemano lo que allí v encontrar y el rendimiento que piensa sacar y esto no lo puede el duque saber nada r que de primera mano por información directa de Colón. Hay en la carta del duqu cardenal esta expresión "lo cual luego yo supe"; la palabra luego deriva del latín "lo

---

[51] SANZ, Carlos. El gran secreto de la carta de Colón; pág 146
[52] Obtenida gráficamente de la cartografía www.goozlom.com
[53] Giménez Fernández, Manuel. *Las bulas alejandrinas en 1493 referentes a las Indias, Sevilla 1944*, citado por Carlos Sanz
[54] Sanz, Carlos, op, cit. pág 146
[55] Con posterioridad a la fecha de la redacción de este párrafo, hay noticias nuevas que incluimos en ι texto posterior

y significa a la sazón, prontamente, sin dilación, al punto, enseguida; que nos indica que lo supo inmediatamente[56].

En la carta se afirma, por dos veces, que Cristóbal Colón ha convivido con el duque de Medinaceli *en su casa durante dos años*, y todo ello sin haber descubierto NADA.

Insistimos en lo importante que es la afirmación de que el duque lo ha tenido en su casa durante este tiempo. Algún historiador afirma que esto no es así[57] y asegura que este tiempo que estuvo en su casa va desde el otoño de 1488 hasta la primavera de 1489, es decir, unos ocho o nueve meses. ¿A qué se debe esta tergiversación del documento original?, pues está claro que la carta dice que le tuvo en su casa mucho tiempo, y después aclara que fue durante dos años, y no unos meses, y es que es muy importante leer lo que dicen los textos originales, y no las interpretaciones que mejor convienen a las hipótesis del momento. Hasta aquí, la información existente hasta el año 2019.

Con fecha 16 de junio de 2019, se da cuenta en el periódico ABC, de Madrid, del hallazgo de otra carta, que hasta la fecha estaba desaparecida, en la que el rey de Portugal comunica al rey Fernando el Católico la llegada de Cristóbal Colón a Lisboa. Es sin duda una buena nueva para nosotros, pues, al llevar fecha 4 de marzo de 1493, anterior a la del duque de Medinaceli al Cardenal Mendoza, abrigamos la esperanza de que la que envió el Almirante al duque, a Cogolludo, tenga la misma fecha de salida de Lisboa, es decir, 4 de marzo, y se encuentre en alguno de los archivos privados de la nobleza, sin catalogar, lo que confirmaría que la primera noticia escrita del descubrimiento no sería solo la carta del rey de Portugal, sino que, serían dos documentos de la misma fecha con la misma noticia, pero dirigida a dos destinatarios distintos: una al rey Fernando, y otra al duque de Medinaceli.

De nuevo encontramos una vinculación de Colón con el duque de Medinaceli, pues

"el Archivo de la Nobleza se encuentra en el Hospital Tavera de Toledo, gracias a la donación de una parte del edificio hecha por la Fundación Casa Ducal de Medinaceli en 1988. Se identifican más de 1.200 archivos de <u>títulos nobiliarios</u> que han ingresado en la colección mediante compra, donación o depósito. Los últimos ingresos recibidos en el archivo han sido el Archivo de los Marqueses de Perales del Rio, el de los Marqueses de Monterrón y Marqueses de Santa Cruz y Duques de San Carlos (2016) y el más reciente del Archivo de los duques de Arión (2017)[58].

A continuación, adjuntamos la noticia de ABC en Internet, tal y como se dio a conocer.

"J.V.Periódico ABC. Actualizado 16.06. 2019
Encuentran la primera carta que informó del regreso de Colón tras descubrir América
El más antiguo documento sobre este hecho es hallado en el Archivo de la Nobleza, se trata de una misiva del Rey de Portugal a Fernando el Católico

---

[56] R.A.E. **luego.** (Del lat. vulg. *loco*, abl. d *locus*).**1.** adv. t. Prontamente, sin dilación.

[57] Fernández Álvarez, Manuel. La gran aventura de Cristóbal Colón. Espasa Caple, Barcelona. 2008; pág 144. *"No dos años completos, sino desde el otoño de 1488 hasta la primavera de 1489"*
[58] https://es.wikipedia.org

Dorso de la Carta. - Archivo de la Nobleza

El documento más antiguo que informa sobre el regreso de Cristobal Colón tras descubri[...] América acaba de ser encontrado por el Archivo de la Nobleza, dependiente del ministerio d[...] Cultura, en sus trabajos de tratamiento técnico y digitalización del Archivo de los condes d[...] Villagonzalo.

«Nuestro muy alto, excelentísimo y poderoso principe Rey de Castilla, de Aragon de Sicilia, d[...] Granada y nuestro muy amado principe hermano», se puede leer en portugués en el dorso d[...] la carta fechada el 4 de marzo de 1493 y escrita por Juan II de Portugal a Fernando el Católi[...] en donde se notifica por primera vez la gesta de Colón. Está escrita el mismo día que Col[...] arribó a Lisboa tras su aventura. «Sobre la venyda del almyrante de las Yndias», se lee en[...] dorso.

«El interés de este documento reside, especialmente, en lo temprano de su fecha, ya q[...] podríamos estar ante el primer testimonio del regreso exitoso de Colón tras su avent[...] oceánica, al margen de sus cartas y diarios. La fortuita llegada a Lisboa del navegante conce[...] al monarca portugués la primicia del descubrimiento y daba lugar a una batalla diplomát[...] entre la corte castellana y la portuguesa por el control de la expansión atlántica», expli[...] desde el Archivo que también muestra que Juan II de Portugal iba a enviar a uno de embajadores, Rui de Sande.

En el dorso del documento, en la dirección de la carta, podemos ver el sello de armas del[...] de Portugal, que se conserva excepcionalmente bien, y la mancha de cierre en forma semicírculo. Según ha podido saber ABC, desde esta institución tienen la intención mostra[...] al público a partir de la semana que viene en la exposición que tiene el Archivo de la Nob[...] sobre la firma del Tratado de Tordesillas que se puede ver en Toledo.

Y es que en este proceso de descripción y tratamiento técnico del Archivo de los conde[...] Villagonzalo, que es propiedad privada pero que está custodiado por el Archivo de la Nob[...] se encontraron hace unos meses dos cartas oficiales de Juan II de Portugal fechadas el [...] marzo, de la que hemos hablado, y otra del 25 de mayo de 1493, y que están relacionada[...] el Tratado de Tordesillas. Son los primeros documentos concernientes a este viaje tra[...] salida de Palos de la Frontera el 3 de agosto de 1492.

El segundo documento también es una misiva de Juan II de Portugal a Fernando el Cat[...] esta vez fechada a 25 de mayo de 1493, y se trata de un testimonio de cómo el rey portu[...] aceptaba paralizar la salida de sus carabelas, que se habían empezado a preparar «descubrir donde Cristóbal Colón». La carta del monarca constituye así el comienzo d[...] negociaciones que darían lugar al Tratado de Tordesillas, en tanto se iniciaba[...] conversaciones con el papa Alejandro en torno a las tierras descubiertas"

Hasta aquí las referencias actualizadas de la fecha en la que Castilla conoce que el Almirante ha llegado a las Yndias y ha regresado por una ruta desconocida hasta ese momento.

Recapacitemos ahora sobre el papel que el Almirante tenía en la sociedad.

Atendiendo a las condiciones de convivencia en la sociedad de la época relatadas anteriormente, por las que ni siquiera se puede testificar en un juicio, solamente por el hecho de ser hijo de una pescadera o haber desempeñado oficios bajos como es el de calcetero... podemos afirmar que las relaciones del Descubridor con los reyes de España y Portugal no entran dentro de los cánones sociales de la época, porque, ¿no se encontraría en la misma situación que un cardador de lana, un vinatero o un marinero, como ya hemos comentado, que le impedirían acercarse a éstas personalidades, pues estos oficios son los que desempeñaba el Almirante según la hipótesis que lo sitúan nacido en Génova?

No quedamos satisfechos todavía con las noticias constatadas del movimiento y relaciones que desarrolla el Almirante con quienes ostentan los más altos cargos de la nobleza, y nos queda la duda de cómo es posible que Bartolomé Colon tenga acceso a la Corte francesa.

Tenemos otro testimonio sin precedente, y entendemos que muy importante, en el que, una vez más, un Mendoza abre una puerta ante la realeza, en este caso francesa, para dar a conocer su proyecto de llegar a las Indias por una nueva ruta. Este es el del lazo de unión entre el Almirante y el rey de Francia (Carlos VIII), al que envía a su hermano Bartolomé para ofrecerle el proyecto de esta nueva ruta, ya que en Castilla no tenía apoyos. ¿No ha pensado nadie que en el espacio y tiempo en que esto sucede Bartolomé no tendría ninguna posibilidad ni de acercarse a la corte del monarca galo, siendo como era en aquella sociedad un desconocido y un "don nadie"? La relación de Colón con el rey francés la encontramos en otro Mendoza; se trata de don Lorenzo Suárez de Figueroa, hermano del Cardenal Mendoza, que estaba casado con Isabel de Villandrando, prima del monarca galo[59]. Otro Mendoza, de nuevo, intercediendo para la causa y beneficio del Almirante.

¿Qué se deduce de todo esto? Cristóbal Colón es consciente del gran apoyo que le había prestado el duque de Medinaceli para poder realizar su empresa de las Indias y tiene el derecho por ello a ser uno de los primeros en conocer la noticia, de ahí que le envíe la carta que se encuentra en la actualidad perdida, y que confiamos que, al igual que la del rey de Portugal, aparezca en alguno de tantos archivos que están si catalogar todavía.

De todos estos hechos lo que está claro es el gran apoyo que la familia Mendoza y el duque de Medinaceli prestaban a Cristóbal Colón y la pregunta inmediata es: ¿será posible que toda la vida oculta del Almirante se haya desarrollado en la tierra de Guadalajara y que guarde una relación muy estrecha con esta familia Mendoza, que en aquel entonces tenía una cercanía a los reyes que les permitía controlar casi todo?

Lo primero que procede es estudiar la historia de Guadalajara en esos años.

---

[59] Citado por Alfonso Philippot en su obra La identidad de Cristóbal Colón.

I.3. ¿Quién de la familia Mendoza tiene que ver con Cristóbal Colón en 1435 ó 1436? Fecha de nacimiento del Almirante

Veamos, con arreglo a la fecha en la que nació Cristóbal Colón, 1435 o 1436, como hemos deducido anteriormente, si entre algún miembro de la familia Mendoza existe alguna relación que vincule un nacimiento a estos años, y nos pueda aclarar estos hechos.

En el año 1435 fallece, en Espinosa de Henares (Guadalajara), a solo siete kilómetros de Cogolludo[60], doña Aldonza de Mendoza, de quien aportaremos más adelante más datos, que era hija del Almirante de Castilla don Diego Hurtado de Mendoza y de doña María de Castilla, esta hija natural del Rey de Castilla, don Enrique II de Trastámara.

En el Archivo Histórico Nacional está el original de su testamento, hecho el día 16 de junio de 1435, dos días antes de morir. En él se lee (figura 3) que deja, entre muchos bienes, una manda de 13000 maravedíes a CRISTÓBAL GENOVÉS.

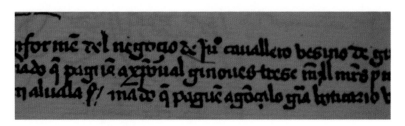

Figura 3.- Ampliación del texto del testamento de doña Aldonza de Mendoza, en el que, en la línea d centro se lee. ...páguese a ***Xpoual ginoves trese mil mrvs***

La cantidad de trece mil maravedíes es posible que no nos dé idea, por sí sola, de lo qu representaba en esos años. Si conocemos el sueldo que percibía alguna autoridad en e época, podemos valorar mejor este hecho. Para ello comparamos los 13000 maravedí del testamento con lo que percibía el alcalde mayor del condado de Medinaceli, q tenía un sueldo anual de 3000 maravedíes en el año 1469 (treinta y tres años después documento testamentario). Esta es la cifra que figura en un documento del Archi Ducal de Medinaceli de Sevilla[61], por el que, en mayo de ese mismo año, Ferr González de Carrión, alcalde mayor del condado de Medinaceli, reconoce ha recibido del concejo de Cogolludo su salario del año en curso. Así, pues, a Cristó Genovés le deja en herencia doña Aldonza de Mendoza una cantidad equivalente salario de 4,33 anualidades del sueldo de un alcalde mayor del condado de Cogolludo 2,6 veces más que la donación al convento de San Bartolomé de Lupiana, del que benefactora. Era, pues, una cantidad importante.

Nos llama la atención que figure en este documento, redactado en Espinosa de Hena (Guadalajar*a) el día 16 de junio de 1435*, dos días antes de su fallecimiento, un nom tan exacto al que es conocido en los estudios de la vida del Almirante: *Cristóbal* gentilicio *genovés*.

---

[60] Recuérdese que la carta del Duque de Medinaceli al Cardenal Mendoza, dándole cuenta del descubrimiento de América está fechada en esta localidad
[61] López Gutiérrez, J. Antonio. Documentación del Señorío de Cogolludo en el Archivo ducal de Medinaceli de Sevilla (1176-1530) Ibercaja. Zaragoza.1989; pág 189.

¿Quién fue este personaje y a qué se debe que la duquesa de Arjona le deje esta considerable cantidad de dinero? Esta puede ser la clave de toda nuestra tesis, pero no la única. Por otra parte, hay que ir al documento original, depositado en el Archivo Histórico, en Madrid, para ver esta donación hereditaria, pues en el resumen hecho por algún historiador, *este detalle ha desaparecido.* ¿De nuevo una mano desconocida pretende ocultar este dato a los estudiosos de la vida del Almirante?

Hasta ahora, hay una base de partida que nos puede relacionar a doña Aldonza de Mendoza con Cristóbal Colón, y se apoya en estas tres coincidencias:

1. Coincidencia del nombre de Cristóbal Genovés en su testamento, igual que el reconocido del Descubridor por los historiadores.
2. Coincidencia del año 1435 con el de nacimiento del Almirante deducido de los testimonios por él relatados, por sus biógrafos, y por historiadores posteriores a la fecha del descubrimiento, y el año de fallecimiento de esta señora.
3. Coincidencia de los topónimos "de terra rubia" (espinosa) y Espinosa de Henares. Recordemos que Las Casas dice:

"que se solía llamar, antes que llegase al estado que llegó, CRISTOBAL COLUMBO DE TERRA-RUBIA"[62]

Cristóbal Colón de Espinosa, decimos nosotros, y que su cocinero, que era familiar suyo, según el conde Roselly de Lorgues, se llamaba también Espinosa, y figura en el testamento del Almirante, unos meses antes de su fallecimiento, como persona a su servicio. Por si ello fuera poco, tenemos la afirmación de Hernando Colón, que dice que

"teniéndose por natural de estos reinos (Portugal y Castilla) que eran patria de sus hijos"

Por lo que entendemos que su padre era castellano o portugués. El duque de Medinaceli lo acoge en su casa durante dos años, y también lo hace el Cardenal Mendoza sin haber descubierto nada, y Lorenzo Suárez de Figueroa ha podido intervenir para que el rey de Francia reciba a Bartolomé Colón. No es mucho, en principio, pero puede ser un buen punto de partida para ver si existen más coincidencias que puedan aportar luz para conocer mejor a Colón. Dada la influencia que los Mendoza ejercían en la época que esto sucedía, las fechas en las que llega Colón a España, y la inestimable ayuda que algunos de sus miembros prestaron al Almirante para introducirlo en la Corte y presentarlo a los Reyes Católicos, estimamos que es oportuno hacer un estudio de esta familia.

---

[62] Las Casas, ob, cit; Capítulo II, pág 21.

I.4. Doña Aldonza Mendoza, duquesa de Arjona

Ricardo Sanz García, en sus trabajos sobre el origen de Cristóbal Colón, nos presenta a Doña Aldonza de Mendoza como la madre del Almirante.

Este personaje de la familia Mendoza merece un estudio pormenorizado, pues, como veremos, va a ser clave para el conocimiento de la vida y orígenes del Descubridor. Su vida no fue precisamente fácil, pues, huérfana de padre y madre, y casada con un hombre mujeriego que no la respetó, se vio rodeada de numerosos hermanastros, en especial el marqués de Santillana, hostiles a su persona por intereses económicos.

Nace en Guadalajara, sin conocerse mes ni año. Su madre muere en el parto.
Doña Aldonza de Mendoza, duquesa de Arjona y Señora de Cogolludo, entre otros títulos, fue hija de don Diego Hurtado de Mendoza, Almirante de Castilla, y de doña María de Castilla, hija natural (reconocida) de Enrique II de Trastámara.

Tuvo un hermano mayor que ella, don Pedro, pero murió siendo muy niño a consecuencia de una caída en el Alcázar de Madrid.

Hasta los siete años, su padre siempre estuvo pendiente de doña Aldonza, pues era lo único que tenía, y la llenó de afecto, cariño y tiempo para atender las inquietudes que una niña precisa a esa edad; pero la felicidad no duró mucho para aquella joven, pues su padre se casó en segundas nupcias con doña Leonor de la Vega, y esta segunda esposa hizo la vida imposible a su hijastra.

Don Diego no fue muy feliz en este segundo matrimonio, acordado por alguno de los métodos que se utilizaban interesadamente la época para ascender en la sociedad, y que eran otros que, los casamientos, la lucha entre familias o el favor real.

Como consecuencia de esta falta de cariño entre el matrimonio, don Diego fue infiel manera permanente a doña Leonor con doña Mencía de Ayala, prima suya.

Doña Leonor de la Vega tenía un carácter violento y, según los historiadores y referencias hechas en aquella época a su persona, anidaba en ella el rencor. Tenía hija de su matrimonio con don Juan de Castilla, muerto en la batalla de Aljubarr curiosamente también llamada Aldonza. Con don Diego Hurtado de Mendo Almirante de Castilla tuvo cinco hijos[63], a los que trató con mucha más deferencia qu su hijastra doña Aldonza, lo que creó un clima de desconfianza entre los hermanastr entre el matrimonio.

---

[63] Íñigo López de Mendoza (Marqués de Santillana), García, Elvira, Teresa y Gonzalo.

Hasta tal punto eran nulas las relaciones entre don Diego y doña Leonor, que cuando falleció don Diego en Guadalajara, acompañado por su hija Aldonza y de su prima y amante doña Mencía, su esposa doña Leonor, que residía en Carrión de los Condes, no se enteró de la gravedad de la enfermedad de su esposo, ni de su muerte hasta que esta se produjo.

La diferencia de trato a una y a otros vendrá a complicar más aún la inexistente paz familiar, y esta vez por intereses económicos, pues era grande la diferencia de bienes que poseía doña Aldonza de Mendoza y la que poseían sus hermanastros, hijos de doña Leonor y don Diego.

Con el fallecimiento de don Diego, su padre, doña Aldonza de Mendoza se quedó sin su principal apoyo, y comenzó para ella una vida llena de vivencias desagradables. Heredó de su madre las villas de Cogolludo, Loranca de Tajuña, El Pozo de Portillo, en tierra de Atienza y la posesión de Torralba, y del Almirante heredó las villas de Tendilla, Cobeña, Algecilla, Palazuelos y Robredarcas, otros muchos lugares, unas casas principales en Guadalajara y buena suma de dineros.

Ya aquí surge de nuevo el enfrentamiento entre Aldonza y Leonor, pues la primera, acompañada de doña Mencía, se apropió de todos los objetos que tenían valor en la casa de don Diego al fallecimiento de éste; bienes que fueron reclamados por doña Leonor y que pasaron a su poder posteriormente al fallar Enrique III a su favor en 1405.

Como consecuencia de estas desavenencias, su hermanastro Iñigo, marqués de Santillana, pleiteó durante años por la posesión del Real de Manzanares, avivándose así el distanciamiento que entre ellos había existido siempre.

Doña Aldonza se casó con don Fadrique de Castro[64]. Fue un matrimonio de conveniencia, y el enlace se celebró en Olmedo en febrero del año 1405.

Don Fardique era conde de Trastámara, señor de Castro, Lemos, Ponferrada, Villafranca del Bollo, Arcos y otros muchos lugares, hombre de gran valimiento gracias a su poderío y al parentesco con los reyes. Cuando Juan II desposeyó de sus bienes al *buen Condestable* Ruy López de Dávalos en 1423, hizo a don Fadrique de Castro señor y duque de la villa de Arjona, título que heredó posteriormente doña Aldonza de Mendoza[65].

La historia de don Fadrique no dice mucho a favor de las relaciones con su esposa, a la que llegó a apoderarse de alhajas, dote y otros bienes y a maltratar físicamente, aparte de vejarla ante las personas que le conocían por ser de todos los cortesanos sabidas las correrías que se hacía con varias barraganas (dícese que tenía nueve reconocidas). Con una de ellas, una orensana que estaba casada, llamada Aldonza Alfonso, tuvo al menos tres hijos naturales, en tanto que de su matrimonio con doña Aldonza no tuvo ninguno. Hasta tal punto llegaron los malos tratos que a doña Aldonza de Mendoza la tuvo en prisión durante dos años en Ponferrada, declarando ésta que le habían dado hierbas, y, como consecuencia de ello, se le había caído el pelo. Evidentemente, no era el marido ideal.

---

[64] Hijo del condestable de Castilla don Pedro Enríquez, y de doña Isabel de Castro
[65] www.protocolo.org. El ducado más antiguo que se conoce en España, con carácter hereditario, es el de Arjona, que fue concedido por el Rey Juan II de Castilla, en el año 1423.

Los litigios para conseguir los bienes paternos fueron largos; y don Iñigo (marqués de Santillana), doña Aldonza, y el duque de Arjona, llegaron el día 10 de noviembre del año 1422 a un acuerdo, por el que, *si Aldonza no tenía hijos, todos sus bienes pasarían a su hermanastro*, guardándose doña Aldonza para sí y su esposo, desde junio de 1423, la posesión del Real de Manzanares, menos Guadalix, y Miraflores que serían de Iñigo. Aliviada por el descanso que suponía el haber llegado a un acuerdo con su hermanastro, se volcó en sus obras benéficas en la mejora de la capilla del monasterio jerónimo de San Bartolomé de Lupiana (Guadalajara). Sus inversiones fueron muy importantes, pues la capilla la convirtió en iglesia, regaló un hermoso altar, hoy desaparecido, y la dotó de un gran artesonado, hasta el punto de que el padre Sigüenza dice que *se labraron con el mejor ornato que la rusticidad de aquel tiempo supo dalle.*

A todo esto, aparejaba el duque de Arjona una dudosa lealtad a sus amigos y aliados. En la batalla del rey Juan II contra los Infantes de Aragón, en el Burgo de Osma, el duque de Arjona se retrasó de forma deliberada en su llegada al campo de batalla a la hora acordada para la contienda, con la intención de presentarse una vez se hubiera resuelto la misma y colocarse en el bando del vencedor. El rey de Castilla don Juan II le tachó de sospechoso y presunto partidario de los Infantes, y, pese a sus excusas por el retraso, le llevó preso a Almazán y más tarde al castillo de Peñafiel, donde falleció un año después, en 1430, sin haber sido juzgado.

Layna Serrano[66], que lo toma de "Crónicas de Juan II" por Galíndez de Carvajal, años 1420-1430.

La muerte del duque de Arjona nos la relata el historiador Hernando Pecha[67]. Dice así:

"Fue doña Aldonza, Señora de Cogolludo. No tuvo hijos de este matrimonio, murió su marido el duque de Arjona desgraçiadamente, porque fue preso por sospechoso contra el Rey Do Juan el segundo y en fabor de los Infantes de Aragón, fué su prisión en el castillo de Peñafiel allí murió, el año de mill y quatrozientos y treinta. El Rey Don Juan el segundo trujo luto por nueve días, fue sepultado en el Monasterio de Canónigos Reglares de Nuestra Señora de Be vívere, media legua de Carrión sepultura de los Condes de Salinas, como affirman Ambrosio (Morales; aunque el canónigo Salazar de Mendoza en el libro de las dignidades de Castilla, d que está enterrado en Toledo en el Monasterio de Sancta Clara. *Murió (el duque de Arjona) succesión legítima y heredóle su hermana doña Beatriz*".
"Quedó la duquesa de Arjona biuda *y sin hijos*, retiróse a Guadalaxara con su padre [sic][68] y vivió toda su vida sin mudar de estado"

Y agrega el padre Hernando:

"El Duque de Arjona, fue nieto de don Fadrique, biznieto del Rey don Alonso undézim(como affirma Salazar de Mendoza Libro de las Dignidades de Castilla, a folio ochenta y o fue este Duque de quien dize el Romance antiguo:[69]

De vos el duque de Arjona/Grandes querellas me dan/Que forzadas las mujeres/Casadas e casar/Que les bevíades vino/E les comíades pan/Que les tomais la cevada/Sin se la qu(pagar...[70]

---

[66] Layna Serrano, op.cit., 1942, tomo I, pág 128
[67] Hernando Pecha. 1977, tomo I, págs. 192-193
[68] Aquí hay un error, pues su padre ya había fallecido en 1404.
[69] Ob, cit, pág 192

Al fallecimiento de don Fadrique, doña Aldonza se retiró a sus casas de Guadalajara, situadas entre el espacio que ocupó la Academia de Ingenieros en la primera mitad del siglo XX, y el actual edificio de la Escuela de Magisterio.

Pretendida por numerosos señores, dada su condición económica, poseedora de una gran fortuna[71], no se volvió a casar, pues, además de su deseo de consagrarse a la devoción y a ejercer la caridad, entre otros, estaba la de exasperar a su hermanastro mayor... dado que había una gran pugna entre ellos por los bienes heredados.

Falleció doña Aldonza, de parto, posiblemente fruto de las relaciones con el duque de Treviño don Diego Manrique, como más adelante se dirá, en Espinosa de Henares (Guadalajara), el día 18 de junio de 1435.

Los pleitos con su hermanastro Íñigo (marqués de Santillana), continuaron después de la muerte de la duquesa de Arjona, y los documentos que se presentan a continuación son testimonio de lo ocurrido para la obtención del Real de Manzanares. Hemos de aclarar que, una vez se produjo el óbito de doña Aldonza de Mendoza, el marqués de Santillana hizo un documento por el que el prior del monasterio jerónimo de San Bartolomé de Lupiana (Guadalajara), y el criado de doña Aldonza Juan de Contreras, declaran *haber escuchado* de esta señora *su deseo* de que el Real de Manzanares pasase a propiedad de su hermanastro el Marqués de Santillana, sin que dos días antes de su fallecimiento, en su último testamento, figure este deseo.

Cristina de Arteaga[72] nos relata estos hechos:

Don Íñigo (Marqués de Santillana) pasaba ahora –habrá que decirlo así- por una "pena familiar". Entrada la primavera de 1435, estando el rey en Madrid -donde había sido padrino de Don Juan, el hijo mayor de D. Alvaro de Luna- "hubo nuevas como la Duquesa de Arjona era muerta, la qual era gran señora y muy rica así de dineros e de joyas como de vasallos"[73].

Esta hija predilecta del Almirante y de su mujer, Dª María Enríquez (hija de Enrique II de Castilla), fue la cruz de Íñigo López. Persiguió su niñez y su adolescencia con pleitos sin fin a base de la herencia paterna, especialmente del Real de Manzanares; casada con el Conde de Trastamara, Duque de Arjona, no cesó en el ansia de acrecentar sus bienes y tuvo más querellas de Dª Aldonza D. Íñigo que el Rey D. Juan del Duque Don Fadrique... Tal fue la manera de obrar de esta Señora, que Dª Leonor de la Vega al morir la excluyó de la participación de sus bienes matrimoniales. Dª Aldonza recurrió, se nombraron árbitros, entró la Duquesa en la herencia, tocándola Santa María de Villasirga, San Martín del Monte, el portazgo de Ávila y las casas de Valladolid y, aun no contenta con esto, puso pleito a su hermano sobre la Merindad de Liébana. Ni la viudedad, ni el estar sin sucesión, calmaron sus ambiciones; pero un día la hirió la última enfermedad, no en Guadalajara, donde solía residir, sino en Espinosa, cerca de Hita, y tal vez acordada de cierto amor fraterno, o deseosa de tranquilizar su conciencia envió a llamar a Íñigo López. Con él comparecerían ante la enferma el Prior de los Jerónimos de San Bartolomé de Lupiana, General de la Orden, y Juan de Contreras, escudero de Dª Aldonza. Ante los tres declaró la Duquesa que su voluntad era de dejar y mandar a su hermano los bienes que ella tenía, de los que habían sido y eran de los

---

[70] En el original solamente los dos primeros versos. Hemos completado el romance para una mejor comprensión.

[71] Su padre, Diego Hurtado de Mendoza, a su muerte, era considerado el hombre más rico de Castilla

[72] Arteaga y Falguera, Cristina de. La casa del Infantado cabeza de los Mendoza. La publica el Duque del Infantado. Madrid. 1940. Volumen 1. págs 106-108

[73] "Crónica". Año 29º, cap VI.

mayorazgos de dicho Iñigo López, es, a saber: la mitad del Real de Manzanares con porquerizas, Guadalix, Colmenar, el Vado, el Cardoso, Cobeña, Palazuelos, Robredarcas y Tejer, Espinosa, Membrillera, Carrascosa, las heredades de Atienza, Loranca cerca de Tajuña, las heredades de Toledo y su tierra, la mitad de Novés, *todo con una condición...* "que Dª Mencía, hija de Iñigo López, *casase con Alfon, hijo de dicha Duquesa*"...[74]

Ninguna crónica ha tocado tan delicado asunto, pero las declaraciones de Fray Esteban de León y de Juan de Contreras en Segovia, a 9 de agosto, y las de ambos con D. Iñigo en la misma ciudad, a martes 13 de septiembre de este año de 1435, en las casas de Diego Barroso que son a la colación de la Trinidad, "donde posa Iñigo López de Mendoza, Señor de la Vega" ponen fuera de duda la confesión de la Duquesa de Arjona y la existencia de ese muchacho que "se llamaba Alfon el Doncel e agora se llamaba según se dice Rodrigo de Mendoza... el qual decían algunos ser fijo de la dicha Sra Duquesa"[75]

Había en casa de ella un caballero que se llamaba Diego de Mendoza (¿sería el padre?) "de quien ella mucho confiaba"; a este Diego de Mendoza y a su primo, el Adelantado Pero Manrique, dejaba la Arjona por sus herederos. *Ausente en el punto de la muerte Iñigo López,* (Marqués de Santillana) se tomaron estos la justicia por su mano; el D. Diego avisó a Diego Manrique, hijo mayor del Adelantado. "E luego que la Duquesa fue muerta... tomaron todo el tesoro e joyas de la Duquesa, e fueronse con ello a Cogolludo, villa de la dicha Duquesa; y como esto supo Iñigo López de Mendoza, juntó toda la gente que pudo, e puso el cerco sobre Cogolludo, y comenzó de lo combatir valientemente; hasta que enterado el Rey del conflicto que se armaba entre los Mendoza y los Manrique envió al Conde Don Pedro de Estúñiga, su Justicia mayor, y a los Alcaides de su Corte para que los sosegasen y pusiesen la herencia bajo secuestro en tanto que se viese el debate en justicia.

De modo que aún después de muerta cuidó la Duquesa —era sin duda su sino- de producir discordias. Su testamento, firmado en Espinosa, a 16 de junio, dejaba ordenada su sepultura "según mi estado demanda... convenible a mi persona" en la Iglesia que se había de labrar a su costa, con dos capillas en San Bartolomé de Lupiana[76] y hacía este documento memoria de lo declarado al Prior, a Contreras y a Iñigo López. *¿Qué sería de Alfonso el Doncel? La extraña historia quedó también sepultada en los viejos legajos.* Allá en el Monasterio de Lupiana, los monjes jerónimos rodearon la figura de su bienhechora con claro renombre; hoy, arrebatada la tumba y aun los restos de aquella cumbre que fue pedestal de penitencia y plegaria, duerme la efigie sepulcral de la Duquesa de Arjona en el Museo Arqueológico de Madrid.[77] Viste ropón ajustado sobre la túnica, adorna su garganta un rico collar y, aunque suntuosa presumida, se la diría bajo una leve toca llena de gravedad cándida; tiene en sus manos posada suavemente sobre el rosario de cuentas, un gesto de recato y de paz..."

Vemos pues, que doña Aldonza de Mendoza tuvo, como decíamos al iniciar el capítulo, una vida agitada hasta después de su muerte.

Este documento nos revela muchos puntos oscuros de la vida de doña Aldonza. primer lugar, decide terminar los pleitos que había tenido con su hermanastro Iñ durante toda su vida unos días antes de su muerte. Y decimos unos días antes de muerte porque esta última voluntad tiene que ser anterior al día 16 de junio de 1435.

---

[74] Testimonio original, escrito en papel de cuartilla, sobre una cláusula del Testamento de la Duquesa Arjona, 26 de septiembre de 1435. Osuna, 1767.
[75] Osuna 1767, núm 20.
[76] Copia simple del Testamento en OS. 1757. Lo trae Salazar en la "Historia de la Casa de Lara"
[77] En la actualidad, el sepulcro se encuentra en el Museo de Guadalajara.

que ese día hizo su último testamento, dos días antes de morir, y en él no figura ninguna manda para que ello se cumpla.

La nota a pie de página de doña Cristina de Arteaga dice:

"Testimonio original, escrito en papel de cuartilla, sobre una cláusula del Testamento de la Duquesa de Arjona, 26 de septiembre de 1435. Osuna, 1767."

Observamos que es de tres meses posterior a la redacción del testamento hecho por doña Aldonza dos días antes de morir, por lo que se trata de un documento que favorece los intereses de don Iñigo, basado en el testimonio de fray Esteban de León y Juan de Contreras, únicos asistentes en el momento de fallecimiento de la duquesa.

Fueron sus albaceas testamentarios su primo, don Pedro Manrique; y el prior de Lupiana fray Esteban de León[78].

¿Qué ocurre con los dos niños nombrados Alfón el Doncel y Rodrigo de Mendoza?

De nuevo contamos con dos declaraciones: una de fray Esteban de León, y Juan de Contreras el día 9 de agosto de ese mismo año (dos meses después del óbito), en Segovia, que se ratifican de la confesión de la duquesa a favor del marqués de Santillana, con la condición de

"que Dª Mencía, hija de Iñigo López, casase con Alfon, hijo de dicha Duquesa"

Y otra el día 13 de septiembre en la que confirma de nuevo y ponen fuera de duda la confesión de la duquesa de Arjona y la existencia de ese muchacho que

"se llamaba Alfon el Doncel e agora se llamaba según se dice Rodrigo de Mendoza... el qual decían algunos ser fijo de la dicha Sra Duquesa"

No conocemos la causa de la muerte de doña Aldonza, pues se dice que un día la hirió *la última enfermedad...* ¿cuál era esta última enfermedad? es nuestra pregunta... No cabe duda de que doña Aldonza ha tenido uno (Alfón el Doncel) o dos hijos (Rodrigo de Mendoza), que no figuran en su testamento, *hecho dos días antes de su muerte*, pero de los que sí se tiene conocimiento de su existencia dos meses después, por las declaraciones de los dos testigos del fallecimiento de la duquesa.

En el testamento de la duquesa no figura ninguno de los dos hijos. Los testigos afirman que esta señora *declaró su voluntad* de cesión del Real de Manzanares antes de la redacción del testamento, lo que es coherente con el nacimiento de estos dos nuevos personajes que impiden que el marqués de Santillana tome posesión de esta gran propiedad, pues Alfón y Rodrigo serían los herederos legítimos de todas los bienes de doña Aldonza, que no eran pocos... y no los incluye en el testamento porque todavía no han nacido. Con la declaración de Fray Esteban de León y Juan de Contreras como testigos del *deseo* de la duquesa, se formaliza el derecho de herencia del Marqués.

---

[78] A.H.N. *Osuna*. Leg. 1768, nº 6.1. (f.1) *peresçieron ende presentes antel dicho vicario, fray Estevan de Leon, profeso delo monasterio de Sant Bartolome de Lupiana, de la Orden de Sant Geronimo, **albaçea e testamentario del testamento de la dicha señora duquesa**...*

También parece claro, a la vista del testamento, que doña Aldonza no tenía voluntad de entregar el Real de Manzanares a su hermanastro, pues en una de las mandas del mismo dice:

"E mando al Monasterio de Santa Marya del Paular cerca de Rascafría dos mil maravedís de cada año perpetuamente señaladamente en la mattinyega[79] que a my pertenece en el Real de Manzanares..."

Así pues, estamos ante la duda de la veracidad de la cesión de los bienes de doña Aldonza a su hermanastro a condición de que Alfón el Doncel se case con Mencía, hija del marqués de Santillana...

Doña Mencía se casó con don Pedro Fernández de Velasco, duque de Haro, luego esta condición no se cumplió...

Si ha sido un error nombrar en un documento a Alfón el Doncel, que frena la posesión de los bienes de la duquesa a favor del marqués de Santillana hasta que no haya boda entre el infante y doña Mencía, con la desaparición de Alfón queda resuelto este obstáculo.

¿Desapareció el muchacho o le hicieron desaparecer? Nunca más se vuelve a saber de Alfón el Doncel ni de Rodrigo de Mendoza, aunque del primero hemos encontrado como se verá en su momento, un documento en el que figura como hijo de doña Aldonza, asesinado a los cinco años.

¿Quién sale beneficiado de la herencia de esta señora? Sin duda el marqués d Santillana al desaparecer su hijo Alfón; pero no hay conocimiento de lo que pasó co Rodrigo de Mendoza.

¿Qué ganan los dos testigos del fallecimiento de doña Aldonza declarando que existe ⅰ hijo, y qué ganan si posteriormente lo hacen desaparecer?

El prior del monasterio de San Bartolomé de Lupiana no tiene nada que ganar ni q perder. La duquesa ha dejado al monasterio en su testamento una buena cantidad dinero y bienes. Juan de Contreras puede verse beneficiado si es cómplice de desaparición de don Alfón... ¿De quién puede obtener algún beneficio? Por lógica quien se vea favorecido en la herencia, que no es otro que el marqués de Santillana.

Ricardo Sanz García[80] hace un seguimiento de este personaje (Juan de Contreras), y localiza como servidor del marqués de Santillana, actuando en 1436 como testigo fa¹ junto al alcalde de Buitrago, que estaba sometido a don Íñigo, en la compra de la v de Beleña. La escritura de compra se hace el día 2 de marzo de 1436, y se convierte definitiva el 4 de agosto del mismo año[81], después del fallecimiento de doña Aldonza

Pero figura también, como hemos visto, en la declaración del día 9 de agosto de 1 afirmando la voluntad declarada de doña Aldonza en favor de su hermano para que

---

[79] R.A.E. **martiniega. 1.** f. Tributo o contribución que se debía pagar el día de San Martín.

[80] Sanz García, Ricardo. Op cit. Pág 57-60

[81] Pérez Bustamante, Rogelio. El Marqués de Santillana. Fundación Santillana. Taurus, 1983. Pág 33(

sea el heredero del Real de Manzanaraes, y de nuevo figura en el codicilo y testamento hecho por el marqués de Santillana el 5 de junio de 1455 en Jaén[82] (veinte años más tarde del fallecimiento de doña Aldonza). El testamento dice así:

"Assymesmo rruego e mando a mi fijo don Diego Furtado *que dé a Joan de Contreras* por toda su bida los cinco myll mrs *que yo le dó cada año por el cargo que dél tengo*"

"Este es el traidor, y los 5000 maravedíes que le da cada año es el precio de la traición"[83]

¿Qué favores le debe a un simple sirviente para hacerle entrega nada menos que de 5000 maravedís al año por toda su vida, y que le viene dando desde 1435, es decir, durante veinte años ya?

Si el fallecimiento de doña Aldonza de Mendoza ha sido de parto, como es fácilmente deducible, al no estar incluidos ni Alfon el Doncel ni Rodrigo de Mendoza en el testamento hecho por ella dos días antes de su muerte, los herederos son sus hijos, y el marqués de Santillana no heredaba nada de su hermanastra.

Es curioso que, en un testamento hecho con tanto detalle en lo que se refiere a las donaciones que le corresponden a cada uno de los beneficiarios, doña Aldonza de Mendoza hace heredero universal al adelantado Pedro Manrique, su primo, con una condición:

"con tal condiçion quel dho pero manrique cumpla my voluntad según le fue Revelada e declarada por el dho prior de sant Bartolomé e por Juan Contreras, my escudero los cuales la saben plenamente."[84]...

A qué se está refiriendo cuando se refiere a esta voluntad que no aclara en el testamento, y afirma haber comunicado al prior de San Bartolomé y a Juan de Contreras

La solución puede estar en la indefinición y duda que expone en líneas anteriores del mismo documento cuando dice:

"E para pagar e cumplir este my testamento e las debdas e mandas en él contenidas mando que sean vendidos todos mys bienes muebles e Rayces que para ello fuere menester *salvo los que yo aquí mando espeçificados e salvo los que saben el prior de sant bartolomé e Juan de contreras my escudero que non se han de vender e han de ser dados a quien e commo ellos saben que es my voluntad*"[85] (la cursiva es nuestra)

¿A quién le han de dar algo, y porqué? ¿Y a qué se debe que solamente conocen esta condición para el pago el prior de San Bartolomé de Lupiana y su escudero Juan de Contreras?

Sabemos que, como hemos visto anteriormente, a Juan de Contreras le está pagando el marqués de Santillana una cantidad cada año, y ordena en su testamento que se siga

---

[82] Archivo de Osuna. Legajo 1762
[83] Sanz García, Ricardo. Op cit. Pág 54
[84] Testamento de doña Aldonza de Mendoza, duquesa de Arjona. Espinosa de Henares, 16 de junio de 1435. Archivo Histórico Nacional. Sección de Clero, Monasterio de Lupiana, lejajo 362 (en vitela)
[85] Ibidem.

haciendo. ¿Es porque este infiel escudero de doña Aldonza le ha revelado este secreto y ello le permite al marqués tener callados a quienes han recibido esa donación a cambio de un silencio de por vida? Parece lógico que quiera también acallar a quien se lo ha revelado y esta es la razón por la que ordena que a Juan de Contreras se le siga pagando una importante cantidad de dinero cada año…

Este testamento, más que aclararnos las cosas, nos induce a las dudas y a pensar que existe algo muy importante que ocultar, y está en conocimiento de muy pocos.

Nos queda la incertidumbre, entre otras muchas, de saber si el parto ha sido doble o no, pues en el documento en el que se reconoce el "deseo" de doña Aldonza de que su hermanastro herede el Real de Manzanares figuran dos nombres: Alfón el Doncel, y Rodrigo de Mendoza…

Según las leyes de genética:

"En los casos de mellizos y gemelos, la mujer cuenta con un gen que predispone a la división del óvulo fecundado *cuando es hija de un padre que proviene de una familia con embarazos múltiples* o si su esposo proviene de una familia con embarazos múltiples.
Si se trata de mellizos, "cuando la mujer está *con una edad cercana a los cuarenta* está predispuesta a una doble ovulación"[86]

Estamos en este caso ante dos posibilidades de tener mellizos: por tener antecedentes familiares de partos múltiples, y la edad, en torno a los cuarenta años.

La investigación de Ricardo Sanz, aplicando sus conocimientos profesionales como médico, nos lleva a conocer si hay antecedentes de partos gemelares en la familia de esta señora, a fin de comprobar si existe la posibilidad que Alfón y Rodrigo sean de personajes distintos.

Primera confirmación:

Doña Juana Mendoza, hija de Don Pedro González de Mendoza, casada en segundas nupcias con Alfonso Enríquez tuvo doce hijos[87]

Veamos cómo describe Layna Serrano uno de los partos:

"Refiriérese que durante el primer parto en Medina de Rioseco, el esposo no sintiéndose fuerte para oírla quejarse bajó al patio del castillo a aguardar el resultado, apresurándose criados que ya tenía un hijo y cobrar albricias por tan grata nueva; subió don Alfonso retorcida escalera de caracol hasta la cámara de la parturiente, pero al llegar al rellano notificáronle que ésta concluía al echar al mundo un segundo hijo, y poco rato después nació otra hija"[88]. *Doña Juana tuvo parto triple."*

[86] www.webdelbebe.com
[87] Fadrique, Enrique, Pedro, Beatriz, Leonor, Aldonza, Isabel, Blanca, Constanza, María, Mencía y Ju Además, ilegítimos reconocidos: Rodrigo, Juan y Alonso. Se le asigna también, aunque hay discrepar sobre ello, a Juana Enríquez.
[88] Layna Serrano, Francisco, op, cit; 1942, pág 69

Segunda confirmación:

El conde de Mondéjar *tuvo gemelos*.

Tercera confirmación:

El rey de Castilla, Enrique II, abuelo de doña Aldonza de Mendoza, *era gemelo de Fadrique Alonso*.

Estamos, pues, en condiciones de suponer, con un alto porcentaje de acierto, y dados los antecentes familiares, que doña Aldonza de Mendoza tuvo gemelos y falleció de parto.

También podemos afirmar que tras su muerte se producen unos hechos poco corrientes y rodeados de misterio, confirmado esto por el texto de su propio testamento, y que había unos intereses económicos por parte de sus herederos, muy suculentos en valor y poder, que sin duda desembocaron en hechos desconocidos hasta ahora al no haberse estudiado en profundidad, como afirma doña Cristina de Arteaga.

Como hemos dicho reiteradamente, para analizar un hecho histórico, debemos situarnos en el espacio y tiempo en el que los acontecimientos van sucediendo. En este caso, nos debemos posicionar en el siglo XV, en el que la sociedad y sus costumbres distaban muchísimo del entorno en el que desarrollamos en la actualidad nuestras actividades y relaciones.

Las diferencias sociales estaban muy bien establecidas, y era muy difícil pasar de una posición social inferior a otra escala superior.

Los intereses económicos eran muy fuertes, y los métodos para la obtención de bienes hereditarios no tenían límites, utilizando para ello sin ningún escrúpulo la muerte del contrario, ya fuera primo, hermano, padre o madre, por cualquiera de los cauces establecidos: muerte violenta, envenenamiento, encargo de asesinato a un tercero, etc...

Las pruebas que hemos venido aportando en esta investigación, como son el documento fechado en Cogolludo el 19 de marzo de 1493, dando cuenta del Descubrimiento de América y *la estancia de Colón durante dos años en casa del duque de Medinaceli*; el testamento de doña Aldonza de Mendoza, en el que *figura un Cristóbal Genovés*, desconocido por los historiadores y hecho desaparecer en la transcripción del testamento por una mano desconocida; el testamento del propio Colón, en el que toma por testigo a su cocinero, familiar suyo, de nombre Juan Despinosa; el escudo del Almirante, que, como después se verá, en él figuran como armas familiares las cinco anclas del Almirante de Castilla de don Diego Hurtado de Mendoza, la divisa de la Real Orden de la Banda que está esculpida en el escudo del sepulcro de doña Aldonza de Mendoza; y los dos niños que "aparecen y desaparecen" a la muerte de la duquesa, así como los antecedentes familiares hereditarios de partos gemelares, nos pueden inducir a pensar que uno de los dos herederos muere prematuramente o es asesinado.

La confirmación de este hecho nos viene dada por Edward Cooper[89]. En un cuadro en el que se relacionan los bienes del duque de Arjona y las propiedades a las cuales sus

---

[89] Cooper, Edward. Castillos señoriales de Castilla. S.XV y XVI. Fundación Universitaria Española. Madrid, 1980. Vol I; págs. 396,397

herederos tenían títulos por ser parientes de él, a la duquesa de Arjona, doña Aldonza de Mendoza se le asigna un hijo que lleva el nombre de Alonso de Castro:

"asesinado en 1440" [sic]

Monforte, Sarriá, Neila, Triacastela, San Julián, Viana del Bollo.[90]

Éste es Alfón, el Doncel, del que se pregunta sor Cristina de Arteaga qué sería de él. La suerte que corre don Rodrigo de Mendoza, el otro niño nombrado en un documento

"del que dicen que es hijo de doña Aldonza",

caso de conocerse su existencia, es la misma que la de su hermano, y una posibilidad de ser ocultado es la que puede ofrecerse a través del prior del monasterio de San Bartolomé de Lupiana, pues él conoce la existencia de este niño al haber asistido a su nacimiento; conoce los peligros que corre pues le pertenece la herencia de su madre, ya obtenida por el marqués de Santillana a su favor, y en el monasterio hay "*donados*"[91] lo que le permite pasar desapercibido hasta que tenga una formación suficiente para desenvolverse en la vida por su cuenta. Afirmamos que este es Cristóbal Colón, y por el riesgo de ser identificado, ocultó su origen toda su vida.

El padre jerónimo fray José Sigüenza[92], natural de esta localidad de Guadalajara historiador de la Orden de San Jerónimo, consejero palaciego de Felipe II, conocedor d varias lenguas, poeta, matemático, músico, teólogo, y calificado como estilista de l lengua castellana, nos describe la relación de doña Aldonza de Mendoza con lo jerónimos del monasterio de San Bartolomé de Lupiana (Guadalajara), que fue principal referente de esta Orden, y lo benefactora que fue para el mantenimiento y ampliación del mismo, y cómo fue enterrada en el lado de la epístola del altar mayor la iglesia.

---

[90] Fuentes que cita el autor:
Crónicas de Enrique II y Pedro I atribuidas a Pedro López de Ayala. Archivo General de Castilla [Simancas]. Registro General del Sello, enero 1484, folio 15.
Real Academia de la Historia, colección 019, folio 187v [incluye testamento del duque de Arjona] y fuentes en nos. Del apéndice documental y secciones sobre castillos a que se hace referencia la reclamación del duque de Nájera a Ponferrada mencionada en este estudio, se explica en L. Salazar y Castro: Historia de la casa de Lara. Vol 2 [Madrid 1692] Libro VIII, pág 123.
[91] R.A.E. 1. m y f. Persona que, previas fórmulas rituales, ha entrado como sirviente en una orden religiosa, y asiste en ella con cierta especie de hábito religioso, pero sin hacer profesión;
2. m y f. Persona seglar que se retira a un monasterio, ya por devoción y para lucrar gracias espiritual ciertos privilegios, ya, en tiempos antiguos, para amparo de su persona y de sus bienes.
[92] FRAY JOSÉ SIGÜENZA, op. cit., 1907, tomo I, pág 47

Sepulcro de doña Aldonza de Mendoza, en el Museo de Guadalajara.

FICHA DEL SEPULCRO:
Alabastro. Autor: anónimo.
Edad Media. Época Cristiana (alrededor de 1435). Escuela Española.
Procedencia: Monasterio de San Bartolomé de Lupiana (Guadalajara)
Ingresó en el Museo de Guadalajara en 1845 y estuvo cedido entre 1868 y 1973 al Museo
Arqueológico Nacional, de donde regresó para la apertura del Museo.
En los lados mayores se observan los escudos antiguos de Mendoza, en la cabecera dos salvajes
sostienen el escudo materno con la leyenda" *omnia preterereunt preter amare deus*" (todas las
cosas pasan excepto el amor a Dios).

La tapa del sarcófago recoge la leyenda:

"Doña Aldonza de Mendoza que Dios aya, duquesa de Arjona, mujer del Duque D. Fadrique,
finó sábado XVIII días del mes de junio de Nuestro Salvador Jhesu Christo de mil et
quatroçentos et XXXV años"

Es muy importante conocer las relaciones de doña Aldonza con el monasterio jerónimo
de San Bartolomé de Lupiana, por las repercusiones que se derivaron posteriores a su
muerte, como después se verá. El padre Sigüenza nos las describe en su obra. Dice así:

"La duquesa de Arjona Doña Aldonza de Mendoza visitaba muchas vezes a aquellos santos, era
muy pía, inclinada desde la cuna a cosas santas y al aumento del oficio divino, consideró la
religiosa señora, que aquella primera iglesia (la de San Bartolomé de Lupiana) era muy corta,
mal proporcionada para celebrarlo con la solemnidad que aquellos religiosos le davan. Trató
de alargarla, hízolo dexándolo en la medida que agora se conserva. Labro el techo de la iglesia,
desde la capilla mayor, y, aunque de madera, más con el mejor ornato que la rusticidad de
aquel tiempo supo dalle. Estaba España en esta y en las demás artes muy pobre, mendigando
los Christianos viejos de las reliquias de los Arabes hasta los más baxos oficios. Labró de la

misma traça el coro y sillas, que aún se ve en ellas que hazían todo lo que sabían, sin perdonar al tiempo, y a la costa. También hizo el primer retablo de la capilla mayor; que ya se mejoró con el tiempo (ansí se haya mejorado en la devoción) *hizo al fin un testamento debaxo del cual murió*, dexando muchas cosas a sus devotos. *No pudieron cumplirse* y como eran para la dote de la capilla, faltando aquéllas, no pudo quedar su cuerpo en el assiento de en medio: pusiéronle en un lugar eminente junto al altar mayor, en el lado de la epístola."

En el testamento de doña Aldonza de Mendoza, hay una donación de 5000 maravedíes al monasterio de San Bartolomé de Lupiana, del que era benefactora.

El padre Hernando Pecha, nos dice:

"fue la duquesa de Arjona señora de la Villa de Cogolludo, *no tuvo hijos de este matrimonio*"[93]

De ello podemos deducir que sí los pudo tener de otra relación. Si además afirma que no mudó de estado, puede asimismo indicarnos de una forma indirecta que los tuvo siendo viuda.

Y sigue el padre Hernando Pecha:

"Como era tan rica esta señora y tan emparentada, muchos señores la desseavan heredar, tenía la Duquesa un criado privado suyo, que se llamava Diego de Mendoza, que tenía todo el govierno de su casa, hízosele amigo el conde de Tremiño Diego Manrrique (es Treviño, y así lo nombra como Tremiño una y otra vez el padre Hernando Pecha), el cual tubo aviso de la Duquesa de Arjona estaba muy mala. Vino a Guadalaxara y fue secretamente al aposento de Diego de Mendoza y él le encubrió/ Murió de esta enfermedad la Duquesa y el Conde de Tremiño hizose fuerte en la casa de la Duquesa, donde metió gente Armada que la defendies y llevóse todos los bienes muebles que pudo recoxer, y fuese con ellos juntamente con Dieg Mendoza, a Cogolludo, y tomó posesión de la Villa diziendo era heredero de la Duques difunta / Quando el Marqués de Santillana, fué a casa de la Duquesa de Arjona su hermana, la halló toda despojada, y le dixeron que el Conde de Tremiño y Diego de Mendoza avía cargado con los Bienes de la difunta, y se avían apoderado de toda su hazienda y que se a\ encastillado en el Castillo de Cogolludo; juntó gente de Guadalaxara, Hita, Jadraque, y pu çerco a Cogolludo, sitió la villa y comenzó a Batir las Murallas valientemente, llegó a notiçia el Rey estas guerras domésticas, entre estos dos señores particulares; trató de poner remed para lo qual embió a Pedro de Zúñiga justiçia mayor de Castilla, con dos Alcaldes de Corte q apçiguassen aquel Motín, llegó Pedro de Zúñiga y intimó al Marqués de Santillana de parte Rey que alzase el sitio, obedeçió el Marqués como fiel Vasallo a su Rey y alzó el sitio partióse a Buytrago, donde a la sazón estava el Rey = Los Alcaldes de Corte entraron Cogolludo, prendieron al conde de Tremiño y a Diego de Mendoza y secuestraron todos Bienes, Rentas, vassallos, muebles y Rayzes de la Duquesa de Arjona; tomó el Rey la mano p componer estos debates entre los interesados en la dicha hazienda, mandó que al Marq de Santillana se entregase la villa y fortaleza de Cogolludo, la qual dió en Dote a su hija d Leonor de Mendoza, quando la casó con el conde de Medina Celín, Don Gastón de la Cerda; demás lugares y vassallos dio el Rey al Adelantado Pedro Manrrique, Padre de el Conde Tremiño, como primo hermano de la Duquesa de Arjona, y los demás bienes mueble Menage de casa ordenó el Rey que lo partiesen por partes iguales al Marqués de Santillai Pedro Manrrique, púsose en execución *y con esto quedaron en Paz*"[94].

---

[93] Fray Hernando Pecha, op, cit,1977, pág 192
[94] *Ibídem*, pág 193

Esto no es literalmente verdad. La concordia llegó el 21 de febrero de 1442 en Toro y fue entre don Iñigo López de Mendoza y don Diego Manrique [sic][95], Adelantado Mayor de León, hijo de don Pedro Manrique[96]

¿Por qué se parte la herencia, si el heredero natural es don Íñigo López de Mendoza, marqués de Santillana? ¿Qué consecuencias hubo de este reparto? Veamos:

Don Pedro Manrique, albacea testamentario de doña Aldonza y primo suyo, murió a consecuencia de unas hierbas que le dieron[97].

Las luchas entre el Marqués de Santillana y Pedro Manrique a partir del año 1435 (año del fallecimiento de doña Aldonza de Mendoza) habían sido continuas, pese a haber mantenido anteriormente entre los dos una amistad y confianza absoluta.

Con anterioridad a esta fecha (1435) son varias veces las que actúa Pedro Manrique como mediador entre don Iñigo y su madre.

Así lo acredita el siguiente hecho ocurrido en el año 1416: El Marqués de Santillana, llegado a su mayoría de edad, utiliza los buenos oficios del Adelantado Mayor de León, don Pedro Manrique, para poner fin a la administración de sus bienes que ejercía su madre doña Leonor de la Vega…

Igualmente había actuado el Adelantado Mayor don Pedro Manrique en la boda del marqués como testigo principal, siendo la escritura de desposorios entre Iñigo López de Mendoza y Catalina de Figueroa el 21 de junio de 1412, en Valladolid.

Las relaciones entre los dos personajes (marqués de Santillana y Pedro Manrique), a partir de la muerte de doña Aldonza, estaban luego muy deterioradas, y así se ve en la carta que Iñigo escribe a don Álvaro de Luna quejándose del estado de las treguas por la rebelión de Pedro Manrique y del almirante Enrique[98].

El marqués de Santillana acepta iniciar otras treguas con el rey moro en compañía de Pedro Manrique y agrega:

"No obstante la enemistad que hay entre ellos y que lo hace por deseo de servicio al Rey".

Las desavenencias entre ambos se producen, como ya hemos dicho, a partir del año 1435, año en el que ha de ejecutarse el testamento de doña Aldonza de Mendoza, del que es albacea don Pedro Manrique, y heredero el marqués de Santillana. Si doña Aldonza no ha tenido descendencia, el único heredero es su hermanastro Íñigo, pero no es así en la realidad; ¿por qué? Ya hemos visto el secretismo del destino de una parte de los bienes que han de entregarse a unas personas no detalladas en el texto, solamente

[95] En otros documentos este personaje figura con el nombre de Diego Gómez Manrique. Véase Pérez Bustamante, R. (1983)
[96] A.H.N. *Osuna.* Leg. 1840, nº 2. Concordia entre Íñigo López de Mendoza, señor de la Vega, y don Diego Manrique, Adelantado Mayor de León, en razón de la herencia y bienes que quedaron de doña Aldonza de Mendoza, duquesa de Arjona, hermana de Íñigo.
[97] B.A.E. Crónicas de los Reyes de Castilla II. Tomo LXVIII, Capítulo XVIII; Ed. ATLAS, Madrid. 1953; pág 568
[98] PÉREZ BUSTAMANTE, ROGELIO. 1983, op.cit, pág 244

conocidas por el prior del monasterio jerónimo de San Bartolomé de Lupiana, por el escudero Juan de Contreras, y por don Pedro Manrique.

La herencia de Doña Aldonza no tuvo ni fácil ni rápida solución, y así lo demuestra el siguiente hecho: Solamente se ponen de acuerdo Iñigo López de Mendoza y don Diego Manrique, cuando el padre de este último, Pedro Manrique, muere en 1440.

Dice así:

«De como murieron en Valladolid el Adelantado Pedro Manrique y Don Rodrigo de Luna prior de San Juan. Hechas las bodas del Príncipe Don Enrique sábado 17 de Septiembre del mismo año, murió en Valladolid Don Rodrigo de Luna e luego el miércoles siguiente, en la noche, murió el Adelantado Pedro Manrique de grande enfermedad que había tenido después que fue preso e algunos quisieron decir, que en la prisión le fueron dadas yervas e otro día vinieron al rey con los hijos del dicho Adelantado, el Almirante su hermano y el Conde de Haro Don Pedro de Velasco, el cual tomó la razón e dixo las palabras siguientes: "Señor, Nuestro Señor quiso llevar desta vida al vuestro Adelantado Pedro Manrique el cual dexó estos hijos que ante vuestra alta señoría presentamos el Almirante yo y estos nuestros parientes.
A vuestra Alteza suplicamos que les haga merced e dará buen exemplo a los que lo oyeren"».

El Rey respondió:

"a mí me pesa mucho la muerte del Adelantado e me plaze de hacer merced de lo dexó a su hijos e luego hago merced del adelantamiento de León, a Don Diego Manrique su hijo legítim mayor como su padre e los otros hijos repartan sus bienes e los maravedís que él tenía en m libros en la manera que el Adelantado lo dexó ordenado"[99].

"La muerte de don Pedro Manrique, estimamos, fue debida a unas hierbas que le dieron el 1 de septiembre de 1440 y no como algunos afirman que se las dieron cuando estaba pres Decimos esto porque en aquella época las "hierbas" estaban a la orden del día y l administraban para que obrasen efecto rápidamente"[100].

El 20 de agosto del año 1438, don Pedro Manrique, preso en Fuentidueña, se descolgó por u ventana de su prisión utilizando unas cuerdas de cáñamo, y en compañía de su mujer y sus c hijos huyeron todos a Casa de Encinas, fortaleza de su yerno[101].

La muerte de don Pedro Manrique, según el testimonio escrito, ocurrió el 21 septiembre de 1440 (*el miércoles siguiente al sábado 17 de septiembre*). Es mu tiempo, más de dos años, para que hiciesen efecto aquellas hierbas *que dicen le die en la prisión en 1438.*

Don Pedro, después de su huida, había hecho una vida enteramente normal durante años y ahora se encontraba en las bodas del príncipe don Enrique. Si el prior de Juan, Rodrigo de Luna, muere el mismo día de la boda del príncipe (diecisiete septiembre) y Pedro Manrique cuatro días después (el veintiuno), lo lógico es supo que ambos han tomado las mismas hierbas durante la ceremonia nupcial, y a uno le hecho un efecto inmediato, y al otro unos días más tarde.

---

[99] Pérez Bustamante, Rogelio, Op cit, 1983; pág 244
[100] Sanz García, Ricardo. Op cit, 1995; pág 50
[101] B.A.E. Crónicas de los Reyes de Castilla III. Año 1440. Tomo LXVIII, pág 548; Ed. ATLAS, Ma

Otro de los protagonistas del testamento y parto de doña Aldonza es el prior de Lupiana Fray Esteban de León, albacea testamentario, y creemos que,

"por su actitud, queriendo que se respetase el testamento de esta señora, se ve metido en pleitos y disgustos sin número"[102].

El Conde de Treviño, heredero de la Duquesa de Arjona

Las relaciones de don Diego Manrique y doña Aldonza de Mendoza, ya viuda, debieron de ser muy íntimas. Él está perfectamente informado por el criado de la Señora (Diego de Mendoza) de la evolución de la *dolencia* de doña Aldonza. Conoce indudablemente que la duquesa le deja heredero y así se lo manifiesta a los vecinos de Cogolludo, por ello se hace cargo de los bienes de doña Aldonza sin leer el testamento..., y la duquesa en el testamento emplea la treta de dejar el remanente de sus bienes, una vez cumplidas las mandas, a su primo carnal don Pedro Manrique para que de él pasen luego a su hijo Diego Manrique.

Doña Aldonza de Mendoza, en los últimos meses de su vida observa una conducta extraña.

Poseedora de palacios en Guadalajara, Madrid, Toledo y Valladolid, sintiéndose enferma, se traslada a Espinosa de Henares (Guadalajara), entonces poco más que un coto de caza; allí vivirían unos guardas y unos monteros, por lo que mala asistencia podría recibir de estas personas.

Hace testamento el 16 de junio de 1435 en Espinosa de Henares, dos días antes de morir. El testamento es muy detallado; se acuerda en él de sus servidores a quienes deja cantidades relativamente pequeñas. Conforme a la costumbre de la época, deja cantidades más importantes a hospitales, comunidades de monjas y dota con largueza al Monasterio de San Bartolomé de Lupiana[103].

Hay un hecho destacable en lo que se refiere a lo que dicta para su enterramiento y que no se cumple. Nos dice Layna Serrano[104] :

"las mandas piadosas del testamento *no llegaron a cumplirse*, algunas referíanse a la dotación de la capilla de Lupiana y por falta de tales recursos no se instaló con la grandeza debida en el centro del presbiterio el mausoleo de doña Aldonza como ella tenía dispuesto *y se limitaron los frailes a colocar el precioso sepulcro de alabastro con decoración de cardinas y sobre el arca la bellísima estatua yacente de la duquesa junto al muro de la izquierda, donde permaneció hasta la exclaustración de 1835"*

Es muy importante recordar este dato más adelante, pues, a la hora de estudiar el enterramiento del Almirante, tendremos en cuenta el lugar en el que, posiblemente, esté enterrada doña Aldonza de Mendoza, su madre, según nuestra tesis, que, como vemos, está confusa según la descripción que de estos hechos hacen distintos historiadores.

---

[102] PÉREZ BUSTAMANTE, Rogelio. 1983. Pleitos del Marqués de Santillana con el Monasterio de San Bartolomé de Lupiana, pág 256, y la concordia entre el Marqués y Diego Gómez Manrique en relación a la herencia de doña Aldonza de Mendoza, que tuvo lugar el 21 de febrero de 1441 en Toro, pág 271
[103] A.H.N. Osuna. 1767
[104] LAYNA SERRANO, F. op. cit; Tomo I, pág 130

Veamos: Por una parte, fray José Sigüenza[105] dice:

"Hizo al fin vn testamento (doña Aldonza de Mendoza), debaxo del qual murió, dexando muchas cosas a sus deuotos. *No pudieron cumplirse*, y como eran para la dote de la capilla, faltando aquellas, no pudo quedar su cuerpo en el asiento de en medio; pusiéronle en vn lugar emineute, junto al altar mayor, al lado de la Epístola"

Por otro lado, Layna Serrano dice, como ya se ha transcrito en un párrafo anterior, que

"se limitaron los frailes a colocar el precioso sepulcro de alabastro con decoración de cardinas y sobre el arca la bellísima estatua yacente de la duquesa junto al muro de la izquierda"

Pero no habla para nada de que se depositase el cuerpo, quedando, pues, este hecho descrito con poca claridad por parte del padre Sigüenza y Layna.

Podría pensarse que nunca ocupó el arca que se le tenía preparada para ello, que se encuentra en la actualidad en el Museo de Guadalajara, pues falta la afirmación en el texto de Layna Serrano, como hemos visto, de que el arca contuviera el cuerpo de la finada. Este sepulcro, hoy está vacío, y de los restos se desconoce su paradero. Otro misterio más con su enterramiento, al igual que ocurre con el del padre Las Casas y con el propio Almirante.

Doña Aldonza muere el 18 de junio de 1435 en Espinosa de Henares, y testa dos días antes, como ya hemos dicho.

Hay un apartado en el testamento que llama poderosamente la atención: El albacea Pedro Manrique no puede poner en ejecución lo allí ordenado sin contar antes con lo que le digan el prior del Monasterio de San Bartolomé de Lupiana y su fiel escudero Juan de Contreras, que saben su última voluntad.

¿Qué hecho tiene que ocurrir para modificar un testamento tan detallado, firmado como decimos, dos días antes de su muerte? Tiene que ser un hecho o acontecimiento de una importancia capital, que sólo se explica con el nacimiento de un hijo de Doña Aldonza

Ella habría confiado su secreto al prior del Monasterio de San Bartolomé de Lupiana.

Doña Aldonza y su esposo, el duque de Arjona, mediante escritura el 10 de noviembre de 1422 en Espinosa de Henares —villa de doña Aldonza— habían llegado al acuerdo con don Iñigo López de Mendoza, ya comentado, según el cual el señorío del Real Manzanares lo partieron en dos, así como los pueblos de Colmenar, El Vado y Cardoso, conservando Doña Aldonza su mitad mientras viviera, pero con tal que *morir sin hijos* lo heredará su hermanastro Don Iñigo.

Seis días más tarde, el Marqués de Santillana protesta y reclama sobre los pleitos Real de Manzanares y otros.

El 22 del mismo mes y año (1422), doña Aldonza entraba en posesión de lo suyo.

---

[105] Ob, cit; pág 47

Don Iñigo, el 9 de junio de 1433, *once años más tarde*, y en Toledo levanta acta de protestación de aquel acuerdo, alegando ir en contra del juramento de guardar las condiciones del mayorazgo[106], y es contestado por el arzobispo de Toledo mediante una absolución.[107]

Dice así:

"Absolución que don Juan, arzobispo de Toledo, concede a Íñigo López de Mendoza por haber ido contra el juramento de guardar las condiciones del mayorazgo fundado por sus abuelos Pedro González de Mendoza y doña Aldonza de Ayala, enajenándolo a su hermanastra la duquesa de Arjona. (Incorpora la petición hecha por Íñigo López de dicha absolución, hecha en ese mismo día)"

¿Por qué este cambio en Don Iñigo, habiendo pasado tanto tiempo del acuerdo? Porque tendría conocimiento de la vida de Doña Aldonza con su amante y la posibilidad de tener descendencia.

Así ocurrió. Doña Aldonza tuvo descendencia y así lo confirma *la crónica del halconero*, que pese a pecar de reiterativos, y dada la importancia de los hechos, transcribimos, tomada de la obra de Rogelio Pérez Bustamante[108]:

"Recoge con gran detalle el óbito de la duquesa Doña Aldonza, mujer que fue de Don Fadrique de Castro Duque de Arjona y conde de Trastámara, narrando las luchas que acontecieron a propósito del tesoro que tenía trasladado a Cogolludo por Diego Manrique y Diego de Mendoza, contra los cuales se dirigió Iñigo López de Mendoza cercándoles en el castillo (Cogolludo), hasta que la intervención del monarca acabó con estas contiendas secuestrando el tesoro y los bienes de la herencia, según informa testimonios documentales."

Encontrándose doña Aldonza en Espinosa cerca de Hita, donde se otorgara su testamento el 16 de junio de 1435, envió llamar a su hermanastro Iñigo y compareciendo ante ambos el prior de Lupiana y Juan Contreras, escudero de doña Aldonza, declaró la Duquesa que era su voluntad entregar a su hermanastro los bienes del mayorazgo del Real de Manzanares, otros lugares de Guadalajara y las heredades de Toledo, *con la condición que Doña Mencía, hija de Don Iñigo López de Mendoza, casase con Alfón el Doncel, llamado también Rodrigo de Mendoza, hijo de la Duquesa*[109].

Aquí sí que nadie puede dudar que la duquesa tuvo descendencia y es totalmente falsa "la voluntad" de la duquesa de entregar a su hermanastro los bienes del mayorazgo del Real de Manzanares y los otros lugares de Guadalajara y heredades de Toledo con la

---

[106] PÉREZ BUSTAMANTE, Rogelio. Op. cit, 1983. 1422, noviembre 16, y siguientes. Carpetas vacías que contuvieron documentos referentes a protestas y reclamación hecha por Íñigo López de Mendoza sobre pleitos del Real de Manzanares, y otros; pág 183, y Layna Serrano, tomo I, pág 178

[107] A.H.N. *Osuna*. Carp. 174, nº 5.

[108] PÉREZ BUSTAMANTE, Rogelio. El Marqués de Santillana. Biografía y documentación. Fundación Santillana, Santillana del Mar. 1983, pág 58

[109] Testimonio original, escrito en papel de cuartilla, sobre una cláusula del testamento de la duquesa de Arjona, 26 de septiembre de 1435. Osuna, 1767.

condición de que doña Mencía, hija de don Iñigo, casase con Alfón el Doncel, hijo de la duquesa.

Doña Aldonza, en su testamento, hecho dos días antes de su muerte dice:

"E mando al Monasterio de Santa Marya del Paular, cerca de Rascafría, dos mill maravedís de cada año perpetuamente señaladamente en la martinyega[110] que a my pertenece en el Real de Manzanares..."

Doña Aldonza no sabía si iba a tener varón o hembra, ¿Por qué la boda precisamente con Mencía? ¿Cuándo llamó a su hermanastro?, ¿dos días antes? lo habría escrito en el testamento, ¿la víspera de su muerte? don Iñigo se enteró de la muerte de su hermanastra por sorpresa, si no la huida de don Diego Manrique y Diego Mendoza a Cogolludo no se hubiese podido realizar.

Don Iñigo entró en posesión del Real de Manzanares sin celebrarse matrimonio entre doña Mencía y el hijo de la duquesa. Aquélla, doña Mencía, hija del marqués de Santillana, ya hemos dicho, casó con don Pedro Fernández de Velasco, conde de Haro.

En el testamento de doña Aldonza hay, entre las mandas, una que llama poderosamente la atención: A su confesor le dona 5.000 maravedís y a *Cristobal Genoves* le deja 13.000 maravedis (véase la figura 3)

Antes de seguir adelante consignemos este hecho. Francisco Layna Serrano[111], escribe el contenido de este documento de la manera siguiente:

"Testamento de Doña Aldonza Mendoza, Duquesa de Arjona. Espinosa de Henares 16 de junio de 1435" (en vitela A.H.N., sección de Clero, monasterio de Lupiana, legajo 362 Extracto.

"... sepan quantos esta carta de testamento bieren..."

La pregunta es: ¿qué persona (posiblemente interesada) hizo el extracto? Porque salvo el preámbulo y hechos sin importancia, *lo que falta en este resumen es lo que doña Aldonza cita y concede a Cristóbal Genovés.* ¿Quién ha eliminado de la transcripción del documento esta frase?

¿Mera casualidad? Entendemos que están llenas de casualidades las manipulaciones realizadas para ocultar la verdad histórica del nacimiento y vida de Cristóbal Colón.

¿Quién es este Cristóbal Genovés? Gran parte del misterio que existe en la vida oculta callada de Cristóbal Colón reside en descifrar este enigma de la manda que doña Aldonza de Mendoza hace a Cristóbal Genovés. Aquel que lo resuelva estimamos ha aclarado todo.

Vamos a ello:

"En un principio fue una verdadera intuición y así he de reconocerlo por mi parte"[112].

---

[110] R.A.E. Martinniega. 1.f. Tributo o contribución que se debía pagar el día de San Martín
[111] Layna Serrano, Francisco. Historia de Guadalajara y sus Mendozas, Tomo I; pág 310
[112] Ricardo Sanz García. (+2003)

El Cristóbal Genovés citado en el testamento de doña Aldonza de Mendoza puede ser el marido del ama que aquélla tiene dispuesta para la crianza de su hijo. Vamos a partir de este supuesto, que veremos tendrá confirmación más adelante. Es lógico que, si doña Aldonza quiere ocultar el nacimiento de un hijo suyo, también tendría que ocultar la crianza por su parte y la de la persona encargada de ello. Para esta crianza no había en aquellos tiempos más solución que buscar una mujer en condiciones de poder amamantar a la criatura.

La existencia de un hijo de doña Aldonza hace imposible la herencia en favor del marqués de Santillana y hasta ahora sólo ha cometido un fallo el marqués, que no es otro que citar a Alfón el Doncel como hijo de doña Aldonza.

Para estudiar este problema tenemos que razonar con la mentalidad no actual, sino de aquella época, por terrible que nos parezca. Para entrar el marqués de Santillana en posesión de la herencia de doña Aldonza de Mendoza era necesario que se dieran los siguientes casos:

- ✓ Primero: que se produjera la boda entre Mencía y Alfón, que no tuvo lugar;
- ✓ segundo: el fallecimiento de muerte natural de Alfón;
- ✓ tercero: la eliminación del hijo de doña Aldonza por medios violentos.

Es Cristina de Arteaga quien se hace esta pregunta

¿Qué sería de aquel Alfón el Doncel?[113]

Hoy desgraciadamente podemos decírselo: Alfón el Doncel fue asesinado en el año 1440, es decir, con menos de cinco años y en el mismo año que Pedro Manrique.[114]

Con los nombres de Alfón el Doncel y luego Rodrigo de Mendoza deducimos que no era un muchacho: eran dos, Alfón y Rodrigo, y decimos esto porque Alfón era conocido por todos y, sin embargo, de Rodrigo algunos opinaban ser hijo también de la Duquesa.

Vean cómo ya tratan de sembrar la duda si el pequeño infante Rodrigo era o no era hijo de la Duquesa.

Vamos a estudiar este documento.

1. Hemos empezado por decir que doña Aldonza de Mendoza no pudo disponer un hecho, como entrar en posesión del Real de Manzanares, porque era desheredar a su hijo en beneficio de su "odiado" hermanastro.

2. Cronológicamente tampoco el hecho es viable. Lo hubiese consignado en el testamento.

3. No hubiese dejado nada del Real de Manzanares a ningún convento y lo deja al Paular; pero hay, sin embargo, el juramento de dos personas, fray Esteban de León y Juan de Contreras, que afirman ser cierta la voluntad de doña Aldonza y que pase a poder del marqués de Santillana el Real de Manzanares...

---

[113] Arteaga y Falguera, Cristina de. La casa del Infantado, Cabeza de los Mendoza. Ed. Duque del Infantado. Madrid. 1940; pág 107.
[114] Cooper, Eduard. Castillos Señoriales de Castilla. Siglos XV y XVI; vol 1. Fundación Universitaria Española. Madrid, 1980.

Juan de Contreras, conociéndole, ya no tiene nada de extraño que jure en falso, pero ¿Y fray Esteban de León?

Fray Esteban de León, jura en falso y a sabiendas que así lo hace, ¿por qué? Porque trata de ocultar la existencia del otro niño y quizá con ello salvar su vida.

Juan de Contreras y el Marqués de Santillana saben que doña Aldonza ha parido, pero ignoran que su parto ha sido de gemelos.

En el cuadro genealógico que el historiador Edward Cooper[115] hace en su obra hemos visto que figura como asesinado en el año 1440 un infante llamado Alonso y este hijo se lo atribuye a doña Aldonza de Mendoza, y no a don Fardrique Enríquez de Castro, pues éste había fallecido en 1430. Este Alonso que figura en el árbol genealógico con la indicación de que fue *asesinado* es el Alfón, tantas veces repetido hijo de doña Aldonza y de su amante Diego Manrique (¿?).

¿Qué hizo Cristóbal Genovés, supuestamente esposo del ama que tenía preparada doña Aldonza? Ocultarlo y adoptarlo como hijo suyo, poniéndole su mismo nombre y apellido, Cristóbal Genovés, y así vivió este niño sus primeros años en Espinosa de Henares con esta familia, o en el monasterio jerónimo de San Bartolomé de Lupiana, y aquí empezó la confusión histórica, al hacerse uno de los personajes más importantes de la Historia Universal y ser llamado sus primeros años con el nombre supuesto de Cristóbal Genovés, que luego usaría durante gran parte de su vida.

Los siguientes hechos irán confirmando esta suposición que ahora hacemos, de la adopción de hijo de doña Aldonza.

Pasados estos primeros años, ¿quién se ocupa de la formación intelectual y de la educación de este Rodrigo?

Los frailes del monasterio jerónimo de San Bartolomé de Lupiana habían recibido innumerables beneficios de doña Aldonza durante la vida de ésta consistentes en la ayuda para la construcción de la iglesia, y donaciones en oro y plata, entre otras; por otra parte, prior de Lupiana, en este caso fray Esteban de León, era su albacea testamentario. Son los frailes jerónimos de Lupiana quienes tienen, en gran medida, la obligación de hacerse cargo del pequeño llamado Rodrigo de Mendoza, conocido como Cristóbal Genovés (adopta nombre de su padre adoptivo) para pasar desapercibido y después Cristóbal Colombo, o para mayor claridad, a partir de ahora, le llamaremos Cristóbal Colón. Permítasenos esta licencia, que luego iremos demostrando ser verdadera a lo largo de este libro[116].

¿Cómo es posible saber si la estancia de un niño en un monasterio de monjes es posible y que pase desapercibida?

En el texto de la historia del Monasterio de Guadalupe, que incluimos al final capítulo dedicado a los Jerónimos en España, refiriéndose a Guadalupe, fundado posterioridad al de San Bartolomé de Lupiana y regido en sus inicios por fray Fer Yañez, uno de los fundadores de la Orden en España, dice así:

[115] Cooper, Edward. Castillos Señoriales de Castilla. Siglos XV y XVI; Vol 1. Fundación Universitari Española. Madrid, 1980
[116] Véase en el Apéndice Testamentario que deja doña Aldonza de Mendoza a los monjes jerónimos d Lupiana, que figura en las Relaciones Topográficas de la provincia de Guadalajara.

"Desde finales del siglo XIV, la comunidad jerónima mantuvo una "cuna de expósitos". En un pueblo con un flujo tan intenso de visitantes de distinto tipo y condición, no resulta extraño que el abandono de niños recién nacidos alcanzase niveles relativamente altos. *Tras ser atendidos por amas de cría, los niños se incorporaban como aprendices a un oficio de la "casa", a menudo a la tejeduría, una vez que habían cumplido siete años.* Aunque desconozco la mortalidad de los expósitos, éstos compensaban al monasterio, cuando menos parcialmente, por los gastos de su crianza con los servicios laborables que proporcionaban más tarde"[117].

Dado que a este nuevo monasterio se importaron las normas y costumbres de la casa cuna, que lo eran las de San Bartolomé de Lupiana, se deduce que era un hecho establecido la existencia de estas "cuna de expósitos", por lo que la atención a este niño, llamado Rodrigo, por un ama de cría, entra dentro de lo que era habitual, por la frecuencia de muertes de parto de las mujeres en aquella época. La adopción de un nombre como es el de Cristóbal Genovés, igual al que doña Aldonza de Mendoza deja en su testamento una importante cantidad de dinero, y del que no se vuelve a saber nada a lo largo de la historia, confirmará la intención de ocultar al recién nacido ante un más que justificado peligro de hacerlo desaparecer por parte de quienes heredaban de la duquesa de Arjona su gran fortuna. El hecho de que los niños se incorporasen como aprendices *a menudo a la tejeduría*[118], podría justificar que, en un principio, se le conociese como "Cristóbal Genovés, de oficio tejedor de lana" ¿Otra casualidad? No nos cabe la menor duda de que la ocultación se realizó con éxito, pues después de más de quinientos años, estamos hablando de ello.

I.5. Resumen de este capítulo:

- ➢ Doña Aldonza de Mendoza, hija de don Diego Hurtado de Mendoza y de doña María de Castilla, hija natural, reconocida, del rey de Castilla Enrique II de Trastámara, quedó huérfana de madre al nacer.
- ➢ Su padre casó en segundas nupcias con doña Leonor de la Vega, viuda de don Juan Téllez de Castilla, que aportó a este matrimonio una hija de nombre, también Aldonza
- ➢ Don Íñigo López de Mendoza, marqués de Santillana, es hijo de don Diego Hurtado de Mendoza y doña Leonor de la Vega; y estos, por tanto, abuelos del Cardenal Mendoza, don Pedro González de Mendoza, y del Almirante
- ➢ Entre doña Aldonza de Mendoza y su hermanastro el marqués de Santillana, existió siempre una disputa por heredar los bienes de su padre.
- ➢ Doña Aldonza de Mendoza falleció en espinosa de Henares (Guadalajara) el 18 de junio de 1435, atendida por el prior del Monasterio Jerónimo de Lupiana (Guadalajara) fray Estaban de León, y de su "fiel escudero" Juan de Contreras.
- ➢ Cristóbal Colón se hacía llamar, "de terra rubea", tierra de Espinosa.
- ➢ Su cocinero, familiar suyo según el conde de Roselly, se llamaba Espinosa, y figura en varias ocasiones: cuando encadena al Almirante, en su regreso preso a Castilla en su tercer viaje, y como testigo en el testamento que Colón hace ocho años después, pocos días antes de su fallecimiento en Valladolid.

---

[117] Página web del Monasterio de Guadalupe: www.diomedes.com/guadalupe-p.htm

[118] R.A.E. **tejeduría. 1.** f. Arte de tejer.**2.** f. Taller o lugar en que están los telares y trabajan los tejedores.

- En el testamento hecho por doña Aldonza de Mendoza el día 16 de junio de 1435, dos días antes de su muerte, deja trece mil maravedíes a "Cristóbal Genovés", sin que este nombre vuelva a darse a conocer en ningún otro documento, aunque puede estar relacionado, como veremos más adelante, con la familia de los Colombos genoveses.
- Si la duquesa tenía hijos, la herencia pasaba a poder de éstos. En caso contrario pasaría a su hermanastro el marqués de Santillana.
- Después de la muerte de doña Aldonza de Mendoza, se disputan la herencia don Diego Manrique, (posiblemente el padre de los hijos de doña Aldonza) y el marqués de Santillana, siendo precisa la intervención del Rey
- Está documentado que la duquesa tuvo uno o dos hijos, y que lo más probable es que la causa de la muerte fuese de parto.
- En los antecedentes familiares de la duquesa existen numerosos partos de gemelos.
- El niño Alfón, hijo de la duquesa, es asesinado a los cinco años, en 1440.
- Otro nombre del otro hijo de la duquesa es Rodrigo de Mendoza
- Si Alfón el Doncel ha sido asesinado, ¿qué fue de Rodrigo?
- ¿Es el pago de 13.000 maravedíes al Cristóbal Genovés del testamento el precio por acoger en su familia a un recién nacido para que pase desapercibido como hijo de la duquesa?
- El marqués de Santillana paga el silencio de Juan de Contreras sobre lo ocurrido tras el asesinato de Alfón el Doncel, escudero de doña Aldonza, como vemos en su testamento, en el que ordena que "de por vida" se le dé a Juan de Contreras 5000 maravedís "por el cargo que le tengo", y lo viene haciendo durante veinte años.
- Los Jerónimos tenían en sus conventos *cuna de expósitos* acogiendo a los niños abandonados o huérfanos al fallecer la madre en el parto. Asímismo disponían de amas de cría para amamantarlos. Los aprendices, al llegar a la edad de siete años, trabajaban en la tejeduría del Monasterio, por lo que podría estar justificado que, a nuestro personaje, el Almirante D. Cristóbal Colón, se le conozca en un principio como "Cristóbal genovés, de oficio tejedor".
- Siendo albacea y testigo del fallecimiento de doña Aldonza el prior de monasterio de Lupiana, y debiendo ocultar a un niño por temor a que sea eliminado para recibir la totalidad de una herencia tan sustanciosa como la de doña Aldonza de Mendoza, ¿no es este el mejor lugar para pasar desapercibido?

II

Don Cristóbal Colón y su relación con la Orden Jerónima

Claustro del Monasterio de San Bartolomé de Lupiana (Guadalajara), obra de Alonso de Covarrubias (1535). Monumento Nacional desde 1931. Foto: A.C. Sanz

Hablar aquí de los Jerónimos es de importancia capital, pues, como después se verá, tuvieron una influencia decisiva en la vida y obra del Almirante, antes, durante y después del Descubrimiento de América.

La fundación de la Orden Jerónima tiene su origen en España, y está vinculada a la llegada a la península ibérica de unos eremitas procedentes de Italia, como a continuación se verá.

Para un mejor entendimiento de la situación social en España en los siglos XIV y XV, y la actividad eremítica y monacal, es preciso hacer una pequeña introducción aclaratoria.

Benito Colombas[119] , nos presenta en su obra la situación social de los siglos X al XIV.

---

[119] Colombas, Benito, M.B. San Jerónimo y la vida monástica. Studia Hieronymiana. VI Ctº. O.S.J. Madrid.1973 Ribadeneyra S.A. págs. 51-56 "la actitud y comportamiento de la vida del ermitaño en esa época se transforma, amparándose en torno a la vida monacal, y así, la cueva del solitario se sitúa cerca de las abadías y monasterios para participar, en ocasiones, de la vida y actividades de la comunidad. Allí acudían estas almas solitarias para satisfacer muchas necesidades del cuerpo y del alma, según lo había previsto San Benito. Eso sucedía durante los siglos X y XI, que fueron las épocas florecientes de Cluny y del Císter; alcanzando en el siglo XIII el monaquismo su más alto grado de esplendor, tanto en lo que se refiere a la observancia de las normas, como a la influencia en la sociedad.

En el año 1200 el rey Alfonso VIII. Decía:

"La avaricia se extiende por todas partes, y envidiosa de las riquezas de los lugares santos, les arrebata imprudentemente aquello que ha sido dado para sustento de la religión"

A partir del siglo XIV el mal se extiende, hasta el punto de que se robaban los bienes de los prelados cuando se vacaba una iglesia, se prendía a los mayordomos para sacar rescate, se echaban pechos indebidos, y en nombre del rey los ricos hombres saciaban su ambición apoderándose por fuerza de los bienes y vasallos monasteriales.

Dadas estas circunstancias, y en esta situación de precariedad, descendió el número de monjes de los monasterios, por no ser capaces éstos de mantenerlos, disminuyendo de tal manera que algunos desaparecieron. Para darnos cuenta de ello, y tomando como ejemplo el monasterio de Arlanza, en el siglo XII tenía ciento ochenta monjes, además de cuarenta de los prioratos, y en el siglo XIV no conservaba más de veinte.

El fervor, asimismo, comenzó a descender, y su decadencia se extendería hasta bien entrado el siglo XV.

Inocencio III, en sus cartas, nos revela la situación:

"en todas partes deudas, debidas a la vida mundana de los abades, a su debilidad, a su notoria incapacidad, a su desacertada administración, libre de toda inspección superior, y a las dilapidaciones que se hacían por favorecer a sus familias. En los súbditos, un gran olvido de la disciplina: pecan contra el voto de pobreza, poseen rentas particulares, duermen fuera del dormitorio común, buscan empleos para eximirse de la autoridad abacial, frecuentan las plazas y viven en las cortes, y contra lo preceptuado en el concilio de Letrán, habitan solos en las parroquias y obediencias"[120]

En esta situación social, se crea en el siglo XIV la Orden de San Jerónimo.
Para una mejor comprensión, hemos de referirnos a la figura de San Jerónimo, que vivió muchos siglos antes, a finales del s.IV y principios del s.V.

Benito Colombás, M.B,[121] nos describe muy bien su actitud ante la vida.

Las condiciones sociales de la época en siglos posteriores se modificaron, y obligaron a las comunida religiosas a adaptarse a las nuevas normas de la sociedad, pero muchas de ellas se contagian de lo peor la misma y caen en errores que no les beneficiarán para los objetivos de su misión. Como consecuer del cambio social y de la actitud que tienen algunos monjes, poco acorde con la moralidad que les deb corresponder según su estado, las fundaciones disminuyen, las donaciones se hacen cada vez más esca y las figuras relevantes escasean, por lo que las abadías quedan atrapadas por la red del sistema fe imperante. Se da la paradoja de que son ricas, pero están cargadas de deudas que las ahogan para pe mantener una actividad propia de sus objetivos.

.
[120] Innocenti, Epist, V, 109. P.L. CCXIV, 1107
[121] Colombás, Benito, M.B, Op cit, San Jerónimo y la vida monástica" pág 39 a 48"San Jerónimo se monje en su juventud: Pero ya había estudiado gramática y retórica en la alegre Roma, ya había vivic vida frívola de los estudiantes. Abrazó la vida monástica –lo dice él mismo- <<por miedo al infierno para <<llorar los pecados de la adolescencia>>. Y no sin haber vacilado mucho tiempo, **San Jerónim compara al hijo pródigo, a la oveja descarriada**. Pero, tomada la resolución, es generoso, radica encarcela –son sus palabras- en el desierto de Calcis, en la frontera de Siria. Hace penitencia. Lucha los lúbricos recuerdos de su mocedad y con la lengua hebrea, que se empeña en aprender.
Los monjes de los alrededores, teólogos aficionados, disputan sin cesar, sospechaban de la ortodoxi extranjero. San Jerónimo se siente solo, terriblemente solo. Nadie habla latín. Ni siquiera tier consuelo de sus amados clásicos, de aquella biblioteca que había juntado en Roma <<con extrer

En el año 384, con el fallecimiento de su protector el papa Dámaso, San Jerónimo emigró a Palestina, y fundó en Belén dos monasterios, uno de monjas y otro de monjes, falleciendo en el año 420. Su vida en este tiempo fue la de un cenobita, no como ermitaño. Se ocupa en orar, en trabajos bíblicos, en atender la correspondencia, en acoger a los peregrinos y refugiados en la hospedería levantada por las monjas, y en enseñar a monjes y monjas cuál es la verdadera vida monástica.

San Jerónimo tiene una frase lapidaria: *"Monachum nihil destruit nisi peccatum"*, (sólo el pecado puede vencer al monje). El monje, para él, es esencialmente un solitario. Un solitario, se entiende, con relación a los hombres, porque su soledad está llena de la presencia de Cristo. La soledad del monje implica y supone la renuncia al mundo; una renuncia total, sin reserva de ninguna clase. Si preguntamos qué hacen los monjes en la soledad o en el monasterio, San Jerónimo nos responde: *orar, leer y trabajar.*

Poseído de un espíritu batallador, echa mano frecuentemente de las metáforas guerreras. Así describe la armadura del monje: Una de las armas más poderosas es la oración. Otra es el ayuno.

"Cuando ayunamos, dice a los monjes de Belén, cuando nuestros rostros están pálidos, cuando ofrecemos un aspecto desagradable, sepamos que entonces precisamente parecemos más hermosos a Cristo".

La lectura tiene suma importancia en la espiritualidad monástica de este santo. Evidentemente, lo que se lee en los monasterios y desiertos es la Biblia o los comentarios a la Biblia.

Recomienda el ejercicio eminentemente monástico de la *mediatio,* esto es," aprender de memoria fragmentos de la Escritura y recitarlos luego siempre que se presenta la ocasión: no hay método más efectivo de hacer penetrar la palabra de Dios en nuestras vidas"

Pues bien, once siglos después de la muerte de San Jerónimo, se instaura y asienta en España una orden bajo la advocación de este santo.

---

diligencia y trabajo>>, desde que en una horrible pesadilla había sido condenado por ciceroniano. Al cabo de dos años no puede más. Sin duda son varias las razones que le mueven a dejar el desierto, pero tal vez la definitiva sea que su corazón, a veces tan rudo, tenía necesidad de amistad. <<Ahora hablo con vuestra carta, la abrazo…>>, escribe desde Calcis a sus amigos. Por una parte, se siente atraído por el desierto; por otra, no puede vivir sin amigos. Veinte años más tarde decía a Pammaquio: <<Entonces me tenía el desierto, y ¡ojalá me hubiera retenido!>>.

En 377, de nuevo en Antioquía, cede a las continuas instancias del obispo Paulino: se deja ordenar de sacerdote, aunque con la condición expresa de no incardinarse, de no ejercer el ministerio sagrado sino por su propia voluntad, de no perder su <<libertad monástica>>. San Jerónimo no quiere ligar su monacato a nada, ni siquiera al sacerdocio. De hecho, no se queda en Antioquía. Se dirige a Constantinopla para escuchar a San Gregorio Nacianceno, el <<teólogo>> por excelencia.

En 382 llega de nuevo a Roma. Tiene fama de asceta, de literato, de erudito, de escriturista (sic). El papa San Dámaso lo toma por secretario. Un grupo de nobles matronas y sus hijas le piden que les explique las Escrituras. San Jerónimo accede y encuentra su vocación en aquella <<escuela de altos estudios bíblicos>>. Poder explicar la palabra de Dios y las leyes y secretos del ascetismo a público tan inteligente y dócil es para él una verdadera delicia"…

.

El padre fray José de Sigüenza[122] nos da cuenta del origen de la Orden, siendo uno de los principales fundadores Pedro Fernández Pecha, depositario de la Bula fundacional.

La vida de Cristóbal Colón está tan ligada a la Orden Jerónima, que sin un estudio cabal de ésta es imposible descubrir y seguir la trayectoria humana y humanística del Gran Almirante.

Ha sido el estudio de la Orden Jerónima, e incluso la vida y escritos de San Jerónimo, lo que nos ha llevado de la mano a descubrir la vida oculta y misteriosa del futuro Almirante. Son los monjes jerónimos del monasterio de San Bartolomé de Lupiana (Guadalajara) quienes salvan la vida de Colón nada más nacer. Crecerá después bajo su vigilancia y cuidado.

Su formación intelectual se debe a ellos y el concepto trascendente de la vida que tiene Colón es fiel reflejo del espíritu jerónimo que en él han inculcado estos frailes de Lupiana.[123]

Así nos narra el origen de la orden el padre Sigüenza:

"Reinaba en Castilla y León el Rey Don Alfonso XI (padre de don Pedro, llamado el Cruel, con harta razón) y aparecieron en España unos eremitas *italianos* de hábito pobre, vida santa, humildes, penitentes, llenos de virtudes, vacíos de cuanto sabe a mundo por respeto humano."

Preguntados por la gente curiosa o devota *de dónde eran...*, a qué venían..., cuál era su intento..., respondieron sencillamente que *eran de Italia*, su vida era de ermitaños, su intento *ganar el cielo y recibir como señal y prenda cierta de este bien último, el Espíritu Santo que venía del cielo sobre España y esta era la razón de haber dejado su tierra*[124].

Volvieron a preguntarles de dónde sabían que el Espíritu Santo venía sobre España y qu[e] fundamentos tenían. Ellos respondieron: Nosotros vivíamos en Italia en compañía de otro[s] ermitaños. Era como superior y cabeza nuestra, un gran siervo de Dios llamado Fray Thomá[s] Sucho[125], natural de Sena, en quien Dios puso muchos dones y el Espíritu Santo moraba en é[l]. Le dio el Señor el don de la profecía y un día estando hablando con nosotros de cosas del ciel[o] hizo una pausa y con voz más alta nos dijo:

"veo que el Espíritu Santo desciende sobre España en la fundación de una religión, pero no n[os] ha mostrado el Señor cuanto tiempo morará en ella. Al poco tiempo el Señor se lo llevó [al] cielo, sellando la santidad de su vida con grandes milagros".

Nosotros que le sabemos en todo tan verdadero, tenemos por cierto lo que nos dijo y venim[os] con deseo de entrar en la parte de este bien sobre España.

Aconteció aquí lo que suele ocurrir en semejantes casos, unos los recibieron bien y otros [se] burlaron de ellos.

---

[122] Sigüenza, fray José de. Historia de la Orden de San Jerónimo. Baylly//Bailliére e hijos. Madrid 190[?] Tomo I y Madrid 1918. Tomo II.
[123] Sanz García, Ricardo (+2003)
[124] *Ibid*. Tomo I, cap II y III.
[125] En diversas obras figura escrito de manera distinta a esta, así suele hacerse como Tommasuccio de Siena

Entre los discípulos de Thomas Sucho, había uno que *procedente de Italia* pasó a España; se llamaba Fray Vasco, era *natural de España y portugués de nación* (así reza el texto)[126]. Él relata los muchos milagros y profecías anunciadas y cumplidas en su maestro Thomas Sucho.

Fray Vasco vuelve a profetizar: *veo al Espíritu Santo descender sobre España*. Es San Antonio de Florencia quien dice dejó escritas muchas profecías, y particularmente la destrucción de algunos lugares de Italia, que las vio él cumplidas en su tiempo.

Animados con todas estas profecías muchos italianos dejaron sus casas y ciudades y se retiraron a los lugares más desiertos que hallaron en España.

Todos llevaban apellido (parece querer decir que muchos eran nobles) y en todos bullía un propósito secreto: levantar el nombre, orden y religión de San Jerónimo.

No se comunicaron este deseo, ni fue cosa de concierto. Así se retiraron en lugares muy distintos unos de otros. Unos en la provincia de Toledo, otros en los montes Carpetanos, algunos en la zona áspera e inaccesible que desde tiempos muy antiguos se llama los Toros de Guisando, otros en la ribera del río Tajuña, cerca de las pequeñas poblaciones llamadas Orusco y Ambite, en una ermita pequeña de Nuestra Señora, que dicen los comarcanos de Villaescusa. Otros, alrededor de la ermita del Castañar, en Toledo.

Un grupo estaba retirado allá en el reino de Valencia, cerca de la villa de Gandía, y otros en lugares asperísimos de Portugal.

En todos había un deseo común: imitar al santo varón Jerónimo, que profetizado por Thomas Sucho con la venida del Espíritu Santo sobre España a todos animaba.

Este espíritu o don de profecía no fue exclusivo de Thomas Sucho, también una santa mujer llamada **Brígida**, que vivía en Roma y era descendiente de la casa real de Suecia, princesa ella de Nericia de la provincia de Escandinavia, dijo repetidas veces al Papa Gregorio XI, que estaba en su "silla" en Aviñón, que en España se había de resucitar y levantar de nuevo la Orden de San Jerónimo, avisándole también, de parte de Dios, la regla, hábito y modo de vida que debían guardar.

También profetizaba en este mismo sentido un santo cardenal, que entre todos los de aquel sacro colegio romano resplandecía por su virtud y cuyo nombre no nos cita en su obra el padre Sigüenza.

El santo varón abad **Joaquín Calabrés** (recuérdese este nombre más adelante) siglos antes había dicho la misma profecía: *veo que el Espíritu Santo desciende sobre España y se forma una nueva religión y **reconquista la casa de Sion**.*

Es interesante consignar aquí esta cita, pues Cristóbal Colón lo menciona en varias ocasiones en la isla de Jamaica el 7 de julio de 1503.

Dice así el Almirante:

"David, en su testamento, dejó tres mil quintales de oro de las Indias a Salomón para ayudar a edificar el templo, y según Josefo era él de estas mismas tierras. Jerusalen y el monte Sión ha de ser reedificado por manos de cristianos. Quién ha de ser, Dios por boca del Profeta en el

---

[126] Ya hemos hecho mención de él y su nombre anteriormente.

decimocuarto salmo lo dice. *El abad Joaquín dijo que éste había de salir de España. San Jerónimo a la santa mujer le mostró el camino para ello. El Emperador de Catayo ha días que mandó sabios que le enseñasen la fe de Cristo. ¿Quién será que se ofrezca a esto? Si Nuestro Señor me lleva a España, yo me obligo de llevarle, con el nombre de Dios, en salvo."* [127]

¿Qué camino es este que dice Colón? nos preguntamos nosotros...
La epístola de San Jerónimo a Rústico, nos lo aclara. Veamos:

"Mirad, que todo este mar del mundo está lleno de peñascos escondidos, y duros, y de vados no conocidos; y asi el atalayador, y experimentado, se ha de sentar en lo mas alto del mastil, ó gavia, para avisar desde alli como se ha de regir, y gobernar el navio, y rodearlo de una parte a otra. *Prosperamente sucede esta navegacion, quando en seis meses llegan los navegantes al puerto de la sobredicha ciudad, desde el qual se comienza á descubrir el gran mar Occeano; por el qual con mucha dificultad se llega á las Indias en un año entero, y continuo, y al rio Ganges, que llama la santa Escritura Fison; Genes. 2., el qual rodea la tierra del Evilath, y dicen, que trae muchas especies de olores aromáticos de la fuente del paraíso donde nace el carbunclo, y la esmeralda, y las margaritas resplandecientes, y las perlas, ó aljofar, con que las señoras ilustres gustan tanto de adornarse; y donde estan los montes de oro, á lo quales es imposible llegar los hombres, por los grifos, y dragones y otros monstruos de cuerpos inmensos que hay en ellos, con que mostró Dios quanto aborrece el vicio de la avaricia, pues tales guardas puso en estas cosas. ¿Pero direisme por ventura, que á que proposito digo todo esto?*[128]

Comparando, asimismo, este texto con el de la carta de Colón a los Reyes, en la isla de Jamaica, podemos establecer también otra correlación, y es que, en la carta, Colón cita el río Ganges en el texto:

"Otrosí dicen que las naos traen bombardas, arcos y flechas, espadas y corazas, y anda vestidos, y en la tierra hay caballos, y usan la guerra, y traen ricas vestiduras y tienen buena cosas. También dicen que la mar boja a Ciguare, y *de allí a diez jornadas es el río Gange* Parece que estas tierras están con Veragua como Tortosa con Fuenterrabía o Pisa co Venecia";

Y otra vez en el "Libro de las profecías:

"B. El abad Johachín, calabrés, 40 diso que había de salir de España quien havía de redificar Casa del monte Sión.
    Torno a replicar mi protestaçión de no ser dicho presunçioso sin çiençia, y me allego contino al desir de san Mateus, que diso: « ¡O Señor, que quisyste tener secreto tantas cosa los sabios, y rebelástelas a los ynoçentes!»; 31 y con esto pago, y con la espiriençia que d'e se a visto.

---

[127] Cristóbal Colón. Cuarto Viaje a las Indias. Carta que escribió Don Cristóbal Colón, Virre Almirante de las Indias, a los cristianísimos y muy poderosos Rey y Reyna de España, Nuestros Señc en que les notifica cuanto le ha acontecido en su viaje; y las tierras, provincias, ciudades, ríos y c cosas maravillosas, y donde hay minas de oro en mucha cantidad, y otras cosas de gran riqueza y v Arlanza Ediciones. Madrid 2002, pág 152. También en el libro de las Profecías dice: *B. El a Johachín, calabrés, 40 diso que había de salir de España quien havía de redificar la Casa del m Sión.*
[128] Epístolas Selectas de Máximo Doctor de la iglesia San Gerónimo, traducidas de latín en le castellana, por el licenciado Francisco López Cuesta, dedicadas a Jesu-Christo, Redentor y Señor nue Madrid, imprenta de Ramón Ruiz. Año de MDCCXCIV.

¿Quién era Joaquín Calabrés?

"Fue **Joaquín Calabrés** o De Fiore, religioso de la Orden del Cister y apellidado el profeta, paje del Rey de Sicilia y atraído por la soledad, quien se unió a otro solitario llamado Andrés y juntos fueron a Constantinopla y a Jerusalén. Regresó a Calabria y entró en la Orden del Cister, en la abadía de San Cuccino de portero, llegando a ser Abad. Comentó las Sagradas Escrituras. Fijó posteriormente su residencia en Fiore, fundando con sus discípulos un monasterio gobernado por la Orden más rigurosa de Cister"

No podemos seguir adelante sin pasar a comentar estos escritos:

1. Cristóbal Colón, el 7 de julio de 1503, desde Jamaica, escribe una carta a los reyes comunicándoles los incidentes que tiene en la navegación por esas costas.
2. En el texto, en el que les informa de la existencia de oro y su localización, hace una alusión a Salomón, con referencias al Paraíso y a la crónica de Josefo en su crónica *De antiquitatibus*; hace asimismo un comentario al *Paralipomenon* y al *Libro de los Reyes*
3. A continuación, se refiere al testamento de David, que dejó tres mil quintales de oro de las Indias a Salomón para ayudar a reedificar el templo, e inicia el texto en el que describe cómo ha de ser reedificado.
4. En el mismo, cita al abad Joaquín Calabrés y a San Jerónimo vinculándolos a la reedificación de Jerusalén y el monte de Sión.
5. Se ofrece él mismo a llevarle la fe de Cristo al emperador de Catayo
6. En la epístola de San Jerónimo a Rústico, *escrita diez siglos antes*, San Jerónimo hace una descripción casi perfecta de las Indias, con indicación de los días que se tarda en llegar a ellas, lo que existe en su interior: oro, especies, esmeraldas, margaritas… y nos habla de los grifos, dragones y otros monstruos que los guardan.
7. En una publicación de la Academia Nacional de Geografía de la República Argentina[129], de 1989, se dice de la costa americana: *"lo que se discute y se niega es que América no haya sido la península de Thinae, el continente del Dragón"*, que es uno de los monstruos que describe San Jerónimo como defensor del continente.
8. En ambos textos, el de Colón y el de San Jerónimo, se hace una referencia al río Ganges…
9. ¿No llegamos a la conclusión de que Colón tenía un conocimiento exacto de la epístola de San Jerónimo? ¿Cómo llegó a ella? Esto y otras muchas cosas se verán más adelante.

Volviendo de nuevo a España, la vida de estos eremitas que llegaron procedentes de Italia hacia el año 1350 aproximadamente era así:

"Vivían en ermitas que hallaban en lugares apartados, despoblados o en espesuras; su manera de vida no parecía de hombres. La comida: hierbas, en muchas ocasiones crudas; el pan poco, las más de las veces pedido de limosna y el que podía sobrar a los labradores comarcanos. La bebida: agua clara de las fuentes. La cama a este mismo peso, paja y heno, lo que se escapaba de las bestias"[130].

Vestían junto a la carne una túnica gruesa de lana, en lo de encima una túnica más grosera, que servía de todo, de honestidad y abrigo. Acudían personas de todas partes a estos lugarejos de retiro de los ermitaños, unos los visitaban, otros los imitaban o se hacían sus discípulos.

---

[129] GANDÍA, Enrique de. El descubrimiento de América en los Viejos y Nuevos historiadores de Colón, Publicación Especial nº 2. Buenos Aires, 1989. pág 39
[130] Sigüenza, fray José de, op, cit; Madrid 1907.Capítulo III, pág 10

Entre los ermitaños se visitaban con cartas, con saludos y avisos de las mercedes que Nuestro Señor les hacía y de la gente que se les juntaba, con deseo de abrazar con ellos el camino de la penitencia. Entre lo que vinieron en esta compañía santa citaremos para nuestra historia a dos personajes importantísimos: Fernando Yáñez de Figueroa y Pedro Fernández Pecha. Fueron los dos, personas muy principales de Castilla, criados en la casa real de Don Alfonso y del príncipe Don Pedro[131]

Ellos fueron los dos principales pilares de la fundación de los nuevos jerónimos de España. La familia de Pedro Fernández Pecha[132], *procedía de Italia* (de Sena) de un antiguo y noble linaje llamado Pechi (abeja).

Don Fernán Rodríguez Pecha tuvo además dos hijas, doña Mayor y doña María. La primera, casó con don Arias González Valdés, la segunda, *con don Pedro González de Mendoza*, Almirante de Castilla, mayordomo del rey don Juan I, caballero de mucha nobleza y valentía. Nos relata la historia, que, en la batalla de Aljubarrota, don Pedro, viendo caído a su señor, y a éste en peligro de perder la vida, dio su caballo al rey Juan I para que se salvase y como el rey le ofreciera la grupa para salvarse los dos, él respondió:

«No quiera Dios que las mujeres de Guadalajara digan que quedan allí sus hijos y maridos muertos y yo vuelvo vivo».

Veamos ahora quién era don Fernando Yáñez de Figueroa:

Era natural de Cáceres, hijo del noble caballero Juan Fernández Sotomayor y de doña Marí Yáñez de Figueroa, linajes ambos muy conocidos en España.

Fernando Yáñez de Figueroa y Pedro Fernández Pecha, eran muy queridos de todos p(sus sanas costumbres y su afabilidad. La sencillez fue norma de su vida. Su amistad e por haberse criado juntos y tener unas mismas aficiones.

Fernando Yáñez de Figueroa decidió dejar la vida de la Corte y tomar el estado clérigo, y el rey, que admiraba sus virtudes, le dio un canonicato en la iglesia de Tole y la capellanía mayor de los reyes.

El canónigo Fernando Yáñez no se encontraba a gusto en este puesto viendo ta vanidad en el mundo y dejó Toledo y la Corte y las costumbres de una sociedad m distinta de lo que sus ideales y normas morales le exigían. Se desprendió de t(

---

[131] Alfonso XI y Pedro I el Cruel

[132] Llegó a España sirviendo al infante Don Enrique, hijo tercero del Rey Don Fernando III el Sa Vino como premio a la lealtad y fidelidad que había observado con el infante Enrique de España hicieron señor de la villa de Hormija, situada entre Toro y Tordesillas. El Rey Don Alonso, aquel ganó la batalla de Benamarín, tuvo como camarero a Fernán Rodríguez Pecha, hijo de aquel caballero vino de Italia. Pasó luego a vivir en Guadalajara y trocó la villa de Hormija por Atanzón. Es divisa de familia una abeja azul en campo de oro, lo que les distingue de los Peytán asturianos, con los c(algunos han querido identificarlos.

Casó este Fernán Rodríguez Pecha con doña Elvira Martínez. Su hijo primero y mayorazgo fue don P Fernández Pecha, que sucedió a su padre en el oficio de camarero del Rey Alfonso XI. Le hic(merced del lugar de Barajas, junto a Madrid. El segundo hijo de este matrimonio fue don Alonso P(que llegó a ser obispo de Jaén.

aquello que hasta entonces tenía, y tomó el hábito y la vida de los eremitas. Sorprendió este cambio de vida a sus compañeros, en aquellos tiempos de deleite y placer, y sobre todos a Pedro Fernández Pecha, su compañero y amigo.

Pedro Fernández Pecha fue a la ermita del Castañar, que estaba a poco más de cinco leguas de Toledo a visitar a su amigo, a quien ya llamaba padre, y la entrevista entre los dos fue muy emotiva. Pedro Fernández Pecha manifestó a Fernando Yáñez su admiración cuando le vio escoger la vida eclesiástica:

«Yo deseo —le dijo— haceros compañía y servir a Dios muy de veras».

En esas circunstancias, y encontrándose ambos haciendo vida de ermitaños, las visitas que recibía Fernando Yáñez de sus conocidos cortesanos les impedia mantenerse alejados de los bienes materiales y espirituales que pretendían dejar, por lo que tomaron la determinación de abandonar la ermita del Castañar e irse con un grupo de ermitaños a la ribera del río Tajuña, muy cerca de Lupiana (Guadalajara), que con el tiempo sería el primer monasterio y casa matriz de la Orden Jerónima.

La alegría de los ermitaños era muy manifiesta, pues les pareció que era ya visible en los dos varones el cumplimiento de la profecía del abad Joaquín Calabrés y Thomas Sucho: *El Espíritu Santo vendrá sobre España...*

"Tenía Pedro Fernández Pecha, como hemos dicho, un hermano menor llamado Alonso Fernández Pecha, que había seguido el camino de la Iglesia y con su virtud y buen saber fue nombrado obispo de Jaén. Amaba la quietud y sosiego de la conciencia, quería ser padre de todos y darles el pan de la verdadera doctrina. Lo peor y lo que más temía era la gloria vana del mundo, el regalo que se había apoderado de esas dignidades, y lleno de coraje determinó romper con todo y perder el miedo al qué dirán y al juicio de los hombres. Partió de Jaén y se fue al desierto en busca de su hermano, que sabía de su venida, pero no de sus ideas. El encuentro entre los dos hermanos fue tan cordial y fructífero para ambos, que decidió el santo obispo renunciar al cargo que ostentaba para incorporarse a los eremitas y abandonar el obispado"[133]

De acuerdo con todos ellos escribió al Papa que tuviese por bien admitirle la renuncia al cargo de aquella villa, y el Papa se la admitió, previa consulta y consejo de los cardenales (era Papa Urbano V)[134].

Ya estaban juntos en la ermita de Nuestra Señora de Villaescusa estas tres personas: *Fernando Yáñez Figueroa*, capellán mayor de los reyes de Toledo y canónigo de aquella santa iglesia, *Pedro Fernández Pecha*, camarero mayor del Rey y *don Alfonso Fernández Pecha*, obispo de Jaén. Los tres habían renunciado a las vanidades del mundo y a sus glorias, para comenzar una nueva vida de oración.

Estaban los santos ermitaños venidos de Italia gozosos de ver la labor y el ejercicio de virtudes tan altas de estos tres siervos de Dios y alababan al cielo al sentir tan gran mudanza; crecían en esperanzas y miraban ya como presente el bien que tanto deseaban: *la venida del Espíritu Santo en España, por medio de una religión,* y entendían que habían de ser éstos los fundamentos.

---

[133] Op, cit, cap IV, pág 16
[134] El pontificado de Urbano V duró desde 1362 a 1370

Fernando Yáñez y Pedro Fernández Pecha pasan al Monasterio de San Bartolomé de Lupiana, donación que les habían hecho familiares de los hermanos Pecha.
Los ermitaños trataron en junta cómo darían orden y asiento a su vida[135].

Determinaron ir a Aviñón a solicitar del Papa Gregorio XI la formación de la nueva religión, y con gran acuerdo de todos, designaron como embajadores de esta misión a *Pedro Romano y Pedro Fernández Pecha*[136].
Las constituciones de San Agustín, aceptadas por los jerónimos, las tomaron del monasterio de Santa María del Santo Sepulcro de la ciudad de Florencia, situado en un otero que se llamaba *Colombaia*. Nos dice Ignacio de Madrid, en Historia ieromyniana:

"Si nos fiáramos de fray Pablo de San Nicolás en los Siglos Geronimianos, aquel monasterio sería de jerónimos procedentes, más o menos indirectamente, y tras largas vicisitudes, de los monasterios que en Belén fundó San Jerónimo. Esto no es creíble de ninguna manera"[137].

La única referencia más explícita que hasta ahora hemos encontrado de este monasterio dice así:

"A circa un miglio da Firenze, non lontano dalla via che porta a Roma, esisteva fin dall'inizio del secolo XIV un Romitaggio, in cui vivevano sotto la guida di un certo Bartolomeo Bonone, un grupo di eremiti, in quali poi nel 1334 ottennero dal Legato Pontificio in Toscana Card. Giov Gaetano Orsini la facoltà di poter vivere insieme professando la Regola di S. Agostino e portare l'abito che si erano dato. Nel 1348 costruirono poco lontano, in localitá detta <<alle Colombaia>> o Camporese, una bella Chiesa dedicándola a S. Maria del S. Sepolcro, vivend

---

[135] Madrid, Ignacio de. O.S.H. La bula fundacional de la Orden de San Jerónimo. Studia Hieronymian IV Centenario de la Orden de San Jerónimo. Madrid 1973.Tomo I, pág 60
"E acaeció en ese tiempo que comenzó a crecer en el reino de Castilla el estado de la vida de lo pobres y comenzaron estos santos varones a ser perseguidos so color del estado que seguían po no ser aprobado. Por lo cual, alumbrados con la gracia del Espíritu Santo acordaron todos juntamente de elegir orden y manera de vida que fuese por la iglesia aprobada. Y así como fuesen devotísimos al bienaventurado nuestro padre San Hieronymo: el cual dejando el mund se apartó primero al yermo y después se retrajo a Bethleen onde edificó un monasterio; en el cual vivió según la regla apostólica hasta la muerte con muchos santos y honestos religiosos: que ya su devoción y memoria era perdida: comenzaron a tratar *entre sí cómo podían establecer España lo que había ya muchos años que pereciera y se olvidara en la tierra santa. Y así, con este des y poniendo a este santísimo padre delante sus ojos como patrón y amparo de su vida, retrajéronse a u montes cerca de una aldea o lugar pequeño que se dice Lupiana de la diócesis de Toledo, y tenían por iglesia una ermita pequeña del glorioso apóstol San Bartolomé: donde fue después edificado el primei monasterio de la orden en memoria e invocación del dicho apóstol, porque no quisieron aquellos sant varones, por la mutación de su estado, mudar la invocación del lugar que escogieron para morar".*
[136] Op, cit, 1907, cap VI, pág 23. El primero era de los ermitaños que vinieron de Roma y fue t acuerdo para muchos fines; para la lengua, para el conocimiento y aviso de las personas, del tra manera de negociar y, sobre todo, para que viese por sus ojos cumplida la profecía de Thomas Such Sena y gozase del fruto esperado con tanta paciencia. Partieron de San Bartolomé de Lupiana an siervos de Dios, no sabemos ni el día ni el mes, pero sí el año: 1373.El Papa Gregorio XI, oíd petición, respondió: *"Pues Nos, que con afectuosos deseos queremos el aumento de la religión y de b voluntad aumentamos con el cuidado y solicitud pastoral los modos de la salvación de las al estimando con mucho y teniendo por muy acepto este nuestro propósito y loándolos con di alabanzas. Por el tenor de las presentes, os amonestamos que guardéis la regla de San Agustín, de de la cual militaréis y serviréis al Señor, y porque afirmasteis que teníais especial devoción al santo Jerónimo confesor, doctor de la iglesia, el cual primeramente vivió en el yermo en la vida eremít solitaria y después vivió en el Monasterio con los frailes o ermitaños de San Jerónimo. Así sea".*

[137] Op, cit; pág 72

esemplarmente al loro Regola, e cercano di camminare sull'orme del grande Eremita di Betlemne, di cui erano molto devoti.

Ben presto il loro nome e prestigio era tanto noto che, quando alcuni eremiti spagnoli, desiderando imitare il medesimo celebre eremita S. Giorlamo, supplicarono Gregorio XI di assegnare loro una Regola, fu loro prescritta la Regola di S, Agostino, le Costituzioni i riti, le cerimonie e lo stesso abito in uso presso il romitaggio di S. María del S. Sepolcro di Firenze.[138]

Su traducción es la siguiente:

"A más o menos de una milla de Florencia, no muy lejos de la via que lleva a Roma, existía desde el principio del siglo XIV, un lugar solitario, en el cual vivían bajo la orientación de un tal Bartolomeo Bonone, un grupo de eremitas, los cuales luego en 1334 consiguieron gracias al Legado Pontificio en Toscana Cardenal Giov. Gaetano Orsini la posibilidad de poder vivir juntos profesando la Regla de S. Agustín y llevar el vestido que se habían dado. En 1348 construyeron poco lejos, en una localidad llamada *"Alla Colombaia"* o Camporese, una bonita iglesia dedicándola a Santa María del Santo Sepulcro, viviendo ejemplarmente su Regla, e intentando seguir las huellas del gran eremita de Belén, del cual eran muy devotos.

Muy pronto su nombre y prestigio era tan conocidos que, cuando algunos eremitas españoles, deseando imitar al mismo famoso eremita S. Gerónimo, suplicaron a Gregorio XI de asignarle una Regla, les prescribió la Regla de S. Agustín, las constituciones, los ritos, las ceremonias y el mismo vestido en uso en ese lugar solitario de Santa María del Santo Sepulcro de Florencia"[139].

Nota de la traductora: "Alla Colombaia": Colomba es paloma; se puede traducir por: *lugar donde crían las palomas (palomar)*.

En la misma obra Studia Hieronymiana, Balbino Rano nos hace una descripción del origen, desarrollo y fin del monasterio de Santa María del Santo Sepulcro.

En sus orígenes, hemos de remontarnos a una crónica del año 1371, hecha por Benito Magistri Thebaldi, que ingresó en el año 1325 y fue por varios años prior de la Orden y del monasterio.

El origen de la Orden se remonta a 1313. En ese año, Bartolomé di Bonone, y otros amigos, decidieron retirarse a una vida de soledad, y, con ayuda de los nobles de Monte Raynaldo, se asentaron en un eremitorio situado en un lugar llamado San Michele di Monte Maione, cerca de Albula, dentro de los límites de Chianti (Siena).

Al no poder construir allí un monasterio, y con la ayuda económica de sus amigos, compró una granja para tal fin. Concedida la licencia para ello, se construyó un monasterio con iglesia bajo el nombre de "S. María de Podio Sancti Sepulcri": Santa María del Otero del Santo Sepulcro, cuya traducción italiana es: Santa María del Poggio di Santo Sepolcro.

A veces se le llamó también Santa María degli Scopeti, por llamarse Scopeto o degli Scopeti el lugar de las afueras de Florencia donde se situaba el monasterio.

Pronto tuvieron que cambiar de lugar el monasterio, pues las condiciones topográficas eran desfavorables y las muertes y enfermedades provocadas por el ayuno y "por el lugar donde estaba situado el monasterio y la complexión de los hermanos[140]"llevaron a la muerte en poco

---

[138] Ferrara, Pietro. *Luci ed ombre nelle Cristianitá del seccolo XIV. Il B. Pietro Gambacorta da Pisa e la sua Congregazione.* Tipografía Políglota Vaticana, 1964, p. 89-90, cf. P. 129
[139] Traducción de Isabella de Cuppis
[140] Carta al beato Simón de Casia, en N. MATTIOLI, o, c., carta 14, pág 351

tiempo a seis miembros de la comunidad. Los religiosos morían de tisis, y era preciso mudar de lugar, pues los candidatos a entrar en la orden no lo hacían por miedo a fallecer en poco tiempo, y el número de los que residían en el monasterio menguaba rápidamente. Por ello, en junio de 1348, con la ayuda económica de familiares y amigos, se compraba un terreno a las afueras de Florencia, en lugar mejor dotado para la salud, en el que se construyó un nuevo monasterio que llevaría el nombre de *Santa María del Santo Sepulcro de Colombaia*. También se llamaba de Campora, y fue inaugurado por el agustino Agustín Tinacci de Florencia el día 1 de mayo de 1358.

En 1372-1373, el monasterio de Santa María del Santo Sepulcro es escenario de un hecho que lo hará famoso por los siglos en la historia de la vida religiosa, nos dice Balbino Rano, en su artículo de la Studia Hieronymiana ya citada: El Papa Gregorio XI persuadió a los fundadores de la Orden de San Jerónimo a tomar las constituciones y costumbres de esta Orden y monasterio.

En la concesión de la Bula por el Papa, se identifican perfectamente dos nombres: *Fernando Yáñez de Cáceres y Pedro de Guadalajara,* que así figuran en el texto, y que corresponden a fray Fernando Yáñez de Figueroa y fray Pedro Fernández Pecha; un tercer nombre, *Alfonso de Jaén,* nos inclinamos por identificarle con Alonso Fernández Pecha, que, como hemos dicho antes, había ostentado el cargo de obispo de esta ciudad

"El motivo que nos lleva a identificar ambos nombres es el hecho de observar *que todos lo: ermitaños conocidos pierden su apellido en la bula y toman el del lugar, como luego fu frecuente en toda la Orden"[141]*

Esta constatación es muy importante en el estudio de la vida del Almirante, pues, com veremos más adelante, justifica el primer apellido "Colombo", asociado al lugar en que se asienta el nuevo monasterio, en "*la Colombaia"* (palomar), y de palomar, palom (*Colombo*). Es decir, que quienes habitan en ese monasterio son "colombos"

Les dio el Papa por hábito el que actualmente llevan los frailes y las monjas jerónimas

"había de constar de una túnica cerrada y amplia de paño blanco y grueso, con mang amplias y cerradas, escapulario y capa fija por la parte anterior. Tanto la capa como escapulario habían de ser *de paño gris o buriel*, sin ser teñido de ningún color. La capa no consideraba necesaria. Pertenecía al decoro del hábito, y había de llevarse en los ac públicos"[142].

El Papa nombró prior de la nueva Orden a Fray Pedro Fernández Pecha, conoc después como Fray Pedro de Guadalajara (recordemos el cambio de nombre en la v "seglar" por el del lugar en el que se encuentra el monasterio en el que viven o el lu de nacimiento)

Llegaron a San Bartolomé de Lupiana el nuevo Prior y Fray Pedro Romano, el día febrero de 1374.

Impuso el nuevo jerónimo y primer Prior el hábito a todos los monjes valiéndos aquel que el Papa le había regalado, y dice el Padre Sigüenza:

[141] Madrid, Ignacio de. ; op, cit.; pág 73
[142] Rano, Balbino. O.S.A., El monasterio de Santa María del Santo Sepulcro en Campora (Florencia) Fundación de la Orden de San Jerónimo. op, cit; pág 86

"Estos fueron los primeros hábitos de las primeras profesiones y éstos los primeros religiosos de la Orden de San Jerónimo en España, y éste el día felicísimo en que todo punto se vio cumplida la profecía del santo Fray Thomas Sucho Senes y la de Santa Brígida y el fin perfecto de estos grandes siervos de Dios, que con tan cierta esperanza y fe viva habían aguardado".

Los cuatro monasterios que se fundaron con las facultades que proporcionaba la bula fueron los siguientes:
En 1373 San Bartolomé de Lupiana (Guadalajara)
En 1374 Santa María de la Sisla (Toledo)
En 1375 San Jerónimo de Guisando (Ávila)
En 1384 San Jerónimo de Corral Rubio (Toledo)

La presencia de niños en estos monasterios no era una excepción, y se pone de manifiesto en la llamada que, en 1417, hace Fray Salvi, prior del monasterio de Santa María del Santo Sepulcro al prior general de los jerónimos españoles. Nos lo relata así Balbino Rano[143]:

"El monasterio de Santa María del Santo Sepulcro fue decayendo en los primeros años del siglo XV. Fray Salvi, elegido prior en 1414 comprendió la necesidad de pedir ayuda de personal. *La pidió en 1417 al prior general de los jerónimos españoles.* El monasterio se había reducido a cinco miembros: el prior, un religioso diácono, dos profesos legos y *un niño novicio".* [144]

Este es un testimonio, pero no el único, que avala la idea de que Cristóbal Colón pudo permanecer durante parte de su juventud en el Monasterio de San Bartolomé de Lupiana, o en el de Santa María del Santo Sepulcro, en Italia, en el lugar conocido como "alla Colombaia". También en el Monasterio jerónimo de Guadalajara, como veremos más adelante, había niños, lo que confirma que la existencia de estos pequeños en estos lugares era práctica habitual.

Además de este monasterio italiano vinculado directamente con el de San Bartolomé de Lupiana, existe otro *en la ciudad de Génova.* La noticia la conocemos por la Historia de la Orden de San Jerónimo, del padre Sigüenza[145]. Dice así:

"En Roma a los treze días de Abril, año del nacimiento de mil y trecientos y setenta y ocho (este es el primero de Vrbano VII) en presencia de don Lucas Obispo Nucerino, Vicario general y luez [sic] ordinario del Papa, pareció *don Alonso* que agora es Hermitaño y *antes auia sido Obispo de Iaen en España*[146], y dixo que por seruicio de Dios, y por auer propicia a la sagrada Virgen Maria, y a san Geronimo, daua y donaua al monasterio de san Bartolome de Lupiana de la regla de san Agustin, debaxo de titulo de san Geronimo, cerca del lugar de Guadalajara, y a fray Fernando Yañez Prior del dicho monasterio e a sus sucessores, e a todos los frayles que son y serán en el dicho monasterio, e a fray Pedro de Cordoua fraile del dicho conuento, que estaua presente con poder bastante para acetar y recebir todos sus bienes muebles e rayzes, que de cualquier manera sean suyos, o le pertenezcan..."

---

[143] Op, cit; pág 82
[144] Sobre los últimos años de la historia del monasterio, cf. E. NUNES: Dom frey Gomez, abade de Florença, 1420-1440, vol I, BRAGA, 1963, pags.198-212, 235-240. Ha estudiado sus fuentes en el Archivo di Stato di Firenze, Conventi Soppressi, números 332-334 y otra documentación.
[145] Sigüenza, Fray José de: op, cit; 1907-1909, pág 51 y 52.
[146] Se refiere a Alfonso (o Alonso) Fernández Pecha

... "No sabemos despúes desto con claridad, que hizo don Alonso, ni adonde fue; solo ay noticia que *vino a Genoua, y que en aquella ciudad edificó un monasterio de la Orden de san Geronimo...*"

...dice el padre F. Pedro de la Vega (nuestro primer Chronista), y aun de lo de aquel tiempo no lo peor que *para la fundación del monasterio de Genoua lleuó don Alonso Pecha religiosos de España.* No dice de donde, mas es fácil atinar, porque no auia mas de dos casas, la de *san Bartolomé de Lupiana, y la de la Sisla* en Toledo, y por la mucha frecuencia de los que acudían a tomar el habito a ellas, hauia copia de religiosos para fundar las casa que se hazian en Castilla, y para Italia"

Deducimos de estos textos que, en 1378[147] el padre Alonso Pecha llega a Roma y, con posterioridad a esta fecha edifica un monasterio jerónimo en Génova, y para dotarlo de monjes los "importa" de los monasterios de San Bartolomé de Lupiana y del de la Sisla.

Establezcamos una hipótesis:

Cristóbal Colón es recogido, al poco de nacer, en el Monasterio de San Bartolomé de Lupiana para ocultarlo del peligro que corre de ser eliminado, al igual que su hermano Alfón.

A los catorce años, con una formación básica, adquirida en Lupiana, se traslada a monasterio de Génova, o al de la Colombaia, de ahí su expresión que indica que tuvo s primer contacto con el mar a esa edad. En estos conventos, posiblemente, recibe un formación completa, adquiere los conocimientos que más adelante se verán, posteriormente llega a España a través de Portugal.

De su estancia en ambos monasterios italianos, puede adoptar el nombre del lugar en que se encuentra cualquiera de los monasterios, según es norma de la Orden: Del de Colombaia: ***Colombo***; del de Génova, ***genovés***.

A los dos monasterios se "importan" monjes procedentes de Lupiana y de La Sisla diversas ocasiones, como hemos tenido oportunidad de comprobar en la descripción estos hechos, y en todos los conventos es costumbre la recogida de donados y formación hasta la edad de siete años, pudiendo participar con posterioridad a esa e en las actividades habituales de la vida monacal.

¿Entra dentro de lo posible que el Descubridor participase de estas activida Estimamos que sí, pero esta hipótesis no es nada más que eso. ¿Es otra casualic quizás, de la desconocida vida del Almirante?

Por otro lado:

¿Es una coincidencia que la orden jerónima esté presente en: Lupiana (Guadalaja Guadalupe (Cáceres); la Colombaia (Siena) y Génova, estos dos en Italia y relacionados con nuestro Almirante?

---

[147] Cincuenta y siete años antes del nacimiento del Almirante, según nuestra tesis. En el texto original afirma que en esa fecha solo había en España dos monasterios: el de Lupiana y el de la Sisla, pero, s hemos expuesto anteriormente, también existía en 1375 el de San Jerónimo de Guisando

¿Cómo es posible saber si Colón estuvo o no en un monasterio jerónimo durante su infancia o juventud?

Los escritos del Almirante en sus diarios de a bordo nos dan muchas pistas sobre la posibilidad de que esto sea cierto, pues, si comparamos su manera de describir las fechas en las que suceden los hechos, su comportamiento durante toda su existencia y las normas que siguen los monjes jerónimos en su vida ordinaria, encontramos muchas similitudes, que no pueden ser producto de una mera casualidad, sino de una metodología aprendida en su juventud, muy distinta a la que, hasta ahora, nos ha presentado la historia de la vida del descubridor como lanero, marinero o vinatero italiano.

Si estudiamos ahora las enseñanzas que se impartían en los conventos de la Orden Jerónima y la comparamos con el comportamiento de Cristóbal Colón en su vida ordinaria, observamos que la similitud entre la enseñanza recibida y su actitud ante la vida es perfectamente acorde o igual.

Cristóbal Colón, podemos afirmar, después de hechas las comparaciones que presentamos a continuación, es un donado en su infancia y un "monje seglar" en su vida pública y adolescencia[148].

El padre Fray José Sigüenza[149] nos dice, acordó dar noticia del modo y forma en la observancia de la religión y en la crianza de los novicios y para ello sigue los datos que le proporcionaron los papeles del padre general fray Pedro de la Vega.

Ricardo Sanz García, en sus tres obras, recoge estos hechos, que de nuevo presentamos al lector, ampliado alguno de ellos para esta obra.

El comportamiento entre los jerónimos y Cristóbal Colón se manifiesta en el siguiente cuadro comparativo:

1.- Compostura exterior

JERÓNIMOS:
*Que la compostura, hábito, palabras, semblante y manera de hablar, sean todo ejemplo de enseñanza de virtudes (*epístola de San Jerónimo a Rústico)

CRISTÓBAL COLÓN:
Era persona de gran estado y autoridad digna de toda reverencia por su virtud, ingenio, esmaltado de calidades naturales y adquiridas.
En la primera entrevista con los Reyes, éstos quedaron impresionados principalmente la reina de la maravillosa elocuencia de Colón.

2.- Hábito

JERÓNIMOS:

---

[148] Sanz García, Ricardo; op, cit.
[149] Sigüenza, Fray José de; op, cit.; 1907-1909, pág. 245 y siguientes

*Les dio el Papa por hábito el que actualmente llevan los frailes y las monjas jerónimas: había de constar de una túnica cerrada y amplia de paño blanco y grueso, con mangas amplias y cerradas, escapulario y capa fija por la parte anterior. Tanto la capa como el escapulario habían de ser **de paño gris o buriel**, sin ser teñido de ningún color. La capa no se consideraba necesaria. Pertenecía al decoro del hábito, y había de llevarse en los actos públicos*[150].

CRISTÓBAL COLÓN:

Bartolomé de las Casas escribe: "Cuando el Almirante hacía penitencia vestía **hábito pardo.**"
Dice Andrés Bernáldez, cura de Los Palacios: "Vino a Castilla Colón en el mes de junio de 1498 años vestido de unas ropas **de color de hábito de fraile**"[151].

3.- Austeridad

JERÓNIMOS:
Insisten principalmente en el ayuno.
San Jerónimo, cuando ayunamos, dice a los monjes de Belén: "Nuestros rostros están pálidos, cuando ofrecemos un aspecto desagradable sepamos que entonces, precisamente, parecemos más hermosos a Cristo"
Desnudo y ligero vuela al cielo... sigue desnudo a Cristo desnudo...

CRISTÓBAL COLÓN:
Era sobrio y moderado en el comer, beber, vestir y calzar[152].
Sábado 16 de febrero: El Almirante... y quedaba muy tullido de las piernas por estar siempre desabrigado al frío y al agua y por el poco comer[153].

4.- Vegetarianismo

JERÓNIMOS:
Se abstenían los manjares gruesos... y comían hisopillos y habas...

CRISTÓBAL COLÓN:
Dice Bartolomé de Las Casas: "Colón era muy poco aficionado a comer carne."

5.- Hincarse de rodillas

JERÓNIMOS:
Enseñaban también se pusiesen los brazos tendidos en forma de cruz al hincarse rodillas.

CRISTÓBAL COLÓN:
Al comparecer ante los reyes en Barcelona el Almirante, preso de onda emoción, cayó rodillas y con los brazos un poco en cruz (se trata de un reflejo condicionado).

6.- Vida de soledad y laboriosidad

---

[150] Rano, Balbino. O.S.A., El monasterio de Santa María del Santo Sepulcro en Campora (Florencia) y Fundación de la Orden de San Jerónimo. ; op, cit.; pág 86
[151] Bernáldez, Andrés: B:A:E, tomo 70; pág. 678
[152] Las Casas, Bartolomé de las. Historia de las Indias, 1957-61, tomo I y II, págs. 20 y siguientes
[153] Anzoategui, Ignacio B. Los cuatro viajes del Almirante, 1977, pág. 143

JERÓNIMOS:
El modelo de vida para un donado lo constituía un monje. San Jerónimo dice: "Monachus id est solus", monje quiere decir o es solitario

CRISTÓBAL COLÓN:
Demuestra con su vida ser siempre un solitario. Nadie pudo sacarle más de lo que él quiso decir. Medía siempre sus palabras y era discreto en la conversación. Nunca estaba ocioso.

7.- Ajustar el horario ordinario al horario católico

JERÓNIMOS:
El padre Sigüenza nos habla siempre de las horas en el monasterio: "a hora prima"; "hora tercia"; "horas de vísperas"; "a horas de completas"; "a horas de misa",

CRISTÓBAL COLÓN:
En su diario de abordo: 16 de octubre: *a hora de tercia* envié al batel de la nao a tierra a por agua.
16 de diciembre...: *a hora de tercia* ventó leste... a donde llegué *a la hora de completas*.
6 de diciembre, *a hora de vísperas* entré en el puerto.
Anduvo con poco viento *desde la hora de misa hasta completas*.

8.- Religiosidad

JERÓNIMOS:
La religiosidad está fuera de duda en la comunidad jerónima; rezan la salve al finalizar el día. El ayuno y los rezos son una actividad diaria.

CRISTÓBAL COLÓN:
Diario de a bordo. Martes, 25 de septiembre: "Al Sol puesto, subió el Martín Alonso en la popa de su navío, y con mucha alegría llamó al Almirante, pidiéndole albricias que veía tierra. Y cuando se lo oyó decir con afirmación el Almirante dice que se echó a dar gracias a Nuestro Señor *de rodillas*, y el Martín Alonso decía Gloria in excelsis Deo con su gente".

Diario de Colón: día 2 de octubre: "*A Dios muchas gracias sean dadas,* dijo aquí el Almirante"
La misma frase dice los días 5 y 8 de octubre:

Viernes 5 de octubre[154]
Navegó a su camino. Andarían once millas por hora. Por noche y día andarían 57 leguas, porque aflojó la noche algo el viento; contó a su gente 45. La mar bonanza y llana "*A Dios, dice, muchas gracias sean dadas*"

Lunes 8 de octubre
... Tuvieron la mar como el río de Sevilla; *Gracias a Dios, dice el Almirante...*

Día 11 de octubre: ...Por lo cual cuando dijeron *la Salve,* que la acostumbraban decir y cantar a su manera todos los marineros...

---

[154] CRISTÓBAL COLÓN. Diario de a bordo. Arlanza Ediciones, S.A. Presentación de Luis Arranz Márquez. Pág 24.

Día 22 de diciembre. Determinó partir el domingo para allá, aunque no solía partir de puerto en domingo, sólo por devoción.

"fue tan observante mi padre de las cosas de la religión, que **en los ayunos y rezar el oficio divino, pudiera ser tenido por profeso en religión**"[155]

La muerte de Colón es la de un monje, cuando, en su último aliento dice: "**In manus tuas comendo Dómine espiritum meum**"

9.- Formación múltiple

JERÓNIMOS:

Nos dice el padre Sigüenza: Estudian artes, lógica, física, lengua latina...
El monasterio de Lupiana era en aquellos tiempos similar a una escuela de arquitectura. Esto puede sorprender, pero constituía una faceta importante de la orden jerónima, que siguió manifestándose a través de todos los años que duró la congregación.

Los Reyes Católicos confiaron la restauración de acueducto de Segovia a los frailes jerónimos Pedro Mesa y Juan Escobedo. Los años confirman que se hizo bastante bien.

La intervención de los jerónimos en la construcción del monasterio de El Escorial l podemos seguir a través de los estudios de la obra, y si no, díganlo las reseñas y l actividad del jerónimo fray Antonio de Villacastín, superintendente y brazo derecho c los arquitectos principales.

Se ocupaban también los jerónimos de enseñar a novicios y donados escritura redacción, por ello no es raro encontrar entre estos monjes buenos escritores.

Colón en América planificó ciudades y abastecimientos de agua. Así nos habla él de fundación de la Isabela:

"Hice una cómoda plaza y calles, procuré llevar el río por un ancho canal, para lo cual const una presa y esta sirvió también para molino".

Deducimos, por ello, que tenía grandes conocimientos de las técnicas de construcción

CRISTÓBAL COLÓN:
Había leído Colón a Aristóteles, Ptolomeo, Séneca, Plinio, Sagradas Escrituras, San Jeróni Santo Tomás, San Agustín... (Ver el apartado dedicado a la formación del Almirante)
Bartolomé de Las Casas pondera su escritura y redacción.
"Ya de muy niño sabía leer y escribir; y tenía tan buena letra, dice Las Casas, poseedo muchos de sus manuscritos, que podía haber ganado su pan con ella".[156]

Después aprendió **aritmética**, el **dibujo** y la **pintura**; artes, observa el mismo autor, en también adquirió la suficiente destreza para poder pasar con ellas la vida[157]

---

[155] Fernando Colón, Vida del Almirante, 1980, cap III, pág 11.
[156] Washington Irving. Vida del Almirante Don Cristóbal Colón. Ediciones Istmo. Madrid. 1987. pág
[157] Las Casas. Historia de las Indias, I.I, c. 3. MS.

Blasco Ibáñez, que estudió cuidadosamente a Colón, escribió: "Colón sabía ciertamente varias lenguas, pero las sabía mal, como sucede frecuentemente con los navegantes. El español era lo que mejor hablaba y lo escribía admirablemente, con frescor poético lleno de naturalidad. Yo le admiro como uno de los escritores más atractivos de la época[158].

10.- Conocimientos de los huertos y sus cultivos

JERÓNIMOS:
Los frailes novicios también se ocupan en cultivar huertos en el claustro.
"Del huerto hacen oratorio, de las plantas imágenes o, por mejor decir, vestigios o pisadas por donde vienen en amor del Señor que les dio el ser"

CRISTÓBAL COLÓN:
En cartas a los Reyes les habla de los huertos, de sus productos, de la fertilidad de aquella tierra favorecida por el clima. Colón era un experto y no un ignorante en agricultura.

11.- Plantas medicinales

JERÓNIMOS:
Desde los primeros tiempos de su fundación, los monasterios jerónimos tenían farmacia o botica. Así nos lo indica la extraordinaria calidad del botamen destinado a contener toda clase de plantas medicinales.

El botamen de Lupiana, abundante y valioso, pasó a propiedad de los vecinos de la Villa. Con el tiempo un farmacéutico llamado don Manuel, natural de Torija, compró la farmacia y todo el botamen.

En Studya Hieronymiana podemos ver cómo había un monje boticario mayor, a quien ayudaba un segundo monje y varios muchachos (seguramente donados), que le acompañaban en la época de recolección de plantas medicinales[159].

CRISTÓBAL COLÓN:
El 19 de octubre, en su diario, escribe Colón: "...Creo que hay en ella (Fernandina) muchas hierbas y muchos árboles, que valen mucho en España, para tinturas medicinales y especiería."

Nombra en muchas ocasiones a los árboles por su nombre y sabe su aplicación práctica.

12.- Conocimiento de partes de la Biblia

JERÓNIMOS:
San Jerónimo no cesa de recomendar el uso diario de la Biblia... y aprender de memoria fragmentos de la escritura y recitarlos luego, siempre que se presente ocasión. En la epístola de San Jerónimo a Leta dice:

---

[158] Michel Lequenne, *Introducción a Vida del Almirante*, 1980, pág XX
[159] *Studia Hieronymiana*, 1973

"Lea también con toda la voluntad y afición los actos de los apóstoles y las Epístolas, empapándose en sus entrañas; y después que hubiere enriquecido su pecho con estas riquezas, aprenda de memoria los Profetas y los libros de Moisés y de Los Reyes..."

CRISTÓBAL COLÓN
Dice Bartolomé de las Casas: "he visto recitar a Cristóbal Colón párrafos enteros de la Biblia de memoria"

Colón hace referencia a pasajes bíblicos con gran precisión.

Como la mar estuviese mansa y llana, murmuraba la gente diciendo que, pues por allí no había mar grande, que nunca ventaría para volver a España. Pero después alzóse mucho la mar y sin viento, que los asombraba, por lo cual dice aquí el Almirante: *"Así que muy necesario me fue la mar alta, que no pareció, salvo el tiempo de los judíos cuando salieron de Egipto contra Moisés, que los sacaba de cautiverio"*[160]

13.- San Jerónimo y San Agustín

JERÓNIMOS:
La orden de San Jerónimo es autorizada en España, pero el Papa les impone que sigan la regla de San Agustín.

CRISTÓBAL COLÓN:
San Jerónimo y San Agustín son los doctores de la Iglesia más citados por el Almirante en su escritos.

14.- Conocimiento de la lengua latina

JERÓNIMOS:
Una de las órdenes intelectualmente mejor preparada era la Jerónima y así hay autor que afirman que, amén de su vocación religiosa, una de las causas determinantes de entrada y elección en la Orden en que profesó Fray Hernando de Talavera obedecía, parte, al prestigio intelectual de los conspicuos priores jerónimos Alonso de Orope: Diego de Sevilla...

"La lengua latina formaba parte del bagaje científico de los padres jerónimos, demostrado traducciones de libros religiosos del latín a nuestro romance."

CRISTÓBAL COLÓN
¡Cuánto se ha hablado sobre lugar y centro donde aprendió Colón la lengua latina! barcos nos dicen algunos. Si aún ahora en un barco es difícil... cómo se podía estu en aquellas condiciones incómodas en que se navegaba. Y sin libros ni profesores...

"Los que no saben bien la lengua latina en el convento, se la enseñan con cuidado o hermanos que la saben mejor."

Las Casas escribe también: "Cristóbal Colón era un buen latinista[161]".

---

[160] CRISTÓBAL COLÓN. Diario de a bordo. Domingo 23 de septiembre. Arlanza Ediciones, S.A. Presentación de Luis Arranz Márquez. Pág 21.
[161] Fray José Sigüenza, *op, cit*, 1907, tomo I, pág 271.

15.- *Invocación a la Santísima Trinidad*

JERÓNIMOS:
Nos dice el padre Sigüenza:
"...con la invocación a la Santa Trinidad enseñaban los frailes a levantar su corazón a Dios haciéndole gracias por haberle guardado de tan fuertes enemigos, dándole guardas tan fieles..." Así comenzaban los novicios sus escritos o buenas obras.

CRISTÓBAL COLÓN
En Historia de Las Indias, Las Casas nos dice: "En cada cosa que hacía o decía o quería Colón comenzaba siempre y anteponía: En nombre de la Santa Trinidad... haré esto... Después que Cristóbal Colón fue despachado en la corte muy contento de todas las provisiones" en nombre de la Santísima Trinidad del cual principio él mucho usaba en sus cosas todas".

16.- *El Santo Sepulcro*

JERÓNIMOS:
San Jerónimo está enterrado próximo a la cueva de Belén y este lugar para los jerónimos constituye una obsesión, así como la recuperación de los Santos Lugares.

CRISTÓBAL COLÓN
Para él constituyó una meta y una idea fija la reconquista del Santo Sepulcro y los Santos Lugares, tan ligados a la vida de San Jerónimo.

En carta de Colón al Papa escribe: Se tomó esta empresa con el fin de gastar en ella lo que "oviere" en presidio de la Casa Santa.

17.- *El Monasterio de Santa María de Guadalupe*

JERÓNIMOS:
Convento fundado y regentado por los jerónimos. La relación del Almirante con este monasterio es evidente.

CRISTÓBAL COLÓN
"Diario de Colón" 14 de febrero: El ordenó que se echase un romero que fuese a Santa María de Guadalupe y llevase un cirio de cinco libras de cera y que hiciesen votos todos al que cayese la suerte cumpliese la romería. Esta promesa fue ofrecida durante la tormenta que sufrieron en "La Niña" a la vuelta de su primer viaje... y así cayó sobre el Almirante la suerte y desde luego se tuvo como romero y deudor.

De vuelta de su presentación a los Reyes de Barcelona, se dirigió a Guadalupe a cumplir su promesa. Los frailes le recibieron con grandes muestras de contento y le pidieron pusiese el nombre de su Monasterio a alguna de las islas que no dejaría de descubrir; cosa que hizo.

En el año 1496 fue nuevamente visitado el Monasterio por Cristóbal Colón[162].

En Guadalupe se firmaron las Capitulaciones.

18.- *El Santoral*

---

[162] Fray Sebastián García y fray Felipe Trenado. *Guadalupe, historia, devoción y arte.* Sevilla 1978, págs. 393 y siguientes.

JERÓNIMOS:
San Jerónimo recopiló el santoral y era objeto de especial veneración y recordatorio por los frailes jerónimos.

"Era grande el número de mártires que murieron por Cristo en las diez persecuciones religiosas: Tenían escritos en todas las iglesias los nombres y los días y aun las penas. Acostumbraban un día antes a leerlos y nombrarlos en la iglesia, para que todos supiesen cuyo nacimiento se celebraba el día siguiente y en cuya memoria se celebraba la Hostia".

Como vemos, es curioso este recordatorio de los santos la víspera de su onomástica.

CRISTÓBAL COLÓN
En el "Diario de Colón" figuran expresiones como: ***víspera de San Simón y San Judas*** había de ser la partida..., entró en un puerto grande (24 de noviembre de 1499) y le llamó puerto de Santa Catalina ***por ser sábado aquel día y su víspera.***

En el cuarto viaje, ***víspera de San Juan***, llegaron a un puerto de Jamaica...

Cristóbal Colón con estas expresiones no hace sino indicarnos su formación jerónima. Igualmente, así nos lo manifiesta con la nominación que pone a islas, ríos y accidentes de las nuevas tierras. San Salvador, Nuestra Señora de la Concepción, Santa Catalina, San Miguel, San Bartolomé, Belén, Beata, Trinidad, y Guadalupe... Son nombres de los conventos jerónimos del reino de Castilla.

Hasta aquí, vemos cómo la realidad vincula a Colón a la orden jerónima en aspectos muy variados, lo que permite hacer la afirmación de que el Almirante conocía practicaba las normas monásticas de esta orden.

Veamos lo que San Jerónimo le dice a Rústico en la epístola[163] comentada co anterioridad, y entendemos que se trata de uno de los documentos más determinan para conocer la relación del almirante con la orden jerónima:

"Buena cosa es la sal, y así Dios no admitía ningún sacrificio, Lev. 20., si no iba rociado con e Y por esto manda el Apóstol, Col. 4., que nuestras pláticas vayan siempre saboreadas gracia, y sal de sabiduría: mas si la sal pierde su virtud, Matth. 9., arrójala en la calle, y en ta grado pierde la dignidad del nombre, que no vale, ni aun para el muladar, con que sue sazonarse los campos de los que creen, y engrosarse, y hacerse fértil el suelo estéril de almas. Todas estas cosa digo, hijo mío Rustico, para enseñaros luego al principio, que ha comenzado un negocio muy grande, y que la empresa, que seguís está muy alta; y hollando ya, como holláis, y acoceando, como acoceáis, las pasiones, y malas inclinacio que como mozo, y aun barbiponiente, es forzoso tener, subís á un grado, y estado de e perfecta; y así advertid, que el camino por donde entráis, es muy peligroso, y resbaladiz que no será tan grande la honra, que se sigue, saliendo con victoria, como la deshon afrenta, no saliendo con ella después de la caída. No hay para que yo andarme floreanc guiando mi arroyuelo de elocuencia, por los prados de las virtudes, ni para qué cansarme mostraros la hermosura de diferentes flores, qué pureza tengan en sí los lirios, y azucen

---

[163] Epístolas Selectas de Máximo Doctor de la iglesia San Gerónimo, traducidas de latín en lengua castellana, por el licenciado Francisco López Cuesta, dedicadas a Jesu-Christo, Redentor y Señor nue Madrid, imprenta de Ramón Ruiz. Año de MDCCXCIV. Las negritas y mayúsculas son nuestras.

qué vergüenza las rosas, ni qué prometa la purpura de la violeta con su color en el reino de los cielos, ni tampoco lo que la pintura de varias piedras rutilantes nos ofrece, porque ya pienso lo sabéis muy bien todo: pues por la misericordia Divina tenéis en la mano la esteva del arado espiritual, y habéis subido ya al techo y terrado con el Apóstol San Pedro. Luc. 9. Ad. 10. El cual, estando hambriento entre los judíos, mató la hambre con la Fe de Cornelio, y apagó la sed, que tenia de la incredulidad de ellos con la conversión de los Gentiles, y conoció que todos los hombres podían salvarse en aquella sábana quadrada que vio baxar del cielo á la tierra, que fue un retrato de los quatro Evangelios. Y lo que había visto baxar en la figura de aquella sábana blanquísima, vio otra vez subirlo a lo alto, y que arrebataba la muchedumbre de los creyentes, yt los llevaba de la tierra al cielo, Matth. 5., para que se cumpla la promesa del Señor, que dice: Bienaventurados los limpios de corazón, porque ellos verán a Dios.

Todo lo que deseo ahora daros á entender, como si os llevase de la mano, y lo que como marinero experimentado, y que se ha visto en muchos peligros, quiero enseñaros como á visoño pasagero, y nuevo en el oficio de guiar á otros, es, en qué ribera está el corsario, que quiere robarnos la castidad, y que sepáis donde está aquella roca, que llaman Caribdis, y la raiz de todos los males, que es la avaricia, donde los perros de los murmuradores, semejantes á Scylo, de los quales habla el Apóstol, Galat 5., quando dice: Porque mordiéndonos unos á otros, no nos consumamos los unos á los otros. Enseñaros he tambien, como algunas veces estando seguros, á nuestro parecer, y en grande tranquilidad, y bonanza, vamos á fondo con las Sirtes Libicas de los vicios. También os diré, qué animales ponzoñosos cria el desierto de este mar. Bermejo, en el qual hemos de desear, que sea ahogado el verdadero Faraon con su exército, con muchas dificultades, y peligros llegan á la gran ciudad del cielo, y que en entrambas riberas hay gentes vagabundas, ó por mejor decir moran en ellas unas bestias ferocisimas, siempre solícitas, y siempre á punto de guerra, que llevan su provision, y mantenimiento para todo el año. Mirad, que todo este mar del mundo está lleno de peñascos escondidos, y duros, y de vados no conocidos; y asi el atalayador, y experimentado, se ha de sentar en lo mas alto del mastil, ó gavia, para avisar desde alli como se ha de regir, y gobernar el navio, y rodearlo de una parte a otra. Prosperamente sucede esta navegacion, quando en seis meses llegan los navegantes al puerto de la sobredicha ciudad, desde el qual se comienza á descubrir el gran mar Occeano; por el qual con mucha dificultad SE LLEGA Á LAS INDIAS en un año entero, y continuo, y al rio GANGES, que llama la santa Escritura Fison; Genes. 2., el qual rodea la tierra del Evilath, y dicen, que trae muchas especies de olores aromáticos de la fuente del paraíso DONDE NACE EL CARBUNCLO, Y LA ESMERALDA, Y LAS MARGARITAS RESPLANDECIENTES, Y LAS PERLAS, Ó ALJOFAR, CON QUE LAS SEÑORAS ILUSTRES GUSTAN TANTO DE ADORNARSE; Y DONDE ESTAN LOS MONTES DE ORO, á lo quales es imposible llegar los hombres, por los GRIFOS, Y DRAGONES y otros monstruos de cuerpos inmensos que hay en ellos, con que mostró Dios quanto aborrece el vicio de la avaricia, pues tales guardas puso en estas cosas. ¿Pero direisme por ventura, que á que proposito digo todo esto? NOTA: Ello mismo casi se lo dice; y es, para mostraros, que si los hombres del siglo negociadores pasan tan grandes trabajos para alcanzar unas riquezas perecederas, é inciertas, y que por ventura, despues de haber trabajado, no podran llegar adonde estan, y por guardar despues con tantos peligros de sus animas, lo que con tantos adquirieron; ¿que será razon, que haga el negociador de Christo, que habiendo vendido todos sus bienes, busca aquella preciosa margarita de la gloria? El qual con el precio de todas sus riquezas, Matth. 13., compró la heredad, y campo, en que halló el tesoro, que ni lo podrá descubrir el ladron, ni llevarselo el robador. "

San Jerónimo vivió entre los siglos IV y V. Este escrito, por tanto, corresponde a esa época. ¿No parece "actual" si lo situamos en el siglo XV, poco antes de iniciarse el viaje hacia el Nuevo Mundo? No sólo nos habla de las Indias, al otro lado del océano, sino de los "bienes" que en ellas encontrará quienes a ellas arriben, tal como especies, esmeraldas, margaritas, perlas y montes de oro... también nos dice que es casi imposible llegar a ellas por la defensa que de ellas hacen los grifos y dragones y otros monstruos de cuerpos inmensos...

En las capitulaciones de Santa Fe, una de las condiciones es la siguiente:[164]

"Item, que todas y cualesquiera mercadería, siquier sean **perlas preciosas, oro y plata, especiería y otras cualesquier cosas y mercaderías** de cualquier especie, nombre y manera que sean que se comparen, trocaren, fallaren, ganaren e hobieren dentro de los limites del dicho admirantazgo, que **dende agora** Vuestras Altezas hacen merced al dicho D. Cristóbal, y quieren que haya y lleve para sí la décima parte de todo ello, quitadas las costas que se hicieren en ello; por manera que lo que quedare limpio y libre haya y tome la décima parte para sí mismo y haga dello su voluntad, quedando las otras nueve partes para Vuestras Altezas"

Colón, en su diario de a bordo, el día 14 de noviembre de 1492, nos dice:

"Y dijo que creía que había grandísimas riquezas y piedras preciosas y especiería en ellas"

El día 15 de noviembre afirma:

Acordó de andallas estas islas con las barcas de los navíos, y dice maravillas de ellas y que halló almáciga[165] e infinito linaloe[166]...

El 16 de diciembre...

Uno de los indios que traía el Almirante habló con él, y le dijo que cómo venían los cristianos del Cielo y que andaba en busca de oro y que quería ir a la isla de Baneque, y respondió que bien era, y que en la dicha isla había mucho oro...[167]

En el texto de las capitulaciones se describen las mercancías que se pueden encontrar en las nuevas tierras, que coinciden exactamente con las descritas por San Jerónimo en su epístola, lo que nos indica que el Almirante conoce lo que hay en las tierras por descubrir, ello debido a que éste santo lo ha escrito muchos años antes, y no es posible que, entre esta orden jerónima y la vida de Colón se puedan dar tantas coincidencias achacadas únicamente al azar.

Asimismo, en el diario de a bordo le da importancia a lo que dicen los indios sobre especies y el oro, y no por casualidad, sino porque es una pregunta que les hacen para confirmar que las sospechas de que existían se vean cumplidas.

En una carta escrita en febrero de 1502 al Papa Alejandro VI, dice el Almirante[168]:

---

[164] Las Casas, fray Bartolomé de. Historia de las Indias, Cap. XXXIII, pág 122
[165] Resina clara, translúcida, amarillenta y algo aromática que se extrae de una variedad de lentisco.

[166] Planta perenne de la familia de las Liliáceas, con hojas largas y carnosas, que arrancan de la parte baja del tallo, el cual termina en una espiga de flores rojas y a veces blancas. De sus hojas se extrae un jugo resinoso y muy amargo que se emplea en medicina.

[167] Cristóbal Colón. Diario de a bordo. Alianza Ediciones. Madrid 2002; pág 69.
[168] Varela, Consuelo: Textos y documentos completos; 1982; pág 285

"...En ella hay mineros de todos metales, en especial de oro y cobre; hay brasil, sándalos, lino áloes y otras muchas especias, y hay ençenso; el árbol de donde él sale es de mirabolanos. Esta isla es Tharsis, es Cethia, es Ophir y Ophaz e Çipanga, y nos le havemos llamado Española"

En otro párrafo de esta misma carta, solicita del Papa que envíe sacerdotes para la evangelización de los habitantes de las nuevas tierras conquistadas. En ella expresa sus preferencias sobre las órdenes religiosas que desea acudan pronto. Dice así:

"Agora, beatissime Pater, supplico a Vuestra Santidad que para mi consolación y por otros respectos que tocan a esta tan sancta e noble empresa, que me dé auida de algunos sacerdotes y religiosos que para ello conozco que son idoneos, y por su Breve mande a todos los superiores de cualquier orden de San Benito, de Cartuxa, de San Hierónimo, de Menores et Mendicantes que pueda yo o quien mi puder tuviere excojer d'ellos fasta seis, los cuales negocien adonde quier qfuere menester en esta santa empresa, porque yo espero en Nuestro Señor de divulgar su Santo Nombre y Evangelio en el Universo;..."

Vemos aquí que, dentro de las órdenes elegidas incluye a los monjes de San Jerónimo.

En otras ocasiones, y ya en otros documentos, se dice que las nuevas tierras están habitadas por monstruos, y defendidas por grifos y dragones marinos...; pues bien, en una publicación de la Academia Nacional de Geografía de la República Argentina, de 1989, ya citada, se dice de la costa americana:

"Lo que se discute y se niega es que América no haya sido la península de Thinae, el continente del Dragón...[169].

Este continente era así conocido en los relatos vinculados al descubrimiento, y comprenderemos la importancia que tiene, y que se puede ver, en la temática recogida en la escultura que existe en otro capítulo sobre la puerta de la Iglesia Nueva de Uceda (Guadalajara).

La influencia de San Jerónimo en Colón se pone de manifiesto permanentemente a lo largo de su vida y escritos. De su religiosidad no cabe ponerla en duda; para ello invitamos a quienes estén interesados en comprobarlo, que hagan una lectura en profundidad del diario de a bordo. En los textos se llama a la oración de manera casi permanente; la forma de hacerlo es con un vocabulario monacal, con referencia a las expresiones horarias que hacen los monjes para llamar a la oración, con el recordatorio en numerosísimas ocasiones del santo del día o de su víspera, lo que indica un conocimiento preciso del santoral, y referencias a textos de las Sagradas Escrituras que, imaginamos, los recita Colón de memoria, así como frases que asigna de manera precisa a autores clásicos de la cristiandad.

Entre todas ellas, llama la atención la referencia que se hace en el diario de a bordo, el día 11 de octubre, un día antes de llegar al nuevo continente, cuando se describe la actitud de toda la tripulación, tras avistar unas candelas en lo que ellos suponían que ya era la tierra tan deseada.

---

[169] Gandía, Enrique de. El descubrimiento de América en los Viejos y Nuevos historiadores de Colón, Publicación Especial nº 2. Buenos Aires, 1989. pág 39

Dice así:

"... pero el Almirante tuvo por cierto estar junto a la tierra. Por lo cual, cuando dijeron LA SALVE, que la acostumbraban decir e cantar a su manera todos los marineros y se hallaban todos.

En la mencionada Studia Hieronimyana[170] se transcribe lo que se dice en un manuscrito sobre LA SALVE, con que terminaba el oficio de cada día, pues es un claro exponente, por una parte, de la solemnidad de los oficios, y, por otra, del detalle, casi nimiedad, con que estaba regulada la expresión de esta solemnidad según las fiestas.

En el caso de los marineros que participaron en el descubrimiento de América, y atendiendo al texto referido, observamos dos cosas: la primera, que el canto de la Salve se hace al final del día pues el hecho relata un momento en el que los marineros ven unas luces de alguna candela encendida en el horizonte, avistamiento que no es posible si es de día; en los jerónimos se reza o canta al terminar los oficios de cada día, como queda puesto de manifiesto en el texto de la orden.

En segundo lugar, y de la lectura del texto del diario de a bordo, se deduce claramente que la Salve se cantaba todos los días, pues nos dice el mismo que "acostumbraban a decir e cantar a su manera todos los marineros...", lo que claramente nos describe como costumbre, por ello no se puede interpretar como otra cosa que **a diario**.

Asimismo, si cada uno la cantaba "a su manera" podemos deducir que no todos la conocían bien, por no ser una costumbre arraigada en sus tradiciones. En este caso, sin duda era una de las imposiciones del Almirante, aceptada por todos.

Una vez más, las costumbres monacales de los jerónimos son las que practica Colón en su vida diaria, y todo ello de manera natural, porque estaba acostumbrado a ello.

El conocimiento de la adquisición por los jerónimos del monasterio de Guadalupe (Cáceres), y la aplicación a las actividades del mismo y de la experiencia que los monjes ya tenían del santuario de las Villuercas y del monasterio de San Bartolomé de Lupiana, pueden aclarar alguna de las actividades de Cristóbal Colón en el Nuevo Mundo, como es la creación de una nueva ciudad, a la que dotó de agua mediante construcción de un embalse, luego tenía conocimientos de hidráulica, y la canalización de las aguas hasta las viviendas, o que ratifican el conocimiento de las plantas medicinales por el Almirante, pues este monasterio, al igual que todos los que estaban regentados por jerónimos, estaba dotado de una botica en la que se elaboraban ungüentos para la curación de enfermedades, y, por lo que se ve por la demanda que tenían de ellos, con mucho éxito. Asimismo, viene a confirmarse la existencia de una "cuna de expósitos" en la que eran recogidos los niños huérfanos, y la participación de estos, durante su infancia y juventud, en las labores cotidianas de los monjes.

Con este propósito, tomamos los textos que figuran a continuación de la página web actual Monasterio de Guadalupe[171]. Hemos suprimido los párrafos que se refieren a actividad económica o a otros temas que no vienen al caso. (Las negritas, cursiva y subrayados son nuestros).

---

[170] Op, cit; pág 132 y 133
[171] www.diomedes.com/guadjeronimos.htm

Dice así:

"La decisión de encomendar el gobierno de la iglesia de Guadalupe a los jerónimos formó parte de la reforma eclesiástica emprendida por Juan I. A final del siglo XIV el monasterio era el santuario mariano más famoso de Castilla y a él acudían multitud de personas de muy diversa condición que agitaban la vida de la Puebla y aquel bullicio supuso cierta relajación de las costumbres de los clérigos. Ademas don Juan Serrano, el prior de entonces, era uno de los más estrechos colaboradores del monarca en las tareas de gobierno del reino, lo que le impedía ocuparse personalmente de los asuntos de Guadalupe. Por eso, rey y prior, decidieron encomendar la administración del santuario a una institución regular puesto que estaría en mejores condiciones para imponer su autoridad en el vecindario y para dar mejor imagen. Y si el rey se decidió por los jerónimos, al principio se pensó en los mercedarios, fue porque pensaba apoyarse en ellos para las reformas religiosas del reino y porque era consciente que se trataba de una espléndida oportunidad para encumbrarles.

De forma que Juan I expidió en Sotos Albos, el 15 de agosto de 1389, una real provisión por la que, apoyado en su derecho de patronato, mandaba se alzase la iglesia de Guadalupe en monasterio y se entregase a fray Frenan Yañez de Figueroa y a los frailes designados para formar la primera comunidad de Guadalupe, entregándoles el patrimonio acumulado del santuario y, renunciando al patronato, el señorío de mero y mixto imperio sobre la puebla de Guadalupe. Por su parte don Pedro Tenorio, a la sazón arzobispo de Toledo y con jurisdicción sobre el territorio del monasterio, otorgó su pleno consentimiento según carta firmada en Alcalá de Henares, el 1 de septiembre de 1389, y autorizó a don Juan Serrano para la entrega del santuario a los jerónimos. El día 20 de septiembre el monarca comunicó su decisión al concejo de Guadalupe.

El 22 de octubre de 1389 llegaron a Guadalupe 32 monjes procedentes de San Bartolomé de Lupiana, cerca de Guadalajara, donde estaba su primer monasterio. Al día siguiente, en presencia de don Juan Serrano, tuvo lugar la toma de posesión de la iglesia de Guadalupe, con todos sus bienes y derechos, y la fundación del monasterio. El 28 de ese mismo mes, los alcaldes, justicias, alguaciles y "otros muchos hombres buenos del concejo" besaron la mano del nuevo prior, Fr. Fernan Yañez, en reconocimiento del poder jurisdiccional de éste. El acto de toma de posesión finalizó dos días después cuando la nueva comunidad aceptó el inventario de bienes.

Posteriormente, el 16 de octubre de 1394, Benedicto XIII, el "Papa Luna", confirmó la autorización de construcción del santuario con la bula "His quae pro utilitate".

La vida de los monjes de Guadalupe estaba centrada en la oración y en el trabajo. El culto litúrgico ocupaba la mayor parte del día y varias horas de la noche. La actividad se desarrollaba mediante los diferentes oficios de la casa: bordaduría, escribanía de codices, cuidados de los enfermos y hospitales, atención a los peregrinos, gobierno de la puebla y explotación de la hacienda que el monasterio tenía en Guadalupe y en otros lugares cercanos que, como veremos, era de gran extensión e importancia.

Los jerónimos introdujeron modificaciones en el rumbo de los acontecimientos y consiguieron acelerar el desarrollo del priorato y de la Puebla.

Acto de entrega del Monasterio a fray Fernán Yañez.

Los priores seculares habían concedido un alto grado de autonomía política a los vecinos de Guadalupe; de ahí que se originara un conflicto cuando Fr. Fernán Yañez, primer prior regular, hizo pleno uso de sus facultades jurisdiccionales, aunque en el acto de toma de posesión del monasterio había consentido en mantener los privilegios anteriores, y les hizo pagar rentas e intervino en los nombramientos de los cargos públicos.

El monasterio tenía poderosos motivos para adoptar esa actitud intransigente: por un lado, aquél reclutaba en la Puebla a un elevado porcentaje de la muy pronto cuantiosa fuerza de trabajo empleada en sus talleres, obras, servicios y explotaciones agrarias, operación que se vería facilitada si hacía pleno uso de sus prerrogativas jurisdiccionales; por otro, l potenciación de las peregrinaciones, objetivo prioritario de los nuevos rectores del santuaric aconsejaba minimizar los conflictos en el punto de destino de aquéllas, propósito para el qu el ejercicio indiscutido de la autoridad constituía un eficaz instrumento. Ese afán por contro completamente a los vecinos de la Puebla indujo a los jerónimos a una activa política compra de tierras y de casas en el término de aquélla, lo que contribuyó a reforzar los lazos dependencia de los guadalupenses frente al monasterio.

Los jerónimos se percataron perfecta e inmediatamente de que su encumbramier económico y social dependería, ante todo, del éxito que tuvieran en la potenciación santuario. Este acierto resultaría decisivo en el rápido desarrollo económico del monasterio su primer siglo y medio de existencia.

Antes de que se fundara el monasterio de Guadalupe, Fr. Fernán Yañez, debido a sus víncu con la corona, ya conocía, cuando menos, los rasgos esenciales tanto económicos co religiosos, del santuario de las Villuercas. Es muy probable, pues, que los monjes, cuando instalaron en Guadalupe en el otoño de 1389, hubiesen estudiado previamente un plan actuación.

Las nuevas comunidades jerónimas crecieron muy rápidamente en los primeros tiempos. L Guadalupe estaba integrada por más de 100 religiosos en 1424, por 120 en 1435, por hacia 1467 y por unos 140 en 1495. Este espectacular despegue de la población monástic debió a las elevadas necesidades de mano de obra generadas por las grandes construccior los mismos monjes colaboraron en el acarreo de materiales y llevaron a cabo labores albañilería - y, sobre todo, por la puesta en funcionamiento de numerosos talleres artesan y servicios en los años finales del siglo XIV y en las primeras décadas del XV. Hasta la Guerr la Independencia, el número de monjes osciló entre 110 y 150.

Ese rápido crecimiento de la población monástica propició una mayor diversificación del origen social de los jerónimos. Por un lado, el peso relativo de los miembros procedentes de familias nobiliarias tendió a reducirse; por otro, el número de monjes descendientes de cristianos nuevos aumentó, hasta el punto de que los conversos llegaron a constituir el grupo dominante en la orden y en el monasterio de Guadalupe durante distintos periodos del intervalo 1450-1485. Antes del establecimiento de la Inquisición por los Reyes Católicos, la orden jerónima no puso ningún impedimento al ingreso de conversos, sobre todo a los que procedían de familias acomodadas y/o cultas. Sin embargo, la consolidación de una fuerte fracción conversa acabaría provocando tensiones en la orden y en los monasterios, sobre todo a raíz de la constitución del Santo Oficio.

El origen social y el nivel cultural de las primeras generaciones de jerónimos, junto a las amplias posibilidades de elección que brindaba el elevado número de aspirantes a ingresar en la "casa", permitieron al monasterio de Guadalupe disponer de un valioso capital humano. La procedencia geográfica tan diversa de las primeras generaciones de monjes debió ser consecuencia de la enorme capacidad de atracción del santuario de las Villuercas en esa época y de las amplias oportunidades de realización profesional que ofrecía un monasterio en el que numerosos religiosos se ocupaban en tareas administrativas, artesanales y artísticas. Hacia 1462 había dos monjes en la portería, uno en el hospital, dos en la cocina, uno en el horno, uno en la sacristanía, uno en la platería, uno en la cerería, uno en la almachaquería, uno en la ropería, dos en la bodega, uno en la barbería, uno en la pergaminería, uno en la encuadernación, uno en la pintura, siete en la enfermería, uno en la herrería, uno en la zapatería, uno en la tejeduría, uno en la pellejería, dos en el "arca", uno en la acemilería, uno en la carnicería, uno en la obra y uno en la "fruta".

Fueron las primeras hornadas de jerónimos quienes estuvieron más ligadas a las actividades productivas y a los trabajos manuales. No obstante, el número de religiosos adscritos, como rectores o meros empleados, a oficios se mantuvo relativamente alto hasta finales del siglo XV. A partir de entonces se redujo de manera significativa la participación de los monjes en los talleres artesanales y servicios de la "casa", hecho que debió ser producto de diversos y complejos factores: de la prohibición de ingreso de conversos en la orden a partir de 1496, del deseo de aislar a los religiosos de los laicos tras las escandalosas noticias que sobre el monasterio se propagaron al hilo de la intervención del Santo Oficio en la Puebla en 1484-85, de la propia consolidación económica del monasterio y de las transformaciones del sistema de valores del clero. Los legos, cuya dedicación a las actividades productivas era especialmente intensa, conservaron la mayoría en el seno de la comunidad jerónima guadalupense hasta mediados del siglo XV, cuando menos. Su número cayó abruptamente a raíz de que se vetase la entrada de conversos en la orden.

La aplicación del Estatuto de limpieza de sangre, primero, y la pérdida de capacidad atractiva del santuario, más tarde, provocaron un progresivo cambio en el origen geográfico y social de los monjes de Guadalupe. La comunidad jerónima tendió a "regionalizarse" a partir de finales del siglo XV: el hueco dejado por los conversos y por personas procedentes de lejanos lugares fue en buena medida ocupado por descendientes de la pequeña nobleza y de acaudalados de distintos pueblos extremeños y de las regiones más próximas al santuario. Ello debió entrañar un cierto deterioro de la capacidad de gestión y del nivel cultural medio de los monjes. En cualquier caso, el capital humano de intramuros había sido uno de los principales factores del asombroso desarrollo económico del monasterio durante los años finales del siglo XIV y el XV. En este caso, el empuje que suele caracterizar al periodo posfundacional de las casas de monacales resultó reforzado por la buena aptitud de un porcentaje significativo de los religiosos para la gestión económica, la diplomacia, las artesanías y las artes.

Tras hacerse cargo del santuario en 1389, la tarea prioritaria de los jerónimos no podía ser otra que la edificación del monasterio. Los monjes precisaban disponer con urgencia de celdas, espacios habitables -entre los que no podía faltar, como es lógico, un claustro- y un coro lo suficientemente amplio donde pudiesen acomodarse los religiosos durante las muchas horas que duraba cada día el rezo del oficio divino. También la comunidad religiosa decidió habilitar lugares dentro del recinto monástico para talleres artesanales y dependencias administrativas. Las construcciones se llevaron a cabo con tal celeridad, que hacia 1402 ya había sido reformado el templo alfonsino y levantado "lo principal de él" - del monasterio -. Aunque los propios monjes acarrearon materiales e hicieron en ocasiones de albañiles, no cabe la menor duda de que el monasterio hubo de destinar gran cantidad de recursos a estas obras iniciales.

Tras este primer y fuerte impulso constructor, las obras se sucederían de modo prácticamente ininterrumpido durante todo el siglo XV y las primeras décadas del XVI. Antes de 1412, año en el que falleció Fr. Fernán Yañez, fueron ampliados los hospitales y levantados los templetes del claustro y de la Cruz del Humilladero, la capilla de Santa Cruz de Valdefuentes, las carnicerías, la acemilería y otros talleres y oficinas. El monasterio, después de 1412, construyó un estanque y varios molinos en el río Guadalupejo, amplió los hospitales, arregló las cañerías, mejoró el sistema de conducciones de agua y levantó un pósito, la sala capitular, la librería, la mayordomía, el aposento del arca, la hospedería real, la nueva botica y el claustro gótico. Por consiguiente, el gasto en construcciones se mantuvo en un nivel muy elevado hasta 1525.

Otro de los objetivos prioritarios que se fijaron Fr. Fernán Yañez y sus compañeros fue el de institucionalizar, incrementar y diversificar los servicios benéfico-asistenciales que había venido proporcionando hasta entonces el priorato secular. Dentro del plan de las primeras generaciones de jerónimos guadalupenses de popularizar y prestigiar aún más el santuario de las Villuercas, aquéllos constituían uno de los instrumentos más importantes. Los principale renglones del "gasto social" del monasterio fueron la financiación de las peregrinaciones y la ayudas a las familias guadalupenses más necesitadas.

Para elevar el número de romeros o peregrinos debía proporcionar hospedaje y comida a u elevado porcentaje de aquéllos. De otro modo las peregrinaciones a Guadalupe sólo podría haber sido emprendidas por personas de condición económica relativamente acomodada por tanto, el flujo de visitantes del santuario habría alcanzado menor intensidad.

Los jerónimos ofrecían a los romeros pobres aposento y comida gratuito durante tres días, par de zapatos, servicios sanitarios y algo de pan y de vino para el camino de regreso. Es lógi pues, que los hospitales fuesen ampliados y reformados en varias ocasiones. El monaste también se ocupaba del alojamiento de los reyes, caballeros, personas de "honrra", fraile monjas. Para ello el portero, quien tenía a su cargo la organización del hospedaje, contaba c las "tres casas y los palacios". Además, durante las fiestas de septiembre los jerónin disponían de 20 casas de los vecinos para acomodar visitantes. Los hospitales de Guadalupe eran meros albergues: en aquéllos se practicaba la medicina y la cirugía, siendo la segu mitad del siglo XV la época de mayor esplendor de aquéllos. Los "físicos" contratados po monasterio estaban bien pagados y solían ser profesionales muy capacitados. El "físi siempre fue, con gran diferencia, el empleado del monasterio con mayor salario. Hacia 146 retribución en metálico era de 15.000 maravedís al año -10 veces superior a la de capellanes, casi dos veces superior a la del alcalde y 5 veces superior a la de los ciruja Carlos I atrajo a su real Protomedicato a los doctores Ceballos y La Parra, quienes hal trabajado en los hospitales de Guadalupe. La calidad de los servicios médicos formó parte c estrategia de atracción de peregrinos de los jerónimos; además, médicos y cirujanos

Guadalupe constituyeron pieza clave en algunas de las curaciones "milagrosas de Nuestra Señora".

Algunos peregrinos acudían al santuario con el propósito de curarse sus males en los hospitales y/o merced a la intervención de la Virgen. La medicina y la fe no eran consideradas como recursos incompatibles por aquéllos. Dentro de la estrategia de los rectores monásticos de realzar el santuario, médicos y cirujanos constituían auxiliares de la Virgen cuyo cometido era el de preparar o ultimar algunas de las curaciones "milagrosas".

La comunidad jerónima dedicó una parte importante de sus "gastos sociales" a subvencionar a los guadalupenses pobres: por un lado, la caridad debía comenzar por los más próximos, tal y como señalaron distintos monjes de la "casa"; por otro, el cuidado de la imagen del santuario exigía evitar las lacras y los conflictos sociales. Hacia 1462 el prior y el portero repartían todos los años en limosnas 24.000 y 6.000 maravedís, respectivamente. No obstante, la parte fundamental de la ayuda a los vecinos se distribuía en especie. Todos los días se entregaban raciones de pan y carne a 8 pobres -los más menesterosos - y de pan a 50 mozos. Además, semanalmente se daban 120 panes de "compaña" a 30 mujeres - a razón de 4 por cabeza -. Cada día los muchachos de la portería traían 2 cestas en las que cabían 160 panes, parte de los cuales eran entregados a los romeros que "parten y lo piden".

Aparte de pan y carne, el monasterio donaba anualmente a los guadalupenses más necesitados 8 puercos, 6 corderos, 2 carneros, 2 ovejas, algunos pares de zapatos y determinadas cantidades de aceite, miel, sardinas, fruta y "pan de azúcar". También los vecinos pobres obtenían gratuitamente las medicinas de la botica de los monjes, el portero se quejaba de la cantidad de gente de distinta condición que pretendía obtener de balde los preparados de la botica del monasterio.

Tal vez la actuación más innovadora del monasterio en la esfera asistencial consistió en la organización de una especie de "seguridad social" para la mano de obra fija de la "casa": a los criados fieles de edad avanzada que ya no estaban en condiciones de trabajar se les proporcionaba servicio médico gratuito y una pensión de por vida. Estas prestaciones también se concedieron a las viudas de algunos criados. El monasterio no se comprometió a otorgar dichas pensiones, pero su concesión alcanzó un elevado grado de automatismo.

Los vecinos de Guadalupe también eran beneficiarios de otras prácticas asistenciales de periodicidad anual: por Navidad el prior repartía cierta cantidad de dinero entre los pobres y concedía una pequeña dote a las doncellas que carecían de medios económicos.

En abril de 1394, el pontífice, mediante bula, autorizó al prior a escuchar las confesiones de los escolares. Quiere ello decir que los jerónimos pusieron en funcionamiento un colegio nada más instalarse en la Puebla. Hacia 1462 un maestro y un repetidor atendían a 25 estudiantes, quienes podían permanecer un máximo de 3 años en el colegio. Los escolares ayudaban en determinados cometidos en la portería y en algunos servicios religiosos. El monasterio amplió posteriormente su oferta de servicios educativos: comenzaron a cursarse estudios de "gramática" y de "ciencias mayores" y se incrementó el número de escolares; a finales de siglo XVII residían unos 40 en el colegio y 30 en la hospedería.

Desde finales del siglo XIV, la comunidad jerónima mantuvo una "cuna de expósitos". En un pueblo con un flujo tan intenso de visitantes de distinto tipo y condición, no resulta extraño que el abandono de niños recién nacidos alcanzase niveles relativamente altos. Tras ser atendidos por amas de cría, los niños se incorporaban como aprendices a un oficio de la "casa", a menudo a la tejeduría, una vez que habían cumplido siete años. Aunque desconozco la mortalidad de los expósitos, éstos compensaban al monasterio, cuando menos parcialmente, por los gastos de su crianza con los servicios laborables que proporcionaban más tarde.

Los jerónimos mostraron gran interés, sobre todo en el Cuatrocientos y primeros años del Quinientos, por los ingenios hidráulicos, lo que les llevó a adquirir 22 molinos entre 1389 y 1519; sin embargo, el periodo de vida útil de bastantes de ellos fue relativamente corto. Hacia 1568 el monasterio era propietario y explotaba 14 molinos harineros - 4 en Guadalupe y 4 en Cañamero-, 2 molinos de aceite, 3 batanes -2 en Guadalupe y 1 en Cañamero y 1 en Aceña.

Por último, hay que reseñar que, el día 4 de noviembre de 1493, en su segundo viaje, Cristóbal Colón descubre la isla de Guadalupe, Antillas Menores, a la que llamó SANTA MARÍA DE GUADALUPE DE EXTREMADURA, donde, además, descubrió la piña.[172]

A la vista de este análisis de la fundación de la orden Jerónima, y cómo se expanden desde la casa-madre de San Bartolomé de Lupiana en Guadalajara, con la construcción de monasterios por Italia (Génova y Siena) y España, y las actividades que en ellos se realizan, nos es posible resumir este capítulo con las siguientes

Conclusiones de este capítulo

Cristóbal Colón habitó en su juventud en uno o varios de estos monasterios jerónimos siendo amamantado en sus primeros días de vida por un ama de cría, posiblemente l mujer de ese Cristóbal Genovés que figura en el testamento de doña Aldonza d Mendoza. Durante los primeros años, vivió y participó de las actividades y enseñanza que se impartían en estos centros, y allí aprendió la escritura, gramática, lengua latin geometría, dibujo, astronomía, botánica, hidráulica, etc, y nos da muestra a lo largo c sus obras de que es un buen conocedor de todas ellas; por lo tanto, comportamiento en la vida responde a una educación aprendida desde la infancia. las bibliotecas de los monasterios aprende las Sagradas Escrituras y conoce bien Biblia, de la que recita en ocasiones párrafos enteros de memoria; allí lee a los grand maestros de la filosofía y de las artes mayores de la época, y es un buen conocedor ellos, pues no solamente los cita en sus escritos, sino que describe o relata párraf enteros de sus obras. Su juventud puede haber transcurrido en el monasterio Lupiana, en un principio, y con posterioridad en el de Guadalupe, Siena y/o Génova, ahí que cuando llega a España se le identifique como italiano con el gentilicio genovés. Recordemos que el Almirante afirma en una carta a su hijo Diego que tuv primera relación con la navegación a los catorce años. Todos los historiadores tom esta fecha como el inicio de su actividad marinera... por lo que entendemos que po referirse a su contacto con el mar, por primera vez, en un viaje de ida desde Espań Italia para vivir en uno de estos monasterios.

---

[172] Efemérides por José A. Cantarero. www.facebook.com/josigno

III

La formación del Almirante

Una de las incógnitas, otra más, que rodean la figura de nuestro personaje, es dónde recibió todas las enseñanzas que demostró conocer o dominar a lo largo de su vida.

Veamos qúe dicen algunos historiadores al respecto:

"Al tratar de los conocimientos o cultura general de Colón, tan discutida por una y otra parte, en pro y en contra, hay que confesar que por igual yerran los que lo califican de ignorante repetidor de la ciencia ajena, como los que lo ensalzan como sabio. No fue ni lo uno ni lo otro, pero tuvo indudablemente de sabio más de lo que muchos imaginan.

Puede dudarse de cuanto se afirma sobre sus estudios en la Universidad de Pavía. Para ser un técnico profesional o especializado le faltaba no poco. De su correspondencia directa, científica, de altos vuelos cosmográficos con el sabio florentino Paulo del Pozzo Toscanelli, no se tienen ni medianas pruebas. Si fue de veras algo, fue lo que de sí mismo confiesa, *un sabidor en fechos de mar,* esto es, un hombre práctico que contrastó y perfeccionó sus conocimientos teóricos con los más de veintitrés años de mar que el propio afirma que estuvo en ella. Su erudición tampoco fue muy extensa.

Aunque le fuesen familiares las *Imagini* (después Pío II) y los relatos más o menos exagerados de Marco Polo, además de algunos libros más, después de la Biblia, no es este bagaje científico, sino su genio, su certera observación de los hombres y de las cosas y su voluntad diamantina lo que plasmó en él al hombre extraordinario que sería género de injusticia muy grave no querer reconocer.

Colón era, desde luego, un hombre más instruido de lo que generalmente se supone. La lengua latina era de las que mejor sabía. Esto da a entender no sólo las muchas citas de obras escritas en latín por él consultadas, sino las varias traducciones que hizo de pasajes que más le impresionaron a lo largo de sus lecturas.

Así, en el *Libro de las Profecías*, traduce muy garbosamente aquellos versos del acto segundo de la Medea, de Séneca, alusivos al Nuevo Mundo: *Venient annis sæcula seris*, etc.

De la obra de Pedro d'Ailly (1396), *De quantitate terræ habitabilis*, copia y traduce casi literalmente un pasaje sobre la existencia de las antípodas, en una carta que enderezó a la Reina Católica, hacia mediados de octubre de 1498, según opinión de Humboldt.

Sobre la cultura de Colón planea también el misterio. ¿Tuvo estudios académicos? ¿Cuáles fueron sus maestros? Nadie sabría responder satisfactoriamente a estas preguntas. Si los tuvo, como los que patrocinan que fue alumno de la Universidad de Pavía, ¿cómo se explican los documentos genoveses que nos lo presentan como un artesano, dedicado toda la vida a cardador de lana o de seda o a comerciante o traficante en vinos? Si no los tuvo, no se explican de manera satisfactoria sus profundos conocimientos en Matemáticas, en Geografía, en Astronomía y, sobre todo, en Náutica, que le permitiesen capitanear una escuadra por mares desconocidos hasta hallar lo que buscaba. Tampoco se explica, en esta segunda hipótesis, que pudiese mostrar en sus escritos que conocía con bastante profundidad la Biblia y las obras de los Santos Padres"[173]

Conozcamos otras opiniones:

Charles Duff manifiesta lo siguiente:

"Dícese que Colón se educó en la Universidad de Pavía; pero es una invención inverosímil. Colón fue toda su vida un hombre esencialmente inculto; es decir, que aun cuando llegó a estar bien impuesto teóricamente en materias náuticas y religiosas —para lo cual tuvo que aprender algo de latín-, fuera de eso, sin embargo, era un ignorante...

Colón estaba perfectamente familiarizado con la Biblia. Pero hay un hecho descollante que no cabe pasar por alto, y es el de que *no escribió nunca en italiano*. Esto, en sí, indicaría que cuando salió de Italia era analfabeto. Sus conocimientos de español y de latín fue reuniéndolos en su trato con españoles y clérigos. Su castellano es siempre el de un extranjero que ha aprendido cuidadosamente la lengua en que se expresa, ya que, aun en los pasajes más poéticos de su Diario, escribe de una manera altisonante. Es el espíritu pasmosamente poético que surge acá y allá en su prosa lo que llega hasta el lector y le transmite, por la virtud de su mismo brío, una impresión de riqueza y poesía que se remonta por encima de las fallas evidentes de la expresión".[174]

Humboldt, que es un crítico severo sostiene acerca de su instrucción:

"Cuando se recuerdan la vida de Cristóbal Colón y sus viajes, desde la edad de catorce años, Levante, a la Islandia, a la Guinea y al Nuevo Mundo, no puede menos de causar sorpresa [ ] extensión de conocimientos adquiridos por un marino del siglo XV. En su carta a los Rey[ ] escrita desde Haiti en 1498, y en medio de la situación más embarazosa, cita en una so[ ] página a Aristóteles y a Séneca, a Averrhoes y al filósofo Francisco de Mairones; y los cita, [ ] por hacer vana ostentación, sino porque sus opiniones le son familiares, y se le ocurren escribir algunas páginas, en las que la naturalidad del estilo y la misma incoherencia de [ ] ideas están demostrando la extremada rapidez de la composición"[175]

Rodríguez Pinilla[176]nos dice sobre la formación del Almirante:

"He aquí una sucinta relación de los autores citados por Cristóbal Colón, y en cuyas obras pu[ ] adquirir ideas favorables a su proyecto. Aparte de las Sagradas Escrituras y de los San[ ] Padres, en que estaba grandemente versado, había leído a Aristóteles (de Coelo et de Mir[ ] Auscult.), a Julio César, Strabon, Séneca, Plinio, Ptolomeo, Solino y Julio Capitolino; a Alfag[ ] Averrhoes, Rabí Samuel de Israel, a Isidoro de Sevilla, a Beda, a Strabus (Walafrield), a D[ ] Scotus, al abate Joaquín de Calabria, al matemático Sacrobosco, al franciscano Nicolás de L[ ] al rey Alfonso el Sabio, al cardenal d'Ailly (Pedro de Heliaco), a Gerson (el doctor cristianísi[ ]

---

[173] BAYERRI Y BERTOMEU, Enrique. *Colón tal cual fué*. Asociación Cultural Cristóbal Colón. Bo[ ] nº 17. Barcelona, 1960.
[174] DUFF, CHARLES (1938) La verdad acerca de Cristóbal Colón y el descubrimiento y América. Espasa Calpe, S.A. Madrid pp. 34 y 35
[175] A. HUMBOLDT- Exam. Critiq. De la Hist. De la Geographie du Nouveau Continent. Tomo II. Se 1er. Pág. 350
[176] RODRÍGUEZ PINILLA, Tomás. (1884) Colón en España. Establecimiento tipográfico de los Sucesores de Rivadeneira. . Madrid. Pág. 56. Nota al pie nº 2.

que tantro contribuyó al auto de fe de Juan Hus; al papa Pío II (Eneas Silvio), a Regiomontano (Juan Müller), a Toscanelli y a Marco Polo.

Irving y Navarrete creen que sí. El primero de éstos llega a afirmar que Colón llevaba consigo en sus primeros viajes el manuscrito de Marco Polo".

Después de ver esta relación de obras o autores que cita el Almirante, nos preguntamos si en la actualidad alguno de los universitarios que se titulan en España ha sido capaz de leer y tener un amplio conocimiento de alguna de ellas.

¿Estaban las mismas al alcance de cualquiera en esa época? Sinceramente hemos de afirmar que no.

El Descubridor tuvo siempre presente en su mente el título de Almirante de Castilla, y así lo hace saber cuando reivindica tal honor en las Capitulaciones de Santa Fé.

De don Diego Hurtado de Mendoza, señor de la Vega, segundo marqués de Santillana y conde del Real de Manzanares, más tarde duque del Infantado, y tío de nuestro personaje, según esta tesis, nos dice Pecha que,

"como don Diego Hurtado pareciérase a su progenitor (don Diego Hurtado de Mendoza, señor de Hita y Buitrago), en el amor por las Letras, salió muy versado en Literatura, Historia y Filosofía, para lo cual a una inteligencia clara ayudó mucho la prodigiosa memoria; conoció a la perfección los autores clásicos, sabía al dedillo las Sagradas Escrituras, dominó la lengua latina y a buen seguro dejara (como dejó don Íñigo) muestras galanas de su talento y cultura plasmadas en meritorios libros, de no haber ocupado todo su tiempo la activa participación en públicos negocios y de no ser tan inquieta y turbulenta la época en que vivió"[177]

¿No se parece esta descripción a la expuesta por Rodríguez Pinilla y a las virtudes manifestadas en los relatos del Descubridor, como son la inteligencia y prodigiosa memoria que le permite recitar párrafos enteros de las Sagradas Escrituras, citar textos de autores clásicos y demostrar un amplio dominio de la lengua latina?

Asociado a los conocimientos expuestos está el lenguaje en el que se expresa de manera oral y escrita nuestro personaje, y su estudio nos plantea algunas dificultades

Vamos a enfrentarnos con uno de los mayores obstáculos que se nos presentan para afirmar que Cristóbal Colón era español, y más aún, castellano.

Cristóbal Colón escribía y hablaba muy mal el castellano, aunque hay divergencia entre distintos investigadores sobre si lo dominaba o no. No olvidemos la versión de don Blasco Ibáñez, que nos dice lo hablaba y escribía correctamente. Ha habido autores que afirman que era español, pero por su lengua podría haber nacido en algún lugar de Cataluña, País Vasco, Galicia o de las Islas Baleares y de aquí sus defectos al escribir en lengua castellana.

Admitamos que su defecto al escribir es debido a su naturaleza no castellana; lo lógico entonces es que en algún momento en su escritura cometa alguna falta introduciendo una palabra de su idioma nativo. Frente a las anomalías al hablar y escribir hay tesis tan poco sólidas, que llegan a la conclusión de su origen porque algunas palabras están

---

[177] Layna Serrano, Francisco; op cit; Tomo II, pág. 9. El texto entre paréntesis es nuestro

escritas en cualquiera de los idiomas correspondientes a las regiones españolas ya mencionadas, pero de manera incorrecta. A estas tesis oponemos que todas las glosas con que iluminó Colón el Imago Mundi o la Historia Rerum Ubique las escribió en castellano para aclarar algunas ideas del libro o llamar la atención sobre ellas y esto lo hace para una comprensión personal. Es absurdo que las escriba en un idioma que no es el suyo nativo y todas están escritas en castellano, aunque alguna de forma incorrecta. Y son más de mil glosas. Simplemente por apoyarse exclusivamente en el hecho de que en alguna ocasión incluya en un texto escrito en casterllano una palabra no castellana, afirmar que Cristóbal Colón era gallego, catalán, vasco, ibicenco o mallorquín queda totalmente descartado.

Y con este preámbulo, veamos lo que dicen al respecto otras personas doctas en este tema:

Comenzaremos con los mismos párrafos que iniciara Ramón Menéndez Pidal su estudio sobre la lengua de Cristóbal Colón, publicado en el Boletín Hispánico año 1940.

"Al querer formarse una idea de la lengua usada por Colón en los muchos autógrafos que de él se conservan, lo primero que saltó a mi vista fue el hecho inesperado de que el Gran Descubridor *usase el español antes de ir a Castilla.* El primer escrito fechado que tenemos de Colón está en español y es de cuatro años antes que el Descubridor entrase en el reino de Fernando e Isabel. El interés inquietante de esta primera *observación no me llevó ni por un momento a la demasiado vulgarizada hipótesis de Colón español. No perdamos el tiempo con ella.* El Colón Almirante que muere en Valladolid en 1506 es, según se desprende de algunas disposiciones testamentarias, el mismo Colombo lanero de Génova que figura en los documentos de 1470 a 1479, según probó el académico Altolaguirre y confirmó hasta la saciedad el profesor Giovanni Monleone; pero entonces ¿cómo explicar el precoz hispanismo lingüístico del joven italiano?"

En su obra "La lengua de Colón"[178] dice:

"Altolaguirre piensa que, con su larga estancia en Portugal y España, Colón olvidó mucho italiano. Pero no es posible olvido de la lengua propia en un hombre que no abandona patria sino a los veinticinco años, mucho después de hallarse terminada la adquisición de lenguaje materno. El error de Altolaguirre y de Harrisse, citados antes, consiste en considerar idioma materno de Colón el italiano y no el dialecto genovés"

Llama la atención que este Menéndez Pidal, filólogo e historiador, descarte, sin más, hecho cierto de que el Almirante hablase y escribiese el castellano cuatro años antes llegar a Castilla. ¿Dónde lo había aprendido? ¿No debería haber profundizado más esta evidencia para ver las razones que justificaban esta realidad? Creemos que, al igual que en otros muchos casos, se ha dejado llevar por las ideas ajenas que afirman nacionalidad italiana, sin hacer un análisis crítico

En la teoría de Salvador de Madariaga sobre el lenguaje de Colón hay varias afirmaciones contundentes.

---

[178] Menendez Pidal, Ramón. "La lengua de Cristóbal Colón" Quinta Edición. Espasa Calpe. Colección Austral. Nº 268. Madrid. 1968; pág 25

Primera afirmación:

"Nacido en Génova, Colombo era de origen hispano-judío, bilingüe desde la cuna, es decir, se expresaba en una forma impopular y desde luego no escrita del dialecto genovés y en un castellano tradicional y escrito, si bien más o menos fermentado por un destierro de lo menos cien años"[179]

Si se expresaba en una forma impopular y desde luego *no escrita* del dialecto genovés, ¿cómo se puede llegar a afirmar que lo hacía en un dialecto genovés? No existe ningún documento ni escrito ni, por supuesto, sonoro, que permita hacer esta afirmación, y más cuando, a continuación de esta contundente afirmación, dice que tambien se expresaba en un castellano tradicional y escrito. Los únicos escritos de Colón están en castellano o latín, por lo que afirmar con esa contundencia que se expresaba en un dialecto genovés estimamos que no tiene fuerza suficiente como base sólida para el estudio.

Segunda afirmación.

"Ni la dificultad lingüística, ni la reserva sobre su origen genovés, ni la actitud para con su patria genovesa durante su vida de corsario han sido objeto hasta ahora de explicación satisfactoria; estos hechos de la vida de Colón siguen siendo incomprensibles hasta que se adopta como clave de su vida el origen hispano-judío de la familia de Colón".

Liquidemos ahora dos objeciones:

1.- El médico García Fernández, en su declaración arriba citada, dice que Colón *"tenía disposición de otra tierra o reino ajeno a su lengua"*

2.- Las Casas dice de él: *"parece ser natural de otra lengua porque no penetra del todo la significación de los vocablos de la lengua castellana ni del modo de hablar de ella"*

Añade Madariaga, en una nota al pie de página, que solicitó de don Ramón Menéndez Pidal un informe sobre este punto del lenguaje de Colón. Se trata, dice, *de un estudio* **magistral** *sobre el tema*, pero sobre el que no está de acuerdo, (porque le desautoriza su teoría, afirmamos nosotros), y justifica este desacuerdo porque traslada las conclusiones del campo especial filológico al general histórico.[180]

"Ni una ni otra de estas objeciones tiene fuerza alguna. Colón hablaba castellano, pero tenía en su ambiente personal, presencia, modales y acento, lo menos un siglo de tierra extranjera, lo que bastaba para justificar la impresión producida en Fray Juan Pérez y en el médico García Fernández arrinconados en La Rábida. Su lenguaje no era el castellano del siglo XV sino el del XIV, trasplantado a Génova probablemente hacia 1390 y fermentado en una salmuera genovesa. Esto a su vez bastaría para justificar la observación arriba citada de Las Casas y otras numerosas por el estilo que se pueden leer en la Historia de las Indias"[181]

Existe una contradicción en Madariaga al calificar el estudio de Manéndez Pidal como **magistral** y después desautorizarlo. No sabemos en qué se basa don Salvador para afirmar que el castellano de Colón era el de un siglo anterior, trasplantado a Génova

---

[179] Madariaga, Salvador de. Espasa Calpe. Madrid. 1975, pág 76
[180] Ibidem, pág 79
[181] Op.cit, pág 80.

probablemente en 1390, ni a qué se refiere en lo de la *fermentación en una salmuera genovesa.*

Veamos la opinión de Guadalupe Chocano al respecto:[182]

"El Almirante, siempre se expresó en castellano, frecuentemente salpicado de portuguesismos, sobre todo en vocales, algún italianismo y posiblemente ciertos catalanismos, características que aparentemente sorprenden en una persona ajena a la lengua española, (castellana, diremos nosotros). Aunque las teorías catalana y gallega pretendieron ver catalanismos y galleguismos en los escritos del Descubridor, el estudio científico realizado por Menendez Pidal sobre el lenguaje de don Cristóbal, determina que son claros portuguesismos, como resultado lógico de una persona que vivió siete o más años en Portugal, y apunta que desde su llegada a Portugal: "Colón, al escoger en Portugal el idioma castellano como idioma escrito, fue uno de los primeros en colocarse en las filas del movimiento castellanizante que se manifestaba en Portugal hacia finales del siglo XV. Por otro lado, entre los numerosos comentarios publicados en torno a la terminología empleada por don Cristóbal, recordamos en de Juan Gil señalando una palabra vasca, agur, circunstancia que ciertamente no puede sorprender si atendemos al mundo de los navegantes de esa época"[183]

Decimos nosotros que cómo es posible que, si todavía no ha llegado a Castilla, escoge en Portugal el castellano para expresarse por escrito, y, además, es uno de los primeros en colocarse a la cabeza de un nuevo movimiento de expresión escrita en este idioma. Sin duda se debe a que el castellano ya lo conocía y lo escribía *antes de llegar a Portugal.*

Tampoco nos explicamos cómo en la nota a pie de página, tomada del original de l obra de Chocano, dice que solo escribió en italiano *con palabras castellanas* (¿?) de anotaciones en el *Libro de las Profecías.* Si es así, escribiría en castellano, y no e italiano…

Por otro lado, que figure una palabra vasca en un texto de Colón no justific entendemos, su vinculación a esta región española. ¿Cuántas palabras castellanas hay toda su obra escrita?, y ello, por sí solo, no es suficiente para afirmar que e castellano…

Veamos lo que dice el Dr. Pablo Muñoz Sotés, que fue jefe de la unidad rehabilitación del lenguaje del hospital universitario La Paz de Madrid y en actualidad (año 2010) director del Centro Médico de Ciencias del Lenguaje de Madı en un Informe realizado expresamente para este capítulo:

"En relación con el lenguaje oral y escrito de Cristóbal Colón, mi criterio es que deber establecer una diferencia entre su modo de hablar y de escribir el castellano.

---

[182] CHOCANO HIGUERAS, Guadalupe. La cuna y orígenes de Cristóbal Colón. Ob, cit; pág 35.
[183] Solo escribió en italiano -con palabras castellanas- dos anotaciones en el Libro de las Profecías y en ejemplar que consultó de la *Historia Natural* de Plinio el Viejo conservado en la Biblioteca Colombin Sevilla. Entendemos que, pese a numerosos estudios y comentarios acerca del lenguaje de Colón, está plenamente vigente el magnífico estudio de Menendez Pidal, Ramón: *La lengua de Cristóbal Colón.* Madrid, 1942. En carta del Almirante al ama doña Juana: *Fago juramento que cantidad de hombres a ido a las Indias que no merecían el agur para con Dios y con el mundo* (Gil, Juan: Una palabra vasca un texto de Cristóbal Colón. Seminario de Filología Vasca Julio Urquijo. Anuario XIX-1. San Sebastı 1985) Esta nota figura en la obra de Guadalupe Chocano.

Según los datos publicados en las obras de D. Ricardo Sanz García "Cristóbal Colón, alcarreño o América la bien llamada", capítulo XIV *La lengua de Cristóbal Colón* y en "Cristóbal Colón un genio español. Única tesis verdadera", capítulo IV *La lengua del almirante*, mi opinión es la siguiente:

En el lenguaje oral se deduce que existía un defecto importante en su pronunciación que, según mi criterio, puede ser debido a la presencia de un cuadro de dislalia y de disfemia. En la dislalia se produce un defecto de pronunciación, en relación con determinados fonemas, que no fueron corregidos antes de la maduración de su lenguaje y que, por tanto, quedaron establecidos en su modo de hablar definitivo: sonido "RR" se sustituye por "G" o por "GR" o por "D"; sonido "S" por "Z" y viceversa; sonidos de sílabas trabadas del tipo "BRA" por "BA" o por "BLA", además de otras alteraciones posibles. En la disfemia se produce una forma de hablar acelerada, mal articulada y farfullante. Si unimos ambos defectos, queda claro que quien los presenta impresiona como si fuera un lenguaje extranjero. Tenemos que tener en cuenta ese momento histórico ya que la pronunciación y evolución del castellano no estaba todavía definido y era distinto según el ámbito geográfico español donde se viviera.

En el lenguaje escrito es importante reseñar que los escritos existentes de Colón son claramente en castellano. Sucede que el castellano que se hablaba y escribía en el siglo XV era un castellano medieval o castellano antiguo, anterior a la primera gramática castellana de Antonio de Nebrija en 1492. Durante este período el primitivo idioma castellano estaba influido por el latín, sustituyendo las declinaciones por preposiciones, por el griego, por el árabe, por el vasco y por el gallego. Durante el castellano medieval se desarrollaron una serie de fonemas y grafemas que hoy han desaparecido o se han modificado.

En 1713 se fundó la Real Academia Española, en la que se estableció el sistema verbal de tiempos simples y compuestos en los verbos, circunstancia que hasta entonces no estaba establecida de una manera formal.

Estimo que Cristóbal Colón escribía conforme a su época aunque al presentar las dislalias anteriormente citadas, podrían manifestarse ocasionalmente en su escritura pero sin alterar la semántica de su contenido.

El modo de escribir, tanto de Cristóbal Colón como del Marqués de Santillana, más que alteraciones de la escritura de ambos por una posible enfermedad cerebral, circunstancia nada probable, se debe a que el castellano se escribía así en aquel momento. Por tanto, ni Cristóbal Colón ni el Marqués de Santillana escribían incorrectamente sino que el castellano en ese momento estaba evolucionando y se escribía así. No podemos ni debemos medir los posibles defectos del castellano escrito por Colón y el Marqués de Santillana con criterios del castellano actual. El castellano escrito por ambos presentaba un nivel cultural alto con las variaciones que imponían su circunstancia geográfica y la evolución del castellano en ese momento.

Las alusiones que se citan del Marqués de Santillana acerca de su habla "gracioso en su hablar" y "gracioso en su decir" corresponde a que en esa época se consideraba el castellano, por los autores de la época, como una lengua limpia y graciosa, capaz de decir las cosas con más claridad que el aragonés. Con la unión de Castilla y Aragón se produjo una unificación entre el castellano y el aragonés. El castellano se propagó rápidamente por el reino de Aragón.

Todos estos cambios en el ámbito lingüístico produjeron variaciones en la fonética, en la gramática y en el vocabulario del castellano".[184]

Otro autor, Michel Lequenne, opina que:

Las razones que nos da Fernando Colón indignándose contra Agustín Justiniano cuando éste dice que Cristóbal Colón se dedicó en su niñez y juventud a oficio mecánico o manual dan motivo suficiente para pensar que alguna explicación tendría la mala escritura del castellano que el Almirante practicaba[185].

La idea de un Colón descendiente de judíos expulsados de España tampoco tiene visos de ser verdadera y la descarta Menéndez Pidal, por no parecerse en nada sus escritos a los textos judeoespañoles que del siglo XV se conocen.

En el Informe del Dr. Pablo Muñoz Sotés, se dice que

"Las alusiones que se citan del marqués de Santillana acerca de su habla "gracioso en su hablar" y "gracioso en su decir" corresponde a que en esa época se consideraba el castellano, por los autores de la época, como una lengua limpia y graciosa, capaz de decir las cosas con más claridad que el aragonés"

Entendemos estas razones, no sin discurrir que, si era considerado el castellano como una lengua limpia y graciosa, no debería ser destacado como distinto en boca del marqués de Santillana o de don Diego Hurtado de Mendoza, y deducimos que si así se hace es porque el habla de estos dos personajes se diferenciaba del de los demás, no sin que por ello desautoricemos al Dr. Muñoz, pues sin duda esta "gracia" del castellano se manifestaba en el lenguaje escrito.

Hay una frase a la que aquí damos una interpretación totalmente contraria a la que da la mayoría, diríamos que casi la totalidad de los historiadores.

Es la frase que pronuncia el médico García Hernández en octubre del año 1515 en las célebres Probanzas y dice así:

"Habló con Fray Juan Pérez (se refiere a la primera entrevista en La Rábida con el futuro Almirante), *viéndole disposición de otra tierra o reino ajeno a su lengua.*"

El físico afirma que tiene disposición de otra tierra o reino ajeno a su lengua; lo que nos está indicando es que lo verdadero en él es su lengua (y esta es el castellano), pero que al hablar parece de otra tierra.

---

[184]*Bibliografía utilizada para este estudio: Elisa Barrajón López y Belén Alvarado Ortega. El siglo La transición del español medieval al clásico. Alicante: Biblioteca Virtual Miguel de Cervantes, 2006 Menéndez Pidal, R. (2005). Historia de la Lengua Española, vol. 1. Madrid. Real Academia Españ ISBN: 84-89934-12-6.*
Lapesa, R. (1983) Transición del español medieval al clásico", Historia de la Lengua Española. Mac Editorial Gredos, pp.265-290.
Penny, R. "Evolución lingüística en la baja Edad Media: evoluciones en el plano fonético", en R. C Aguilar (coord...) 2004: Historia de la Lengua Española, Barcelona, Ariel.
Quilis Morales, A. (2003): Introducción a la Historia de la Lengua Española, Madrid, UNED.

[185] Lequenne, Michel, y Estorach, Soledad (1980) Vida y documentos de Cristóbal Colón (1493-1504 cap. II; pág 6 y siguientes. Ed. de los amigos del Círculo Bibliófilo, S.A. Madrid

La teoría que manifiestan algunos que el futuro Almirante aprendió en Portugal o en Génova el español y lo aprendió mal es más inverosímil todavía.

Razonan que lo aprendió mal y que estos defectos de su aprendizaje no los pudo corregir a pesar de vivir tantos años en Castilla.

Estamos acostumbrados a ver a nuestros jóvenes que aprenden en España el inglés, el francés o el alemán, con defectos naturales propios de su práctica en ambientes ajenos al idioma, pero bastan unos meses en Inglaterra, Francia o Alemania para que vuelvan hablando éstos correctamente y sin los defectos que tenían al ir a aquellas naciones, y nuestros muchachos, las más de las veces, no son genios como lo era Colón. Nos llama la atención que, además, los defectos no los tenía solo al escribir sino también al hablar, pues le consideraban extranjero por su lenguaje.

Los defectos de la escritura no corresponden a las faltas que cometen un genovés o un portugués, nos dirá Menéndez Pidal; son faltas anárquicas, sin regla fija.

Realmente el defecto de Cristóbal Colón al hablar y escribir es excesivamente raro.

Los tratados sobre anomalías del lenguaje y escritura estudiados sobre estas materias (dislalias, dislexias, barbarolalia...) afectan corrientemente unas veces al habla, otras a la escritura, es raro encontrar alguno que afecte conjuntamente a ambos, lo que hace extremadamente raro este defecto, y así debe ser para no llegar a detectarlo estudiosos de reconocido prestigio como Menéndez Pelayo, Menéndez Pidal, y tantos literatos como han estudiado la lengua de Cristóbal Colón.

¿Será esta anomalía un defecto familiar? A esta pregunta responde Ricardo Sanz:

"Naturalmente, estos defectos son hereditarios, siguiendo las leyes de Mendel, y por ello me ha llevado de la mano a identificar más aún al gran Almirante. Hago notar aquí que estos defectos dan al habla de quien los padece un aire o acento gracioso.

Veo que estos defectos no afectan en nada a las funciones intelectuales. Yo, como médico, lo primero que pensé es hacer una historia clínica a Cristóbal Colón.

Le pregunté al Almirante por su nombre: prescindió en profundidad su contestación (?) porque me dijo (?) Cristóbal Genovés, me llamaron al principio, Cristóbal Colombo después y, por fin, Cristóbal Colón...

Antecedentes familiares: Si yo pienso que Cristóbal Colón es un Manrique o un Mendoza, a estas dos ramas familiares encamino mi estudio.

Encuentro más fácil el estudio de los Mendoza, porque todos ellos o al menos muchos, desarrollaron la literatura y escribieron mucho.

Dirijo mi estudio al primer marqués de Santillana, Don Iñigo López de Mendoza, que "sospecho" que es "tío" de Cristóbal Colón, según mi tesis.

¡Mi asombro es enorme! El marqués de Santillana escribe igual que Cristóbal Colón.

«En las Cortes de Cuéllar (año 1454) el rey Enrique IV el Impotente, queriendo iniciar su reinado con grandes hechos, se propuso comenzar la guerra contra Granada. Reunió a nobles, clero y pueblo representado por los procuradores de villas..., hizo su discurso el Rey y contestó a este requerimiento el primer Marqués de Santillana, Don Iñigo López de Mendoza, y el comentario del nuevo Rey fue: "Marqués bien parece que tales palabras substanciosas e discretas propiamente convienen para la lengua de tan buen caballero, gracioso en el hablar y esforzado en las armas»[186].

Ahora vamos a ver el relato que nos hace Fernán Pérez de Guzmán en su libro Generaciones y semblanzas sobre Don Diego Hurtado de Mendoza, padre de Doña Aldonza de Mendoza, y del marqués de Santillana y "abuelo", según mi tesis, de Cristóbal Colón y que copio de "Guadalajara y los Mendoza": "Fue Don Diego Hurtado de Mendoza, pequeño cuerpo e descolorido del rostro, la nariz un poco roma, pero bueno e gracioso e semblante, et segunt el cuerpo asaz de buena fuerza; ombre de muy sotil ingenio, bien sazonado muy gracioso en su decir, osado y atrevido en su fablar, tanto que el rey Don Enrique el tercero, se quejaba de su soltura y atrevimiento."

La misma frase que vemos en el marqués de Santillana la advertimos aquí y no podemos atribuirla a la gracia en la expresión de sus palabras, pues le recrimina su atrevimiento y soltura al hablar.

El marqués de Santillana y su padre Don Diego Hurtado de Mendoza, por la frase "muy gracioso en su decir" de uno y de otro, deducimos padecían el mismo defecto que el Almirante Cristóbal Colón.

Y es el marqués de Santillana quien nos habla de su defecto en aquella estrofa que compone con motivo de un viaje a Guadalupe, dice así:

"Celestial lumbre lumbrosa/Nuevo sol en Guadalupe/Perdona sin más non supe/mi lengu defectuosa"[187]

Como vemos, el mismo marqués se da cuenta de su defecto y así lo expresa: *"mi lengu defectuosa."*

Hay otra estrofa del marqués de Santillana que por ser tan conocida no me resisto a escribirla

"Ya sonavan los clarones/E las trompetas bastardas/Charamías e bombardas/Facían distint sones."

¿Cristóbal Colón lo habría escrito de distinta manera? Clarones en lugar de clarines charamías en lugar de chirimías. Afirmo que no. El marqués de Santillana tío de Colón, seg mi tesis, escribía igual que el Almirante. Y para afirmarme más en mi idea pregunto: pe ¿cómo hablaba el marqués de Santillana?

Vamos a dejar que sea el pueblo el que intervenga cantándole al marqués por el triunfo había logrado en la batalla de Olmedo y por la concesión de su noble título de marqués Santillana.

Con esta estrofa anónima como corresponde a las que son patrimonio del pueblo, le canta marqués de Santillana Don Iñigo López de Mendoza:

[186] Layna Serrano, op, cit. 1942, tomo I, pág 241
[187] Ibídem, Tomo I, pág 243

"Con fabla casi extranjera/Armado como francés/El nuevo noble marqués/Su valiente bote diera"[188].

Así de claro lo expresa el pueblo: *"Con fabla casi extranjera"*, lo característico del habla de Colón. Siempre llamado extranjero en cuanto le oían hablar y es el pueblo sencillo el que al marqués de Santillana le acusa "con fabla casi extranjera".

El marqués de Santillana y Cristóbal Colón hablaban y escribían igual y esto en virtud de un defecto que es de carácter hereditario y excesivamente raro.

Tal vez a mis lectores les asalte la misma duda que a mí. Es incomprensible que a historiadores, literatos y escritores se les haya pasado por alto la incorrección de la escritura del almirante Colón y, sin embargo, no hayan caído en la cuenta de la misma incorrección en la obra literaria del marqués de Santillana.

¿Habré buscado (yo) —el autor de esta historia— una rara y extraña coincidencia entre una serie de pocas palabras que tanto el Almirante como el Marqués escribieron de una forma defectuosa y tal vez debido al estilo o costumbre de la época, dándolas yo un valor que en realidad no tienen?

Para subsanar esta duda, que también en mí hacía mella, leí las Obras del marqués de Santillana, comentadas por don José Amador de los Ríos.

Así escribía este sabio autor en obras del marqués de Santillana en su introducción:

"Debemos, ante todas cosas, manifestar que la incorrección y descuido con que se habían impreso así las poéticas como las en prosa (del Marqués) dadas antes de ahora a la luz, nos han empeñado en un trabajo cuanto más difícil era restituir a su primitiva pureza pasajes o enteramente corregidos o visiblemente alterados por la ignoracia de los editores que heredaban o producían el error... lo resolvimos poniendo al pie de texto adoptado todas las lecciones, aun cuando fuesen palpables, errores de los copistas..., obteniendo de tan penosa tarea una ortografía racional capaz de mantener en toda su pureza la dicción del marqués de Santillana"[189].

Como vemos en las páginas preliminares, Amador de los Ríos atribuye los errores del Marqués a editores y copistas, sin caer en la cuenta de que hay palabras que siendo idénticas en su significado siempre (¿el copista?) las escribió de la misma manera. Pero mejor que dar más explicaciones copiamos algunos de los proverbios del Marqués que nos aclarará su anomalía similar a la de su pariente el Almirante Don Cristóbal Colón. Y en ellos notamos que los errores de la escritura correspondan siempre a las mismas palabras de los distintos escritos.
Véase como ejemplo de todo lo que estamos diciendo estos proverbios del Marqués de Santillana.

XV A los libres pertenesce/Aprehender [190]/Dónde se muestra el saber/É floresce/Ciertamente bien meresce/Preheminencia/Quien de dottrina é prudencia/Se guarnesce.

---

[188] Ibídem, Tomo I, pág 254
[189] Amador de los Ríos, 1852. (El subrayado es nuestro)

[190] *Cód. Escur.: el aprender*

XVI El comienzo de salut/Es el saber/Distinguir é conocer/Quál es virtut/Quien comienca en juventut/A bien obrar/Señal es[191] de non errar/En senetut.

XVII Salomon sabiduría/Procuró/Con la qual administró/La señoría/Del mundo é la monarchía/Universal/Sin contienda nin egual[192] /compañía[193]

XVIII Si fueres grand eloqüente/Bien será/Pero mas te converná[194]/Ser prudente/Quel prudente es obediente/Todavía/A moral philosophía/É sirviente.

XXIX Non refuses[195]rescebir[196]/Al contrito/Nin te plega al afflito/Afflegir/Que flaqueca es perseguir[197]/Al que fuye/É ánimo al que destruye/Ressistir.

XXX Ca de la manificencia/Es perdonar/É sofrir é tolerar/Con paciencia/La messurada clemencia/Es virtut/Reparo, vida é salut/De fallencia.

XXXI ¿Quál es en humanidat/Tan pecador/Que judgado[198] con amor/É caridat/Se falle la su maldat/Intolerable?/Ca las armas del culpable/Son piedat/de Sobriedat

XXXV Quanto[199] es bueno el comer/Por medida/Que sostiene[200] nuestra vida/De caer/Tanto es de aborrescer/El gloton/Que cuyda ser perfection/Tal placer[201].

XXXVI Mucho es digna de honor/Sobriedat/Como sea una bondat/De grand loor/Ca mitiga la furor/En honestat[202]/É ressiste[203] en mocedat/Al loco amor.

De este análisis, se puede deducir que el habla y escritura incorrecta del Gran Almirante es la misma que la del marqués de Santillana y corresponde a un defecto familiar, por lo que er tomado por extranjero en Castilla.

Para más abundamiento, es el padre Las Casas quien nos describe las característica físicas de otro miembro de la familia del Almirante. Se trata de su hijo Diego, y lo hac así[204]:

"Fue persona de grande estatura, como su padre, gentil hombre, y los miembros bi proporcionados, el rostro lungo, y la cabeza empinada [apepinada], y que representaba ter persona de señor de autoridad; era bien acondicionado y de buenas entrañas, más simple c recatado ni malicioso; medianamente bien hablado, devoto y temeroso de Dios"

---

[191] Cód. Escur.: seynal es
[192] Id.: nin egoal
[193] Id.: companya
[194] Cód. M, 59.: te convendrá
[195] Códs. de Flor y M, 59: non recuses. Eds, prim y de 1494: non rehuses
[196] Cód. M, 59: recibir
[197] Cód. Y, 215: proseguir; Cód. Escur.: id.
[198] Cód. Escur.: que se judgue; M, 59 y Ed. de 1994: que judgando
[199] Cód. Escur.: Quoanto
[200] Cód. M, 59: que sustiene
[201] Faltan en el Canc. de Ixar, desde la copla X a la XXXV inclusive, siendo esta mutilación verdaderamente lastimosa.
[202] Canc. de Ixar y Ed. de 1494; con honestidad. Ed. prim.: con honestidad
[203] Cód. Escur.: é registe
[204] Op cit., vol.III, cap LI, pág 257.

Aquí no tenemos duda de un defecto en el habla de Diego. ¿Por qué lo destaca? Sin duda porque era llamativo, y hemos de tener en cuenta que este defecto también se pone de relieve en la descripción de su padre por otros coetáneos, además de que lo tienen su bisabuelo, don Diego Hurtado de Mendoza, y su tío el marqués de Santillana, siendo hereditario.

Deducimos, por ello, que esto puede justificar que el Almirante era tomado por extranjero, pues así le hacía parecer ante los ojos de los demás su dislalia.

IV

La nobleza de Cristóbal Colón

IV. I. No soy el primer Almirante de mi familia

En el primer artículo de las capitulaciones que los Reyes Católicos ajustaron con don Cristó
Colón en la villa de Santa Fe a 17 de abril de 1492, prometieron hacerle, desde lu
(prontamente, sin dilación)[205] su almirante de todas las islas y tierra firme que descubriese,
solo durante toda su vida, sino para sus sucesores, con todas las preeminencias que goza
los almirantes de Castilla en sus distritos. En cumplimiento de este pacto, le expidieron en
de abril el título de Almirante; y algunos años después mandaron darle copias autorizada:
todas las cartas de merced, privilegios y confirmaciones que tenía don Alfonso Henríquez e
oficio de Almirante Mayor de Castilla, pues a su tenor habían de ser las mercedes, hono
prerrogativas, libertades, derechos y salarios que disfrutase Colón en el de Indias.

Martín Fernández de Navarrete. Colección de viajes y descubrimientos. B.A.E. Tomo LXXV. Obr:
D. Martín Fernández de Navarrete. Ediciones Atlas. Madrid, 1954; pág 262.

---

[205] R.A.E. **luego.** (Del lat. vulg. *loco*, abl. de *locus*). **1.** adv. t. Prontamente, sin dilación.

Consideraciones previas al estudio del escudo de don Cristóbal Colón

El título de Almirante de Castilla de don Alfonso Henríquez.

Creemos imprescindible transcribir aquí la forma en la que le es concedido el título de Almirante de Castilla a don Alfonso Henríquez, pues, como veremos más adelante, Cristóbal Colón solicita este título con las mismas prerrogativas.

Destacamos la importacia que tiene en esta concesión al Descubridor la afirmación de que son las mismas que ostentaba D. Diego Hurtado de Mendoza, abuelo según nuestra tesis de D. Cristóbal Colón. Esta es la concesión a Alfonso Enríquez, que estaba casado con Juana de Mendoza, ricahembra de Castilla:

"Don Henrique por la gracia de Dios, Rey de Castilla, de León, de Toledo, de Galicia, de Sevilla, de Córdoba, de Murcia, de Jaén, del Algarbe, de Algecira, e Señor de Vizcaya e de Molina. Por hacer bien e merced a vos D. Alfonso Henríquez, mi tío, por los muchos, e leales, e señalados servicios que fecisteis al Rey Don Juan, mi Padre e mi Señor, que Dios perdone, e habedes fecho e facedes a Mí de cada día, e por vos dar galardón de ellos, fágovos mi Almirante mayor de la mar; e quiero, e es mi merced, que seades de aquí en adelante mi Almirante mayor de la mar, según que lo solía ser el Almirante D. Diego Hurtado de Mendoza, que es finado, e que hayades el dicho Almirantazgo, con todas las rentas e derechos e jurisdiciones que le pertenescen e pertenescer deben en cualquier manera, según e cumplidamente los había el dicho D. Diego Hurtado, e los otros Almirantes que fasta aquí han sido"[206]...

La frase "NO SOY EL PRIMER ALMIRANTE DE MI FAMILIA" figura en Vida del Almirante Cristóbal Colón, escrita por su hijo Fernando y copiada de su padre.

"Por lo cual volveré a mi tiempo principal concluyendo con decir que el Almirante era hombre de letras y de grandes experiencias y que no gastó el tiempo en cosas manuales incompatibles con la grandeza perpetuidad de sus hechos maravillosos; y así pondré fin a este capítulo con lo que escribe [Colón], en una carta al ama del serenísimo príncipe Don Juan, que contiene estas palabras: no soy el primer almirante de mi familia, pónganme el nombre que quisiere, que al fin David, Rey muy sabio, guardó ovejas y después fue hecho Rey de Jerusalén; y yo soy siervo de aquel mismo Señor que puso a David en este estado"[207].

La frase no soy el primer almirante de mi familia tiene una importancia capital. Es una de las pocas veces, que Cristóbal Colón da una pista segura para que logremos su identificación (signo seguro para que consigamos reconocerlo en su árbol genealógico); y es que el Almirante, pese a tanto silencio en indicarnos su lugar de nacimiento y el nombre de sus padres, sentía el gran anhelo de ser conocido, a pesar de que en ello posiblemente le iba su vida.
¿Qué interpretación han dado los historiadores a esta frase? Hemos seguido la corriente italiana echando tierra sobre ella para borrarla. ¿Cómo?

---

[206] *B.A.E. Traslado que, por orden de los Señores Reyes Católicos se dió a Don Cristóbal Colón, de algunas cartas de merced, privilegios y confirmaciones que tenían los Almirantes de Castilla y habían de pertenecerle en el Almirantzago de las Indias. 1405. 14 de abril. Tomo LXXV; pág 263.*
[207] Colón, Hernando. Op cit., 1980, cap II, pág 10.(La carta va dirigida a doña Juana de la Torre)

Afirmando que Cristóbal Colón tiene un espíritu mentiroso y delirio de grandeza: una y otra vez quieren hacernos creer que procedía de gente noble y no de unos laneros.

¡Qué serie de contradicciones en el hacer italiano! Juzgan a Cristóbal Colón como mentiroso y embustero, siempre tratando de engañarnos y confundirnos, y se sienten orgullosos de su origen y nacimiento genovés.

La frase con que iniciamos este capítulo la escribe Cristóbal Colón a doña Juana de la Torre, ama y aya del príncipe Don Juan, primogénito de los Reyes Católicos.

Doña Juana de la Torre era una noble señora que, viviendo en palacio, gozaba del cariño y amistad de la reina Isabel. Colón sabía que las cartas que le escribia, eran leídas por la reina, y de esta manera, el Almirante conseguía que la Soberana tuviese noticia puntual de actos y hechos que él no podía escribir directamente a Sus Altezas, y utiliza estas notas para expresar sus quejas, desasosiegos e ingratitudes... Buen ejemplo de todo esto es la carta que Colón le escribe dándole cuenta de la ida del gobernador Francisco de Bobadilla al Nuevo Continente. En ella manifiesta el comportamiento suyo con los reyes y el comportamiento de los reyes para con él. Se queja, siempre a través del ama, de cosas tan duras para los reyes como la existencia de las cartas de Sus Altezas, firmadas en blanco, que Bobadilla llevaba en cantidad para poder hacer acusaciones o establecer ordenanzas a voluntad; y cómo le apresó con hierros a él y a sus hermanos, y la malicia, formas y hechos que mostró para con su persona en todo momento el gobernador Bobadilla...

"yo debo de ser juzgado como capitán y si no de otra guisa recibo agravio", es una de su quejas.

Lo inconcebible es que en estas cartas a doña Juana de la Torre, y que leía la rein Colón tratase de mentir afirmando: *"no soy el primer Almirante de mi familia"*; decimos esto porque en los documentos que la Corte expidió a favor del Almiran nunca se consignó su patria, norma que era de uso obligado en todos ellos. Si falta este requisito, es que intencionadamente se excluía para ocultar su origen.
Hay un hecho en Cristóbal Colón relacionado con la dignidad de Almirante. Todos l historiadores están de acuerdo que si Colón en sus peticiones, a cambio de realizar empresa americana, hubiese renunciado a los títulos de Don, Almirante con todas prerrogativas que tienen los Almirantes de Castilla, Virrey y Gobernador de las Indi los acuerdos para iniciar el viaje hubiesen sido más rápidos.

Pese a los beneficios que le reportaba, Colón estaba dispuesto a renunciar a toda aventura de las Indias y a los privilegios que monetariamente obtenía si no le conced el título de Almirante que exigía con tanto tesón.

Su obsesión por el título de Almirante, y precisamente de Castilla, queda más probado. Las peticiones al rey de Portugal, cuando se ofrece para que sea esta nac quien financie la nueva ruta a las Indias son las siguientes: Que le honrasen armánc caballero de Espuelas doradas, (esto llevaba implícito el título de Don para él y sucesores). Que le diesen título de Almirante Mayor del Océano, con todas preeminencias y prerrogativas, privilegios, derechos, rentas e inmunidades que te los Almirantes de Castilla... y el resto de peticiones son las mismas que pide a los re Fernando e Isabel.

¡Qué obsesión con ser Almirante y precisamente que fuese idéntico al de Castilla en mando y beneficios!

¿Es lógico que, en otra nación, y siendo como dicen los historiadores un lanero, vinatero o marinero extranjero en Portugal pida ser Almirante como eran los de Castilla?

Por todo ello creemos que la frase con la que iniciamos este apartado tiene una importancia capital en el descubrimiento de la identidad de Cristóbal Colón.

Aquí nos hacemos esta pregunta: ¿Obtenía algún beneficio engañando en carta personal a una señora por la que tenía gran cariño y confianza diciéndola que no era el primer Almirante de su familia? La respuesta es que no, pues doña Juana de la Torre no usó esta información para beneficiar en nada al Descubridor.

Lo primero que se nos ocurre es estudiar los posibles Almirantes de Castilla a quien Colón puede hacer referencia. ¿Será Alonso Enríquez o Fadrique Enríquez? ¿Será Don Diego Hurtado de Mendoza?

Veamos los nombres de los más próximos a él:

Su "hermano" menor se llama Diego.

Cuando Colón tiene un hijo de su esposa Felipa Moniz de Perestrello, por deseo suyo le bautiza con el nombre de Diego.

En el monasterio de Guadalupe, al regreso del primer viaje, bautizan a varios indios y a uno de ellos lo hacen con el nombre y apellido Diego Colón, y sabemos con seguridad la existencia de este indio porque fue intérprete del Almirante por lo rápido que aprendió el castellano:

"Todo esto entendió el Almirante, según lo pudieron interpretar los indios que desta isla llevaba, mayormente Diego Colón, que había llevado y tornado de Castilla"[208]

Colón es padrino del hermano de un cacique en la isla Española, y le imponen el nombre de Diego Colón.

¿No son muchos Diego Colón para no querernos significar algo concreto?, El día 3 de diciembre de 1492 pone por nombre a un río Don Diego.

El Almirante sabía bien el santoral[209].

Deja escrito Colón en su diario de a bordo:
Me ocurrió esto el día de la Navidad..., esto pasó el día de Santa María de la O..., era víspera de San Simón y San Judas..., era víspera de Santa Catalina.

Deducimos, pues, que no los ponía el nombre de Diego por ignorancia de otros Santos.

---

[208] Las Casas, Bartolomé de. Op cit, tomo I, cap XCIV, pág 269
[209] Sigüenza, fray José. 1595. San Jerónimo recopiló la Vida de los Santos y ordenaba que se les recordase en su víspera y al día siguiente se les honrase solemnemente.

Finalizada la guerra de Granada, Cristóbal Colón, siguiendo órdenes de los Reyes Católicos no se apartó de la Corte en su recorrido, siempre itinerante, esperando el momento decisivo y convenido con la reina Isabel para dar comienzo a su ruta de las Indias. Siete años fueron los pesados tiempos de espera.

Cuando cree que ha llegado el momento, Cristóbal Colón se presenta ante la reina. Granada ya no es un impedimento, pues ya se ha tomado, y posiblemente le propone realizar ya la gran aventura de las Indias.

La Reina le informa que las arcas reales están vacías, y posiblemente a su pesar, le indica que busque a otros reyes o príncipes que puedan patrocinar su aventura.

Cristóbal Colón, decepcionado, emprende su marcha hacia La Rábida a recoger a su hijo Diego, y a su hermano Bartolomé le da orden para que vaya a Inglaterra a proponer su proyecto al rey Enrique VII.

En el monasterio de La Rábida se encuentra de nuevo con fray Juan Pérez, que junto a fray Antonio de Marchena intentó ayudarle y ambos le creyeron. En la primera ocasión venía de proponer su proyecto de las Indias al rey de Portugal, que le había engañado enviando una nave portuguesa por la ruta indicada por el futuro Almirante.

Se sintió traicionado por el rey de Portugal y algún historiador cree que a los monjes de La Rábida les debió confesar todo bajo secreto de confesión, incluso su identidad porque tenía seguridad de encontrar las islas donde se daban las especias aromáticas, las perlas, las margaritas y los montes de oro, amén de monstruos que defendían aquello territorios.

Colón es posible que hablase con ellos de la esfericidad de la tierra, de las gruesas cañas que llegaban a la isla de Madeira, del maíz desconocido en el mundo que él había recorrido, de las ciudades que algunos marineros habían visto (por espejismo), pero que más impresión y convencimiento les produjo fue la carta que San Jerónimo escribió a Rústico[210]. Cristóbal Colón ya ha dicho en otra ocasión no tener miedo a un monstruos marinos, relatados por San Jerónimo en esta carta, porque él va por voluntad divina.

El Almirante se cree un elegido de Dios. Si tanto el Abad Joaquín Calabrés y ermitaño italiano Thomás Sucho habían "profetizado" que el Espíritu Santo se posa sobre España y se formará una nueva religión (Orden) que extenderá el Evangelio todo el Mundo, él es en persona el encargado de llevar a efecto esta santa misión.

Ténganse en cuenta que debido a estas profecías vinieron a Castilla, como hemos vi unos eremitas italianos que fueron semilla y fundamento de la Orden Jerónima, do presuntamente se formó intelectualmente el futuro Almirante.

En este segundo encuentro de Colón con Fray Juan Pérez, éste rogó al futuro Almira que no entregase esta oportunidad de evangelizar el mundo a otras naciones; ante insistencia el futuro Almirante suponemos que liberó a Fray Juan Pérez del secreto confesión, y así podía informar a la reina Isabel, y hacerle partícipe de todo lo que s

---

[210] Transcrita en otra parte de este libro. Se puede establecer una semejanza con la carta del primer vi de Colón y la carta enviada a Luís de Santángel desde Lisboa.

sobre su persona: su lugar de nacimiento, el nombre de su madre y la seguridad de la existencia de las islas que iba a encontrar por la carta de San Jerónimo.

Fray Juan Pérez informa a la reina y Su Alteza, con el mismo correo a caballo, envía carta al interesado fraile, le da las gracias por su interés y noticia ordenando que Colón rápidamente vaya a Santa Fe (lugar de la Reina) y para ello le envía 20.000 maravedíes, y le ordena que se traslade en una bestezuela y se presente honestamente vestido.

Nos imaginamos la escena del encuentro y qué distinta debió de ser esta entrevista entre ambos, pero la realidad otra vez se oponía a sus deseos y la falta de dinero para llevar adelante la empresa lo impedía.

La reina Isabel se ve de nuevo en la necesidad de cancelar el proyecto por la falta de medios y Colón inicia en su caballería el camino de vuelta hacia La Rábida.

Luis de Santángel, maestre de ración de Valencia, no es ajeno a esta entrevista; en aquellos viajes reales de una ciudad a otra ¿no entablarían conversación con Colón y sus proyectos? porque su intervención es decisiva, y se ofrece para patrocinar una parte de los gastos que se originen para realizar el intento de encontrar una nueva ruta a las Indias.

De nuevo envían a un menasjero para que vaya en busca del futuro Almirante, que ya ha partido de la Corte y le da alcance en Pinos Puente, a pocas leguas de Granada, indicándole que debe regresar a Santa Fe por orden de la reina.

En principio estaba casi todo arreglado. Hemos dicho que una de las dificultades que había para dar a Colón todo lo que pedía era concederle el título de Almirante, reservado a personalidades muy importantes y, una vez conocida por la reina su identidad, ya le podian conceder el título de Almirante porque le correspondía por herencia.

¿Por qué no se lo dieron a don Iñigo López de Mendoza, futuro marqués de Santillana? Porque vacó este título con la muerte de don Diego Hurtado de Mendoza en el año 1404 y don Iñigo había nacido el año 1398; es decir, que era muy niño (seis años) y se lo dieron a Alfonso Enríquez, casado con la ricahembra Juana de Mendoza, pero el futuro marqués de Santillana lo reclamó, una y otra vez; y parece ser que como compensación le dieron la Villa de Coca y Alaejos, aunque él nunca perdió la esperanza de recuperar tan preciado título.

Hay una carta de los Reyes de Aragón y Navarra dirigida a Iñigo López de Mendoza en la que le prometen trabajar y procurar ante Juan II, Rey de Castilla, para que el dicho Iñigo López recuperase el título de Almirante, injustamente arrebatado en su minoría de edad[211]

Todos estos datos eran conocidos por la reina Isabel. Ya no había ningún inconveniente para conceder a Cristóbal Colón el título de Almirante.

---

[211] Pérez Bustamante, Rogelio. Op, cit., 1983, pág 185

Esto que para nosotros no ofrece duda, conociendo las costumbres de aquella época, imaginamos que no es válido para todos los que nos leen. Estimamos que es necesario aportar una prueba más clarificadora, y es cómo conceden los Reyes Católicos el título de Almirante a Cristóbal Colón[212]. Dice así:

«... Las cosas suplicadas e que Vuestras Altezas dan e otorgan a don Christóval Colón, en alguna satisfación de lo que ha descubierto en las mares océanas e del viage que agora, con la ayuda de Dios, ha de fazer por ellas en servicio de Vuestras Altezas son las que siguen: Primeramente que Vuestras Altezas, como señores que son de dichas Mares Océanas, fazen "dende agora" al dicho don Christóval Colón su Almirante, en todas aquellas Yslas e tierras firmes que por su mano e yndustrias se descubrirán o ganarán en las dichas Mares Océanas para durante su vida e después del muerto, a sus herederos e supcesores, de uno en otro, perpetuamente con todas aquellas preheminencias e prerrogativas pertenecientes al tal oficio, e segund que don Alonso Enriques Nuestro Almirante Mayor de Castilla e los otros predecesores en el dicho oficio lo tenían en sus distritos. Plaze a sus Altezas. Jhoan de Coloma."

A esta concesión suceden la de Gobernador, etc. Así le concede *dende agora* el título de Almirante por las tierras que *se descubrirán o ganarán*. Hecho extraño, pues Colón no había descubierto nada todavía. Iba a iniciar su primer viaje. Es muy interesante leer el preámbulo que ahora extractamos y que precede a estos privilegios, dice así:

"En nombre de la Sancta Trinidad y eterna Unidad, padre e fijo espíritu santo, tres persona rrealmente distintas e una esencia divina, que bive e rreyna por siempre sin fin..., los santo dixeron quel rrey es puesto en la tierra en el lugar de Dios para cumplir la justicia e dar a cad uno su derecho..., la justicia... es fuente donde manan todos los derechos la qual justicia tien en si dos partes principales: la una es conmutativa que es entre un ome e otro, la otra e distributiva es la qual consiste los galardones e rremuneraciones de los buenos e virtuos trabajos e servicios que los omes facen a los rreyes e principes e la cosa publica de s rreynos".

En primer lugar, se explica que *"el rey está puesto en la tierra en lugar de Dios para cump justicia y **dar a cada uno su derecho"***

De esta frase se deduce que con la concesión de los privilegios están otorgándole lo q le corresponde en justicia.

El hecho de adjudicar el título de Almirante *"dende agora"* nos afirma que a Cristó Colón no le aplicaron la forma distributiva, que hace referencia a aquellos que obtier galardones y remuneraciones por los buenos y virtuosos trabajos y servicios hech porque todavía no había hecho el viaje ni había descubierto nada; le aplican la for conmutativa que se otorga *"de ome a ome"* por linaje. Las cosas descubiertas ¿a qu referirán? Sospechamos que a las cañas y al maíz posiblemente encontrado flotand las aguas del mar, y decimos esto porque es Cristóbal Colón quien nos dice:

"Mi fe es como un grano de maíz. Un grano de maíz hace mover montañas."[213]

---

[212] Pérez Bustamante, Ciriaco

[213]   El maíz es una planta de la familia de las Gramíneas, con el tallo grueso, de uno a tres metr altura, según las especies, hojas largas, planas y puntiagudas, flores masculinas en racimos termina las femeninas en espigas axilares resguardadas por una vaina. Es indígena de la América tropic

En el capítulo dedicado a los motivos esculpidos en el Palacio de Cogolludo o en el monasterio de Mondéjar veremos cómo el maíz es uno de los objetos principales.

Ya tiene explicación la obsesión de Cristóbal Colón por ser Almirante de Castilla, que ha logrado, a fuerza de tesón y estudio, situarse en la escala social que por nacimiento y derecho le correspondía, y gracias también, no lo olvidemos, a la acción justiciera y generosa de la reina Isabel de Castilla. Y siendo esto totalmente cierto, no miente Cristóbal Colón cuando dice en carta dirigida a doña Juana de la Torre:

"no soy el primer almirante de mi familia."

Está refiriéndose a don Diego Hurtado de Mendoza, padre de doña Aldonza y de su tío don Iñigo López de Mendoza, primer marqués de Santillana.

Con estos parentescos también tiene explicación que a los hijos de Cristóbal Colón les hagan continos del Infante don Juan y cómo a la muerte de este príncipe les nombran pajes de la Reina con una pensión anual de 9.400 maravedís a cada uno (18 y 19 de febrero de 1498).

Al leer el preámbulo que precede a los privilegios que los Reyes conceden a Cristóbal Colón asignándole el título de "Almirante" "dende agora" nos asalta la siguiente duda: ¿Este preámbulo era una forma ritual y exacta que acompañaba a todos los derechos concedidos por los Reyes Católicos a un personaje, fuese cual fuese el motivo de la tal distinción? o se lo conceden por herencia o por un hecho heroico?

En la concesión de los títulos de marqués de Santillana y conde del Real de Manzanares que llevan fecha 8 de agosto de 1445 otorgados a don Iñigo López de Mendoza, y con gran alegría por nuestra parte vemos que, al tratarse de buenos hechos y leales servicios, le aplican específicamente la justicia distributiva pese a hacer mención de su linaje y estado.[214]

No hay duda, en el documento de Cristóbal Colón citan la justicia conmutativa porque la dignidad u oficio de Almirante que le conceden es por herencia y por eso "dende agora".

---

cultiva en Europa y produce mazorcas con granos gruesos y amarillos muy nutritivos. Su paso e implantación en Europa fue mucho más lento que el de otros productos americanos. **Hasta 1604** en que el Gobernador de La Florida, Gonzalo Méndez de Cancio, lo introdujo **en Asturias**, no apareció en el Viejo continente.

[214] Real Academia de la Historia. Título del Marqués de Santillana y Conde del real de Manzanares. Burgos, a 8 de agosto de 1445.

IV.2. El escudo del Almirante

Escudo del Almirante, obra de Francisco Segura Herrero (óleo sobre cuero)

NOTA: Consciente de mis limitaciones en el conocimiento de la Genealogía y Heráldica, he consultado a especialistas en esta Ciencia para evitar, en lo posible, cometer errores de interpretación en denominaciones y la disposición de los elementos que integran el escudo del Almirante. A pesar de es recomendaciones, es posible que siga existiendo algún fallo en la forma, pero espero que no lo sea en el fond. Alfonso C. Sanz

Hacer hoy una reflexión, interpretando el pensamiento de los Reyes, que les lleva a ton determinado tipo de decisiones, es siempre, en mi opinión, una aventura, enormeme interesante, pero una aventura, porque, aún intentando situarnos en la realidad del reinado los Reyes Católicos, el conocimiento de esa realidad siempre será parcial por mucho (intentemos ser objetivos. Pero, indudablemente, el conocimiento del hecho histórico construye así, no hay otra salida. *Florentino Antón Reglero[215].*

El estudio de un escudo tiene por objeto conocer las prerrogativas y las circunstan que rodean a su propietario. En la mayoría de los casos, se vuelcan en las imágene

---

[215] Máster Universitario en Derecho Nobiliario, Heráldica y Genealogía. Académico de Número de la Academia Asturiana de Heráldica y Genealogía, y de la Real Academia de la Mar.
De su comentario a este capítulo

su armería los títulos a los que tiene derecho su poseedor por herencia o por méritos extraordinarios relativos a sus hazañas a lo largo de su vida.

El escudo de Cristóbal Colón ha sido analizado por especialistas en heráldica y por historiadores sin que, hasta ahora, nadie haya sido capaz de explicar la armería de las frases… "de vuestras armas" y "…con las que tenía de su linaje antiguo" que figuran en el texto de concesión del acrecentamiento heráldico.

En este capítulo hacemos una presentación de lo que dicen al respecto los biógrafos del Almirante e historiadores posteriores, e intentamos responder a las dudas existentes hasta ahora, siendo ello una consecuencia de una línea de investigación distinta a la utilizada por la mayoría de quienes han venido haciéndolo siguiendo la versión oficial más conocida, de su origen italiano y humilde. Veamos.

Al regreso de su primer viaje, y descubierto el Nuevo Mundo, los reyes se encontraban en Barcelona, y en esta ciudad, los monarcas le hicieron a Colón homenaje y reconocimiento de la gesta otorgándole, el día 20 de mayo de 1493, en una solemne recepción, el título de Almirante de la Mar Océana, y el privilegio de un acrecentamiento heráldico del que se beneficiarían él y sus descendientes. Figura 1.

Figura 1.- Escudo que figura en el manuscrito original de la Historia de las Indias. Fray Bartolomé de Las Casas (circa 1527) conservado en la Biblioteca Nacional. Madrid (Sec. Manuscritos; sign. Res. 21. Fol 224v)

La carta de privilegio por la que los Reyes otorgaron a Colón los acuerdos firmados en las Capitulaciones de Santa Fe (Granada) se hizo en Barcelona el día 28 de mayo de 1493.

En ella se le conceden los títulos de Don; Almirante del mar Océano; Visorrey y Gobernador…

Veamos lo que nos dice Salvador de Madariaga de las prerrogativas que los Reyes hicieron a Colón en la primera entrevista que tuvieron después de su regreso del primer viaje.

"La recepción otorgada a Colón fue digna de las mejores tradiciones de la Corona de Castilla. Se había instalado el trono en público. El Rey, todavía desmejorado, y la Reina, recibieron al Almirante Mayor rodeados de toda la Corte, a cuya cabeza figuraba el príncipe Don Juan…

Los Reyes asombraron a sus cortesanos otorgándole dos honores singulares, hasta entonces reservados a los más grandes de entre los grandes: se levantaron para recibirle y cuando les hubo besado las manos le ofrecieron un escabel….

El Rey le hizo cabalgar a su lado, con el Príncipe Don Juan al otro, privilegio hasta entonces reservado a la sangre real"[216]

También le llama la atención a este historiador la actitud del cardenal Mendoza hacia el Almirante.

Toma para ello el texto de Las Casas[217], que dice:

"El Gran Cardenal de España don Pero González de Mendoza, hermano del duque de Infantado, "tercer rey de España", le llevó un día saliendo de Palacio a comer consigo, sentólo a la mesa en el lugar más preeminente y más propinco a sí, e mandó que le sirviesen e manjar cubierto e le hiciesen salva. Y aquella fue la primera vez que al dicho Almirante se l hizo salva y le sirvieron cubierto como a señor; y desde allí adelante se sirvió con la solemnida y fausto que requería su digno título de Almirante"[218]

Se pregunta Madariaga:

"¿Cómo explicar esta conducta notable del primer personaje de la Corte? ¡Qué simbóli resulta un detalle de este episodio! Se reconoce la grandeza de Colón por la ceremonia hacerle salva, es decir, de hacer que se probase su comida en presencia suya por si esta envenenada. Tal es la grandeza entre los hombres"

A nosotros nos llama la atención el hecho de que el Cardenal Mendoza le haga "salv no porque sea una costumbre entre los que ostentaban el privilegio de los "grande sino por otras razones. Recordemos la muerte de don Pedro Manrique y de don Rodri de Luna en las bodas del Príncipe don Enrique. Nuestra pregunta es:

¿Tenía Colón la sospecha de que alguien le pudiera envenenar?, o ¿El Cardenal le hace "sal para que se encuentre seguro ante su persona y en su casa?

La respuesta la deducirá el lector por los razonamientos que hacemos de los motivos los que el Almirante quería ocultar su identidad.

---

[216] Madariaga, Salvador de; op, cit, pág 306 y siguientes
[217] Op cit; pág 239
[218] Las Casas, lib I, cap LXXX, Vol I; pág 240

Veamos lo que nos dice su biógrafo coetáneo sobre los honores concedidos a Colón.

El padre Las Casas nos da cuenta de estos honores, y de la concesión de las armas del escudo que le otorgan[219]:

"Diéronle asimismo muy hermosas insignias o armas, *de las mismas armas reales,* castillos y leones, y destas, *con las que tenía de su linaje antiguo*, con otras que significaron el dicho laborioso y mirable descubrimiento, mandaron formar un escudo, que no hay muchos más hermosos que él en España, como parece por la presente figura"[220]

De la concesión de las armas reales en el escudo, y de los privilegios, el comentario de Madariaga es el siguiente:

"El 20 de mayo se concede a Colón *el derecho a llevar en sus armas un castillo y un león –honor en verdad exorbitante-, ya que el león y el castillo eran las armas reales*; el 23 de mayo se le hace merced de mil doblas de oro; el 26 se le otorga el derecho de alojarse con cinco de sus criados dondequiera que fuere, pagando sólo su comida a los precios corrientes; *el 28 los Reyes le confirman solemnemente sus títulos, honores y privilegios definidos en las capitulaciones de Santa Fe*; el mismo día se le dan las cartas reales nombrándole capitán general de la segunda flota de las Indias y autorizándole para nombrar a las personas por él escogidas para el gobierno de las Indias, mientras se adoptaban las medidas para organizar el sistema a tal fin establecido en las capitulaciones, según el cual Colón había de presentar tres candidatos entre los cuales escogería uno la Corona. En suma, con una rapidez que contrasta con las acusaciones de lentitud que suelen dirigirse a su administración, los Reyes iban erigiendo ante la Corte y el mundo un magnífico personaje liberalmente dotado de riqueza y de poder"[221]

Nosotros creemos también que la concesión del castillo y el león son exorbitantes, pues el *"lanero o navegante genovés"* no tiene derecho a lucir en su escudo nada menos que las armas reales, cuando, sin ningún problema, se le podría asignar una armería desvinculada de los monarcas.

Nos dice don Florentino Antón Reglero a este respecto:

"Los reyes conceden a Colón figuras propias de las armas reales: el castillo y el león, que separados son habituales en la heráldica española, pero juntos tienen una significación de proximidad a la corona. En ese nivel de proximidad está la clave del análisis que nos toca realizar. Y la corona se cuida muy bien de que los símbolos propios del reino castellano, y del leonés, que concede a Colón –Castilla y León ya están unidos en la persona del monarca–, no se confundan con las armas privativas del monarca. *En ningún caso le concede las armas reales*: sólo los emblemas. Las armas reales, como hemos dicho, son privativas de la corona, y si los citados emblemas los ostentan también preeminentes figuras del reino, en términos generales lo hacen porque su estirpe es regia, es decir, descienden por líneas colaterales de algún rey castellanoleonés. Por otra parte, estas figuras se incorporan a las armas personales de esos personajes, y lo hacen también brisadas mediante una disposición determinada y distinta de la que usan los propios reyes; aunque tanto las figuras como los esmaltes mantuvieran los colores regios. En realidad, siempre se cambió el morado del león por el rojo. En el caso de Colón los reyes parece que no quieren que se produzcan confusiones para evitar

---

[219] Las Casas, fray Bartolomé de. Historia de las Indias, op cit, cap LXXX, pág 238-240
[220] En el manuscrito original hay un dibujo al pie
[221] Madariaga, Salvador de, op, cit; pág 308-309

malos entendidos, pero al final se producirán debido a las modificaciones introducidas. Por otra parte, lo que parece ser que conceden los reyes es que esos emblemas de Castilla y de León, debidamente brisados mediante el cambio de los esmaltes, se pongan en el Jefe del escudo y no en el cuartelado que conocemos. Estos detalles parecen carecer de importancia, pero son enormemente significativos para las interpretaciones heráldicas. Otra cuestión es que interesadamente las armas que realmente se conceden se modifiquen por el receptor de la merced en una interpretación personal que eleva su nivel de cercanía a la corona, y, de ese modo, terminan en la forma que tienen hoy. No obstante, sea cual sea la formula utilizada, siempre cabe preguntarse por la verdadera intención de los reyes y por el alcance que quisieron darle a la concesión. Y eso, tratándose de símbolos, sólo ellos lo saben[222]

Pérez Bustamante se extraña de que le sean concedidos los títulos mencionados, ya que:

"A ello se oponen las leyes de Reino"

 En las Cortes de Toledo de 1480 se había presentado una petición que decía de esta manera:

"Todos los derechos aborrecieron la perpetuydad del officio público en una persona..., pues cuanto mas paresce cosa reprobada en derecho facerlos cuasi de juro de heredad para que vengan de padre a fijo como bienes hereditarios...", petición convertida en ley por los propios Reyes al decretar que ninguno de los <<oficios públicos que tengan cargo de administración de justicia e de regimiento e gobernación de pueblo o provincia>> pueda enajenarse, a la vez que declaran nula y sin valor para lo sucesivo toda concesión de oficios por juro de heredad: <<e queremos e ordenamos que todas e cuales cualquier mercedes e facultades que de aqu adelante fueren fechas e dadas contra el tenor desta ley e contra lo en ella contenido sean e sí ningunas e de ningund valor, aunque contengan en sí cuales quier cláusula derogatoria e n obstancias>>."[223]

Veamos lo que nos dice don Florentino Antón al respecto[224]:

"Los títulos nobiliarios son mercedes gratuitas que otorga el rey, y las puede revocar a gusto. Lo normal es que, en la carta de concesión, establezca las condiciones de tal concesió y estas pueden ser vitalicias y no transmisibles; transmisibles solo a los hijos varones, con que al afeminarse la rama principal se extinguía el derecho, y el rey podía otorgarlo a o rama del mismo linaje, a otro linaje distinto al que lo había tenido de origen, o cancela definitivamente. Podía revocar una concesión si consideraba que se había faltado gravemer al servicio obligado a su persona, aunque en la práctica se revocaba la concesión solo en casos de alta traición, y aun así no era frecuente.
Es indudable que se concedían *por los muchos y buenos servicios prestados a la corona.* Y el Colón era sin duda un gran servicio. Acababa de dar a los reyes nuevas tierras y la posibilic de abrir una linea de comercio. Indudablemente, estas mercedes reales nobiliarias solían transmisibles bajo las condiciones establecidas en la carta de concesión. Las concesiones mercedes reales de este tipo eran acompañadas de la jurisdicción señorial sobre un territor sus habitantes. Es decir, se les convertía en señores de vasallos, por eso los títulos ha referencia en ese tiempo a un determinado territorio.

---

[222]Antón Reglero, Florentino. *Comentarios a este capítulo.*
[223] Pérez Bustamante, Ciriaco. Libro de los privilegios de D. Cristóbal Colón (1498). Real Academia (Historia. Madrid, pág. XVI.
[224] Antón Reglero, Florentino: *Comentarios a este capítulo*

Los oficios eran otra cosa. Se trataba de cargos a desempeñar sobre un territorio en nombre de la corona. Eran cargos de confianza y el nombramiento o destitución estaban también en manos del rey. Al fin y al cabo, era el jefe del Estado. Y estos eran los que se heredaban. No debe extrañarnos que estos cargos u oficios se le revocaran a Colón acusado de mala gestión y que, pese al pleito establecido con la Corona, que continuaba aún a su muerte, terminó perdiendo la familia ante la Chancillería de Valladolid. No obstante, se le hace a su nieto Duque de Veragua en 1527 por Carlos I, y más tarde Marqués de Jamaica en 1537 y Duque de la Vega en 1557".

Figura 2.- Escudo de armas iluminado sobre el pergamino que contiene la Real Provisión de concesión de armas a Colón de junio de 1493. En la figura 3, se ha recreado una versión moderna del mismo, al estar este muy deteriorado.

Figura 3. Versión moderna del escudo de armas de Colón contenido en la Real Provisión de concesión.

En un documentado e interesante artículo publicado por Félix Martínez Llorente[225] s
da cuenta detallada de las vicisitudes de este escudo, y referencias a los estudios hecho
sobre el mismo por Martín Fernández de Navarrete, por el italiano Ferruccio Pasini
por el archivero Antonio Paz y Meliá, siendo Lucas de Torre, autor del segundo estudi
conocido dedicado a las armerías del Almirante y publicado en 1930, quien tuvo ante :
el original de este documento.

Lo primero que llama la atención es que, si Colón era un lanero o vinatero genové
como nos han venido diciendo muchos historiadores, y teniendo en cuenta l
condiciones sociales de la época, parece de todo punto imposible que el Almirante pa
de esta condición social a ser recibido y agasajado con tantos honores por parte de l
reyes y del Cardenal Mendoza.

De la Real Provisión, por la que se le reconoce a Colón su gesta, existen dos ejemplar
Uno es el que se encuentra en el Archivo General de Indias[226], en Sevilla, y el otro e:
pergamino original, firmado por los reyes, sin que se conozca su paradero actual. (
figura 2)

Para el análisis de ambos documentos, remitimos al lector al artículo de Martí
Llorente, del que incorporamos a este estudio algunas de las razones contenidas er
mismo, en el que describe y explica alguna diferencia entre ambos, como son las fec
de datación, distintas, aunque con escasos días de diferencia; uno el 20 de mayo

---

[225] Martínez Llorente, Félix. De Heráldica. *El escudo de armas de Cristóbal Colón. Estudio de un acrecentamiento heráldico.* Cuadernos de Ayala 26. abril 2006, págs. 9 a 26
[226] Archivo General de Indias (A.G.I) Patronato, 9. R.I, fol 30v. Datado el 20 de mayo de 1493, en el libro-registro de 131 folios en papel, de traslado de Cédulas y Provisiones de armadas para las Indias tiempo de los Reyes Católicos (1493-1505) de Hernán Álvarez.

1493, y el otro en junio del mismo año, y del que tomamos algunos de los razonamientos que hace en este estudio.

En el documento de concesión de los reyes a Colón, se hace una descripción detallada de los privilegios que, a partir de ese momento ostentará el Almirante.

Por una parte, le conceden los emblemas regios, que, con alguna diferencia de los que ostentan ellos mismos, (campo de sinople o verde en vez de campo de gules o rojo, tradicional de Castilla), un león gretado, armado y lampasado de sinople o verde en lugar de gules o rojo, como se deduce de la frase regia

"que podades traer e trayedes... demás de vuestras armas, ençima dellas"

Llama la atención en esta concesión, la afirmación última de *"de vuestras armas"*. Si Colón era un lanero genovés, decimos nosotros, no tenía armas. Por una simple deducción, el texto nos está dando una pista diferente a la imagen que tenían hasta ahora los historiadores de la identidad del Almirante, y es que podría ser noble, pues era poseedor de armas propias.

Nos dice Martínez Llorente que,

"la concepción originaria de las armas del Almirante, más como un mantelado con jefe de Castilla y León que como un cuartelado con un entado en punta, es posible que pudiera haber sido, rigurosa y exclusivamente asumida con posterioridad por su hijo Hernando Colón. Sobre todo, si nos atenemos al trazado que de su escudo heráldico realizará en su testamento el 3 de julio de 1539[227] -de azur, siete islas de oro, con orbe de oro en abismo, con el ecuador y medio meridiano de azur, cimado de cruz trebolada de oro; mantelado de Castilla y León; bordura de plata con la divisa en letras de sable *A Castilla y León Nuevo Mundo dio Colón*-, con destino a presidir la losa de su enterramiento y que diferirá, sustancialmente, del que ostentarán los sucesores de su hermano Diego al frente del mayorazgo de la Casa[228]

En esta línea interpretativa no debemos pasar por alto que las armas de los Almirantes de Castilla, *los Enríquez[229], a los que Cristóbal Colón buscaba emular en mercedes y privilegios al ostentar homóloga dignidad y oficio*, hacían uso también de un escudo mantelado

---

[227] Ruiz Asencio, José Manuel, Testamento de Hernando Colón, con estudio crítico y transcripción, Madrid 1995, pp. 21-27 y 90-93. Para Lucas de Torre (El escudo de armas del Almirante D. Cristóbal Colón,), en Primer Congreso de Genealogía y Heráldica, Madrid. 1930, Tomo I, pp 93-94, tales armerías habrían sido ordenadas por el emperador Carlos V por cédula dada en Valladolid en 1537. Sin embargo, no contamos con mayores pruebas al respecto, por lo que deberemos tener cierta cautela respecto a dicha afirmación.

[228] En la escritura de constitución del mayorazgo, de febrero de 1498, Colón había reservado al cabeza de linaje y heredero del mayorazgo el uso exclusivo de armas y sello: *Primeramente tratará Don Diego, mi hijo, y todos los que de mí subcedieren e descendieren, y ansí mis hermanos Don Bartolomé y Don Diego, mis armas que yo dexaré después de mis días, sin reservar más ninguna cosa dellas, y sellará con el sello dellas Don Diego, mi hijo, o cualquier otro que heredare este Mayorazgo. Y después de aver heredado y estado en posesión dello, firme de mi firma la cual agora yo acostumbro...*
(Varela, Consuelo; Cristóbal Colón. Textos y documentos completos, relaciones de viajes, cartas y memoriales, Madrid, 1984 (2ª ed) doc. XIX, pág.193

[229] A don Íñigo López de Mendoza, Marqués de Santillana, se le despojó de su cargo de Almirante, pues no le podía servir dada su corta edad, dando Enrique III esta Capitanía General de los Océanos a don Ruy Díaz de Mendoza, y, a la muerte de éste último, a don Alfonso Enríquez, que estaba casado con doña Juana de Mendoza, hermana de don Diego, el padre del Marqués de Santillana. Véase la obra de Abelardo Merino: El cardenal Mendoza; Ed. Labor, S.A. Barcelona 1942; pág 20.

(concretamente, de León, mantelado de Castilla. Ver figura 5), y al que desde mediados del siglo XV —como testimonian tanto el cronista Garci Alonso de Torres en su Blasón de Armas (1496), como Steve Tamborino, en Traité du blason et armorial catalán (1516-1519)-, habían venido a añadir cinco áncoras de sable, en bordura de plata, sobre todo desde el momento en que dicho oficio había venido a quedar patrimonializado en su linaje"

No resultaría del todo descabellado imaginar a nuestro Almirante indiano procurando la imitación de aquellas prestigiosas armas, tanto en estructura como en composición, a la hora de confeccionar las propias —como han tenido ocasión de apuntar en un corto pero interesante artículo María Teresa y María Candelaria Messía de la Cerda[230], sobre todo una vez que había obtenido, vía privilegio, aquellas señales —*las armas regias de León y Castilla- que a los Enríquez habían llegado, casi una centuria atrás, por sangre"[231]*

De nuevo acudimos a Salvador de Madariaga[232] que dice respecto a estas concesiones de armas, en las Capitulaciones de Santa Fe:

"El espíritu quijótico [sic] de Colón inspira todas estas páginas históricas. El descubridor andante se describe a sí mismo desde el principio como *Don Cristóbal Colón*, antes de que nadie le haya autorizado a llamarse así. La primera condición que registra el documento es que sus Altezas habrán de hacer al dicho Don Cristóbal Colón su Almirante en todas las islas e tierras-firmes que por su mano o industria se descubrieran o ganaren en las dichas mares oceanas. Colón hace constar con toda precisión los dos puntos que siempre exigió a este respecto: que se extendería la concesión a sus herederos en perpetuidad y *que las preeminencias y prerrogativas de su almirantazgo serían idénticas a las del Almirante Mayor de Castilla,* llegando incluso a mencionar a este Almirante *Don Alonso Henríquez,* uno de los más ilustres magnates de Castilla, pariente del rey Fernando. En el tesón con el que persigue la gloria, el honor y la elevación a rango real, se trasluce la secreta obsesión y el secreto deseo de vengar sobre el Rey Fernando la humillación de su raza."[233]

Colón exige que el título de Almirante de la Mar Océana se equipare al del Almirante de Castilla que ostentaba don Alonso Enríquez. Ello se debe, afirmamos nosotros, a que es descendiente del mismo por parte de su madre Aldonza de Mendoza, nieta de don Pedro González de Mendoza, Almirante de Castilla, y por ello colocará en el escudo como veremos más adelante, las cinco anclas de este título en el lugar que en concesión del mismo le otorgan los reyes, el cuarto cuartel, y que nos relata el padre Las Casas, como ha quedado dicho con anterioridad.

Recordemos que don Pedro González de Mendoza, Almirante de Castilla, y bisabuelo según nuestra tesis de Colón, perdió la vida en la batalla de Aljubarrota, debiéndole el rey don Juan I la vida al entregarle don Pedro su caballo para que huyese.

Es muy conocida la contestación que éste le da a don Juan, al ofrecerle huir con él en el mismo caballo que don Pedro le había entregado para ello. Dice:

---

[230] Mesías de la Cerda y Gabeiras, María Teresa y María Candelaria. "Sobre las armas de Cristóbal Colón (resumen)", en Las Armerías de Europa al comenzar la Edad Moderna y su proyección al Nuevo Mundo. Actas del VII Coloquio Internacional de Heráldica. Cáceres, 30 sept – 4 de oct. De 1991. Madrid, 1993 pp 299.301

[231] Op, cit; pág 12

[232] Madariaga, Salvador de; Vida del muy magnífico Señor Don Cristóbal Colón.Espasa Calpe, S.S. Madrid 1975; pág 236

[233] Se refiere a la raza judía, pues Madariaga apuesta por un Colón de origen judío.

"No quisiera Dios que las mujeres de Guadalajara digan que quedan aquí sus hijos y maridos muertos y yo vuelvo vivo"

Nuestro Almirante, el día 5 de marzo de 1492, llegado a Lisboa después de salir con vida de la fuerte tempestad que hubo de soportar en el mar frente a las costas de Sintra, y requerido por el rey de Portugal para dar cuenta de su descubrimiento, nos dice en su diario de a bordo:

"Dijo el Almirante que ni al maestre ni a otra persona, si no fuese por fuerza, porque en tanto tenía el dar persona que fuere como ir él, y que *esta era la costumbre de los Almirantes de los Reyes de Castilla, de antes morir que se dar ni dar gente suya...*"[234]

Esta frase, afirmamos nosotros, viene a decir exactamente lo mismo que dijo don Pedro, su bisabuelo, ante una situación que conllevase peligro para su gente.

Veamos de nuevo lo que nos dice don Florentino Antón sobre el cargo de Almirante de Castilla:

"Los cargos de Almirante de Castilla y de Aragón son de esos oficios de la Casa Real que terminan convirtiéndose en título del reino, con lo que cada vez tienen menos de cargo y más de dignidad honorífica con prebendas. Yo creo que en tiempo de los Reyes Católicos el paso de una situación a otra estaba muy avanzado. Pensemos si no que en las flotas de indias que sucedieron a Colón el mando supremo de la flota no lo tenía un Almirante, que era el segundo en el mando general de la flota, sino el Capitán General. Estos Almirantazgos son claramente de oficio, mientras que el de Colón está claro que es fundamentalmente de dignidad. Colon, con su título de Almirante, busca equipararse a los Almirantes de Castilla en dignidad. Ello implica preeminencias y derechos que le colocan a la par que la más alta nobleza del país."[235]

Volviendo a escudo y para más abundamiento, vamos a analizar la concesión de títulos en la época en la que estos hechos suceden.

William H. Prescott[236] dice respecto a las concesiones de armas en los escudos:

"En las Cortes de Toledo, año 1480, dictan (los Reyes Católicos) una Orden que Carvajal llama *casi divina* para reformación y remedio de los desórdenes pasados. Estaba dirigida exclusivamente a la grandeza y *prohíbe a ésta que ostente en sus escudos las armas reales*"

No cabe duda que las condiciones para exigir los privilegios que se le concedieron no eran las idóneas en esa época. Parece una irreverencia que un *pobre hombre, lanero, vinatero y navegante extranjero*, al que se le había rechazado en Salamanca por un grupo de sabios su propuesta para seguir un itinerario nuevo para llegar a las Indias, osara exigir de los Reyes privilegios como los que pedía, y todavía es más impensable que se le concediesen...

---

[234] Colón, Cristóbal. Diario de a bordo. pág 110. Arlanza Ediciones; presentación de Luis Arranz Márquez. Madrid, 2002.
[235] Antón Reglero, Florentino. Comentarios a este capítulo.
[236] Prescott H. Wiliam. Historia del reinado de los Reyes Católicos don Fernando y doña Isabel. Traducido del original inglés por Atilano Iturburn, edición de 1855. Círculo de Amigos de la Historia.1975. Tomo I, pág 149.

Volviendo al espacio y tiempo de los hechos, sería razonable pensar que el ya descrito *extranjero, corsario y mendigo hambriento* hubiese renunciado a los privilegios de títulos nobiliarios a cambio de obtener un porcentaje importante (nada menos que el diez por ciento) de los beneficios obtenidos en la conquista de las nuevas tierras, pero no fue así, porque Colón planteó como irrenunciable la obtención de los privilegios por encima de los bienes materiales; más si pensamos que, como afirman algunos historiadores, era un aventurero y hombre ambicioso...

Dice Las Casas que:

"viéndose con tanta repulsa y contradicción afligido y apretado de tan gran necesidad, que quizá aflojando en las mercedes que pedía, contentándose con menos, y que parece que cualquier cosa debiera de contentarse, los Reyes se movieran a darle lo que era menester para su viaje y *en lo demás lo que buenamente pareciera que debiera dársele, se le diera*, no quiso blandear en cosa alguna, sino con toda entereza *perseverar en lo que una vez había pedido*; y al cabo, con todas estas dificultades, se lo dieron, y así lo capituló, *como si todo lo que ofrecía y descubrió, según ya dijimos, debajo de su llave en un arca lo tuviera*".[237]

La pregunta inmediata es, que si estaba tan mal económicamente, y el padre Las Casas, que es el biógrafo de Colón, y que ha vivido en su época, nos asegura que estaban las conversaciones a punto de romperse por las exigencias del Almirante, y este no renuncia a ninguno de los puntos solicitados, ¿no sería lógico que se hubiera cedido a los honores para obtener las mercedes económicas, que serían más fáciles de conseguir, pues se trataba del diez por ciento de *todas las transacciones que se hicieren en los confines de su almirantazgo*?.

De nuevo nos ponemos en el personaje de Colón que nos presentan algunos historiadores: embaucador, vividor, corsario, advenedizo y calculador... ¿Cabe en cabeza alguna que una persona que responda a estas características renuncie a este porcentaje solamente por la obtención de los títulos que reclamaba? Sinceramente pensamos que no.

De otra parte, fijémonos en las últimas líneas del párrafo de Las Casas:

...los Reyes se movieran a darle lo que era menester para su viaje y en lo demás lo que buenamente pareciera que debiera dársele, se le diera, no quiso blandear en cosa alguna sino con toda entereza perseverar en lo que una vez había pedido.

¿A qué se refiere cuando dice: en lo demás *lo que buenamente pareciera que debiera dársele...?*

El Almirante no blandea en cosa alguna, nos dice, sino con toda entereza persevera lo que una vez había pedido, que no es otra cosa que los títulos nobiliarios que pertenecen *(por herencia decimos nosotros)*.

También, en ese escrito del padre Las Casas queda en el último párrafo una duda cuando dice:

"Como si todo lo que ofrecía y descubrió, según ya dijimos, debajo de su llave en un arca tuviera".

---

[237] Las Casas, lib I, cap. XXXI, vol I, pág 118.

¿Conocía Colón ya, como afirman muchos historiadores lo que iba a descubrir, y a esto se refiere Las Casas al decir que debajo de su llave en un arca lo tuviera? Nosotros comparamos, en el capítulo de los jerónimos, el texto de la epístola de San Jerónimo a Rústico con lo que el Almirante dice que va a encontrar en las nuevas tierras, y coinciden casi plenamente en su contenido; ¿se refiere en este párrafo a ello? No podemos afirmarlo, pero todo hace pensar que sí, por la similitud que ambos tienen.

Volviendo a la concesión del escudo, nos dice Martínez Llorente que los Reyes le confirman todas las mercedes que ya figuraban en las Capitulaciones de Santa Fe los días 17 de abril y 30 del mismo mes y ratifican el título del Almirante, Visorrey y Gobernador de las dichas islas y tierra firme y el tanto por ciento que por vos o vuestra industria se hallara y descubriere de aquí en adelante, en la dicha parte de las Indias y todo ello lo hacen extensivo a sus hijos y descendientes uno en pos de otro.

Grande debió de ser el contento de los Reyes, y las razones, para confirmar sus títulos, otorgarle sus propios emblemas incorporados a su escudo, y hacerlos extensivos a sus hijos, de uno en otro.

Ya hemos dicho que la carta de privilegio está fechada en Barcelona a 28 de mayo de 1493.

Dice a este respecto el padre Bartolomé de las Casas:

"Diéronle así mismo muy hermosas insignas o armas, de las mismas armas reales, castillos, leones, y déstas *con las que tenia de su linaje antiguo*, con otras que significaron el dicho laborioso y mirable descubrimiento, mandaron formar un escudo que no hay muchos más hermosos que él en España, como parece con la presente figura".[238]

Fernández de Oviedo cronista de aquella época, en 1526, procede a la descripción del escudo no como un cuartelado con entado en punta, sino un auténtico mantelado bajo un jefe cargado de las armas regias[239]:

Un escudo con vn castillo de oro en campo de goles...e vn león de púrpura o morado en campo de plata..., assi como los reyes de Castilla e de León los traen. Y aqueste castillo e león han destar *en el chiep o cabeça del escudo*, el castillo en la parte derecha y el león en la siniestra; y *de allí abaxo las dos partes restantes del escudo todo han de estar partidas en mantel*[240].

Para este autor, estas supuestas armas de linaje colombinas ocuparían una nueva partición del escudo –la quinta-, que no sería sino *un entado en punta* en la base del mismo, y no en el cuarto cuartel descrito por el regio amejoramiento heráldico.[241]

Martínez Llorente nos lo aclara:

"Mayor sorpresa y novedad va a proporcionar el último de los cuarteles que cierra el diseño autorizado al Almirante por los soberanos. A pesar de la tremenda indeterminación en la que

---

[238] Las Casas, Op, cit; cap. LXXX, pág 239. Hay una nota al pie aclarando que en el manuscrito original hay un dibujo del escudo.
[239] Fernández de Oviedo, Gonzalo. Historia General y Natural de las Indias, Islas e Tierra Firme del Mar Oceano. Sevilla 1535.
[240] Idem, Libro II, Cap. VII; fols. 9v-10v.
[241] Martínez Llorente, op, cit; pág 13

va a quedar su blasonamiento, al dejarse inusualmente abierta por los otorgantes la que debería ser su composición última –*en el otro quarto baxo, a la mano yzquierda, las armas vuestras que solíades tener-*, lo cierto es que el escudo finalmente dibujado *en la parte central del privilegio vendrán a recogerse unas supuestas armas privativas y/o de linaje del Navegante, que presentan una curiosa y sorprendente disposición, hasta ahora nunca vista ni valorada.*

Si nos atenemos a lo que los Reyes Católicos expresamente establecen en la real provisión, en el cuarto cuartel se recogerían las armas que Cristóbal Colón debió de declarar ante el iluminador cancilleresco que era las que habitualmente portaba -*solíades tener-*, sin que éstas tuvieran por qué ser, necesariamente, las de su linaje, lo que, por otro lado, en momento alguno, llega a ser manifestado por los monarcas. Es más, *en análogas circunstancias, cuando los soberanos procedían a mejorar o incrementar graciosamente las armas de linaje de una persona con nuevos cuarteles o figuras, se hacía constar expresamente el que se poseían aquellas, acometiéndose seguidamente su pormenorizada descripción, como nos acreditan numerosos diplomas de esta índole"*[242]

En el lugar destinado para las armas *"que solíades tener"* Colón coloca en la punta del escudo una banda azul en campo de oro. En el comentario anterior, vemos que los Reyes incumplen, de nuevo, una norma generalizada consistente en hacer constar en el texto de concesión las armas que poseían, describiendo con detalle la procedencia de las mismas, y no hay descripción alguna de las armas que poseía el Almirante.

Según Fernández de Oviedo, la descripción del blasonamiento de esas supuestas armas familiares sería

-vn chiep o cabeça o parte alta de goles, vel sanguina, e de allí abaxo vna vanda azul en campo de oro- [243]

Antonio Ballesteros Beretta[244] dice que,

"es posible que se trate de unas armas fantásticas que no se sabe de dónde proceden y so uno de tantos misterios de la vida del Almirante"

Nosotros sí tenemos conocimiento de la procedencia de esta armería, como se verá má adelante, pero no adelantemos acontecimientos, y veamos lo que dicen otros autore sobre el tema, que exponemos a continuación para conocimiento del lector, y comparación con la hecha por nosotros:

Tomamos de nuevo la cita de Martínez Llorente[245]

"las mismas van desde la afirmación de un alto grado de relación con algunas de las arm usadas por significados linajes familiares catalanes como los de Sa Costa, Desvers, Maull Planella, Saplana, Strada, Caramany, San Dionis, Colomer, Caramines o Monróa, -que, todo s

---

[242] Op; cit; pág 13
[243] Idem. Nos indica Martínez Llorente que es a Fernández de Oviedo a quien debemos su identificació como armas de linaje –*de la prosapia del linaje de Colón las califica*- ya que el privilegio no hace indicación, en momento alguno, de que así sea, sino tan sólo de que se incorporen *allí las armas vuestr que solíades tener.* (Fernández de Oviedo, *Historia Natural y General de las Indias*, Libro II, cap VII, fols. 9-10v)
[244] Ballesteros Beretta, Antonio. Cristóbal Colón y el descubrimiento de América. Barcelona, 1945, Tc V, pág 144
[245] Op; cit; nota nº 50. Pág 24

dicho, no iría más allá de una mera coincidencia en la ordenación armera, lógica por otro lado en un escudo de factura tan simple[246]- formulada por hasta la más reciente que las hace reflejo alegórico tanto de sus propios descubrimientos –conquisté (jefe de gules) la tierra del oro (campo de oro) cruzando el mar (banda de azur cruzada), como de supuestos ideales de Cruzada sostenidos por el Almirante y de los que habría dejado presunta declaración simbólico-heráldica: soy cruzado (banda de azur) para la conquista o recuperación (jefe de gules) y reconstrucción del Templo de Salomón (campo de oro)[247]

Las armas privativas del Almirante, que él mismo declara disponer, y que el iluminador oficial recoge en la versión oficial que del nuevo escudo de armas presenta, estarían constituidas por la unión de sendas armerías, nunca hasta este momento representadas unidas.

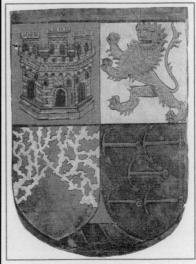

Figura 4. Libro de los Privilegios de Colón, Códice París. (Ministerio de Asuntos Exteriores. Francia) y Libro de los Privilegios o Códice de Veragua (Archivo General de Indias. Patronato, 295, nº 98, vuelto de la cubierta)

Efectivamente, decimos nosotros, en el cuarto cuartel, Colón coloca las armas del Almirante de Castilla-. Y en el quinto, entado en punta, la divisa de la Real Orden de la Banda Real de Castilla, ostentada por su madre, Aldonza de Mendoza, como más adelante se verá.

El Doctor Florentino Antón Reglero nos dice lo siguiente:

"Si Colón está por todos los medios intentando que su flamante Título como Almirante de la Mar Océana sea equiparado al de los Almirantes de Castilla, que sí son de sangre real, nada mejor que incorporar anclas. Si es posible el mismo número de anclas. Es posible que encontremos iconografías de los de Castilla con cinco y con más. Pero eso depende un poco de la estética del dibujante o cantero en cada caso más que del propio Almirante de Castilla. En

---

[246]*Luis Ulloa. (*El pre-descubrimiento hispano-catalán en América en 1477. Cristo-Ferens Colom, Fernando el Católico y la Cataluña española. París 1928, pp. 44-63)

[247]Enseñat de Villalonga, *Alfonso. La vida de Cristoforo Colonne. Una biografía documentada. Valladolid, 1999, pp.297-304*

esa misma línea puede estar lo de colocar las anclas en un cuarto cuartel y la banda en el entado. De este modo da prioridad a la condición de Almirante sobre el linaje ya que está usando el 3º y 4º de los cuarteles como armas de referencia al acontecimiento y a su regencia sobre él[248]

Y Martínez Llorente:

"Colón, en su condición de Almirante de la Mar Océana, no solo semejará sus armas en composición a las del almirantazgo de Castilla –asumiendo incluso la estructura en mantelado de los Enríquez- sino que dará entrada en las mismas al emblema del áncora o ancla propio de dicho oficio y dignidad, y que había sido dispuestos por estos, a comienzos del siglo XV, en bordura sembrada"[249]

En su magnífico artículo, afirma que las armas recogidas por el Almirante en dicho cuartel –posteriormente ubicadas, debido a su personal decisión, en un entado en punta- son, con total seguridad, producto directo de su propia inventiva. No es posible, nos dice, relacionar dicha composición armera con ninguna otra coetánea, corporativa o de linaje, ni siquiera analógicamente, con las que Colón hubiera podido estar (o entrar) en contacto.

Como decimos nosotros en un párrafo anterior, Colón SÍ tenía una relación directa con el Almirante de Castilla, pues, afirmamos, era nieto de don Diego Hurtado de Mendoza. y asimismo coloca en la punta del escudo, para que no haya la menor duda de ello, la divisa de la Banda Real de Castilla, que ostenta su madre esculpida en un lateral de su sepulcro, y que puede verse en la actualidad en el Museo de Guadalajara, por lo que:

SÍ es posible relacionar el contenido de las armas en el escudo de Colón con el linaje de los Mendoza, a través del Almirante de Castilla Enrique II, conde de Trastámara, y de don Diego Hurtado de Mendoza, que es, según esta tesis, abuelo de Colón. Ver fig 5.

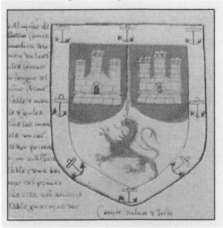

Figura 5.- Escudo de armas del Almirante de Castilla, don Fadrique Enríquez de Velasco (1460-15 según Traité du blason et armonial catalán de Steve Tamborino (hacia 1516-1519) (Biblioteca d Universidad de Salamanca, ms. 2490, fol 71r).

---

[248] Antón Reglero, Florentino. Comentarios a este capítulo
[249] Martínez Llorente, op, cit; pág 16.

Veamos, a propósito de la Divisa de la Banda Real de Castilla, lo que dice el Marqués de la Floresta en su obra.[250]

"Hacia el siglo X surgió en la Europa occidental un nuevo grupo social, formado por guerreros, e inspirado en un rígido código militar y moral: la caballería.

Este estamento social nace, se desarrolla y desaparece entre los años 1000 y 1500, aproximadamente, en la época comprendida entre la primera Cruzada y la Reforma. El caballero lo podemos definir como un hombre de noble linaje que, provisto de caballo y armas, y entrenado militarmente, ha adquirido su condición mediante cierto ritual. La caballería se entiende como un grupo de combatientes montados, pero también significó en su momento, un orden o regla semejante a las religiosas, o una clase social (los bellatores o guerreros, cuyo menester fue defender a la iglesia o a su señor natural).

La aparición de la caballería se debió a razones de índole militar, social y literario. El siglo XI fue muy relevante en la historia militar medieval. En los aparejos del caballo, la difusión del estribo a comienzos del siglo VII dio al jinete una mayor estabilidad en la silla y proporcionó un mejor dominio del animal. En torno al año 1000, los guerreros europeos adoptan una nueva táctica: el ataque en formación cerrada, sujetando una larga lanza bajo el brazo derecho, y puestos sobre una silla evolucionada. El jinete, el caballo y la lanza, a gran velocidad, forman entonces un verdadero proyectil, pero esta nueva táctica depende de un depurado entrenamiento militar, que solo podía lograrse en las justas y torneos. Ello trajo consigo otras consecuencias sociales: el torneo, una pelea entre dos grupos de guerreros a caballo, además de procurar entrenamiento, era lugar de reunión social y cortés, y, el cada vez más elevado precio del caballo, del arnés y de las armas, hizo que el oficio de guerrero a caballo quedase reservado para las capas superiores de la sociedad medieval: los nobles[251]. Las relaciones nobiliarias eran, por lo tanto, muy importantes, y ello provocó que la alta nobleza, los magnates[252] y señores, se fundieran (nobiliaria y jurídicamente hablando, y no económicamente) con los simples caballeros o hijosdalgos[253] (en tierras hispánicas, incluso con pecheros[254] ricos, tras larga y meritoria carrera militar).

La heráldica es el arte del blasón[255], y a través de los símbolos que contiene, se puede en ocasiones llegar a conocer el origen del personaje que ostenta la propiedad del mismo; en la Edad Media, los caballeros dibujaban en sus escudos de armas símbolos, que les identificaba y diferenciaba del resto de caballeros, pues todos iban recubierto el cuerpo de armaduras de metal que les hacían irreconocibles, si no era por estos detalles. Pues bien, las órdenes militares de caballería, también se distinguían por su vestimenta para ser reconocidos los caballeros por el rey al que servían, y para que los escuderos ayudasen a su señor si caía herido o recuperasen el cuerpo en caso de morir en la contienda. Las normas sobre el trabajo del escudero eran respetadas por todos los contendientes en la batalla, ya que no podían ser atacados para permitir, de esta manera, cumplir las funciones para las que estaban destinados.

---

[250] Ceballos-Escalera y Gila, Alfonso de. La Orden y Divisa de la Banda Real de Castilla. Colección Heráldica Persevante Borgoña, Prensa y Ediciones Iberoamericanas, S.L. Madrid 1993. (Las notas al pie son nuestras)

[251] RAE. 3. Adj.Dicho de una persona o de sus parientes. Que por su ilustre nacimiento o por concesión del soberano posee algún título del reino. U.t.c.s

[252] 1. M. personaje muy ilustre y principal por su cargo y poder

[253] R.A.E. 4. M y f. Persona que por su sangre es de una clase noble y distinguida

[254] R.A.E. m. El que no es noble. Obligado a pagar con un pecho (tributo)

[255] R.A.E. Diccionario de la lengua española. Vigésima primera edición. Madrid. 1992. pág, 773.

Con estas bases conceptuales, podemos decir que la evolución de las órdenes de caballería, como toda la sociedad de la época, influyó en la manera del comportamiento de este grupo social, y caló de tal modo que al caballero lo asociamos al concepto del honor, vinculado a una serie de valores sociales y personales que identifican a la persona, como son el de la cortesía, la generosidad, la lealtad a la palabra dada, a la fidelidad a una persona (al rey en este caso), y a la fama personal unida a la conducta caballeresca, colocando el honor como centro de ese mundo mental y social que ha llegado hasta nuestros días"

Nos dice Layna Serrano[256] que,

"Desde que en 1262 y 1263 por otros tantos privilegios Alfonso X eximió a los caballeros de Guadalajara del pago de tributos, y los que por poseer caballo de guerra y armadura completa creían poder acogerse al tal derecho realizaban una exhibición o alarde todos los años por septiembre el día de San Miguel en el arrabal de Santa Catalina, fiesta que resultaba asaz vistosa y a la que no dejaría de concurrir Alfonso XI cuando estuvo allí; *debió agradarle el espectáculo y en su deseo de favorecer a su villa fundó entonces la Orden de Caballería de la Banda* en la que figuraron ya entonces, como figuraron al correr de los siglos, muchos hombres prestigiosos de la Nobleza alcarreña… ; entre los primeros que pertenecieron a esta nueva Orden de caballería figuraron hijosdalgos de solar alcarreño tan conocidos como los Orozco, Valdés, Pecha, Beltrán, Trillo, Zaballos y Guzmán[257]"

La Real Orden de la Banda fue fundada por Alfonso XI en el año 1332 en la ciudad de Vitoria, con motivo de la presencia real en esta ciudad para intervenir en los actos de incorporación de Álava al Reino de Castilla.

Para esta ocasión el Rey

"Ordenó que algunos caballeros et escuderos de los de su mesnada trajiesen bandas en lo paños, et el Rey eso mesmo. Et seyendo en Vitoria mandó a aquellos caballeros et escudero que el Rey tenía escogidos para esto, que vistiesen paños con banda que él les había dado. I él otrosí vestió paños de eso mismo con banda; et los primeros paños que fuerosn fechos pa esto eran blancos, et la banda prieta. Et dende adelante a estos caballeros dábales cada año vestir sendos pares de paños con banda. Et era la banda tan ancha como la mano, et e puesta en los pellones et en las otras vestiduras…"[258]

El Rey fue armado por la imagen del apostol Santiago, en ese año 1332, pues consideraba q ningún caballero de la Orden debía ser armado por otro caballero particular, y, recurriendo a *fictio iuris*, de que fuera la misma efigie del Apóstol, patrono de las Españas, y después de ve sus armas en la catedral durante una noche, fue hecho caballero, con el correspondie pescozón ritual del padrino al nuevo caballero, mediante un brazo articulado de la imagen apóstol que tiene para este fin.

Según los estatutos, esta Orden nació para defender dos ideales: la Caballería, a la que atribuye un origen divino y que tiene como misión la defensa de la Fe, y la Lealtad, que es de las virtudes de las que el hombre es capaz.

---

[256] Layna Serrano, Francisco. Historia de Guadalajara y sus Mendozas. 1942. Tomo I, pág 36
[257] Núñez de Castro, A. Historia eclesiástica y seglar… de Guadalajara, toma estos datos de la obra de Pecha
[258] Op. cit, pág 32-33

El acceso a la Orden se reserva a los nobles hijosdalgos, pero sin limitar su número: cualquier caballero o escudero que superase con éxito ciertas pruebas de destreza guerrera, y cuyos méritos fuesen reconocidos debidamente, podía alcanzar la banda. La admisión debía realizarse en una reunión en la que estuviesen presentes el Maestre (que lo era el mismo Rey), y al menos seis caballeros.

La insignia de la Orden consistía, en sus primeros momentos, en una *señal de la Banda* llevada sobre los vestidos. Parece que la señal era una banda puesta entre dos dragantes, a la manera de una viga sujeta por cabezales[259]. Era un arreo que formaba parte del equipo militar del caballero, y si bien en traje civil se llevaría sobre los mismos paños, en hábito militar parece se llevó una verdadera banda sobre la armadura (y así se observa en varias monedas y sellos en que se ve al Rey armado).

Así pues, vemos que los caballeros de la Orden de la Banda se distinguían del resto por estos atributos; traje de paño blanco, y banda sobre el mismo que cruzaba el pecho desde el hombro derecho hasta la parte izquierda de la cintura, siendo ésta, según la que llevaba Pero Carrillo en 1353, descrita en la Crónica del Rey Don Pedro[260] : ...que trahía unas sobreseñales bermejas con banda de oro". Esta noticia coincide, salvo en la inversión de los colores, con la que nos proporciona Argote de Molina, sobre haberle mostrado Diego de Mendoza el libro original de las Ordenanzas de la Banda, en cuyo principio está pintada la *banda bermeja en escudo de oro, asida de dos cabezas de dragantes de color verde, con una letra que dice Fe y Fidalguía*[261]

La disposición de la Banda sobre el paño no varía a lo largo del tiempo, pero sí sus colores, a la vista de los que figuran en los escudos de las distintas familias que han ostentado esta divisa, existiendo bandas encarnadas, azules y amarillas, pero, nos dice el Marqués de la Floresta,

"no hemos de conceder demasiada importancia a esta variedad cromática en el terreno de la Heráldica, pues los testimonios que nos han llegado de estos emblemas no datan, en su mayoría, del siglo XIV".

Aquí queremos ver las relaciones que las familias Medinaceli y Mendoza tienen con la Real Orden de la Banda Real de Castilla, y los escudos de las distintas ramas que ostentan en su heráldica.

En primer lugar, en la Primera Relación (circa de 1332) de Ricohombres armados por el Rey, figura, en séptima posición de la lista *don Luis de la Cerda*:

"hijo de don Alfonso de la Cerda "el desheredado" (que se tituló Rey de Castilla y León), y de doña Mafalda de Brienne, Señora de Lunel; fue llamado Luis de España. Naturalizado en Francia, donde fue Conde de Talmont y de la Mothe-sûr-Rhone, combatió en Crecy y obtuvo el cargo de Almirante de Francia. Vuelto a Castilla, recibió los Señoríos de Garganta la Olla,

---

[259] Así lo indica Faustino Menéndez Pidal en su obra "Heráldica Medieval Española. La Casa Real de León y Castilla, p. 191, la idea del engolado *pudo nacer de las zapatas y ménsulas que figuran cabezas de animales, de cuya boca sale la viga. Adornos de esta forma hay en la Huelgas de Burgos, que pudieron muy bien ser contemplados por los que idearon la divisa de la Banda durante la estancia de Alfonso XI en Burgos.*

[260] López de Ayala, Pero. Crónica del rey Don Pedro. Año IV (1353) cap 8.

[261] Es curioso, nos dice el Marqués de la Floresta en su libro, que este códice no se conserve en la Biblioteca del Escorial, adonde fue llevada la librería de don Diego Mendoza por disposición de Su Majestad, a quien dejó heredero de ella.

Pasarón y Torremenga; combatió en el Salado, y finalmente fue Príncipe de las Islas Afortunadas (Canarias). Murió en 1438, casado con doña Leonor de Guzmán, señora de Huelva y del Puerto de Santa María. Ambos fueron tronco de los Duques de Medinaceli".[262]

En la Segunda Relación (circa 1348), figura como caballero de la real Orden de la Banda *don Juan de la Cerda,*

"hijo de don Luis de la Cerda, el segundo Príncipe de la Fortuna, y de doña Leonor de Guzmán, Señora del Puerto de Santa María; casó en 1351 con doña María Coronel, Señor de Gibraleón y de Puerto de Santa María, Alguacil Mayor de Sevilla, fue asesinado en Sevilla en 1353 por orden de Pedro I, cuando su suegro cayó en desgracia"[263]

Figuran también, en relaciones posteriores, como caballeros de esta Real Orden de la Banda, *don Juan Hurtado de Mendoza y don Pero González de Mendoza.*

Como vemos, la familia Mendoza está también vinculada a esta Orden de Caballería, y así se pone de manifiesto en la heráldica de su casa.

Layna Serrano, como hemos visto anteriormente, también menciona la pertenencia a esta Orden de otros hijosdalgos de Guadalajara, tan conocidos como los Orozco, Valdés, Pecha, Beltrán, Trillo, Zaballos y Guzmán[264]

Veamos los distintos escudos en los que figura la Divisa de la Real Orden de la Banda:

En la punta del escudo del Almirante, la banda que está representada corresponde a est: divisa, porque, como se dice en su concesión, pertenece a las armas *que podades traer* (*trayádes...* además de las anclas del Almirante de Castilla. Se afirma así en la posesió: de sus armas (en plural) por parte de madre en ambos casos.

Por si fueran pocas las razones que nos mueven a afirmar que Cristóbal Colón era nob! castellano, y que los títulos que le otorgan los reyes en Santa Fe, acrecentados con u escudo en Barcelona, vemos que la divisa de la Banda Real de Castilla figura en u escudo de la familia Mendoza que se localiza en la fachada de la iglesia de S: Bartolomé de Lupiana, en Guadalajara, encontrándose, en el primer cuartel, la divisa (esta Orden, y, a diferencia de las representaciones anteriores, aquí lo hace con d dragantes en los extremos de la viga; y en el tercer cuartel , con estructura : mantelado, y las armas del Almirante de Castilla, como hemos visto en la figura 5.

---

[262] Op.cit. pág 73
[263] Op.cit. pág 85
[264] Layna Serrano, op. cit. Tomo I; pág 36

Fig. 6. Divisa de la Banda Real de Castilla. Como ya hemos descrito en el texto, se trata de una banda cruzada puesta sobre dos dragantes a modo de cabezales. Según los casos, en algunos escudos figura sin los dragantes (véase el texto anterior. En la primera descripción no habla de dragantes, y sí lo hace en el libro original que le muestra Diego Mendoza a Argote de Molina). La colocación o no de adornos es frecuente en la heráldica de la época, y dependerá del dibujante que confeccione el escudo el incluirlos o no, por lo que, en este caso, la colocación de los dos dragantes le da una mayor vistosidad al dibujo.

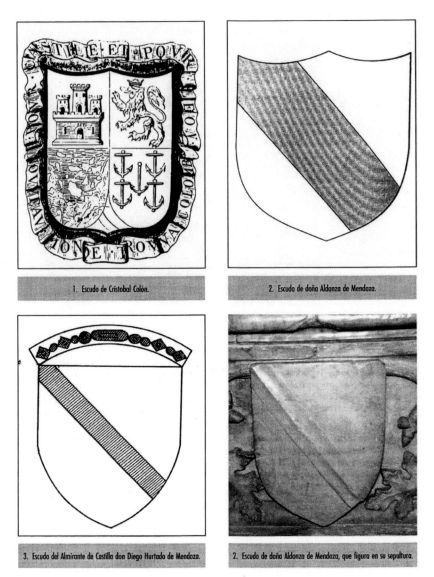

1. Escudo de Cristóbal Colón.

2. Escudo de doña Aldonza de Mendoza.

3. Escudo del Almirante de Castilla don Diego Hurtado de Mendoza.

2. Escudo de doña Aldonza de Mendoza, que figura en su sepultura.

Fig.7.- El escudo nº 1 corresponde al de don Cristóbal Colón, Almirante de la Mar Océana.
En la punta del escudo figura la divisa de la Banda Real de Castilla.
Los nº 2 corresponden a doña Aldonza de Mendoza, duquesa de Arjona y Señora de Cogolludo.
situado en la parte inferior está esculpido en su sepultura, y se encuentra en la actualidad en el Museo
Guadalajara.
El nº 3 pertenece al Almirante don Diego Hurtado de Mendoza. Se trata de una banda roja con perfiles
oro en campo verde.
FUENTE: IBÁÑEZ DE SEGOVIA. *Historia de sus casas.* Libro I, cap II.

Fig. 8.- Estas imágenes corresponden al escudo que figura en la fachada de la iglesia del convento de San Bartolomé de Lupiana (Guadalajara), y un detalle del mismo. En este, la Banda se representa, a diferencia de los anteriores, con los dos dragantes en los extremos.

Las conclusiones expuestas en su artículo por Martínez Llorente[265] sobre el estudio de un acrecentamiento heráldico a Cristóbal Colón, nos parecen muy importantes, y por ello las incorporamos a nuestro estudio (las negritas y el subrayado es nuestro), son las siguientes:

"1.- Todos ellos, (los historiadores que incorpora a su análisis) recogen las armerías siguiendo el diseño que, años más tarde, difundirá Gonzalo Fernández de Oviedo, y en ningún caso el descrito por el privilegio real de acrecentamiento de armas otorgado el 20 de mayo de 1493 y remitido al Almirante en junio del mismo año.

2.- En su virtud, se asume una distribución heráldica del campo del escudo en cinco particiones, de cuatro cuarteles y un entado en punta, sospechosamente próximo en su trazado a un mantelado reducido.

3.- Lejos de respetarse la diferencia de armas decidida por los Reyes Católicos a la hora de autorizar la introducción de sus propios emblemas en la mejora heráldica del escudo del Almirante, como exigía la normativa vigente, Colón va a optar en este momento por reproducir aquellas armas derechas, es decir, con los esmaltes y el tallado idénticos a los utilizados por los soberanos, pasando a ocupar las mismas no el jefe del blasón sino los dos primeros cuarteles de un novedoso cuartelado en cruz, de manera análoga a como si de un miembro de linaje regio se tratase.

4.- La representación de las islas descubiertas del tercer cuartel, auspiciada por los reyes, aparece dibujada de manera idéntica a como lo había sido en el escudo oficial proporcionado por la cancillería regia al Almirante, esto es, de islas y Tierra Firme en campaña. A través de ella y por la fuerza de la imagen, se pretende reflejar el cumplimiento efectivo de uno de los compromisos principales suscrito por el Almirante con los Reyes en las Capitulaciones de Santa Fe de abril de 1492, sobre todo en unos momentos en los que, tras su fracaso y deposición como gobernante de La Española y su humillante regreso, arrestado por Bobadilla, de su tercer viaje (otoño de 1500), buscaba denodadamente dar prueba reiterada de su cumplimiento contractual, frente a los continuos silencios y dilaciones de los soberanos respecto de sus derechos y prerrogativas.

---

[265] Op; cit; pp. 16-17

5.- Las cinco áncoras o anclas acostadas de oro, puestas en sotuer –dos, una dos-, que pasan a ocupar el cuarto cuartel armero, no previstas (en principio) en el blasonamiento regio, constituyen nuevamente el reflejo heráldico de las ambiciosas pretensiones jurídico-institucionales del Almirante. Ya hemos visto cómo la equivalencia entre el Almirantazgo de la Mar de Castilla, en manos de los Enríquez desde principios del siglo XV, con el Almirantazgo ostentado por Cristóbal Colón –Almirante de la Mar Océana, posteriormente de las Indias y Tierra Firme del Mar Océano- llevó al Descubridor a hacer acopio de los privilegios, principalmente jurisdiccionales y económicos, ostentados por aquellos, incluyéndolos en lugar destacado en el seno del Libro de los Privilegios cuya redacción había propiciado. Pues bien, *entre el conjunto de derechos, prerrogativas y honores que llevaba aparejado el alto oficio y dignidad del Almirantazgo indiano sin duda se encontraría el uso exclusivo, a modo de divisa o de mejora heráldica, de cinco áncoras o anclas,* aunque ningún documento lo recoja expresamente.

No obstante, sí debemos precisar, que en el caso del almirante Cristóbal Colón las cinco áncoras o anclas pasarán a formar parte del campo del escudo, permutando oportunamente su esmalte respecto a las del Almirante castellano, al objeto de evitar posibles confusiones o malentendidos, correspondiéndoles la descripción siguiente: de azur, cinco áncoras de oro.

6.- Finalmente, en un curioso entado en punta, como quinta y postrera partición, vendrán a ser introducidas por el Almirante aquellas supuestas armas de linaje –para las que el privilegio regio reservaría el cuarto cuartel, aunque sin calificarlas como armas gentilicias y sí como *aquellas que solíades tener*- y de las que los monarcas, sorprendentemente no habían proporcionado descripción o blasonamiento alguno. Su descripción heráldica sería como sigue *de oro, banda de azur, jefe de gules"*

Fijémonos en el texto de Las Casas, expuesto aquí ya, que dice

"Diéronle asimismo muy hermosas insignias o armas, *de las mismas armas reales, castillos* leones...

Es preciso destacar que afirma que son las de los reyes y no otras, aunque se discuta los colores de fondo son diferentes en el escudo de Colón de los que ostentan en el su los monarcas, ya que estos dependen, en ocasiones, del maestro iluminador o del gu del propietario de las armas...

Nos preguntamos si es posible que los soberanos concedan a un Colón navegar lanero o vinatero genovés las armas o las figuras del Reino de Castilla y de León. C el origen que se le atribuye por los historiadores, y a la vista de lo expuesto, ¿es posi que, si la historia es como hasta ahora nos la han contado, un personaje con es antecedentes tenga sus propias armas? Por otro lado, un título similar al del Almira de Castilla, ¿se le puede otorgar a alguien que no sea castellano? Estima sinceramente que no.

De nuevo cuestionamos: ¿y son los reyes quienes vulneran una disposición impu por ellos doce años antes de esta manera?... ¿y la vulnera una Reina justiciera? co nos dice Prescott:

"tal fue la justicia que a todo se hizo en este feliz reinado, que los nobles y los caballeros, los ciudadanos y los campesinos, los señores y los vasallos, *todos, en fin, participaban igualmente en ella"*[266]

Afirmación que corrobora una vez más que, en la asignación de las armas a Cristóbal Colón, *se hizo justicia.*

"Este escudo de armas con castillo y león con el de la reina Isabel no puede dárselo si no tiene Colón derecho a ello, y es tal la importancia de esto que es difícil pensar que Bartolomé de las Casas o Fernando Colón no lo hayan consignado, aunque sea de una forma discreta, en sus escritos".[267]

Veamos lo que nos dice Fernando Colón en Vida del Almirante[268], aunque pequemos de reiterativos por haberlo mencionado al inicio de este capítulo:

"...querían algunos que yo me detuviese y ocupase en decir que el Almirante descendía de sangre ilustre y que sus padres, por mala fortuna, habían llegado a la última estrechez y necesidad..., pero yo me excusé de estos afanes creyendo que el Almirante fue elegido por Nuestro Señor para una cosa tan grande como la que hizo y porque había de ser verdadero apóstol; como lo fue en efecto, quiso que en este caso imitase a los otros, a los cuales para publicar su nombre eligió en la orilla del mar y no en los palacios y en las grandezas, *aunque imitase al mismo Jesucristo, que siendo sus ascendientes de la real sangre de Jerusalen, fue su voluntad que sus padres fuesen menos conocidos."*

En esta última frase se ve la afirmación, por parte de Fernando Colón, que el Almirante descendía de sangre real, igual que la Reina Isabel. Los dos de un tronco común: Enrique II de Trastámara.

¿Por qué la Reina Isabel le da este escudo, que compromete a su reino y a ella misma? ¿Es que no hay escudos que a Colón le hubiese proporcionado más satisfacción por su significado?

Tenía que haber una razón más poderosa para darle ese escudo, y no es otra que el escudo de doña Aldonza de Mendoza de la figura 7, con las armas de Castilla y León, que le corresponde por su madre, María de Castilla, hija natural de Enrique II.

---

[266] Prescott H. Wiliam, op. cit; Tomo III, pág 227
[267] Sanz García, Ricardo. Cristóbal Colón, un genio español. Única tesis verdadera. Diseño Gráfico AM2000. Madrid, 1995; pág 84
[268] Colón, Fernando, op; cit; cap I, pág 3.

Figura 6. Escudo de don Fabrique de Castro.
Fuente: Edward Cooper, *Castillos señoriales de Castilla en los siglos XV y XVI*, vol. 1, págs. 394-395.

Figura 7. Escudo de doña Aldonza que le corresponde por su madre
María de Castilla, hija natural de Enrique II.
Fuente: A. Herrera Casado, *Heráldica de la ciudad de Guadalajara*.

En el libro Castillos señoriales de Castilla en los siglos XV y XVI[269], aparte de encontrarnos con la sorpresa de un árbol genealógico donde se recoge el triste destino del niño de doña Aldonza de Mendoza, Alfón (Alonso, Alfonso tanto da), *asesinado en el año 1440*, figura un estudio del Castillo de Ponferrada perteneciente a los duques de Arjona (don Fadrique de Castro y doña Aldonza de Mendoza) y que pasó por herencia a doña Beatriz de Castro (hermana de don Fadrique) y a sus familiares herederos en título y hacienda, y se observa que hay escudos, que incluyen en su primer cuartel un castillo y en el segundo el león rampante pertenecientes, según la literatura que los acompañan a don Fadrique de Castro, que fue preso y murió en el castillo de Peñafiel en el año 1430...(figura 6). Ya no hay duda, a Colón los Reyes Católicos le concedieron el castillo y el león rampante porque le correspondían por herencia.

Con este fragmento de una inscripción: "...de Arjona conde de Trastámara...", que se refieren al duque de Arjona, Fadrique Enríquez de Castilla y Castro, a quien Juan II le confiscó Ponferrada el año 1429 al encarcelarle en Peñafiel por sospechas de traición, se encuentran sobre la puerta que conduce a la barbacana por la pared oeste del edificio de entrada. Fadrique Enríquez obtuvo el ducado de Arjona en 1423[270]; por consiguiente las armas son de fecha posterior a este año.

En la ciudad de Ponferrada[271], describe su castillo entre el río Sil y el Boeza, fortaleza comparable a las mejores plazas fuertes, como pueden ser Escalona, Montalbán, Alburquerque, condes de Lemos y a los Fadrique de Castro, y allí están en jefe castillo y el león rampante idénticos a los de la Reina, pero, propios de los duques de Arjona y condes de Lemos. Doña Aldonza de Mendoza era duquesa de Arjona y heredar este título de su esposo don Fadrique Enríquez de Castro, y, por lo tanto, pudo ostentar el escudo de este linaje: escudo cortado y medio partido con las armas regias en Jefe.

Le conceden los Reyes a Cristóbal Colón el castillo y el león rampante, porque corresponde por herencia de su madre.

---

[269] Cooper, Edward, Castillos señoriales de Castilla. Siglos XV y XVI, Fundación Universitaria Españ Madrid, 1980. Volumen I, 1980; pp. 394-395
[270] En el Diccionario Heráldico y Nobiliario, de Fernando González-Doria, Ed. Bitácora S.L. Alcalá d Henares, 1994, pág 76; figura la fecha de concesión de este título el día 1 de septiembre de 1427.
[271] Cooper, Edward, op, cit; Volumen I, pág 394-395

Para Ricardo Sanz García ya todo queda aclarado, y

"ésta es la gran verdad de la concesión del escudo a Cristóbal Colón. Las armas regias por pertenecer a la nobleza castellana, al descender del tronco de los Trastámara; las anclas le corresponden por ser nieto de don Diego Hurtado de Mendoza, Almirante de Castilla; la banda de la punta del escudo por pertenencia de su familia a la Orden de la Banda Real de Castilla y las islas por las nuevas tierras conquistadas. Ahora una vez conocida la razón del castillo y el león rampante, si leemos con atención lo que escribe Bartolomé de las Casas, vemos que nos está diciendo lo mismo, aunque no sea de una forma totalmente clara, como ocurre en otras ocasiones para no mostrarnos evidentemente la identidad de Cristóbal Colón"

Escudo de doña Aldonza de Mendoza, que le corresponde por su madre, María de Castilla, hija natural de Enrique II

Fuente: Antonio Herrera Casado. Heráldica de la provincia de Guadalajara, y Sepultura de Dª Aldonza de Mendoza. Museo de Guadalajara

Concluimos este análisis con el texto que Hernando Colón[272] escribe en su obra, y que ha servido también como cabecera:

"Por lo cual volveré a mi tiempo principal concluyendo con decir que el Almirante era hombre de letras y de grandes experiencias y que no gastó el tiempo en cosas manuales incompatibles con la grandeza perpetuidad de sus hechos maravillosos; y así pondré fin a este capítulo con lo que escribe (Colón), en una carta al ama[273] del serenísimo príncipe Don Juan, que contiene estas palabras: **no soy el primer almirante de mi familia**, pónganme el nombre que quisiere, que al fin David, Rey muy sabio, guardó ovejas y después fue hecho Rey de Jerusalén; y yo soy siervo de aquel mismo Señor que puso a David en este estado".

El periódico La Razón (España) publica en su edición dominical de fecha 22/09/2019, la noticia del hallazgo, en Santo Domingo, de un escudo familiar del Almirante Cristóbal Colón, en unas obras de canalización de agua datada en torno a los años veinte del siglo XVI. Se encuentra éste en la fuente conocida como "de los Herreros, o de

---

[272] Op, cit., 1980, cap. II, pág 10
[273] Se refiere a doña Juana de la Torre, ama y aya del príncipe don Juan.

Colón, o del Almirante". La obra había sido respaldada por la familia Colón, concretamente por su hijo Diego. Según el arqueólogo Ildefonso Ramírez, en su trabajo *Arqueología del agua en Santo Domingo*, "esta es la primera referencia al escudo tradicional de los Colón".

Recordemos que, en el capítulo de la relación del Almirante con la Orden Jerónima, en el texto del Convento de Guadalupe, dan cuenta de que "El monasterio, después de 1412, *construyó un estanque y varios molinos en el río Guadalupejo, amplió los hospitales, arregló las cañerías, mejoró el sistema de conducciones de agua* y levantó un pósito, la sala capitular, la librería, la mayordomía, el aposento del arca, la hospedería real, la nueva botica y el claustro gótico", por lo que no es nada extraño la aplicación de estos conocimientos en Santo Domingo.

También el Descubridor construyó una ciudad y la dotó de agua. Así nos lo describe el padre Las Casas[274]

"… sábado 7 días de diciembre, salió con toda su flota del puerto de la Navidad… comenzó a fundar un pueblo o villa, que fué la primera de todas estas Indias, cuyo nombre quiso que fuese la Isabela, por memoria de [la] Reina doña Isabel, a quien él singularmente tenía en gran reverencia… hobo por allí muy buena piedra de cantería para hacer cal, y tierra buena para ladrillo y teja y todos buenos materiales, y es tierra fertilísima y graciosísima y bienaventurada. Por este aparejo dióse grandísima priesa y puso suma diligencia en edificar luego casa para los bastimentos y municiones de armada, e iglesia y hospital, y para su morada una casa fuerte, según se pudo hacer; repartió solares, ordenando sus calles y plaza, y avecinándose las personas principales manda que cada uno haga su casa como mejor pudiere. Las casas públicas se hicieron de piedra; las demás cada uno hacía de madera y paja y como hacerse podía"

El escudo hallado en Santo Domingo "está compuesto por campo de oro, el azul y rojo, banda de azur y jefe de gules", y se pregunta el autor del reportaje, Javier Ors, po la procedencia de ese emblema, no conocido por la familia Colón hasta ahora.

Nosotros tenemos la respuesta, pues, como queda acreditado, se observa que, en escudo del Almirante, cuartelado en cruz, y entado en punta, como quinta partición, introducen las ramas del linaje, y nos dice el historiador Félix Martínez Llorente[275]:

"para las que el privilegio regio reservaría el cuarto cuartel, aunque sin calificar como armas gentilicias y sí como aquellas que solíades tener, y de las que monarcas, sorprendentemente no habían proporcionado descripción o blasonamie alguno. Su descripción heráldica sería como sigue: de oro, banda de azur, jefe gules".

---

[274] Las Casas. Historia de las Indias. Cap. LXXXVIII, pág 253-254.
[275] De Heráldica. *El escudo de armas de Cristóbal Colón. Estudio de un acrecentamiento heráldico.* Cuadernos de Ayala, 26 de abril 2006, págs. 9 a 26)

En la edición facsímil de la obra: Ciencia Heroica[276] Círculo del Bibliófilo (1979), leemos:

"V. Las *Puras, y Llanas* son aquellas que no tienen mas Piezas del Blasón, que aquellas que precisamente deben tener; y así son las más simples, las menos confusas, y desembarazadas de figuras, como en las que se ven solo *una Cruz, un Castillo, una Banda, una Faxa,* de que están llenas las Armerías, por ser las que pertenecen solo à una Familia, y a un Apellido, y serían las que mas propiamente se habían de traer; pues ellas explican la Varonía del que las usa, y por el que le conocen, y debe hacerse conocer, y no confundir estas *Armas*, que le son propias con las de sus *Alianzas*, que le son casi extrañas, debiendo tener, como tienen, el último lugar.
Los hijos Primogénitos de las Familias de mas consideración traen las Armas *Puras* y *Llanas*; pero los Cadetes (esto es) los hijos segundos, y los demás las brisan, alteran o diferencian de algunas Piezas del Blason, como se verá en el capítulo siguiente".

Don Florentino Antón Reglero, asesor de este capítulo, a mi pregunta de cuál es su análisis de este escudo, amablemente me contesta, y copio aquí su testimonio, tal y como me lo envía:

"Con respecto al escudo de Colón encontrado, efectivamente son sus armas propias, o puras, o de linaje, es decir, las troncales, y por eso las coloca en el escudo que usaría, pero en la punta, para resaltar las recibidas, como aumento concedido, de los propios reyes,

El problema se plantea porque los escribanos reales al describir las armas que los reyes le conceden dicen expresamente que se le dan para aumentar las que ya tiene, pero estas no las describen, cuando era habitual que si lo hicieran, de modo que confirmaban en ese documento las primitivas o propias del linaje y las recibidas en ese momento de la corona. Así que pudo haberlas elegido con posterioridad a la asignación de las nuevas, o bien ser efectivamente antiguas y simplemente lo que ocurre es que los escribanos reales no las conocen en ese momento. A esto hay que añadir el hecho de que si bien en otros territorios de los reinos hispanos las armas son validadas por el cabo de armería del valle, es decir, por el Pariente Mayor, en Castilla- León no ocurre lo mismo, se pueden elegir armas en un momento dado cualquiera, la corona no interviene en su uso, por lo que no son signo de hidalguía de sangre. Por eso las Órdenes militares no utilizan el escudo como prueba de hidalguía de sangre para los solicitantes de ingreso en ellas, hacen informaciones específicas en el lugar donde reside en base a consideraciones de los convecinos y de los libros de registro, fundamentalmente de la Iglesia. Así que todas las pruebas que hoy se manejan son circunstanciales, incluido el hecho de que él diga que es genovés, porque puede decirlo si le interesa hacer creer a todos que esa es la verdad."

Estamos, pues, en este caso, ante los mismos emblemas que figuran en la punta del escudo concedido por los reyes al Almirante. Y esta banda de azur, corresponde a la Divisa de la Banda Real de Castilla, que ostentaban el abuelo de Colón, según la tesis de Ricardo Sanz García en sus tres obras, y a la madre del Almirante, doña Aldonza de Mendoza, que la presenta esculpida en uno de los laterales de su sepultura, que se

---

[276] Reducida. A las Leyes heráldicas del blasón. De el Marqués de Avilés. Edición de Madrid por D. Joachin Ibarra, impresor de Cámara de S.M. A costa de la Compañía de Impresores y Libreros del Reyno. Año 1780. Tomo II, pág 210.

encuentra en la actualidad en el museo de Guadalajara, como ha quedado ya explicado en este capítulo. Véase la imagen publicada por este diario.

No obstante, y a pesar de que todo queda aclarado, seguimos investigando la posible existencia de otras representaciones heráldicas en los lugares en los que los Mendoza desarrollaban su actividad diaria, y encontramos nuevas muestras de este escudo.

La iglesia de Santiago Apóstol, en Guadalajara, se encuentra próxima al palacio de lo duques del Infantado. Formaba parte del convento de Santa Clara como lugar de cult de las monjas clarisas, y era frecuentado por los duques y cortesanos para sus acto religiosos. Ahí buscamos algún indicio que nos lleve a apuntalar la existencia y uso de los Mendoza y Medinaceli de este escudo, y lo encontramos.

Este convento había sido fundado por la infanta Berenguela de Castilla, nacida Sevilla en 1253 y fallecida en Guadalajara en 1300. Era hija del rey Alfonso X, rey Castilla y de la reina Violante de Aragón, y sus títulos fueron Infanta de Castilla Señora de Guadalajara.

Su escudo es el de la figura, y así está representado en la pared del coro de la iglesia Santiago Apóstol.

Pero no solamente hay este escudo, sino que, en la capilla de Diego García, en la nave de la epístola, existen varios escudos de los Mendoza, como se muestran en las imágenes siguientes.

Esta capilla, de traza gótica, dedicada a este personaje, Diego García, tiene en la decoración de sus paredes una estela en la que se puede leer el texto siguiente:

"ESTA CAPILLA FUNDO EL NOBLE CAVALLERO DIEGO GARCIA DE GUADALAJARA SECRETARIO DEL REY DON JUAN Y DEL CONSEJO DEL REY DON FERNANDO Y DOÑA ISABEL Y SUS HIJOS. ANO MCCCCLII" [sic]

También existe, en posición vertical, en una de las paredes, y lógicamente fuera de su lugar, una lápida con inscripción casi ilegible en bordura, y dos escudos de armas en el centro. En la mitad superior se encuentra el mismo escudo que en las bóvedas, que consiste en una banda, y que no es otro que el encontrado en Santo Domingo.

En la mitad inferior existe otro escudo cuyo contenido son dos remos en aspa, que se introducen en ondas de mar. Todo ello en un estado de deterioro severo.

Las imágenes siguientes muestran los detalles de estas figuras aquí descritas.

Detalle de la mitad superior de la lápida

Detalle del escudo de la mitad inferior

En las bóvedas, decoradas con dos tipos de nervaduras dispuestas en figuras geométricas diferentes, se encuentran también escudos de la familia de los Mendoza, en dimensiones reducidas, pero observable su contenido para el espectador.

Acompañan a los escudos coloreados, colocados en la unión de los nervios de una de las bóvedas, figuras de cabezas de dragones que se representan en dirección hacia el exterior, que podrían indicar que están en posición defensiva del escudo central.

Detalle

154

Detalle de una de las bóvedas y de uno de los rosetones de una zona del techo.

Detalle del encuentro de las nervaduras de la cúpula, rematado por el escudo y dragones

En las imágenes, vista parcial de la nave de la epístola, dedicada a Diego García y detalle de la unión central de los arcos de la bóveda con las figuras de dragón en actitud defensiva.

En la nave del evangelio hay un altar de estilo plateresco. Se construyó para servir de enterramiento del caballero de Santiago don Juan de Zúñiga y se atribuye el proyecto, por algunos historiadores, al arquitecto Alonso de Covarrubias, a comienzos del siglo XVI. De nuevo encontramos escudos vinculados a los Mendoza.

Sobre el sagrario, y en el centro del retablo plateresco que acoge en la actualidad a un Jesús con la Cruz camino del Calvario, se encuentra el escudo de la figura siguiente, repetido en la coronación del mismo.

Del convento de Santa Clara, del que formaba parte esta iglesia, en la actualidad no queda nada. La iglesia se construyó en la segunda década del siglo XIV y el convento lo había sido anteriormente, dejando su actividad como tal en 1912, cuando las clarisas se trasladaron a un convento de la Orden en Valencia.

La iglesia se conservó como parroquia, y sobre el lugar que ocupó el convento se construyó un hotel.

En unas obras de rehabilitación de la iglesia, en 1972, se desprendió de una de las paredes un gran trozo de yeso que las cubría desde que, en una de las épocas en las que la peste diezmaba la ploblación de toda España, habían sido cubiertas para preservar la propagación de esta enfermedad, y dejó al descubierto el paramento de ladrillo original recuperado, que es el que se observa en la actualidad.

Interior de la iglesia de Santiago. Guadalajara.

Hemos expuesto en este capítulo hechos objetivos que vinculan a los Mendoza con Almirante en distintos lugares vividos por esta importante y poderosa familia, y

156

actitud del Descubridor a lo largo de su vida conocida, pues la vida oculta es la que, tras la investigación llevada a cabo, va desvelándose poco a poco.

No es posible, como decía don Mauel Ballesteros Gaibrois, que se den tantas circunstancias y/o casualidades tan diferentes en una sola persona, en este caso en la de Cristóbal Colón, y por ello queremos destacarlo tras las nuevas pruebas que van apareciendo poco a poco tras la investigación objetiva del entorno de este gran desconocido personaje.

IV. 3. La firma del Almirante

La firma del Almirante don Cristóbal Colón es otro de los enigmas que más han llamado la atención de los historiadores que han dedicado su trabajo a estudiar la vida de este gran personaje.

Para quienes desconocen la forma en la que Colón firmaba sus escritos, hemos de aclarar que se trata de una especie de jeroglífico que hasta la fecha no ha sido resuelta de forma contundente por ningún historiador. Ricardo Sanz García sí lo hace.

Es posible que, si se sabe exactamente la solución del contenido de dicho "jeroglífico", se pueda llegar con un mayor conocimiento de causa a determinar a qué familia perteneció el Almirante, y en qué lugar nació este personaje, abundando en los datos que aportamos en esta tesis, y por lo que todos los historiadores le han dado a la firma y a los caracteres que la integran un gran valor.

Es Cristóbal Colón en la institución del Mayorazgo en Sevilla, a 22 de febrero de 1498, quien ordena:

"al que herede el Mayorazgo y estando en posesión de ello firme de mi firma, la cual ahora acostumbro, que es una .X. con una .S. encima y con una .M. con una .A. romana encima, y encima d'ella una .S. y después una .Y. greca con una .S. encima con sus rayas y bírgulas como agora hago..."[277]

"Este Mayorazgo, coinciden muchos historiadores, es falso, y debió falsearse teniendo a la vista otro documento escrito del Almirante —tal vez un Mayorazgo—, que después de "copiado con malicia interesada", para hacer a Colón no castellano, fue destruido para dar más validez al que se falseó. Lo cierto es que el Almirante con este anagrama firmaba, aunque ninguno de sus hijos lo utilizó en tantos escritos como de ellos conservamos.

Lo primero que destacamos es lo siguiente: que su heredero firme de mi firma. Es decir, que la firma no es común a sus descendientes, pertenece a él sólo.

Considerando que Cristóbal Colón quería dar un significado preciso a su anagrama y que la solución verdadera no pudiese ser objeto de duda si estaba bien resuelta, hemos de pensar que el Almirante de algún medio se debió valer para no hacerlo totalmente ilegible e indescifrable.

No es lógico hacer un jeroglífico para que pase a la posteridad y hacerlo de tal forma que nadie pueda resolverlo o que, resuelto correctamente, nadie tenga la seguridad absoluta de su

---

[277] Varela, Consuelo. Cristóbal Colón; Textos y documentos completos, Alianza, Madrid, 1982; pág 195.

solución y así pueda mostrarlo a los demás diciendo: Este es el verdadero sentido del anagrama y aquí está la prueba.

Cristóbal Colón era enigmático, pero tonto no lo fue nunca"[278]

La representación de la firma, en sus diversas formas, es la siguiente:

.S.	.S.	.S.	.S.
.S.A.S.	.S.A.S.	.S.A.S.	.S.A.S.
X M Y	X M Y	X M Y	X M Y
El Almirante	El Virrey	Xpo:Ferens	

En esta orden del Mayorazgo, destaca Ricardo Sanz[279], la frase: *de mi firma,* lo que interpreta como que la firma no es común a sus descendientes, y solo le pertenece a él. También destaca la importancia que le da en esta orden a la expresión: ***con sus rayas y vírgulas como ahora yo hago.***

En la abundante bibliografía manejada (más de cuatrocientas cincuenta obras)[280], para el estudio del origen de Colón, llama la atención en la mayoría que no toquen este tema, a pesar de la importancia que tiene su correcta interpretación, pues sin duda ello llevaría a un análisis que aclararía muchas de las incertidumbres que se dan en torno al Almirante, y que no todos los autores se atreven a abordar por su complejidad.

Como es fácil de entender, no vamos a extendernos en el análisis de todas las teorías que se han manifestado sobre el resultado aportado por cada uno de los historiadores que han tratado de darle una lectura correcta, pero sí haremos mención de las que nos han llamado más la atención por razonables, originales o disparatadas, dejando al lector que sea él quien las encuadre en uno u otro epígrafe.

Vamos a iniciar la presentación de las diversas teorías por lo que dice Salvador Madariaga[281].

Es preciso recordar que Madariaga es defensor del origen judío de Colón. No hace u interpretación pormenorizada de la firma, y se limita a presentar o criticar la que otr historiadores hacen de ella en la *Racolta di Documenti*, en la que se hace caso omiso las instrucciones dadas por Colón para la lectura del *jeroglífico*.

Dice Madariaga:

"Esta firma ha venido constituyendo coto favorito para los cazadores de misterios. lecturas para todos los gustos, desde el supra-ingenioso al infra-tonto, pero ning satisfactoria, y todas pecan por olvidar un detalle que, aunque trivial en apariencia, resulta de gran importancia. Colón escribe siempre las tres eses entre puntos, mientras que nu

[278] Sanz García, Ricardo. Op cit; pág 65
[279] Sanz García, Ricardo. Cristóbal Colón, un genio español. Única tesis verdadera. Diseño Gráfico AM2000. Madrid, 1995, pág 65
[280] Ver la relación de las mismas en la página web: http://cristobalcoloncastellano.es/ (Bibliografía)
[281] Madariaga, Salvador de. Vida del muy magnífico señor Don Cristóbal Colón. Pág 491-493. Espasa Calpe. S.A. Madrid 1975.

escribe tales puntos en ninguna otra letra de su firma. Se observará en las instrucciones dictadas en su mayorazgo[282] menciona específicamente estos puntos, que llama vírgulas. Por otra parte, la letra S tenía para él significación especial, como se prueba por la relativa frecuencia con que aparece aislada en alguna de sus notas marginales a los libros que leía, sobre todo refiriéndose [punto importante en vista a lo dicho sobre su origen judeo-mallorquí] a los capítulos de D'Ailly que tratan de Judea y de Mallorca.[283]

Ha de observarse todavía su estricto carácter geométrico. El deseo expreso de Colón en esta materia no parece haber hallado mayor respeto que en otras muchas, como, por ejemplo, la de su nombre; así vemos que una publicación tan erudita e impecable con la Racolta di Documenti hace caso omiso de las instrucciones clarísimas y terminantes de Colón, imprimiendo la firma famosa del modo siguiente:

```
      . S .
  . S . A . S .
    X M  Y
```

En lugar de:

```
      .S.
    .S.A.S.
    X M Y
```

Con las letras X S, M A S y Y S en formación vertical estricta. Lo primero que llama la atención en esta firma es su forma triangular. Lleva inevitablemente la imaginación a la cábala. Así el propio Colón, al adoptar esta rigurosa costumbre tan poco usual de firmar con un triángulo de letras, e imponérsela además a sus sucesores, nos obliga a pensar en la ciencia oculta de los judíos. Esto bastaría para añadir otro elemento de interés a los abundantes indicios ya apuntados de su origen hebreo; pero ocurre que la interpretación cabalística de este triángulo de letras, y en particular las eses punteadas, transfigura esta firma en el escudo de David, doble triángulo o hexagrama."[284]

Washington Irving[285] dice que la firma del Almirante

"participaba del carácter pedantesco y preocupado del siglo, y tal vez del carácter peculiar del hombre que considerándose misteriosamente elegido y puesto aparte de entre los hombres para ciertos grandes designios, adoptó una formalidad y solemnidad correspondiente en todos sus negocios".

Estudia la firma:

```
      .S.
    .S.A.S.
    X M Y
    Xpo: FERENS
```

---

[282] Se refiere al Mayorazgo de 1498.

[283] Véase Buron. Pierre dÁilly: *Ymago Mundi*, publicada por Edmond Buron, Maissonneuve frères. París. 1930. Vol I, pág. 284 y Vol II, pág. 446. Estas notas no se hallarán en Raccolta.

[284] Ob, cit; págs. 492-493

[285] Irving, Washington. Vida del Almirante Don Cristóbal Colón. Pág. 635 y 636. Ed. Istmo. Madrid. 1987

Y lo hace de la siguiente manera:

"La primera mitad de la firma XPO (por Cristo), está en letras griegas; la segunda FERENS, en latín. Tal era el uso de aquellos días; y aún al presente suelen usarse en España en firmas e inscripciones letras griegas y romanas.

Las cifras o iniciales que sirven de antefirma, se supone que representan una ejeculación [sic] piadosa. Para leerla se debe empezar por las letras inferiores y coordinarlas con las de arriba. Geov. Batista Spotorno conjetura que significan, o, Xristus (Cristo), Sancta María, Josephus, o Salvame, Xristus, María, Josephus. La Revista del Norte de América de abril de 1827 indica la sustitución de Jesús por Josephus, que parece mejorar la sugestión de Spotorno.

Era uso antiguo en España, que no ha pasado del todo, acompañar la firma con algunas palabras de significación religiosa. El objeto de esta práctica manifestar ser el escritor cristiano [sic]. Cosa de importancia en un país en el que los judíos y mahometanos estaban proscritos y perseguidos.

Don Fernando, hijo de Colón, dice que su padre, cuando tomaba en la mano la pluma, siempre empezaba escribiendo Jesus cum María, sir nobis in via; y en el libro que el Almirante envió a los soberanos, conteniendo las profecías que consideraba referirse a sus descubrimientos y el rescate del Santo Sepulcro, empieza con las mismas palabras. Esta práctica se parece a la de poner por antefirma las iniciales de palabras piadosas, y da mucha probabilidad al modo con que se han descifrado".

Nosotros, desde estas líneas decimos: Si siempre empezaba el Almirante escribiendo *Jesus cum María, sir nobis in via,* ¿para qué iba a repetir la jaculatoria al final?

La interpretación que se hace de la firma de Colón en el libro "Cristóbal Colón, e[l] último de los templarios", de Ruggero Marino[286], es en casi todos los casos la que s[e] presenta más sorprendente.

Dice, entre otras cosas, que

"La disposición de los caracteres la asocia a la Trinidad y las cuatro esquinas del Mundo"

La lectura que hace de X Y M es la siguiente:
Cristo, María y Juan
Cristo, María y Jerusalén
Cristo, María y Jhavé

En primer lugar, incumple el mandato del Almirante al alterar el orden que de la lect[ura] de las letras ha de seguirse; por otra parte, se dan tres interpretaciones diferente[s] ¿Con cuál de ellas nos quedamos, y por qué? Eso no lo explica.

---

[286] Ruggero Marino, Cristóbal Colón, el último de los templarios. Ed. Obelisco. S.L. Barcelona 2007, 372-374

Asimismo, dice:

"en otra posible interpretación, la X y la Y recuerdan primigeniamente a los cromosomas masculinos y femeninos"
No sabíamos que ya en el siglo XV se conocía esta división de los cromosomas entre el hombre y la mujer, y, por supuesto, no explica porqué se deja fuera del análisis en este caso a la M. Se incumple también en esta ocasión el sentido de la lectura de la firma.

En otra interpretación, también se trata de identificar las siete letras iniciales con el número cabalístico por excelencia, que es el siete... (¿?)

Según Pierre Carnac[287]

"con la disposición que le daba Colón a cada una de las letras, se obtenía como resultado una representación de la estrella de David, y, en cuanto a su sentido, constituía un *kaddish* "que se utilizaba, quizá, para desahogar sus remordimientos de converso".

El *kaddish* es una palabra aramea que significa "santificado", y que forma parte de uno de los rezos principales de la religión judía.
Esta interpretación se justifica dando por descontado que el Almirante era judío.

Alfonso Philippot[288]nos dice que

"el anagrama compuesto por siete letras cuya configuración espacial delimita el perfil de una casa"

Este autor, que trata de demostrar que Colón es gallego, interpreta las letras de la siguiente manera:

	.Soutomaior.	
.Soutomaior.	Alvares	.Soutomaior.
Xuáres	Mendes	Yannes
: Pedro. /		

Y justifica que las mismas representan el árbol genealógico del Conde de Camiña:

Álvaro Páez de **Soutomaior** (Árbol 15) c.c Mayor **Xuares** de Deza
I
Pedro **Álvarez** de **Soutomaior** c.c Elvira **Mendez** de Benavídes
I
Fernán **Yannes** de **Soutomaior** s.a. Constança Gonçálves Colón (Árbol 65)
I
Pedro*
(*) Pedro Alvares de Soutomaior, alias "Pedro Madruga", nacido Cristóbal Colón.

[287] Carnac, Pierre. La historia empieza en Bimini. Plaza y Janés. Barcelona. 1975
--- "Templarios en América". *Karma 7*. Año V, Nº 61. Barcelona, 1977
[288] Philippot Abeledo, Alfonso. La identidad de Cristóbal Colón. 2ª ed. Corregida y aumentada. Pág 373-378. Ed. Alfonso Philippot. Vigo 1984.

Bernaedini Sjoestedt, haciendo caso a Colón cuando afirma "yo no soy el primer almirante de mi familia", busca este antecesor en la persona del almirante Cristófano de Terra-Rosa, del que dice que Colón es pariente en octavo grado, y resuelve la firma de la siguiente y respetuosa forma:

"Soy Su Atento Servidor. La X significa Xristóbal; la M es el gentilicio de Colón, y la Y significaría Italia o India o Isabel".

Afirma también que lo primero es conocer la identidad de Colón y luego comprobarla con la traducción del anagrama.

Otros interpretan el anagrama como la recopilación de títulos que corresponden a Colón por ser Almirante:

.S. Señor
.S.A.S. Su Alta Señoría
X M Y Excelente Magnífico Ilustre

Ya veremos a qué conclusiones nos lleva este estudio, teniendo en cuenta que Colón insiste mucho en los puntos y sus vírgulas, tema que es importante y no accesorio.

El Almirante Don Cristóbal Colón firmaba,

Firma como Virrey

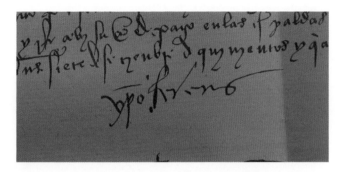

Firma como Xpo: Ferens (Portador de Cristo)

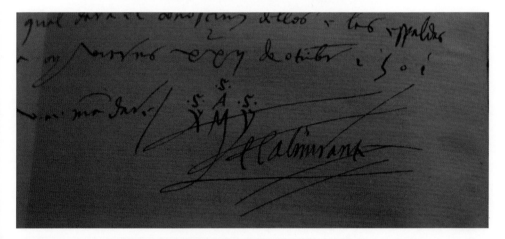

Firma como Almirante

"Cuando firmaba El Almirante, no admite duda lo que quería decir. Si firmaba Xpo FERENS nos está indicando que se consideraba el elegido de Dios y portador del mensaje del Evangelio, que tenía que extender por todo el mundo. La dificultad está en descifrar el significado de sus otras maneras de firmar.

Los italianos, en su gran mayoría, no traducen o parece importarles poco su significado.

Lo que sí afirman es que en el Mayorazgo que "hizo" Cristóbal Colón en Sevilla el 22 de febrero de 1498 ordenó a su hijo y a todos sus descendientes que ostentasen por herencia el título de Almirante firmasen de esa forma.

"Poco caso le hicieron a Colón sus hijos, porque nunca su hijo Diego, heredero del título y Mayorazgo, firmó de esa manera y cuidado que era buen hijo y obediente a lo que le decía su padre"[289]

[289]Sanz García, Ricardo. Cristóbal Colón, un genio español. Única tesis verdadera. Diseño Gráfico AM2000. Madrid, 1995

No todos los historiadores que han estudiado a Colón han dado una interpretación a esa enigmática rúbrica, como hemos visto

Para unos esa firma era un signo judío.

Bernardini Sjoestedt, lo relaciona con la frase de Colón:

"yo no soy el primer almirante de mi familia".

Hemos visto que para algunos es una recopilación de los títulos que corresponden a Colón por ser Almirante:

.S. Señor, tratamiento de Almirante.
.S.A.S. Su Alta Señoría
X M Y Excelente Magnífico Ilustre

No nos imaginamos a Cristóbal Colón dándose tanto autobombo.
Hay otros autores que dan al anagrama un significado religioso.

Lo verdaderamente enigmático de Cristóbal Colón es su origen. Dónde nació y quienes fueron sus padres. Esto sí que es un misterio no desvelado por el descubridor de una forma clara.
¿Por qué si él quiere que algún día se sepa su origen, o quienes son sus padres, no ha de recurrir a esta estratagema?
Realmente es difícil, pero creemos que, si logramos descifrarlo, nos servirá nada más y nada menos que para confirmar la tesis que defendemos.

Si nuestras sospechas tienen una relación lógica, y sobre todo sencilla, con la interpretación que damos a la firma nos afianzaremos más en que estamos en lo cierto, de aquí la dificultad que tiene descifrar el rompecabezas, pues antes hay que saber o sospechar quiénes fueron sus padres y luego verificar la prueba con el jeroglífico.

Es lo mismo que hacemos en aritmética, primero tenemos que hacer la división, para luego hacer la prueba y ver si aquella división está bien o mal hecha.

Nunca estaremos seguros de haber descifrado el anagrama si la "prueba" realizada en él no e satisfactoria.

Colón, hombre inteligente, nos pone el anagrama, pero es absurdo que no nos ponga "algo por medio del cual tengamos la seguridad que hemos interpretado bien el jeroglífico. L contrario no hace más que dar lugar a una serie de interpretaciones, las más de las vece erróneas, y si alguna es verdadera y no tenemos pruebas para afirmarlo, el trabajo y esfuerzo realizado sera baldío.

Hay algo que nos dice Bernardini Sjoestedt que sí creemos interesante y que no hace si sospechar que lo primero es conocer la identidad de Colón y luego comprobarla con traducción del anagrama. Dice así:

La X, Xristobal; la Y, Italia, su patria; ¿y la M?, éste es su gentilicio, su apellido[290].

---

[290] Bernardini-Sjoestedt; Cristóbal Colón; Ed. Castilla. Madrid 1965; pág 86

Veamos la interpretación que damos a este acertijo, que no es ni más ni menos que un minidocumento de identidad de Cristóbal Colón.

Damos gran valor a los puntos y estimamos que nos indican que debe leerse de arriba abajo: el último renglón, por no llevar puntos, se puede leer también en sentido horizontal.

Cristóbal Colón era un buen latinista, nos dice Bartolomé de las Casas. ¿Por qué no leerlo en latín? [291]

Primera columna: (S X): Sum Xristobal (Soy Cristóbal)
Segunda columna: (S A M): Sobole Aldonce Mendoza (Descendiente de Aldonza Mendoza).
Tercera columna: (S Y): Scrutator Indiarum (Descubridor de las Indias)

Y ahora vamos a traducir el último renglón en sentido horizontal:

(X M Y): Xristobal Mendoza Yo.

La traducción sería: Soy Xristobal (S X), descendiente de Aldonza Mendoza (S A M) Descubridor de las Indias (S Y). Y el renglón horizontal: Xristobal Mendoza Yo (X M Y); el Almirante.

Algún lector le parecerá tal vez atrevido colocar Yo detrás del nombre, pero así lo escribe también en varios documentos el duque de Alba.

Poner el grado de Almirante o Virrey sin haber puesto antes el nombre no tiene sentido, pues podría referirse a cualquiera que ostentase ese título.

En la actualidad, cuando firmamos un documento oficial, o en nuestras tarjetas de visita, detrás del nombre colocamos el título o la profesión que ejercemos; por ejemplo:

Juan Español
Arquitecto

Nunca ponemos "arquitecto" a secas; tenemos que poner el nombre antes o después, para identificarnos. Esto es lo que hace Cristóbal Colón. La firma resulta correcta, cuando después del anagrama escribe el Almirante o Virrey, pero esto ya no es correcto cuando firma Xpo ferens. Es repetir (al menos no es tan claro) el nombre otra vez; es una identificación doble y puede resultar confusa.

Volviendo a consultar a un latinista, el salesiano don Miguel Herrero, cómo se traducen del latín al castellano dos puntos puestos uno encima de otro, como vemos en uno de los anagramas de Cristóbal Colón, la contestación fue rápida: se traduce como ID EST, cuyo significado es: "*quiere decir, o es decir*".

Ya todo esta claro: Xristobal Mendoza Yo; es decir, Xpo ferens. El portador de Cristo.

El hecho de haber utilizado esta estratagema, nos anima a investigar de dónde el Almirante ha podido obtener la información que le lleve a colocar dos puntos, uno en la parte superior y otro en la inferior, con lo que significa (id est), y para ello volvemos a las fuentes que, según nuestra tesis, nos han de confirmar esta manera de expresarse: La orden jerónima.

---

[291] SANZ GARCÍA, Ricardo. op. cit

En efecto, en la epístola de San Jerónimo a Eliodoro le dice:

"Monachus **id est** solus", y el mismo santo nos lo traduce:

"Monje, que es vuestro nombre, **quiere decir** solitario"[292].

También de un escrito de San Jerónimo se ha valido Cristóbal Colón para identificarse"[293]

---

[292] San Jerónimo. Epistolas de; traducidas por Francisco López Cuesta. 1814
[293] Sanz García, Ricardo. Cristóbal Colón, un genio español. Única tesis verdadera. Diseño Gráfic
AM2000. Madrid, 1995; págs. 195 a 198.

V

En busca de los restos de Cristóbal Colón

Primera Parte: Murió en Valladolid[294]

Este estudio sobre Cristóbal Colón no quedaría completo si no intentasemos saber dónde reposan los restos de Cristóbal Colón. ¿Reposan en Santo Domingo..., en Cuba..., en la ciudad de Sevilla?

La dificultad que encierra encontrar la pequeña parcela del enterramiento del Almirante, nos anima para complementar el conocimiento de quiénes eran sus padres y la manera de ser y pensar de Cristóbal Colón.

Veamos lo que dicen los diversos historiadores sobre su muerte y enterramiento.

Fernando Colón no es nada explícito. En su obra Vida del Almirante, se limita a decir que murió en Valladolid.

"El Almirante quedó muy agravado de gota y otras enfermedades de que no era la menor que el dolor de verse caído de su posesión, y en estas congojas dio el alma a Dios el día de su Ascensión, a 20 de mayo de 1506, en la referida Villa de Valladolid, habiendo recibido antes todos los Santos Sacramentos de la Iglesia y dicho estas últimas palabras: In manus tuas Domine commendo spiritum meum, el cual por su alta misericordia y bondad tenemos por cierto que le recibió en su Gloria: ad quam nos eo perducat amén.

Su cuerpo fue llevado a Sevilla siendo enterrado con fúnebre pompa en la Catedral de esta ciudad. Por orden del Rey Católico se escribió, en perpetuo recuerdo de sus memorables hechos y descubrimientos en Indias, un epitafio en lengua española que decía así: "A Castilla y a León Nuevo Mundo dio Colón". Son palabras, realmente, dignas de consideración y agradecimiento, porque ni en antiguos ni en modernos se lee de ninguno que haya hecho esto"[295]

No se puede ser más parco ni más frío en el relato de un hecho que indudablemente tanto le interesaba y afectaba. ¿Por qué? ¿Trataba de ocultar otros hechos? ¿Por qué no cita el monasterio de Santa María de las Cuevas? Además, no está comprobado lo del epitafio.

Bartolomé de las Casas en Historia de las Indias, dice:

"Agravóse cada hora más el Almirante su enfermedad de la gota por la aspereza del invierno y más por las angustias de verse así desconsolado y despojado y en tanto olvido sus servicios y en peligro su justicia, no embargante que las nuevas sonaban y crecían las riquezas. Desta India yendo a Castilla mucho oro desta Isla y prometido muchas más cada día"

---

[294] Transcribimos aquí el texto y las notas a pie de página, que figuran en la obra de Ricardo Sanz "Cristóbal Colón, un genio español", con alguna modificación aclaratoria o de estilo, porque entendemos que debemos respetar el tiempo y el trabajo que llevó hacer esta parte de la investigación. Léase el prólogo de Ballesteros a esta obra, en la que dice: *con unos capítulos finales verdaderamente emocionantes: los de la busca de los restos del Almirante.*

[295] COLÓN, Hernando. *Historia del Almirante,* Barcelona, 2003, págs. 292-293

El cual muy debilitado, como cristiano que era, recibió con mucha devoción todos los sacramentos, y llegaba la hora de su tránsito desta vida para la otra, dicen que la postrera palabra que dijo: In manus tuas domine comendo spiritum meum. Murió en Valladolid día de la Ascensión, que cayó aquel año 20 de mayo de 1506 años; llevaron *su cuerpo o sus huesos* a las Cuevas de Sevilla, Monasterio de Cartujos, y allí lo pasaron y trujeron a esta Ciudad de Santo Domingo y están en la Capilla Mayor de la Iglesia Catedral enterrados."

No entendemos el laconismo de Bartolomé de las Casas.
Tiene duda de que lo trasladado sea el cuerpo o sus huesos. Hay que tener en cuenta que, en algunos casos, para el enterramiento se descarnaba el cadáver.
No hace mención de la iglesia Mayor de Sevilla, pero lo que encontramos más extraño es que al decir:

"de allí lo pasaron y trujeron a esta ciudad de Santo Domingo y están en la Capilla Mayor de la Iglesia Catedral enterrado"

Nos está manifestando que cuando escribe esto él estaba en la Ciudad de Santo Domingo y es muy raro que no nos indique el lugar de su enterramiento en la Catedral; que no nos diga cómo era la sepultura..., o si había alguna lápida o inscripción[296].

Si Bartolomé de las Casas estaba en la ciudad de Santo Domingo, ¿cómo no nos da ningún detalle de lo que allí había? Sospechamos que en ese lugar no estaba enterrado Cristóbal Colón.

Fernández Navarrete nos proporciona, según él, noticias auténticas y fidedignas.

"En la ciudad de Valladolid murió Cristóbal Colón, habiéndose depositado su cadáver en e Convento de San Francisco (Valladolid). Se celebraron solemnes exequias en la Parroquia d Santa María de la Antigua."

En el año 1513, el cuerpo del Almirante fue trasladado al Monasterio de Cartujos de La Cuevas de Sevilla, a la Capilla de Santa Ana del Santo Cristo que hizo labrar el pad Fray Diego Luxán y no en el enterramiento de los Señores de Alcalá, como dice Zúñig En la misma capilla fue depositado su hijo Diego, muerto en la Puebla de Montalbán día 23 de febrero, viernes, del año 1526.

En el año 1536 se entregaron (Santa María de las Cuevas) los cadáveres de d Cristóbal y de don Diego, su hijo, para llevarlos a la isla de Santo Domingo, quedan en Las Cuevas el de don Bartolomé.

El Monasterio de Santa María de las Cuevas estaba situado extramuros de la Ciudad Sevilla. Era Monasterio Cartujo. Parece ser que estando Colón en Sevilla haciendo preparativos del tercer viaje, fue cuando se estableció una relación muy entrañable er Colón y esta comunidad y de una forma muy particular con el padre Fray Gas Gorricio, que desde este momento fue su valedor y a quien confió el Almirante privilegios y últimas voluntades.

La correspondencia con el padre Gorricio avala todo lo que estamos diciendo.
Ahora nos interesa saber el pensamiento de Cristóbal Colón: dónde quiso ser enterra

---

[296] las casas, ob cit; 1957-1961, Tomo II, págs. 94 y 95

En su testamento dice así:

"Digo a don Diego mi hijo, e mando, que tanto qu'él tenga renta del dicho mayorazgo y herençia que pueda sostener en una capilla, que aya de fazer tres capellanes que digan cada día tres misas, una a honra de la Sancta Trinidad, e otra de la Conçepçión de Nuestra Señora, e la otra por ánima de todos los fieles defontos, e por mi ánima e de mi padre e madre e mujer. E que si su facultad abastare, que haga la dicha capilla honrosa y la acreciente las oraciones e preçes por el honor de la Santa Trinidad; e si esto puede ser en la Isla Española, que Dios me dio milagrosamente, holgaría que fuese alli, donde ya lo invoqué, que es en la Vega que se dize de la Conçepçión"[297]

Varios hechos encontramos en este escrito referente a su enterramiento.

1º. Dice refiriéndose a su hijo "que si su facultad abastare" (igual a poder o derecho para hacer unas cosas). No lo veía el Almirante fácil y posible.

2º. "e si esto puede ser en la Isla Española", nuevamente las dudas. Qué difícil lo veía el Almirante.

Fernández Navarrete, en su mismo libro, nos dice:

"Que ajustada la paz entre España y Francia en Basilea a 22 de julio de 1795, y cedida por España toda la propiedad [de la Española] a Francia, se realizaron las oportunas diligencias para que tan glorioso monumento [los restos de Colón] no quedasen fuera del dominio español, insinuando que se solicitase también la exhumación y traslado de las cenizas del Adelantado Don Bartolomé Colón."

¿Qué dicen otros historiadores sobre la muerte y enterramiento de Cristóbal Colón?

Charles Verlinden y Florentino Pérez Embid escriben:

"El 21 de mayo de 1506 fue Colón enterrado en la Iglesia Conventual de San Francisco de Valladolid. Entre 1507 y 1513 los restos del Almirante fueron trasladados a la Cartuja de Santa María de Las Cuevas de Sevilla, donde habían sido celosamente guardados por el padre Gorricio los papeles personales del Almirante.

Entre 1536 y 1539 fueron llevados a la isla Española. Su heredero Don Diego, el segundo Almirante, había dispuesto por testamento que en aquella isla se erigiese un enterramiento para su padre y para él.
Por fin en el presbiterio de la Catedral de Santo Domingo los huesos de Colón encontraron sitio y junto a él fueron sepultados su hermano Bartolomé, Don Diego y dos hijos de éste, Don Luis, tercer Almirante, y Don Cristóbal (en total cinco cuerpos)

En el año 1795, y por el tratado de Basilea, se estipuló la entrega a Francia de la mitad que a España le quedaba de la isla Española. El 20 de diciembre de aquel año, y ante una comisión de autoridades presidida por el Teniente General Gabriel Aristizábal y con asistentes representantes de la casa Ducal de Veragua, sus herederos y familiares, tuvo lugar un nuevo traslado, esta vez a La Habana.

---

[297] Varela, Consuelo; ob, cit; 1982; pág 335

En la Catedral de Santo Domingo ese mismo día 20 se abrió una bóveda que estaba sobre el presbiterio, al lado del evangelio, pared principal y peana del Altar Mayor; tiene como una vara cúbica[298] y en ella se encontraron unas planchas como de tercia de largo de plomo, indicante de haber habido caja de dicho metal [luego no había caja, agregamos] y pedazos de huesos de canillas y otras partes de algún difunto, que se recogieron en una salvilla[299] y toda la tierra que en ellos había que por los fragmentons con que estaba mezclada se conocía ser despojos de aquel cadáver [al decir de aquel cadáver no especificaban que era el del Almirante, decimos nosotros] y todo se introdujo en una caja de plomo con su cerradura de yerro, la cual ya cerrada, se entregó la llave al Señor Arzobispo."

Nos preguntamos nosotros a qué cuerpo, de los cinco que había enterrados, corresponderían los "pedazos de huesos de canillas"...

La Real Academia de la Historia, en el informe solicitado por el Gobierno de España, que realizó el académico Don Manuel Colmeiro, ante la afirmación de los dominicanos de haber encontrado los restos del Almirante en la Catedral de Santo Domingo, dice:

"tuvieron enterramiento conocido en el presbiterio de la Catedral de Santo Domingo Don Cristóbal Colón, primer Almirante y Don Diego Colón, su hijo. Por seguro, aunque menos conocido, se debe tener el de Don Bartolomé, pues además de ser natural trasladar sus restos al lugar preeminente de dicha iglesia, lo reclamaba su estrecho parentesco con el primer Almirante, el título de Adelantado y sus grandes servicios como verdadero fundador de la colonia. Asimismo, debe reputarse[300] ciertos los enterramientos de Don Luis, tercer Almirante, y su hermano Cristóbal, el segundo de este nombre"[301].

Como vemos hay muchas suposiciones, y dos tradiciones:

"Que descansaban los restos de Cristóbal Colón en Santo Domingo está probado por l[tradición del arzobispo Alonso de Fuenmayor que en 1655 decía:

"la sepultura del Almirante Don Cristóbal Colón donde están sus huesos muy venerada respetada en Nuestra Santa Iglesia en la Capilla Mayor"

A tantos años, vista y afirmado sólo por una persona, ¿se puede dar valor a lo que dice

En el año 1655, cuando una poderosa armada inglesa amenazó con un desembarco, arzobispo Francisco Pío ordenó

"las sepulturas se cubran para que no hagan de ellas desacato o profanación los hereje ahincadamente lo suplico en la sepultura del Almirante viejo, que está en el evangelio de Santa Iglesia e Capilla".

---

[298] Una vara castellana son 0'278635 metros; por lo que la caja tenía aproximadamante 30x30x30 centímetros.

[299] R.A.E. salvilla. (Del lat. servilĭa, pl. n. de servīlis, servil). 1. f. Bandeja con una o varias encajadu donde se aseguran las copas, tazas o jícaras que se sirven en ella.

[300] R.A.E. reputar (del lat. reputàre) 1.t.r. Juzgar o hacer concepto del estado o calidad de alguien o al U.t.c. prnl. 2. te. Apreciar o estimar el mérito

[301] Colmeiro, Manuel; 1879, pág 19

Cuando dan tantas noticias de dónde está situada la sepultura es que el pueblo no conocía su localización.

Hay más (así dice este capítulo de las Memorias de la Academia). Existe impreso en Madrid sin fecha un corto volumen que lleva el título de Synodo Diocesana del Arzobispado de Santo Domingo celebrado por el Ilmo. y Reverendísimo Señor Don Fray Domingo Fernández Navarrete. Año de 1683 día 5 de noviembre.

"Dice el Synodo, que los huesos de Cristóbal Colón yacen en una caja de plomo en el presbiterio, al lado de la peana del altar Mayor, con los de su hermano Don Luis, que están al otro, según la tradición de los ancianos de esta isla" [302],

Se referirá no al Almirante viejo, sino a sus descendientes Cristóbal y Luis, hijos de Diego Colón, y así lo deja bien claro al afirmar que se trata de "los de su hermano Don Luis"

Ya pensarán que la Academia de la Historia no se queda convencida con pruebas tan "firmes y seguras" y nos aduce otros rayos de luz. En una solemne función religiosa celebrada en la Catedral de Santo Domingo el 1702

"se invocó el recuerdo de Don Cristóbal Colón, cuyos huesos aquí a nuestro lado se hallan"

Y en otra habida en 1782 se dijo

"que su sepulcro estaba en el presbiterio de la iglesia como cosa que bueno se honre la cristiandad".

Volvemos a repetir: todo es confuso y sin ilación. No seguimos citando otras pruebas "verdaderas" sobre la localización de los restos del Almirante por ser más endebles que las anteriores.

No criticamos a nadie con este juicio; nos damos cuenta de que, ante la falta de documentos y medios para llegar a una conclusión, algo tenía que decir el académico al pedirle un informe el gobierno de España.

Hay un hecho cierto: si allí se enterraron Don Cristóbal Colón, primer Almirante; su hijo Diego; su esposa María de Toledo; sus hermanos Don Bartolomé y Don Diego y los nietos Don Luis y Don Cristóbal, ¿qué se llevaron a La Habana?, ¿cómo no dan cuenta de los numerosos restos y cajas de plomo que tuvieron que encontrar al abrir la bóveda?, ¿cómo sabían qué restos correspondían a Cristóbal Colón para el traslado a La Habana?

El informe sobre los restos realizado por el académico Don Manuel Colmeiro dice:

"El testamento de Don Diego Colón, hijo del primer Almirante, otorgado en Santo Domingo a 8 de septiembre de 1523, relata que hasta entonces no había podido cumplir la voluntad de su padre, por lo cual mandaba a sus herederos edificar en Santo Domingo y ciudad de la Concepción un monasterio de monjas de Santa Clara, en cuya capilla Mayor esté el enterramiento del Almirante y el suyo, y que se traiga a dicha capilla el cuerpo del Almirante

---

[302] *Ibidem*; pág 21

su padre, que está depositado en el Monasterio de Las Cuevas de Sevilla. Ordenó también que fuesen llevados allí el cuerpo de Doña Felipa Móniz, mujer de Don Cristóbal, y el del Adelantado Bartolomé Colón, su hermano, que se hallaba depositado en San Francisco de la ciudad de Santo Domingo."

Veamos las contradicciones detectadas hasta ahora:
Hernando Colón dice que su padre fue enterrado en la catedral de Sevilla.
Las Casas dice que lo fue en el Monasterio de las Cuevas (Sevilla)
Fernández Navarrete nos asegura que primero estuvo enterrado en el Convento de San Francisco, en Valladolid.
Charles Verlinden y Florentino Pérez Embid dicen que se enterró en San Francisco (Valladolid) y que entre 1507 y 1513 los restos fueron trasladados al Monasterio de las Cuevas (Sevilla)
Don Bartolomé Colón estaba enterrado en el Monsaterio de Las Cuevas en el año 1536 y en 1523, trece años antes, dice Diego Colón que estaba depositado en San Francisco, de la ciudad de Santo Domingo.

¿No habíamos quedado que los restos de Don Bartolomé Colón estaban depositados en el Monasterio de Las Cuevas? ¿No había dicho Fernando Colón que su padre había sido enterrado en la Catedral de Sevilla?

De todos estos interrogantes y contradicciones que encontramos a través de la lectura de este capítulo ¿qué impresión sacamos?

Primero: que el Almirante quiere enterrarse en Santo Domingo. Que ya en su testamento ve graves dificultades.

Segundo: que estas dificultades deben ser muy serias, por no haber cumplido Dieg Colón el deseo de su padre, a pesar de ocupar los cargos de Almirante y Gobernador d la Española.

Tercero: que se ve el gran tesón de Diego Colón porque se cumpla lo ordenado en testamento de su padre, pues dice que él no ha podido cumplirlo, pero ordena a su sucesores que lo lleven a buen fin.

Lo primero que tenemos que averiguar nosotros es qué dificultades tan graves tien que existir para no poder llevar a cabo un enterramiento del Almirante en la Españo isla por él descubierta.

Cristóbal Colón a través de lo que conocemos de su vida y de su forma de ser, hay t cosas a las que no estaba dispuesto a renunciar.

Primero: Ser Almirante de Castilla.
Segundo: Reconquistar los Santos lugares. Que no pudo llevar a cabo, pero que se encomienda a su hijo Diego.
Tercero: Ser enterrado junto a su madre. Aquí están las dificultades.

El enterrar junto a su cadáver el cuerpo de una mujer era motivo, casi seguro, p descubrir su identidad familiar, lo que llevaba consigo poner de manifiesto las mue de su hermano Alonso el Doncel; el de su albacea testamentario Pedro Manrique robo de su herencia por su tío Íñigo López de Mendoza. También manifestar la conducta del marqués de Santillana, aunque contrastada con la ayuda que en todo momento le habían prestado el duque de Medinaceli, el Cardenal Mendoza, el conde de Tendilla, y el marqués de Mondéjar, todos hijos y nietos de don Íñigo López de Mendoza, marqués de Santillana.

Resultará extraña la tercera hipótesis referida al enterramiento de Cristóbal Colón con su madre.

Nos basamos en parte en la lógica, conociendo la personalidad de Cristóbal Colón, pero esto ya sabemos que no basta y vale en Historia; tenemos que aportar algún otro motivo más tangible. Doña Aldonza, en su testamento, dice:

"Primeramente mando, que si desta dolençia yo finare, quel mi cuerpo sea enterrado en el monasterio de sant bartolomé de lupiana de la orden de sant gerónymo qués çerca de la villa de guadafaiara... Ytem quiero e mando que la iglesia e capilla mayor del dho monasterio de sant bartolomé sean ensanchados en luengo e ancho de manera que sea fecha una eglesia convenyble segunt my estado e del dho monesterio, e la eglesia tenga dos capillas con sus dos altares, uno a la mano derecha e otro a la esquyerda, de convenyble anchura e altura, e que en la capilla mayor de la dha eglesia que se há assi de faser sea enterrado my cuerpo en medio della antel altar mayor para lo qual sea fabricada una sepultura de alabastro convenyble a my persona, el qual este apartado de la postrimera grada del altar mayor susodicho en manera que non pueda aver otra sepultura ende el dho altar y la mya..."[303]

Como vemos, lo que quería hacer doña Aldonza es un panteón y que su sepulcro estuviese unido al de sus hijos.

De aquí aquella recomendación de los dos altares unidos a ella de convenible anchura y altura.

¿Tiene ahora algo de extraño que Cristóbal Colón quisiera cumplir el deseo de su madre compartido también por él?

Aquel panteón no se llevó a efecto. "La duquesa de Arjona, doña Aldonza Mendoza... consideró que aquella primera iglesia era muy corta mal proporcionada... trató de alargarla hízolo dexándolo en la medida que ahora se conserva... Hizo al fin un testamento debaxo del cual murió dexando muchas cosas a sus deudos como era para la dote de la capilla [sepulcro, añadimos nosotros]. No pudieron cumplirse y como eran para la dote de la capilla faltando aquéllas, no pudo quedar su cuerpo en el asiento de en medio; pusiéronle en un lugar eminente junto al altar Mayor al lado de la Epístola...[304]"

¿Se enterró junto a doña Aldonza en Lupiana don Cristóbal Colón su hijo? No. Había un peligro para la Comunidad al saberse el apoyo que habían prestado los monjes jerónimos al futuro Almirante. Este mismo peligro existía para las Comunidades de Franciscanos de La Rábida y Cartujos de Santa María de Las Cuevas. Se descubriría la identidad de Colón y el comportamiento de don Íñigo López de Mendoza (Marqués de Santillana). Esto que hoy nos parece una nimiedad en aquellos tiempos no lo era.

---

[303] Ver apéndice: Los tres testamentos de doña Aldonza de Mendoza
[304] Sigüenza, Fray José: 1907-1909, Tomo I, pág 47

En ninguno de estos tres sitios podían ser enterrados juntos los cadáveres de doña Aldonza y don Cristóbal Colón.

¿Por qué esa seguridad y deseo de Cristóbal Colón de ser enterrado con su madre?

En las relaciones topográficas de la provincia de Guadalajara impresas el año 1914, pag. 248, hay otro testamento de doña Aldonza que debió dejar confiado a los frailes de Lupiana; en él vemos el deseo de la señora duquesa de ser enterrada junto a sus hijos en panteón subterráneo. Cristóbal Colón quiere cumplir el deseo de su madre[305].

Véase la parte dispositiva del tercer testamento de doña Aldonza al final de la obra.

Segunda Parte: Diego Colón

Queremos otra vez reiterar aquí las dificultades que Diego Colón debió encontrar, a juzgar por lo escrito en sus testamentos de 16 de marzo de 1509 y 8 de septiembre de 1523[306]

En el primero ordena:

"**Manda segunda**. Item mando que cuando finamiento de mí acaeciere, que mi cuerpo sea honradamente depositado o sepultado <u>donde estuviese depositado o enterrado el cuerpo del Almirante mi Señor padre</u>, que santa gloria haya, con sus doce antorchas; y <u>si Dios dispusiere de mí en las Indias, que sea depositado en San Francisco de la villa de Santo Domingo</u>; y mientras que allí o en otra parte mi cuerpo estuviere depositado que serán dados por mis albaceas o herederos a los padres de tal iglesia o monasterio, quince mil maravedís en cada año, porque rueguen por mi alma y de mi padre y de quien somos obligados.

Manda tercera: Item mando que luego fagan decir mil misas de difuntos por mi alma y de m padre y madre y antecesores de esta amanera repartidas: Que ciento se digan en Las Cueva de Sevilla y ciento en La Antigua y otras ciento en Guadalupe, y ciento en San Francisco d Sevilla, y las otras seiscientas repartidas a la Señora de los Remedios y por los monasterios d la dicha ciudad. Y si Dios dispusiere de mí en Las Indias mando, que de las siete cientas misa aquí dichas y de los treinta tricenios que diré en pos de este capítulo, se digan en la susodich villa de Santo Domingo las trescientas misas y diez tricenarios, todo repartido en San Francisc y otras iglesias de la dicha villa.

Manda cuarta: Item mando que en los sus nombrados monasterios y capillas de la Antig serán dichos treinta tricenarios, repartidos por igual o los veinte, si fuere mi finamiento cor dicho es en Las Indias.

Manda octava: nombramiento de albaceas. Item cuando que Luis Fernández de Soria canón de la iglesia Mayor de Sevilla y el padre **Don Fray Gaspar Gorricio** e Don Bartolomé Co Adelantado de Las Indias mi tío y Don Diego Colón mi tío, <u>cumplan todo lo que no hubiere s cumplido del testamento del Almirante mi Señor padre</u>, que santa gloria haya; to juntamente si se pudiere y quisieren ayuntar; ca si alguno faltare por no querer o por no po ser habidos cómodamente, mando que todo lo que los otros hicieron sea valedero y va como si todos fuesen juntos; y es mi voluntad y doy poder que cualquiera de estos

---

[305] Véase Apéndice: El testamento entregado a los Jerónimos de Lupiana no se pudo cumplir.
[306] Arranz, Luis, 1982

albaceas que para esto afirmo, que pueda sustituir otra persona cual el quisiere, para este caso no podiendo él entender en ello.

Manda novena: Item por cuanto la voluntad postrera del Almirante primero mi señor padre y mía fue y es que de toda la renta del almirantazgo de Las Indias sea dado el diezmo por Dios como en su testamento se contiene y como yo aquí digo; mando que el susodicho padre **Don Fray Gaspar Gorricio** e quien para ello él mandare e deputare tenga cargo y comisión para cobrar y dispensar el dicho diezmo como pareciera por una carta y escritura firmada de mi nombre como aquí se sigue [dice Luis Arranz Márquez historiador de donde están tomados estos dato]. Los Colón habían obtenido una licencia en favor del cartujo **Fray Gaspar de Gorricio** para que pudiera salir del monasterio y gestionar los negocios colombinos; para todo lo cual en virtud de ésta yo lo doy todo mi poder cumplido como yo lo he y tengo puesto por la dicha carta y escritura no pareciese; y lo remito todo a lo que él o otro por él hiciere, como si yo mismo lo cobrare y dispensare.

Manda once: Item mando que hasta que yo o mis albaceas o herederos, tengamos disposición y facultad para lo que pertenece a la sepultura perpetua del Almirante mi señor padre que Dios haya, que de la dicha limosna de diezmo, sean dados a los padres del monasterio de Las Cuevas de Sevilla, <u>a donde yo mandé depositar el dicho cuerpo el año de quinientos nueve</u>, diez mil maravedís en cada un año mientras que allí estuviese depositado, para que rueguen por su alma y de quien es obligado.

Manda diecinueve: Item yo mando a mi heredero, que luego en teniendo disposición para ello haga hacer una iglesia con su capilla en que se digan misas por mi alma y de mi padre y de mis antecesores y sucesores, <u>la cual iglesia o monasterio que fuere</u> se intitule **Santa María de la Concepción** en lugar más idóneo que ser pueda y se hallare; y si le pareciere que mejor será que se haga en término de la villa de Santo Domingo sea mucho enhorabuena; para lo cual véase la cláusula del testamento postrero del Almirante y mi señor padre que habla de hacer la dicha capilla; porque esta manda y la de mi padre quiero que se entienda toda una.

Manda treinta y tres: Item mando que a cada uno de mis albaceas que yo asignare en este mi testamento, serán dados veinte mil maravedís por su trabajo; y mando que todas las costas que se hicieren en cumplir así este mi testamento como el testamento del Almirante mi señor padre que Dios haya, serán pagadas de mis bienes; y que si hubiese menester algún letrado que lo tomen para consejo y ayuda mando que lo tomen y le den veinte mil maravedís por su trabajo.

Manda treinta y cinco: Item mando a mi sucesor y legítimo heredero o a cualquiera a quien deviniere y perteneciere el Mayorazgo y mi herencia, que lea a menudo el testamento del Almirante mi señor padre que santa gloria haya y tenga siempre en cuidado de ser obediente a sus mandamientos y de cumplir todo lo en él contenido como y de la manera que yo soy obligado y de no hacer en especial en amenguar el dicho Mayorazgo y en todo lo que toca el servicio de sus altezas del Rey y de la Reina Nuestros Señores y al acrecentamiento de la religión cristiana.

Manda treinta y seis: E complido e pagado este mi testamento y las mandas y legados en el contenidos sin sacar falciria alguna de la cual como mejor de derecho puedo yo privo lo al que en fin nombrase por mi heredero señalo y dejo por mi universal heredero a Don Bartolomé Colón mi tío en el remanente de todos mis bienes; y si el dicho Don Bartolomé mi tío fuere fallecido, dejo por mi heredero a Don Diego Colón mi tío; y si el dicho Don Diego mi tío fuere fallecido dejo por mi heredero al pariente más próximo a mi línea de los Colones; ca si non se hallare alguno, dejo por mi heredero a la iglesia o monasterio a donde fuere fundada la perpetua sepultura del cuerpo del Almirante mi señor padre que santa gloria haya y del mío.

Constitución de albaceas e para pagar y cumplir este mi testamento y las mandas y otras cosas en él contenidas según que aquí está escrito y ordenado dejo y nombro por mis albaceas para que lo paguen y cumplan de mis bienes a los susodichos, canónigo Luis Fernández de Soria y el padre **Don Fray Gaspar Gorricio** y al Adelantado de Las Indias Don Bartolomé Colón y a Don Diego Colón mis tíos; a los cuales dichos mis albaceas, yo por esta carta y escritura de testamento doy, otorgo libre y lleno y cumplido poder y facultad para que ellos todos juntamente o los más de ellos si alguno faltare o no quisiere por sí mismo y por propia autoridad sin licencia y mandado mi autoridad de alcalde ni de justicia, ni de otra persona alguna y sin fuero y sin juicio y sin pena de calumnia alguna; y si pena o calumnia hubiere que todo sea y hará contra mis bienes y no contra los dichos mis albaceas, ni contra los suyos puedan entrar y tomar o vender y rematar tantos de mis bienes cuantos cumplan y basten para lo pagar y cumplir; y paguen y cumplan según y en la manera que dichos y cual los dichos mis albaceas hicieren por mi alma a tal depare Dios que se haga por las suyas cuando menester las fuere y de esta presente vida partiere; y doy poder y facultad a cada uno de ellos para que puedan poner otra persona, en su lugar para cumplir mi testamento.

... Fecha en el dicho monasterio de Las Cuevas a dieciséis de marzo del año de mil quinientos nueve años.

... E por cuanto hasta ahora, yo no tengo asignado lugar cierto para la perpetua sepultura del cuerpo del Almirante mi señor padre que santa gloria haya, ni del mío, digo que mi voluntad sería y es, que se hiciere una sepultura muy honrada en la Capilla de la Antigua de la Iglesia Mayor de Sevilla encima del postigo que es frontero a la sepultura del Cardenal Mendoza [se refiere a Diego Hurtado de Mendoza primer Obispo de Palencia, luego Arzobispo de Sevilla y por fin Cardenal de Santa Sabina y Patriarca de Alejandría] y cuando allí, no se pudiere hacer mando que mis albaceas escojan la iglesia y lugar que más competente fuere para nuestr honra y estado y salud, que allí se fabrique y haga la dicha **sepultura perpetua**, dándol perpetua renta y dotación para ella."

En esta última línea es tajante: sepultura perpetua.

Vamos a completar este capítulo haciendo referencia al codicilio de 1520 y al segun(testamento de Diego Colón, que lleva fecha de 8 de septiembre de 1523, todo según Documenti Relativi a Cristóforo Colombo e alla sua famiglia. Raccolti da L.T. Bergra e M. Staglieno. Roma auspice y Ministerio della pública istruzione. A MDCCCXCVI.

En el año 1520, en Sanlúcar de Barrameda, Diego Colón, hijo de Cristóforo, agrega a primer testamento un codicilo, que deposita en el monasterio de San Jerónimo.

El Codicilo no se encuentra; pero es claramente el indicado en el documento CXV (estas palabras:

"Otro sí por quanto hize estando en la villa de San Lúcar puede haber tres años poco m; menos tiempo, un Codicilo en el cual mandé ciertas mandas y lo dexé en el monasterio de Jerónimo de la dicha villa de San Lúcar de Barrameda, quiero que si en él está alguna ma que no esté en este testamento que se cumpla y guarde como si aquí estuviese pues asentada."

En Santo Domingo, ciudad de la isla La Española, 8 de septiembre de 1523, Diego Colón, hijo de Cristóforo y de Doña Felipa Moniz, hace su segundo testamento en su casa, donde mora, estando próximo a marchar a Castilla, estando sano de cuerpo y de mente, que cuando él muera sea su cuerpo depositado donde sea depositado definitivamente el de su padre.

Dice:

Si él muriese en la isla La Española, su cuerpo sea honrosamente depositado en la iglesia del monasterio de San Francisco de la ciudad de Santo Domingo. Si la muerte viniese en otro sitio, que sea su cuerpo depositado en una iglesia de la Orden de San Francisco.

Si él muriese en Sevilla, venga su cuerpo depositado en el Monasterio de Las Cuevas con el cuerpo que allí es del Almirante su padre.

Mas tengan bien presente sus ejecutores que cuando sea preparado el monasterio mismo de la fundación, allí se deberá llevar el cuerpo del Almirante su padre y el de la mujer de él Doña Felipa Moniz, el cual ahora está en el monasterio del Carmen en Lisboa, en la Capilla de la Piedad, que es propia de aquel linaje. Deberán además transportar al mismo monasterio de la ciudad de Santo Domingo, donde se hará la fundación debe ser de monjes franciscanos; y allí, en la Capilla Mayor de la iglesia, será la sepultura de Cristóforo Colombo, de su mujer, del hermano Bartolomeo y del testador, de sus sucesores y descendientes. Determina aun que el monasterio se construirá al "pie del cerro" y la casa será capaz de albergar cincuenta monjes.

Que hasta tanto no se proceda a la sepultura perpetua de su padre se les deberá dar anualmente diez mil maravedís a los padres de Las Cuevas de Sevilla, pero Diego Colon declara ya haberlos pagado a partir transferir (pasar o llevar una cosa de un lugar a otro).

A don Luis Colombo, su hijo y sucesor de la casa le recomienda leer muchas veces el testamento del Almirante Cristóforo Colombo y de cumplir todo lo que en él se prescribe.

Mando al dicho don Luis Colón mi hijo y a todos mis hijos e hijas que siempre obedezcan sirvan y honren (se refiere a Doña María de Toledo), pues tienen tanta obligación y razón para ello, pero declara que si ella volviese a casarse, entonces entrarían en su lugar como tutores y procuradores de los dichos hijos e hijas el hermano del mismo testador, don Fernando Colón, y Juan de Villoria, vecino y regidor de la ciudad de la Vega de la Concepción.

Es curioso cómo en este testamento de Diego Colón a su padre le llama Cristóforo Colombo, ¿pero cuándo Diego ha llamado a su padre con este apellido? Y esto no lo hace sólo con su padre, sino que a su hijo don Luis, el tercer Almirante, también le apellida Colombo...

En este testamento Diego Colón hace memoria de sus relaciones sexuales con diversas mujeres, por si hubiese tenido descendencia en ellas, por posibles herederos.

Tercera parte: Enterramiento perpetuo

A la vista de los capítulos anteriores, creemos que ya podemos intuir una serie de hechos muy interesantes para nuestro trabajo.

Ya no estamos totalmente a oscuras y aún podemos en parte suponer dónde han sido enterrados Cristóbal Colón y doña Aldonza, su madre.

Hemos visto en el testamento del año 1509, redactado por Diego Colón, la tremenda obsesión de éste por el enterramiento perpetuo del Gran Almirante y cómo reiteradamente se lo encomienda a don Luis, su hijo, y a sus descendientes, porque él no ha podido llevarlo a cabo.

Esta obsesión por estos enterramientos en el testamento del año 1523 no es que la olvide, pero no es tan reiterativa y nos da la impresión de que "algo" ha resuelto Diego, aunque no haya cumplido el traslado a Santo Domingo.

Son varios los historiadores que escriben que los restos del Almirante Don Cristóbal Colón fueron trasladados a Las Cuevas entre los años 1507 y 1513.

Por el testamento de don Diego sabemos que fueron depositados los restos de don Cristóbal en el año 1509, pero creemos que no fue ése el único movimiento del cadáver que allí hubo y ello por la extraña coincidencia de tantos historiadores señalando el período de años arriba indicado.

Como primera providencia, creemos que los restos de Cristóbal Colón nunca salieron de Castilla.

Veamos los hechos:

Está don Diego Colón en vísperas de marchar a La Española como Almirante Gobernador de aquella isla. El Rey le envía las instrucciones oportunas para cumplimiento de sus cargos con fecha 3 de mayo de 1509. Hay un hecho que preocu a don Diego y quiere dejarlo resuelto antes de su marcha o al menos ya inicia enterrar al menos a don Cristobal y a su madre doña Aldonza, aunque no sea en Española juntos.

¿Por qué pensamos así? Por sus testamentos.

Así termina el del año 1509, que ya hemos visto:

"E por cuanto hasta ahora, yo no tengo asignado lugar cierto para la perpetua sepultura cuerpo del Almirante mi Señor padre que santa gloria haya ni del mío, digo que mi volur seria y es que se hiciese una sepultura muy honrada en la Capilla del Antigua de la igl Mayor de Sevilla encima del postigo que es frontero a la sepultura del Cardenal Mendozɑ trata, afirmamos, de Hurtado de Mendoza, Obispo de Palencia primero, Arzobispo de Se después y Cardenal de Santa Sabina y Patriarca de Alejandría últimamente), y cuando allí n pudiera hacer, mando que mis albaceas escojan la iglesia y lugar que más competente f para nuestra honra, estado y salud, que allí se fabrique y haga la dicha sepultura perpe dándole perpetua renta y dotación para ella."

Diego Colón ha visto las dificultades del enterramiento de su padre y doña Aldonza juntos y en La Española y apela a dejarlos a los dos juntos en una sepultura y en una iglesia.

Ha visto imposible el enterramiento en la Catedral de Santo Domingo..., ha visto imposible la construcción de un monasterio en la Vega de la Concepción y si no puede cumplir lo mucho, al menos no se resiste a cumplir lo principal de la voluntad de su padre.

Hay un hecho que nos afirma en esta idea; es la Manda once del Testamento de Diego Colón del año 1509, dice así:

"Item mando que hasta que yo o mis Albaceas o herederos tengamos disposición y facultad para lo que pertenece a la sepultura perpetua del Almirante mi Señor padre que Dios haya, que de la dicha limosna del diezmo sean dados a los padres del Monasterio de Las Cuevas de Sevilla a donde yo mandé depositar el dicho cuerpo el año de 1509 diez mil maravedís en cada un año, mientras que allí estuviese depositado para que rueguen por su alma y de quien es obligado."

Parece que por esta nota final del testamento que allí lo deja por mucho tiempo, pero leemos en el testamento del año 1523 que dice:

"Entre tanto y hasta (tanto) que el cuerpo de Cristóbal esté en el Monasterio de Las Cuevas le sean dados anualmente a aquellos monjes diez mil maravedís para que rueguen por su alma; los cuales diez mil maravedis —declara el mismo don Diego— que ya los ha dado cada año a aquel monasterio a partir del tiempo en que fue trasladado el dicho cuerpo."

Y continúa el testamento:

"Quiero que los dichos ejecutores tomen de sus bienes trescientos ducados y que paguen con ellos ciertas deudas que su padre el Almirante dejó descritas en un memorial; que el pago debía de hacerse de manera que los acreedores ignoren de dónde proviene."

Si leemos con detenimiento estas dos partes en los dos testamentos, sacamos la conclusión en el segundo que la deuda está ya cancelada y ya no hay que pagar los diez mil maravedís al Monasterio de Las Cuevas... Pensando que los restos de Cristóbal Colón en esa época o poco después habían de ser trasladados a otro lugar, Diego Colón había cancelado la deuda y el compromiso por tener el cadáver en el Monasterio de Las Cuevas.

La muerte de don Diego Colón, hijo del Gran Almirante, ocurrida en el año 1526 no nos ha permitido saber de un traslado a La Española de los dos cadáveres.

Sabemos, no obstante, que doña María de Toledo, viuda de don Diego, y el hijo de ambos, don Luis Colón, pide autorización al Emperador Carlos V para que los restos del Gran Almirante sean sepultados en la Catedral de Santo Domingo de La Española.

El Emperador accede a esta petición y no solamente les concede esta gracia, sino que la aumenta "autorizando que sean enterrados en la Capilla Mayor, lugar y sitio reservado a los Reyes" y hace extensivo estos beneficios a sus hijos y descendientes.

El Rey firmó esta Carta Real el día 2 de junio del año 1537. Confirmaba el 22 de agosto de 1539 autorizando el traslado de los restos de los dos Colones desde el Monasterio de Las Cuevas, donde yacían, a la Capilla Mayor de la Catedral de Santo Domingo.

No hagan demasiado caso de la frase "los restos de los dos Colones". Siempre el misterio.

No se mostró propicio el Cabildo de Santo Domingo a este traslado, poniendo dificultades a ello, y el Rey extendió otra provisión obligando al Cabildo a que cumpliese sin dilación ni excusa lo ordenado y contenido en las anteriores órdenes. Esta última Carta Real lleva fecha de 5 de noviembre de 1540.

El protocolo de Las Cuevas dice: Fueron entregados los restos de Cristóbal Colón y su hijo Diego el año 1536.

¿Cómo es posible que hagan doña María de Toledo y su hijo don Luis la petición al Rey para el enterramiento de don Cristóbal y don Diego en el año 1537 y hayan sacado de Las Cuevas los dos cadáveres un año antes?

¿Dónde estuvieron los restos de ambos depositados o enterrados hasta el año 1540? Porque fue entonces cuando el Rey ordenó que fuesen sepultados en la Catedral de Santo Domingo.

En el año 1540 la Catedral de Santo Domingo es visitada por Gonzalo Fernández de Oviedo, que hace grandes elogios de ella comparándola en magnitud y magnificencia con las de Castilla. ¿Cómo es posible que este cronista no haga mención de la tumba d Colón que debía ocupar un lugar preeminente en el templo estando allí enterrad además Diego Colón, que había sido contino en Palacio con él?

Para explicar lo extraño de una petición como la de doña María de Toledo y su hijo do Luis solicitando el enterramiento ya imposible del Almirante, debemos ponernos aquellos tiempos de tanta ostentación en la vida y en la muerte. Un enterramiento al en la Catedral de Santo Domingo, para doña María de Toledo y sus hijos no comprendemos hoy, pero hacían las delicias de aquellas personas. ¿No apelamos a ahora a ser enterrados en suntuosos panteones y el que tiene privilegio de ser enterra en una iglesia nunca renuncia a ello?

No se extrañó nadie de esta vanidad y grandeza. Hace escasamente pocos años, y algunos lugares en la actualidad, a las Funerarias se las llamaba "Pompas fúnebres".

Cuarta parte: Santa María de las Cuevas

Creemos que ahora nuestra principal misión es ésta: Si sabemos que don Cristó Colón, sin ningún género de dudas, estuvo enterrado o depositado en Santa María Las Cuevas. ¿Fue exhumado de allí para llevarlo a otro lugar de enterramiento? I nadie lo duda, pues hay documentos que así lo dicen. El testamento de su hijo Di Colón afirma que lo dejó depositado en el año 1509 y la exhumación posterior t lugar indudablemente, pues ningún historiador afirma que allí esté enterrado el C Almirante, aunque las fechas de su exhumación son muy variables.

Doña Aldonza de Mendoza, con toda seguridad, sabemos que fue enterrada en la iglesia monacal de San Bartolomé de Lupiana; **que no la pudieron dar sepultura en el lugar por ella escogido y la colocaron en un lugar eminente al lado de la Epístola** y sobre su tumba colocaron el arcón funerario que ella había mandado esculpir con su rostro y cuerpo[307]. Este arcón funerario está tallado en alabastro de las canteras de Cogolludo y hoy se puede admirar, como ya se ha comentado, en el Museo de Guadalajara.

De sus restos tampoco sabemos nada, pues, tras su paso por el Museo Arqueológico de Madrid, y su vuelta al Museo de Guadalajara, no existe documento que indique en qué momento fueron exumados, y el sepulcro está vacío.

Vemos que en historia los hechos no son tan claros como quisiéramos.

Para trasladar los restos de un difunto de un lugar a otro era necesaria en aquellos tiempos la autorización del Papa.

El trámite que se seguía era el siguiente: Previa petición a Su Santidad, el Papa extendía un Breve, que era un documento menos solemne que una Bula, pero imprescindible para realizar cualquier traslado de un cadáver de una tumba a otra.

Prácticamente, sin el Breve Papal el traslado de restos mortales de un lugar a otro era imposible. ¿A quién encargaría Cristóbal Colón esta misión del traslado de los restos de él mismo y de su madre? ¿Se enterraron ambos juntos en Santa María de Las Cuevas? No vemos factible el enterramiento de los dos en la Cartuja de Las Cuevas de Sevilla.

Ello significaría gran peligro para la estabilidad de la Orden en aquellos tiempos, ante la posibilidad de una indiscreción de algunos de los frailes de la numerosa comunidad, poniendo en evidencia la torpe conducta del marqués de Santillana y el amparo que los cartujos prestaron al hijo de doña Aldonza; ello además podía acarrear posibles problemas a sus hijos.

Volvamos a discurrir y a estudiar. ¿A quién confió Colón esta difícil misión de solicitar el Breve y realizar el traslado?

Indudablemente, *al padre Gaspar Gorricio*, a quien, según todos los historiadores de aquella época, confió El Libro de los Privilegios, sus papeles y sus últimas voluntades; pero tenía que contar el buen fraile con el apoyo de Diego Colón, hijo del Almirante, u otro familiar.

Veamos lo que escribe el Almirante don Cristóbal en el Memorial redactado antes de emprender el cuarto viaje[308]

Este escrito lo vemos casi como un testamento abreviado. Va dirigido a su hijo Diego y le dice:

---

[307] En su testamento, doña Aldonza dice" Et mando para faser la dhaepultura myl florines de oro, en tanto que se fisieren las obras sobredichas mando quel my cuerpo sea puesto en depósito en el dho monesterio en lugar e por la manera que ordene el prior que a la sason ende fuer". ¿La llegaron a colocar el su mausoleo? No hay en ningún archivo conocido información de qué fue de su cuerpo, por lo que podría no haber ocupado nunca el sepulcro de alabastro que está en el museo de Guadalajara. (Alfonso C. Sanz)
[308] Varela, Consuelo; 1982; págs. 283-284. No se conserva esa escritura.

"todos mis privilegios y escrituras quedan a **Fray Don Gaspar** y una escritura de ordenación de mis bienes para si menester fuese en algún tiempo"

Luego le hace una serie de observaciones sobre comportamiento con la gente y los Reyes y viene después el siguiente párrafo:

"Yo te mando so pena de inobediencia que todas las cosas de sustancia que huviésedes de hacer, que sea todo con parecer y consejo de **fray Don Gaspar**, y no en otra manera, y trabaja porque se le traya el Breve del Santo Padre para poder salir a entender en mis cosas; y en la empresa de las Indias demuestra santa fe y gasta en esto cuanto fuere menester".

Tres mandatos hace aquí el Almirante a su hijo Diego:

1°. Obediencia ciega a Fray Gaspar Gorricio, bajo pena de inobediencia hacia su padre.
2°. Trabajar para que se le traiga el breve del Papa, para poder entender en mis cosas.
3°. Le insta para que no abandone la empresa de Las Indias.

El 1° y 2° mandamientos son conminatorios y relacionados con el Breve del Santo Padre para atender a sus cosas.

Colón quiere que vaya el padre Gorricio en persona a Roma a solicitar el Breve Papal. Colón desde Granada, el 24 de mayo de 1501, escribe al padre Gorricio:

"Un debate obo aquí, que um religioso de vuestra orden non puede salir para ir a Roma ni a otras partes; pídos por merçé que me lo digáis"[309].

¿Por qué apena a Colón que un padre cartujo no pueda ir a Roma? No tiene má explicación que Colón tenía siempre pensado que el padre Gorricio le resolvería est misión; si hay una prohibición en los cartujos de poderse trasladar a la Ciudad Eterna. la misión era fallida.

Hay una carta de Colón, al Papa Alejandro VI, fechada en febrero de 1502, pidiendo Pontífice un Breve, pero especifica claramente para qué es:

"Agora, beatíssime Pater, supplico a Vuestra Santidad que para mi consolación y por otr respectos que tocan a esta sancta en noble empresa, que me dé aiuda de algunos sacerdote religiosos que para ello conosco que son idóneos, y por su Breve mande a todos los superioi de cualquier orden de San Benito, de Cartuxa, de San Hierónimo, de Menores et Mendicant que pueda yo o quien mi puder tuviere excojer d'ellos fasta seis, los cuales negocien ador quier que fuere menester en esta santa empresa...[310]"

Como vemos, Colón en esta ocasión pide al Papa un Breve, pero aquí, cosa que sc hacer siempre (si le era posible al Almirante), especifica bien para qué solicita documento y no hace mención a ningún Breve pedido anteriormente para esta misión

Colón escribe al padre Gorricio desde Sanlúcar a 4 de abril de 1502

---

[309] *Ibídem*; pág 258
[310] *Ibídem*; pág 287

"... Mi partida será en nombre de La Santa Trinidad el miércoles[311] en la mañana. A la buelta veirá vuestra reverencia a Don Diego y le enporná bien en lo de mi Memorial

(Por lo visto no está claro y él lo reconoce, agregamos nosotros)

... que yo le deso, del cual querría yo, que tubiésedes un treslado"

(Qué interés tiene Colón que el padre Gorricio y Diego se enteren de todo y todo lo tengan bien presente, añadimos).

"Allá van por mi arquita para algunas escrituras. La carta escriviré de mi mano, Don Diego se le traherá con mis encomiendas"

(Una carta que personalmente le dará Don Diego escrita de su mano para que no haya dudas, añadimos nosotros).

"A eses devotos religiosos me encomiendo, en espicial al reverendo padre priol, que boy muy suyo y deseoso de servirle."

Hay una carta en tan mal estado que se hace dificultosa su lectura y que no es posible saber con seguridad su contenido, como muchas veces que trata de estos oscuros asuntos; no lleva fecha y dice así:
"Muy reverendo y deboto padre: En mucha merced recebí su carta y lo que en ella viene. Plega a Nuestro Señor de me...*** acia que y pueda cumplir mi deseu. Yo non veo y non...*** nuebo que teneís más cargo de mi que yo mi [smo] *** trabajaré y se hará. Creed que es gran*** nuestro amigo y que le pareçe y teme por todos*** [incon] venientes que le vienen que sea por esto.
Fecha oy***
Fará lo vuestra reverencia mandare[312]
     .S.
.S . A .S.
X   M   Y
El Almirante"

Mal podemos traducirla, pero sí se adivina que le causa gran alegría su contenido. Ruega a Dios que pueda cumplir sus deseos. Agradece que se preocupe el padre Gorricio de Colón más que el mismo Colón. Que trabajará y se hará.
Debe de haber alguna persona que, siendo amiga de Colón, es temerosa de todo y para él todos son inconvenientes.

Colón, desde Sevilla, el 4 de enero de 1505, escribe al padre Gorricio[313]

"Reberendo y muy devoto padre... Yo non sey ya qué diga de mi deseu de veros y comunicar algo que en non es de péndula. Las escrituras que tenéis querríalas ver, y eses privilegios querría mandar a hazer una casa de corcha enforrada de çera. Pidos por merçed que si el Donato, aquel hombre honrado, oviere de venir acá, que con él me enbieis todo o, con

---

[311] *Ibidem*; pág 290. La investigadora aclara que el miércoles se refiere al día 6, pero no zarpó hasta el día 11, como indica en otra carta
[312] *Ibidem*; pág 261
[313] *Ibídem*; pág 326

Andrea, hermano de Juan Antonio portador d'ésta. De mi mal cada día estoy mejor, gracias a Nuestro Señor.

Al padre priol en su merçed me encomiendo y de todos esos religiosos."

Como vemos, siguen los misterios y el envío de cartas con todo género de precauciones. No las manda con un cualquiera. No decimos que no vayan escritas en ellas preocupaciones monetarias..., pero al padre Gorricio poco podían interesar y aún menos ser resueltas por él.

Ahora nos queda comprobar, ¿cumplió el padre Gorricio las órdenes que había recibido del Almirante de ir a Roma y pedir el Breve al Papa?

Con Juan Gil y C. Varela podemos leer una abreviada biografía del Fray Gaspar Gorricio. Copiamos algunos párrafos más relacionados con esta nuestra historia[314].

Arriba hay una fecha: Sevilla, 23 de marzo de 1502.

"Monje profeso de la Cartuja de Las Cuevas de Sevilla, donde desempeñó los cargos de procurador y vicario, fue Fray Gaspar Gorricio el gran amigo del Almirante. Oriundo de Novara (Italia), debió de instalarse en Sevilla antes de 1490, año en que ya había profesado en la Orden de San Bruno, y a esta ciudad atrajo en 1494, a la muerte del Gran Cardenal, a sus hermanos Melchor y Francisco, que reclutados en Venecia por don Pero González de Mendoza, ejercían en Toledo como libreros e impresores."

Depositó Colón en el padre Gorricio "los papeles" que deseaba conservar (así pone la referencia). Le convirtió en archivero y tesorero y solicitó su ayuda en la confección de Libro de Las Profecías... incluso después de fallecido el Almirante continuó Gorricio su servicio, bien recibiendo su cuerpo cuando Juan Antonio Colombo lo depositó en La Cuevas para ser enterrado (consta en una escritura del archivo de protocolo, Sevilla).

Fue su albacea testamentario; fue el cartujo amigo íntimo de los hermanos de Coló redactó el testamento de don Diego Colón, que en sus estancias en Sevilla acostumbra a vivir en la casa de Francisco Gorricio (hermano del monje). Por un tiempo fue depositario de dinero, oro y joyas de don Bartolomé Colón, y, repetimos, es compenetración y amistad de todos los Colones con el padre Gorricio duró hasta muerte de éste, que tuvo lugar en La Cartuja de Las Cuevas el 31 de diciembre de 151

Quinta parte: Exhumación

Hasta aquí, sabemos dónde estaban enterrados el Almirante y doña Aldonza Mendo su madre. El primero en Las Cuevas de Santa María extramuros de Sevilla. Su madre la Iglesia del Monasterio Jerónimo de San Bartolomé de Lupiana. Hemos estudiado relación y amistad del padre Gorricio con Cristóbal Colón y sus familiares, y tamb con los Mendoza, pues es Pero González de Mendoza quien trae a España, de Venecia, a sus hermanos Melchor y Francisco, y sospechamos que él cumplió la dí misión para un cartujo de ir a Roma y solicitar al Papa Julio II el Breve par exhumación y traslado del cadáver del Almirante desde Las Cuevas a otro lugar. ¿I cumplió efectivamente el padre Fray Gaspar Gorricio este cometido? Creemos qu

[314] Gil, Juan, y Varela, Consuelo; Cartas particulares a Colón y Relaciones coetáneas; Alianza Editori 1984; pág 293

porque todos los historiadores están seguros que el cadáver del Almirante no está enterrado en Las Cuevas de Santa María de Sevilla.

"Por un tiempo, fue el depositario [el padre Gorricio] del dinero, oro y joyas de don Bartolomé, al que, al parecer, acompañó a Roma en el viaje que éste realizó en 1507; quizá aprovechara su estancia allí para obtener del Papa Julio II permiso para establecer un monasterio de cartujos en las Indias, vieja aspiración del Almirante, misión que no pudo realizar pese a tener la autorización del Padre General de su Orden"[315].

Si nos informan de que don Bartolomé, al parecer, fue acompañado a Roma por el padre Gorricio, quiere decir que el citado padre era secundario en este viaje.

A continuación, se nos dice que el padre Gorricio aprovecha su estancia en Roma para obtener del Papa Julio II el permiso para establecer un monasterio Cartujo en Las Indias y que era vieja aspiración del Almirante. Nos está equivocando, porque nunca Cristóbal Colón hizo manifestación de ese deseo fundacional cartujo. Si aprovecha su estancia en Roma el padre Gorricio es que ésta no era su misión principal.

Es absurdo que el Papa, llevando Gorricio autorización y deseo del padre General de la Orden, no acceda a esa petición de establecer un monasterio de cartujos en las nuevas tierras conquistadas.

La comunidad cartujana amonestó al padre Gorricio por tener amistad y conversación con una familia como los Colones, que además en el aspecto religioso eran muy observantes; otra cosa es si por atender a esa familia, Gorricio pedía permiso y abandonaba el convento para ir a Roma.

Todo este estudio, conductas, coincidencias, relatos, fecha en que se produce, misterio en tantas cartas, amistades, acompañamiento de Gorricio a Bartolomé Colón a Roma, visita al Papa, negación del Papa para fundar un monasterio en Las Indias... humanamente no tiene más explicación que Bartolomé Colón llevaba a Roma una misión muy concreta cerca del Santo Padre y que el padre Gorricio le acompañó apoyándole en ella.

Nos dicen Gil y Varela:

"Murió fray Gaspar en Sevilla en la Cartuja de las Cuevas el 31 de diciembre de 1515. En su celda guardaba una arqueta con las escrituras que Colón le había pedido conservar, documentos que quedaron en custodia del monasterio haste el año de 1609 en que fueron entregados a don Nuño Colón de Portugal, cuarto duque de Veragua; estos son, en gran parte, los que hoy se encuentran en el Archivo General de Indias de Sevilla; desgraciadamente, varios documentos fueron sacados con anterioridad a la entrega del depósito a don Nuño, para ser usados en los Pleitos. Algunos de ellos han aparecido en los archivos de la Casa de Alba, otros, tal vez, se hayan perdido para siempre"[316].

Pensando ahora con lógica, ¿el padre Gorricio se encargaría también de gestionar el traslado de los restos de doña Aldonza desde Lupiana al definitivo sepulcro pensado por Cristóbal Colón o por su hijo don Diego, solicitando otro Breve? Lo dudamos mucho.

---

[315] *Ibídem*; 1984; pág 294
[316] Ob, cit; 1984; pág 294

El estudio de convivencia, amistad y cooperación entre las distintas órdenes religiosas distaba en aquellos tiempos mucho de la deseada armonía. Sólo había entre ellos unidad verdadera en la Fe, en la observancia de la particular regla y en la oración. Por ello deducimos que esta gestión tuvo que hacerse con la colaboración de un fraile jerónimo.

En la Información de Bartolomé Colón sobre el cuarto viaje[317] leemos:

"Francazio de Montalboddo, con la recopilación de sus Paesi nuouamente ritrouati, había sentado en 1508 la pauta a seguir por todo el futuro colector de viajes.... Entre la poca novedosa pero siempre necesaria labor de acarreo, incluyó Zorzi un documento singularísimo: la descripción que del cuarto viaje había hecho en Roma Bartolomé Colón en persona a un fraile jerónimo, cuyo nombre se silencia, y al que había dado asimismo un croquis ilustrativo de las costas recientemente descubiertas".

¿Qué valor e interpretación dan los cronistas a este hecho?

La presencia de don Bartolomé en Roma y esta súbita y solícita distribución de informes, es táctica de los Colones. Acudimos de nuevo a Gil y Varela:

"También nos es familiar la típica manera de arrimarse a un fraile y de hacer confidencias en claustros recoletos: los Colones, que saben mucho de propaganda, aprecian en cuanto vale el poderío espiritual y temporal de la Iglesia, y su singular manera de acordarse de Santa Bárbara cuando truena consiste en acudir a celdas a parlamentar con monjes.

La visita de Bartolomé a los jerónimos de Roma (eremita de la orden de S. Jerónimo, era, no se olvide, fray Román Pané), obedece a las mismas causas que la visita de Cristóbal (Colón) a los frailes franciscanos de La Rábida: ni en uno ni en otro caso se está cebando a los miembros de la Orden respectiva con la idea de ser ellos los protagonistas del mayor proyecto de evangelización concebido desde el tiempo de los Apóstoles."[318]

Queremos hacer constar que las relaciones entre jerónimos de Roma y jerónimos de España eran muy tirantes y nulas por estar constituida aquella Orden por un jerónim separado de Lupiana no de forma cordial, fray Lope de Olmedo. Vemos otra vez Bartolomé Colón con un jerónimo visitando al Papa.

Es lógico que a la petición del Breve (?) el Papa se interesase por la familia Colón Bartolomé le diese quejas del comportamiento del rey don Fernando con Dieg queriéndole desposeer de todos los títulos y prebendas obtenidas por su padre y qu dada la altísima misión jugada por Cristóbal Colón en la expansión de la religi católica, escribiese al rey Fernando de Aragón y de Sicilia con fecha 10 de abril de 15(rogándole favor hacia la familia Colón, *"dignos de honor y protección"*.

El día 19 de abril el Papa Julio II escribía al Cardenal Cisneros exhortándole q atendieran los asuntos de las Indias y que:

"a Diego Colón ayudes, favorezcas y protejas y hagas que no sólo se le guarden los tratad capitulaciones y privilegios, sino que se le enaltezcan".

---

[317] *Ibídem*; XXXIV. Información de Bartolomé Colón sobre el cuarto viaje; pág 322
[318] *Ibídem*; pág 324

Como vemos, ¿otra casualidad? asiste un jerónimo con Bartolomé Colón a Roma y se entrevistan con el Papa. Qué difícil, por no decir imposible, que tantas piezas sean movidas al azar y no sirvan a un estudio previamente planteado por lo lógico y confirmado por una serie de hechos ciertos.

En información de Bartolomé Colón sobre la navegación al poniente a Garbino y encontrando las minas de oro de Veragua en el Nuevo Mundo leemos:

"en 1505 habiendo ido a Roma Bartolomé Colón, hermano de Cristóbal Colón, después de la muerte de éste, a fin de conseguir cartas del Pontífice para que el Rey de España se sirviese darles carabelas en orden a lo que había menester y especialmente frailes doctos en Filosofía y en Teología y en las Sagradas Escrituras..."[319]

En estas suposiciones, vemos que cada cual opina algo distinto relacionado con las peticiones al Papa, pero lo que todos afirman es la entrevista de Bartolomé Colón con un fraile jerónimo y el Papa, como vuelven a insistir poco después.

Con tantas manifestaciones, lo que no cabe la menor duda, es la estancia en Italia y Roma de Bartolomé Colón, su compañía con un jerónimo, y su visita al Papa Julio II.

Lo que realmente resulta ilógico es que Bartolomé Colón vaya a Roma y en compañía de un jerónimo acuda al Papa como intercesor del rey de España para que le den carabelas para ir a las Indias. Si el rey Fernando tenía preferencia por algún "Colón", era por Bartolomé, y no necesitaba ningún apoyo o recomendación.

Del estudio de todo este capítulo sacamos varias enseñanzas.

➢ El padre Gorricio, en el año 1507, fue a Roma y se entrevistó con el Papa Julio II, acompañando al Adelantado Bartolomé Colón.

➢ La misión que llevaron la ignoramos de una forma absoluta por falta de documentos indicativos y taxativos, pero la de fundar un monasterio cartujo en las Indias la rechazamos porque Colón nunca abrigó esta idea y además por los resultados. No se fundó monasterio cartujo en las Indias, a pesar de "llevar el cartujo permiso y solicitud del General de la Orden ante el Pontífice".

➢ No entendemos la misión de Bartolomé Colón cerca del Papa para una petición que era exclusiva de la Orden Cartujana y con todos los documentos en regla.

➢ Tiene perfecta lógica todo si lo que solicitaba era un Breve para el traslado de los restos de Cristóbal Colón desde un convento cartujo a otro sepulcro definitivo.

➢ Es absurdo el enojo del prior y la comunidad de la citada Orden hacia el padre Gorricio, si éste llevaba ante el Papa una misión específica de la Orden Cartujana.

---

[319] *Ibídem*, págs. 322-324

> La angustia de Cristóbal Colón porque un cartujo no pueda ir a Roma[320].

> La presencia en Roma de Bartolomé Colón con un jerónimo y su audiencia y presencia ante el Papa y lo absurdo de "pedir" al Papa que interceda ante el rey para que le den o faciliten a Bartolomé Colón tres carabelas. En aquella época Alonso de Ojeda y otros pilotos iban a las Indias sin autorización del rey Fernando.

La cronología de todos estos hechos y actos nos permite sospechar, con muchas probabilidades de acertar, que la misión del padre Gorricio y Bartolomé Colón y la posterior de Bartolomé Colón y el padre Jerónimo ante el Papa eran para solicitar dos Breves para traslado de los restos de Cristóbal Colón y de doña Aldonza Mendoza.

Así terminaba Ricardo Sanz este capítulo en su obra[321], sin poder identificar al jerónimo que encontrábamos en Roma. Hagamos esta salvedad: la Orden de San Jerónimo fue una comunidad netamente española, salvo un pequeño grupo de frailes jerónimos que se disgregó y fueron a Roma y pronto volvieron a la Península instalándose en Sevilla y conocidos por el sobrenombre de *"los Isidros"*. Hasta la vuelta de este grupo nuevamente a la Orden no hubo jerónimos fuera de España y Portugal.

Tratamos ahora de aclarar quién era y cómo se llamaba este jerónimo que vemos en Roma acompañando a Bartolomé Colón[322]. Veamos lo que dice el padre Sigüenza:

"El Monasterio de San Bartolomé de Lupiana en el año 1504 celebró capítulo privado porque vacó de su oficio de General fray Pedro de Béjar. Entraron en elección y salió electo fray Alonso de Toro, profeso de San Bartolomé de Lupiana, religioso de mucha prudencia y observancia"[323].

Le tocó vivir muy tristes sucesos, entre ellos la muerte de la Reina Católica doña Isabel

"Desde el año 1504 hasta 1507 hubo algunos Capítulos privados de nuestra religión: no tiene cosa de más importancia de que poder hacer memoria que la elección de General de fr. Alonso de Toro, de quien dijimos lo que bastaba.

El Rey Felipe I que gobernaba, importunado por su privado Juan Manuel y con el pretexto que la Orden de los jerónimos era muy rica y no trabajaban, estuvo a punto de disolverla. decreto estaba hecho y al irlo a firmar, una pluma no tenía tinta, la segunda y la tercera plu se rompieron y el Rey mandó a su privado que no le importunase más con firmar e decreto"[324].

---

[320] Varela, Consuelo; ob, cit; pág 259. En carta fechada en Granada el 24 de mayo de 1501: *"Um de obo aquí que um religioso de vuestra orden non puede salir para ir a Roma ni a otras partes; p merçé que me lo digáis."* (error de Colón, nos aclara Varela. El mismo Gorricio viajó a Roma en 1507 esta nota de Varela hemos de comentar que el viaje a Roma de Gorricio se produce un año después (muerte del Almirante, por lo que éste en su carta se queja con razón, pues en ese momento no s producido ningún viaje.
[321] Cristóbal Colón alcarreño, o América la bien llamada
[322] Sigüenza, fray José; op, cit; 1907-1909; tomo II; págs. 84, 87 y 88.
[323] Ibídem; pág 84
[324] Ibídem; pág 87

"En el año 1507 se celebró Capítulo General y acordóse que el General que vacase fuese juzgado, abonado o reprendido delante de todos a los que había ofendido, como aconteció aquí"[325].

Pidieron esto los religiosos de orden sacro de San Bartolomé y el General mismo, fray Alonso de Toro, les ayudó. Pidiéronlo también muchos Priores y Procuradores de la Orden, cosa deseada por las razones dichas y otras más secretas y particulares. Renunció de su propia voluntad fray Alonso de Toro del Oficio de General; aceptáronsela luego y entraron en elección.

Salió electo y fue confirmado fray Francisco de Ureña, Prior de San Jerónimo de Madrid. Reprendieron y castigaron al General pasado, fray Alonso de Toro, no por cosa de menor buen religioso, sino por algunos descuidos en el oficio. De lo que más se le hacía cargo fue haber salido más veces de la casa de lo que hasta allí habían salido otros Generales y era esto contra las buenas leyes de la Orden, que manda no salga sin mucha necesidad y no es sufrible que el que es guarda de los otros haya menester otra guardia. Verdad es que algunas personas graves le rogaron se pusiese entre medias en ciertos negocios de calidad, mas ésta no es excusa por no ser aquél su oficio, ni parece caber en razón dejar el rebaño propio por curar el ajeno, teniendo tantos por quien se pudiese hacer aquello. De aquí inferían que no era hombre de mucha marca ni entereza, pues tan fácilmente se dejaba llevar de los ruegos de personas seglares. Penitenciéronle que no pudiese tener por tres años el oficio de Prior. Esto es, lo sentenciaron. Mandáronle postrarse a sus pies, que es un acto de mucha mortificación y obediencia. Dijéronle sus defectos con término muy honesto y de reverencia. El reo no puede hablar, ni dar disculpas, ni hacer satisfacciones, porque ya la causa viene averiguada. Puesta la penitencia y leída la sentencia, mándanle levantar y besar los pies a los definidores.

En el año 1510 salió electo el General fray Miguel de Ocaña[326].

"celebro la orden algunos capitulos privados entre los dos generales y no hay que hacer mucha mencion de ellos por ser **de cosas y personas singulares**".

Fijémonos bien en los escritos y en las fechas[327].

Si leemos con atención todo lo sucedido al General de la Orden fray Alonso de Toro, comprobamos que fue juzgado por desatender su misión de guardián de la buena marcha del monasterio y vigilancia de los frailes. Este hecho era más grave porque siendo General, su misión no afectaba sólo a un monasterio, sino a toda la Orden.

La salida o ausencia del monasterio no pudo ser esporádica, sino continuada y por mucho tiempo, a juzgar por la represión y penitencia impuesta.

Hubo un consenso entre todos los Padres Definidores del Capítulo y nos dice fray José Sigüenza que Alonso de Toro les ayudó, presentando la renuncia voluntaria (no lo creemos así), luego él se consideraba culpable.

De lo que se le acusaba era de:

---

[325] Ibídem; pág 88
[326] Ibídem, Fray José Sigüenza, tomo II, pág 88 (El subrayado es nuestro)
[327] Ibídem, pág 95

Haber salido más veces de la casa de lo que hasta allí habían salido otros Generales.

La falta de guarda de los frailes del convento y de la Orden, necesitando él otra guardia para su vigilancia personal.

Atender a otras personas graves, que le rogaron se pusiese entre medias en ciertos negocios de calidad.

Ser él General en San Bartolomé de Lupiana en ese momento.

Dejar el rebaño propio para atender el ajeno.

Dejarse llevar de personas seglares.

Todo ello nos hace pensar con mucha seguridad que el jerónimo que encontramos en Roma fue el General fray Alonso de Toro y no otro.

Y ahora volvemos a repetir el siguiente relato:

En el año 1510 salió electo fray Miguel de Ureña y celebró la Orden entre los Capítulos Generales otros privados,

... pero no hay que hacer mucha memoria de ellos **por ser de cosas y personas singulares**.

Estos capitulos privados tuvieron lugar entre los años 1510-1513.

¿Por qué hace mención de estos Capítulos privados si no tienen importancia? ¿Por qué hacen mención de ellos dándonos cuenta que trataron de personas y cosas singulares y no las cita?

En páginas siguientes aclararemos estos hechos.

Después de leído este capítulo lo primero que se me ocurrió (Ricardo Sanz) fue revisar en el Vaticano la documentación referente a los años que sucedieron a la muerte de Cristóbal Colón y si allí en el tiempo correspondiente al Pontificado del Papa Julio II encontraríamos los dichosos y deseados Breves.

Esta operación fue solicitada por Ricardo Sanz a un religioso que, aunque creemos que no tendría inconveniente en que se publicase su nombre, por no estar autorizados para ello, lo callamos (J).

La contestación es que ha hecho una revisión exhaustiva de toda la documentación referente al Papa Julio II y limitada a esa época, no habiendo encontrado los tan deseados Breves. Se ve que hasta allí llegó la posible responsabilidad de poner a descubierto unos hechos no santos o que estos documentos están entre los muy reservados.

Sexta parte: Doña Aldonza de Mendoza

Sabemos, por el estudio de los historiadores, que Cristóbal Colón muerto estuvo depositado en el monasterio de Santa María de Las Cuevas de Sevilla; también sabemos que allí no está enterrado y esto no lo pone en duda nadie, luego de allí fue exhumado.

Conocemos igualmente la estancia en Roma del padre Gorricio acompañando a don Bartolomé Colón visitando al Papa.

Igualmente nos es conocida la casi idéntica historia del jerónimo fray Alonso de Toro en la Ciudad Eterna, visitando al Papa con una posible misión idéntica a la de fray Gaspar Gorricio, pero nada sabemos de la exhumación de doña Aldonza desde el monasterio de San Bartolomé de Lupiana a otro lugar.

¿Tenemos datos ciertos para saber que doña Aldonza fue exhumada de la iglesia conventual de Lupiana?

Primer hecho para esta exhumación: tenemos que tener ciencia cierta que fue enterrada en este monasterio.

Aunque pequemos de reiterativos, pero dada la importancia del hecho, repetimos un texto ya citado en otra parte de este libro:

"La Duquesa de Arjona Doña Aldonza Mendoça visitaba muchas vezes a aquellos santos (se refiere a los frailes de San Bartolomé de Lupiana); era muy pia, inclinada desde la cuna a cosas santas, y al augmente del oficio diuino, considero la religiosa señora, que aquella primera Iglesia era muy corta, mal proporcionada para celebrarlo con la solemnidad, que aquellos religiosos la dauan. Trato de alargarla, hizolo dexándola en la medida que agora se conserua. Labro el techo de la iglesia, desde la capilla mayor, y aunque de madera, mas con el mejor ornato que la rusticidad de aquel tiempo supo dalle. Estaua España en esta y en las demas artes muy pobre, mendigando los Christianos viejos de las reliquias de los Arabes, hasta los más baxos oficios. Labro de la misma traça el coro y sillas, que aun se ve en ellas que hazian todo lo que sabían, sin perdonar el tiempo y a la costa. Tambien hizo el primer retablo de la capilla mayor, que ya se mejoro con el tiempo (ansi se aya mejorado en la deuocion). Hizo al fin vn testamento debaxo del cual murió, dexando muchas cosas a sus deuotos. **No pudieron cumplirse** y como era para la dote de la capilla (sepulcro, aclaramos nosotros) faltando aquéllas, **no pudo quedar su cuerpo en el assiento de en medio**: pusieronle en un lugar emineute junto al altar mayor, al lado de la Epístola."[328]

Como vemos, hay un hecho cierto: doña Aldonza fue enterrada en la iglesia de Lupiana. ¿Fue exhumada de allí y trasladada a otro lugar?

Veamos lo que nos dice el Padre Sigüenza[329]

"Don Lorenço Suárez de Figueroa[330], Conde de Coruña, casado con doña Ysabel de Borbón, de la Casa de Francia, tenía singular deuoción a estos religiosos, y a este convento (se refiere a San Bartolomé de Lupiana): parecióle si sepultaua alli su cuerpo, gozaria su alma más presto

---

[328] Sigüenza, Fray José; op.cit; Tomo I; pág 47
[329] *Ibídem*, tomo I, pág 48
[330] Hijo del Marqués de Santillana

191

de descanso. Entendio que la capilla mayor no tenia dueño, por la razon que diximos[331]: trato con los religiosos se la diesen. Hizose y enterrose en ella año de mil y quatrocientos y ochenta: dotola honrradamente con juros, y vn molino en la ribera de Henares. Dioles vu dosel de brocado que oy viue, y instituyo vua capellania perpetua."

Lorenzo Suárez de Figueroa dice en su mismo testamento:

"que sólo le movía a esto la mucha devoción y afición grande que tenía al convento, sin otra persuasión humana".

Nosotros lo traducimos así: Juicio formado en virtud de un fundamento humano, luego conocía el enterramiento de doña Aldonza y la conducta de su padre, el Marqués de Santillana.

Y sigue el Padre Sigüenza:

"El año de mil y quinientos y quarenta y cinco (haze agora cincuenta años), el Conde de Coruña don Alonso Suárez de Mendoza, sucessor en el estado, rogó al Conuento se deshiziesse aquel concierto, porque desseaua tener a sus padres y aguelos en vn entierro que hazia en Torija."[332] Concedió el monasterio todo lo que pedia. Truxole facultad del Papa, que era a la sazón Paulo Tercio para hacerse (como vemos necesitó un Breve). Lleuaronse los huesos a Torija, y quedó aquella capilla (no sabemos con que acuerdo del cielo) libre, para más alto dueño. Parecioles a los religiosos santos de san Bartolome y a san Gerónimo Doctor y padre desta religión, que ya la yglesia y capilla tenia suyo y que los que hasta allí hauian entrado en ella, dexandoles sus haziendas y sus cuerpos, entraron como dizen, con buena fe, pensando que podian, quando les mostraron el desengaño en el cielo, y entendieron a quien se deuia, todos de comun acuerdo vinieron en deshazer los conciertos hechos en la tierra y tornarle a su rayz. Ansi el año mil y quinientos y sesenta y nueue, se dio la capilla mayor al Rey don Felipe segundo, después de auer corrido por tantas manos como enajenada, y violentada, agora se vio en su proprio señor depositada, como cosa deuida a la casa Real donde auía salido..."

"Los sepulcros y capillas donde se deposito lo terreno, todo sea de los Reyes quando se quisiere seruir dello...

Pues, quien dira que no era violencia, o orden torcido, que en la primera capilla desta religión y en la cabeça tenga la possesión quien sea menos que cabeça del Reyno, y este en otra subordinada a esta quien tiene el supremo lugar? y que esto se aya hecho y endereçado a su natural camino sin pensar, y sin acuerdo humano, y que despues de tantos asientos, al parece tan firmes, se desauengan sin violencia, para caerse de su peso a su centro: acuerdo parece este más que humano. Sea al fin lo que fuere, el Catholico Rey don Felipe, en estos años que dixe, tomo por suya la capilla..."[333]

Como vemos, en el año 1545 los sepulcros y capillas de la iglesia de san Bartolome de Lupiana estaban vacios. En ese año no estaba alli enterrada doña Aldonza de Mendoza.

---

[331] Estaba reservada a doña Aldonza de Mendoza, pero por no llevarse a efecto su testamento por la avaricia de sus parientes como ella ordenaba, su cuerpo fue enterrado en el presbiterio, en el lado de la epístola.
[332] *Ibídem*; Tomo I; pág 48
[333] *Ibídem*; Tomo I; pág 48 (el subrayado es nuestro)

¿Quién tenía interés en exhumarla de allí y trasladarla a otro lugar? Doña Aldonza había fallecido sin sucesión legítima (reconocida), y su marido, muerto cinco años antes que ella, está enterrado cerca de Carrión de los Condes según unos, o en Toledo, según otros.

Su cuñada doña Beatriz de Castro había estado siempre en pleitos con ella por la posesión de villas y aldeas. La familia Mendoza era su enemiga... Sólo a Diego Colón, su nieto, le podía interesar el traslado a otro lugar, cumpliendo la voluntad de su padre.

Cristina de Arteaga nos lo dirá así:

"Allá, en el Monasterio de Lupiana, los monjes jerónimos rodearon la figura de su bienhechora con claro renombre; hoy, arrebatada la tumba y aún los restos de aquella cumbre que fué pedestal de penitencia y plegaria, duerme la efigie sepulcral de la Duquesa de Arjona en el Museo Arqueológico de Madrid. Viste el ropón ajustado sobre la túnica, adorna su garganta un rico collar y, aunque suntuosa y presumida, se la diría bajo la leve toca llena de gravedad cándida; tienen sus manos, posadas suavemente sobre el rosario de cuentas, un gesto de recato y de paz"[334]

Sor Cristina de Arteaga así lo expresa por no saber ni cuándo ni por qué se exhumaron esos restos.

En la actualidad, año 2013, el sarcófago se encuentra en el Museo de Guadalajara.

Séptima parte: Enterramiento conjunto

Hemos llegado al punto más difícil de la presente historia, porque si es verdad como hemos demostrado en el capítulo anterior, que tanto Cristóbal Colón como Aldonza de Mendoza fueron exhumados de las Cuevas de Santa María de Sevilla y de la iglesia jerónima de Lupiana, donde reposaban hasta ahora estos dos cuerpos, hemos de suponer, por deducción lógica, si se trata de madre e hijo, que están enterrados juntos. ¿Pero dónde?

Hemos visto a través de los testamentos de Diego Colón, hijo del Gran Almirante, la serie de dificultades que debió de encontrar para hacer un enterramiento conjunto de ambos cadáveres en La Española, como afirma Diego, que siendo Almirante y Gobernador de esta isla no lo pudo realizar.

"Suponemos" el motivo de ello: la posible o segura identificación de Cristóbal Colón y todos los perjuicios morales que caerían sobre los Mendoza por la acción de don Iñigo López al arrebatarle la herencia, sobre ellos mismos, al ser conocedores de su identidad, y sobre los frailes que tanto le ayudaron en su empresa, amén de las posibles represalias sobre los descendientes del Almirante.

En el testamento de Diego Colón de fecha 16 de marzo de 1509 adivinamos que antes de emprender viaje a las Indias quiere dejar resuelto, al menos en parte, el deseo de su padre: enterrarse junto a su madre, porque una vez firmado el testamento agrega:

---

[334] Arteaga, Cristina de. La Casa del Infantado, Cabeza de los Mendoza. Tomo I; pág 108

"E por cuanto hasta ahora, yo no tengo asignado lugar cierto para la perpetua sepultura del cuerpo del Almirante mi Señor padre que santa Gloria haya, ni del mío, digo, que mi voluntad sería Y ES, que se hiciese una sepultura muy honrada en la capilla del Antigua de la iglesia mayor de Sevilla, encima del postigo que es frontero a la sepultura del Cardenal Mendoza [este Cardenal es Hurtado de Mendoza, que fue Obispo de Palencia, Arzobispo de Sevilla y Cardenal de Santa Sabina y Patriarca de Alejandría, agregamos] y cuando allí no se pudiere hacer, mando que mis albaceas escojan la iglesia y lugar que más competente fuere para nuestra honra y estado y salud; que allí se fabrique y haga la dicha sepultura perpetua, dándole perpétua renta y dotación para ella"[335].

Sabemos de una forma cierta que en la capilla de La Antigua de la Catedral de Sevilla no está enterrado el Almirante. Tenemos que buscarle, por lo tanto, en la iglesia y "lugar que más competente fuere para nuestra honra..."

¿Dónde estará esta iglesia? Sin duda de ningún género, ante esta contigencia de no poderse enterrar en La Española, Cristóbal Colón quiso ser enterrado en Castilla.

Él siempre pensaba en Castilla y qué bien lo expresaba con aquella concisión y brevedad en oraciones tan propias.

Así escribe Colón:

"Es por la mañana y estoy sentado a las orillas de un río [está en La Española], las aguas cristalinas y claras me permiten ver las piedras y las arenas del fondo, los árboles, de mil formas y tamaños llegan hasta la misma orilla, oigo el cantar de cien pájaros diferentes, en este momento oigo el cantar de un ruiseñor; igual que Castilla en mayo."

¿Se puede decir algo más bello y en menos palabras? A su hijo Diego cuántas veces le habría dicho, "si no puedo ser enterrado en La Española que me entierren en Castilla". ¿Pero dónde? Espinosa de Henares y Cogolludo pertenecían a la diócesis de Toledo. ¿Enterrado en la Catedral de Toledo? Creemos que también allí era difícil para seguir conservando el anonimato de su identidad.

Existe un trabajo de Ventura López sobre el enterramiento de Cristóbal Colón en Toledo en el que afirma que allí no fue enterrado, por la serie de "razones" que nos da.

¿En Espinosa de Henares? Allí murió su madre, doña Aldonza, y allí nacieron e Almirante y "sus" hermanos (según nuestra tesis). No creemos que fuesen enterrado allí. En aquellos tiempos de tanto orgullo en la vida y en la muerte, el lugar no reuní las mínimas condiciones para un enterramiento de unas personalidades tan nobles, y ell porque la iglesia es sumamente sencilla.

¿Cogolludo? Doña Aldonza de soltera utilizó el título de Señora de Cogolludo, que casar con don Fadrique de Castro lo reemplazó por el de duquesa de Arjona, Conde de Trastámara, Condesa de Lemos, y tantos y tantos títulos más.

---

[335] Documento. Relativi a Cristoforo Colombo e sua famiglia, raccolti. CAPO VIII. Testamento de Diego Colombo. Archivo General de las Indias (Sevilla). Luis Arranz; tomo I; pág 190.

Nos dice Henri Harrisse[336], que parte de los dos años que Colón fue invitado y huésped de don Luis de la Cerda, duque de Medinacelli, vivió en Cogolludo, y así lo manifiesta el propio duque en la carta que envía al Cardenal Mendoza comunicándole que Colón ha llegado a Lisboa y ha encontrado todo lo que iba buscando, cuando afirma:

"...pues a mi cabsa y por yo detenerle en mi casa **dos años** y averle endereçado a su servicio... [no dice en qué lugar estaba entonces]..., pero firma ... "En la mi villa de Cogolludo"

En esta villa, el duque de Medinaceli levantó su palacio renacentista y lo esculpió de frutos americanos. Podemos decir que este palacio es el primer monumento levantado en Castilla como homenaje a América. El duque de Medinaceli fue el primero que tendió la mano al futuro Almirante ayudándole en su empresa y preparando una entrevista con los Reyes Católicos a través del Gran Cardenal Mendoza.

Cogolludo está cerca de Espinosa, lugar de su nacimiento... ¡qué buen lugar para descansar don Cristóbal y doña Aldonza después de unas vidas tan agitadas!

Había que revisar las iglesias. El hallazgo de "algo" ya lo sabíamos muy difícil. El tiempo transcurrido; el deterioro de posibles huellas; la desaparición de valiosos documentos de una forma fortuita o intencionada; el paso por la villa de las guerras de la Independencia y la Guerra Civil Española son muchos factores que dificultan la investigación, pero no por ello renunciamos a ello.

Dos parroquias existen en Cogolludo: La de San Pedro, con su torre y sus paredes maestras muy deterioradas. En su interior se pueden ver dos lápidas sepulcrales que corresponden a un párroco y a su hermana, de época muy posterior a nuestra investigación (en la actualidad han sido trasladadas en el año 2012 a la iglesia de Santa María por el estado de deterioro que venían sufriendo por las malas condiciones ambientales del interior de la iglesia de San Pedro). Todo lo demás, si hubo algo, ha desaparecido.

Iglesia de San Pedro. Cogolludo. Año 2012

[336] Harrisse, Henry. Proemio de Manuel Serrano Sanz; 1932. Madrid

Una segunda iglesia es la de Santa María de los Remedios. También ha sufrido la acción de la última guerra civil española. Sus altares fueron quemados, pero sus paredes y columnas se mantienen enhiestas. La iglesia es renacentista en su exterior; en su interior consta de tres naves con trazo gótico tardío.

Iglesia de Santa María de los Remedios. Cogolludo. Año 2012

En la nave de la izquierda (lado del Evangelio), se abren dos capillas construidas en fecha posterior a la terminación de la obra principal, o más bien son restos pertenecientes a la antigua iglesia sobre la que luego levantaron la moderna parroquia, esto puede observarse recorriendo la iglesia en su exterior, al advertir los distintos materiales empleados en su construcción, comparados con el resto del templo. Varias columnas cierran el atrio de la iglesia en su exterior y en una de ellas está marcado el año de su terminación. Año 1578. No nos sorprende la fecha. ¿Cuánto tiempo tardaban hasta dar finalizada toda la obra y rematarla con las columnas del atrio que era lo último construido? En su interior quedamos sorprendidos por una lápida funeraria que corresponde a un Mendoza situada en una de las capillas.

La lectura de la leyenda que figura en la mitad inferior, en un principio nos parece fácil aunque luego nos damos cuenta que en ella hay algunos puntos oscuros.

No hay duda, corresponde a un Mendoza y en ella apreciamos signos evidentes de escritura padecida por el Almirante y no exclusiva de él, pues afectaba también a varios miembros de la familia Mendoza.

Lápida en la iglesia de Santa María de los Remedios de Cogolludo. Año 2012

Dice así:

"Esta piedra mandó poner el muy magnífico señor Bazan EE Mendoza. Patrón de esta capilla ED señor San Miguel donde esta enterrados sus padres, agüelos y bisagvelos".

Alguien podrá pensar que los errores de escritura son defectos debidos al maestro cantero que trabajó en la inscripción. Esto no es fácil admitirlo, teniendo en cuenta que en aquellos tiempos el analfabetismo afectaba a gran parte de la población y entre ellos también estaban incluidos los artesanos.

Lo que no podemos afirmar es si el que hizo la redacción y la escritura, para que fuese esculpida en la piedra, se dio cuenta de las faltas cometidas, pero sí afirmamos que quien las esculpió no hizo sino dibujar las letras sin cometer error propio.

Hacemos referencia a este no corregir las faltas por parte del que las redactó, porque aquellos que padecen este trastorno al escribir, como el Almirante, pueden mediante un esfuerzo personal escribir correctamente y qué duda cabe que al redactar una leyenda para la posteridad bien merece la pena realizar un esfuerzo.

La lápida funeraria está dividida en dos partes: una mitad la ocupa un escudo heráldico y en la otra mitad se inscribe la leyenda de los allí enterrados.

Escudo que ocupa la mitad superior de la lápida. Año 2012

Vamos a ocuparnos de la parte heráldica que completa la mitad de la superficie de l losa funeraria.

El escudo está cuartelado y partido en longitud en dos y luego el cuartel de la derecha inferior nuevamente partido en longitud en dos y tronchado en latitud en otros d (respetando el cuartel superior).

Transcribimos el texto que Ricardo Sanz García incluye en su última obra, por ser una interpretación person que queremos respetar[337]: En cursiva, ampliamos con textos posteriores la información que estimamos vien enriquecer esta parte del estudio.

En el cuartel de la izquierda de la lápida de una de las capillas laterales de la iglesia Santa María de los Remedios de Cogolludo, y en Jefe aparece un ave, sin que en las d primeras obras de Ricardo Sanz encontrase una explicación.

---

[337] Op, cit; Cristóbal Colón, un genio español; pág 148

Haber visto un águila en la Capilla Real de Granada pintada en sus paredes y sin halo de santidad permitía recordar un tanto, aunque muy remoto, el águila de la tumba de Cogolludo y establecer la procedencia de la Reina Isabel y Colón de un mismo tronco: Enrique II de Trastámara.

Fue la lectura del libro Autógrafos de Colón, de la Duquesa de Alba, editado el año 1892 con motivo del 400 aniversario del Descubrimiento, la que le llevó como de la mano a un conocimiento más cierto de esta figura heráldica. Dice la Duquesa en una advertencia previa, y como introducción al texto del libro que el papel de los escritos de Colón llevaba la filigrama de una paloma.

Detalle del palomo esculpido en el primer cuartel del escudo.
Foto: Alfonso C. Sanz

Haciendo pruebas y connotaciones con águilas y otras aves, se puede afirmar que lo esculpido en la lápida de Cogolludo es un pichón por la cortedad de las alas que le impiden aún volar y por el escaso desarrollo del cuello y la cabeza. Si Colón en sus escritos hacía una señal de su identidad con la filigrana de la paloma o el palomo (Colombo), ¿cómo en su tumba no iba a utilizar esta figura para identificarlo, máxime cuando tenía que hacerlo en secreto?

En esta ocasión, como en otras, el estudio de un tema distinto ajeno a documentos antes expuestos lleva al conocimiento de una realidad no premeditada.

Nos preguntamos si la figura de una paloma tiene tanta importancia como para detenernos en su estudio, y la respuesta es afirmativa. Cuántas veces Fernando Colón en su libro Vida del Almirante ha citado la palabra Colombo con que fue conocido su padre después de haber usado aquel apellido Genovés con el que sus "parientes" (padres putativos) le llamaron hasta tener ellos hijos propios y legítimos.

La explicación de un palomo (Colombo) en la lápida funeraria de Cogolludo ya tenía una confirmación con lo que sospechábamos pudiese ser una realidad: la tumba de Cristóbal Colón.

Este primer cuartel está brisado con una barra y no por una banda, como el del arcón funerario de su madre, lo que confirma la naturaleza bastarda del personaje que está allí enterrado, según algunos autores.

En otro lugar, relacionado con la vida del Almirante, como es el Monasterio de San Bartolomé de Lupiana de tanta impostancia en este trabajo, en el capitel de una de las columnas del claustro, figura también esculpido un palomo con las mismas características que el de esta lápida. Véase la figura y compárese con la anterior:

Escultura de un palomo en el capitel de una columna del claustro de S. Bartolomé de Lupiana
Foto: Alfonso C. Sanz

La posición del ave es la misma que la de la lápida de Cogolludo, con la cabeza girada a su derecha, las patas con las garras extendidas, y el ala izquierda extendida y recortada.

En el mismo claustro, en una de las caras de otro capitel, están esculpidos dos figuras d niños y, entre ambos, de nuevo está representado un palomo de iguales característica cuerpo poco desarrollado, alas recortadas y garras extendidas. ¿Serán los herman Alfón el Doncel y Rodrigo Mendoza?

Decoración de uno de los capiteles del claustro de San Bartolomé de Lupiana.
Foto: Alfonso C. Sanz

El claustro de San Bartolomé de Lupiana es obra de Alonso de Covarrubias del siglo XVI. ¿Quién mandó esculpir esta pequeña historia de una de sus esquinas? Sin duda las esculturas de estos pocos capiteles, todos ellos agrupados, podría haberse distribuido por toda la obra, pero no es así, pues en el resto de capiteles no se representan personas ni animales. ¿Será este un mensaje para corroborar nuestra tesis?

Siguiendo el estudio de la lápida de Cogolludo, bajo la figura del palomo y en la parte de la izquierda del cuartel partido, están representadas unas casillas en forma de cuadrícula que recuerdan un damero.

Los quince puntos de apoyo de ajedrez corresponden también a los Mendoza, ¿por qué tanta reiteración? [338]

---

[338] Edward Cooper; volumen I, págs. 394 y siguientes

Lápida de la iglesia se Santa María de los Remedios. Cogolludo. Detalle de las casillas en forma de damero. Foto: Alfonso C. Sanz

Recordemos que doña Aldonza de Mendoza es duquesa de Arjona por su casamiento con don Fadrique de Castro. Veamos lo que nos dice el Marqués de Avilés sobre este título en su obra Ciencia Heroyca reducida a las Leyes Heráldicas del Blasón; pág 285:

Arjona en España, trae cinco puntos de azur equipolados con cuatro de oro.
2. El Axedrez es una de las mas nobles, y antiguas figuras de las Armerías, no dándose sino à valientes, y esforzados guerreros por señal de su valor, y osadía: es retrato de la Milicia, y modelo del Arte Militar, por representarse en el Axedrez un Campo de batalla; y en las tablas, ó quadros ordenados en hileras opuestas, los Soldados, que componen los dos Exércitos enemigos, vestidos de diferentes libreas, y por eso el tablero del Axedrez le ponen por Armas aquellos que expusieron la vida á el trance particular de una batalla"

Vemos, pues, que aquí está una parte de la armería de la duquesa de Arjona, doña Aldonza de Mendoza.

En la derecha del mismo cuartel, se encuentran dos lobos pasantes.

Los dos lobos pasantes uno encima de otro y con bordura de sotuer forman el escudo d los Ayala, y de doña Aldonza de Mendoza. Pasó esta armería a esta familia en virtud de casamiento de don Pedro González de Mendoza, con doña Aldonza de Ayala. Los lobc pasantes están tambien esculpidos en el castillo de Ponferrada.

Lápida de la iglesia se Santa María de los Remedios. Cogolludo. Detalle de la figura de los dos lobos pasantes en 2013. El de la parte inferior casi ha desaparecido tras la restauración de la Iglesia en el año 1992. Al ser desmontada la lápida y vuelta a montar se partió en esta zona, de ahí que se haya unido con yeso, tapando este material la figura del segundo lobo. Véase la imagen siguiente, correspondiente a 1983, en la que se aprecian mejor las dos figuras de los lobos. Foto: Alfonso C. Sanz

Detalle de uno de los cuarteles en el que se aprecian mejor los dos lobos, uno sobre otro. Año 1983.
Foto: Alfonso C. Sanz

Ocupando otro de los cuarteles del escudo de la lápida se encuentra el blasón heráldico más común de los Mendoza: Cuartelado en aspa, adoptado por el Almirante don Diego Hurtado de Mendoza al casar con doña Leonor de la Vega, suprimiendo los paneles de los Guevara y agregando en este caso la A y la M del Ave María Gracia Plena, o, ¿ al no estar completa la frase latina, como en todos los escudos de los Mendoza que he revisado, nos está indicando que se trata de Aldonza Mendoza?

Fuera ya del escudo, pero en la lápida tantas veces citada, encontramos esculpido huesos largos cruzados en aspa a un lado y otro de una calavera, lo que significa para gemelar y todavía vemos esculpidas y centradas en la parte superior e inferior de bordura que enmarca la leyenda dos caras de niño. En la vida del Almirante siempre debió estar presente la existencia de su hermano vilmente asesinado a los cinco años de edad.

Lápida de la iglesia de Santa María de los Remedios. Cogolludo. Detalle del cuartel en el que se encuentra el blasón más conocido de los Mendoza. La casa de los Mendoza suele colocar la inscripción completa de Ave María Gratia Plena. En ningún escudo conocido de esta familia encontramos la frase incompleta ¿Por qué aquí solamente figuran A M? ¿Nos está indicando que se trata de Aldonza Mendoza? Foto: Alfonso C. Sanz

Lápida de la iglesia de Santa María de los Remedios. Cogolludo. Detalle de la calavera y huesos en aspa a uno y otro lado, indicativos de personajes gemelos. Foto: Alfonso C. Sanz

La riqueza en la armería de esta lápida en su mitad superior, y la leyenda de la otra mitad, nos induce a pensar que allí hay enterradas varias personas pertenecientes a los Ayala y a los Mendoza, con la posibilidad de que tambien se encuentre un Colombo, pero si no se exhuman los restos y se analizan, no será posible afirmar tal cosa.

¿Habrá en el Archivo Parroquial de la iglesia de Santa María de los Remedios de Cogolludo algún documento que nos diga, aunque sea en clave, que se ha llevado allí un hecho importante, que no se puede inscribir de una forma totalmente clara?

En el año 1982, Ricardo Sanz realizó esta investigación y, con la inestimable colaboración del párroco de entonces, D. Pablo de Julián, examinó los escasos documentos que se encuentran en el archivo. En uno de ellos, del año 1500 y cubierta de pergamino, se encuentran inscripciones de bautismos.

Primer libro de bautismos del Archivo Parroquial de la iglesia de Santa María de los Remedios de Cogolludo (Guadalajara). Año 1500. Foto: Alfonso C. Sanz

Posiblemente es el primero que recoge estos acontecimientos, pues hasta el Concilio Trento no se hacen efectivos estos registros de forma oficial, pero en algunas parroqu[i] españolas venían realizándose unos treinta o treinta y cinco años antes.

Las inscripciones no son claras por su redacción. Ponen la fecha; el nombre de la parroquia; el nombre del nuevo cristiano y solamente citan al padre y a la madre, pero sin consignar los apellidos. Lo mismo hace en la identidad de los compadres.

Dice así: Archivo Parroquial de Santa María de los Remedios.

Sorprende que, en un libro de bautismos, en el que la caligrafía del registro es de mala calidad, esté anotado el acto de una confirmación y otra inscripción con letra totalmente distinta y "perfectamente legible" ambas incluidas entre los registros bautismales.

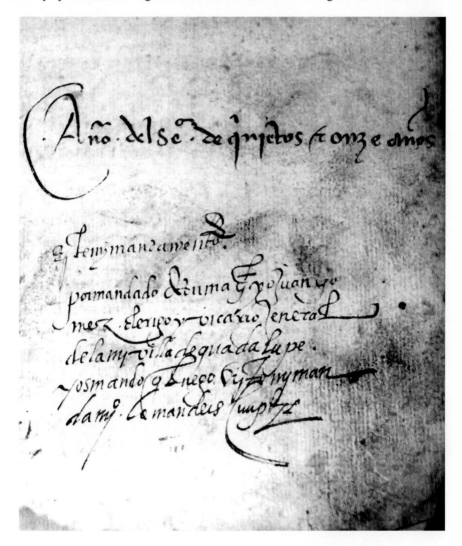

Imagen del registro que figura en el libro de bautismos del archivo parroquial de la iglesia de Sta. María de los Remedios de Cogolludo (Guadalajara). Pág 43. Foto: Alfonso C. Sanz

En la primera línea escribe la fecha:

"Año del Señor de mil quinientos once años"

El cuerpo principal del texto va a continuación de la fecha. Se inicia con una línea aislada:

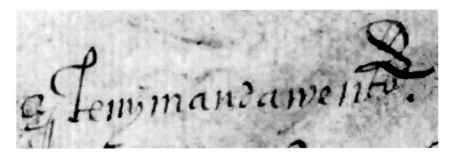

Que es mi mandamiento.

A continuación sigue el texto:

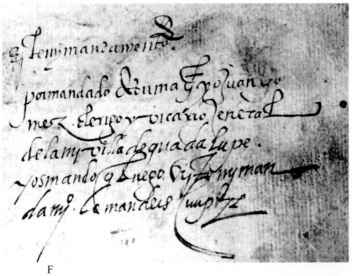

"Por mandado Datuma G Yo Juan Gomez clérigo Vicario General de la my villa de Guadalupe. Yos mando que luego de informar mi mandamiento lo mandéis cumplir"

Solicitada la ayuda del padre salesiano don Miguel Herrero, la traducción de las diferentes grafías es como sigue:

Significado de "Datum-a: <u>Confiado</u> por; o <u>entregado</u> por; o <u>representado</u> por".

Consultado un diccionario de latín español:

datus-*a-um*, pp. de *do*[339]

do *dedi datum* 1. tr.: dar, conceder, entregar, confiar*; rem alicui,* una cosa a uno*; litteras alicui ad aliquem a:* entregar a uno una carta para alguno[340].

Traducida la frase en la Universidad Complutense de Madrid, los profesores de Historia Antigua, don Carlos Sáez y don Jesús Valiente (+) hicieron la transcripción de las abreviaturas. Su informe fue el siguiente:

"La grafía superior a la letra G quiere decir que esta letra (letra G) corresponde a un apellido puesto en clave (ejemplo García; Guerra...). El signo que precede a (os mando) es un punto que se colocaba al principio del párrafo y no al final del párrafo anterior, como hacemos en la actualidad."

Cualquiera de las acepciones, son válidas en este caso para la lectura, por lo que tomada la de "confiado por" la traducción es como sigue:

"Año del Señor de mil quinientos once años.
Que es mi mandamiento.
Por mandato confiado por Fray Gorricio. Yo Juan Gómez clérigo Vicario General de la Villa de Guadalupe.
Os mando que luego de informar mi mandamiento lo mandéis cumplir."

Nótese que cualquiera de las acepciones de ***"Datum-a"***: Confiado, entregado o representado, son válidas para indicarnos que el Vicario Juan Gómez está cumpliendo un mandato del personaje que está detrás de la letra G.

Como vemos, de nuevo, al igual que en Roma, aquí figura un cartujo (Gorricio) y otro fraile que es clérigo y Vicario General de su villa de Guadalupe (es, por lo tanto, un jerónimo), y todo esto ocurre en el año 1511.

La fecha del registro es importante, pues sucede cinco años después de la muerte del Almirante y, de nuevo otra casualidad, todo transcurre en el periodo comprendido entre 1510 y 1513, en que tuvieron lugar aquellos Capítulos privados en Lupiana que nos dice el padre Sigüenza que no detalla porque se trató *"de cosas y personas singulares"*.

Tratemos de conocer la identidad verdadera del clérigo que da la orden que debe cumplir Juan Gómez.

La grafía G inferior puede corresponder a Gorricio. Recordemos que los monjes, al ingresar en la Orden Jerónima renunciaban a su propio apellido y adquirían el de su

---

[339] Spes. 1960. Diccionario Latino-español, español-latino. Barcelona; pág 123
[340] *Ibidem*; pág 148

lugar de nacimiento o del monasterio. Con ello evitaban que dentro de la Orden existiesen diferencias sociales en función de la clase o casta de procedencia, estableciéndose así la igualdad entre ellos.

Al decirnos Juan Gómez, en la Orden jerónima era conocido como Juan de Guadalupe por ser éste el monasterio en el que se encontraba.

En las fechas del documento, en el Monasterio de Guadalupe hay dos "Fray Juan de Guadalupe". Los dos fueron priores, y se diferenciaban entre sí por un segundo nombre. Al prior número trece se le llamaba Juan de Guadalupe "el viejo", y al otro, prior número dieciséis, se le conocía como Fray Juan de Guadalupe "el calero". ¿Quién de ellos es el que va a Cogolludo? Sin duda es "el calero", porque "el viejo" falleció el día 17 de marzo de 1506, es decir antes de 1511, cuando se dirigía a Lupiana para participar en el Capítulo General de la Orden que se celebró en este lugar.[341]

El motivo de que fuese fray Juan de Guadalupe "el calero"a dar Fe del enterramiento se debe a que conocía a Cristóbal Colón, que había estado en Guadalupe en el año 1496, y allí se bautizaron dos indios que eran servidores del Almirante[342].

Otra razón de los motivos por los que representa al padre Gorricio puede deberse a que éste se encontraba enfermo en esas fechas, o a su avanzada edad, ya que falleció el 31 de diciembre de 1515.

Así pues, en la iglesia de Cogolludo, podría darse el caso de que estén enterrados doña Aldonza Mendoza y don Cristóbal Colón bajo la presencia física de fray Juan Gómez Vicario de Guadalupe, que había trasladado a doña Aldonza de Mendoza desde Lupiana y llevaba la representación del padre Gorricio para cumplir un enterramiento doble: Aldonza Mendoza y Cristóbal Colón, primer Almirante de la Mar Oceana.

Vayamos ahora al estudio de la leyenda.

La inscripción dice así:

"ESTA PIEDRA
MANDO PONER
EL MUY MAGNIFI
CO SEÑOR BA
ZAN E.E. MENDO
ZA PATRON DESTA CA
PILLA ED SEÑOR SAN MI
GUEL DONDE ESTA ENTE
RRADOS SUS PADRES
Y AGVELOS Y BISA
GVELOS".

---

[341] Fray Sebastián García y Fray Felipe Trenado O.F.M .Guadalupe: Historia, devoción y arte. Editorial Católica Española S.A. Sevilla. 1978; pág 91.
[342] Ibídem, pág 99 y 100: *"Fue elegido el 15 de julio de 1495...El año 1496 de los anales guadalupenses está relacionado con la visita de Cristóbal Colón al monasterio, la única históricamente comprobada, aunque es casi cierto que estuvo en otras ocasiones. Después de su segundo viaje vino a esta Santa Cas El 29 de julio de 1496 se celebró en el santuario el bautizo de dos criados de Colón, que el Almirante había traído a Guadalupe, como signo de devoción a Nuestra Señora, cuya poderosa intercesión había experimentado en distintos momentos de su empresa descubridora".*

Lápida de la iglesia se Santa María de los Remedios. Cogolludo. Foto. Alfonso C. Sanz

La interpretación que hace Ricardo Sanz en su obra[343]es la siguiente:

Observa que la E de "DE" está colocada delante de la D.

En la frase "ESTÁ ENTERRADOS" falta la N del plural.
Una vez hecha la advertencia sobre las anomalías de la escritura, ahora veamos la interpretación de la palabra BAZAN.

¿Alvaro Bazán?, había nacido en el año 1526…, no casaba con esta historia, pese a tener escudos similares la familia de sus suegros (lobos pasantes y barra).

---

[343] Sanz García, Ricardo. Cristóbal Colón, un genio español.

¿Qué significado tiene en castellano la palabra vasca BAZÁN?

Puesto al habla con la Consejería de Cultura de Vitoria y su Academia de la Lengua, con exquisita amabilidad y diligencia, una vez dictada toda la escritura, y previo un estudio por su parte en la academia de Euskadi de Vitoria, informan de esta manera:

Primero:
La palabra BAZAN, como ahi esta escrita, no tiene razon de ser, porque BAZAN nunca ha sido nombre.
Segundo:
Su significado, y lo hemos cotejado en muchos legajos, es: érase... existía..., ya era.
Cualquier significado de éstos cuadraba con esta investigación.
"Erase un Mendoza. Existía un Mendoza. Ya era un Mendoza." [344]

Valían en cierta medida estos significados.

Con posterioridad a los textos que figuran en la obra de Ricardo Sanz, he encontrado la descripción que se hace del municipio de Bazán. Dice así:

"El nombre del valle es de origen y significado enigmáticos. Existe una etimología popular muy extendida que hace derivar el nombre de "bat han", que significa en [[euskera]] 'allí todos uno', justificándose esta denominación por la solidaridad e igualdad existente desde antiguo entre los baztaneses.

Sin embargo, el topónimo parece proceder del vasco "baste", 'aulaga espinosa', seguido del sufijo que indica lugar "-anu", "-ana". En el [[País Vasco francés]] existen otros topónimos similares con el mismo origen, como [[Bastanès]].<ref>{{Harvsp|Galmés de Fuentes|2000|pp=130-131}}</ref>

El gentilicio de los habitantes del valle es baztanés y baztanesa"

Aclaro yo: La **aulaga** (*Genista scorpius*) es un arbusto espinoso de porte medio que pertenece a la familia Fabaceae. Conocido como aliaga, arbulaga, árgoma, aulaga, *espino*, ginesta, olaguín piorno o retamón es una planta endémica de la región occidental del Mediterráneo.

Vemos, pues, que el significado de Bazan no es nombre, y se corresponde con algo que vien repitiéndose en la vida del Almirante, y que no es otra cosa que la palabra *espino o espinosa*.

Cristóbal Colón en una ocasión en sus escritos nos dio una pista segura para identificar cuando dijo: "no soy el primer Almirante de mi familia", ¿y si ahora con la palabra Bazá incorrectamente empleada nos da la pista sobre un "descendiente en títulos", aunque se atípico el árbol genealógico?

Diego Hurtado de Mendoza, abuelo del Almirante según nuestra tesis, ocupa un lugar anteri al que correspondería a Cristóbal Colón, y María Bazán ocupa un lugar posterior Descubridor.

---

[344] En investigaciones posteriores, hechas para esta obra, la palabra Bazan/Baztan, procede del vasco "baste", "*aulaga espinosa*", seguido del sufijo que indica lugar -anu, -ana. En el país vasco- francés existen otros topónimos similares con el mismo origen, como Bastanès. Bazán/Baztán se traduce como "*lugar del aulaga espinosa*"

Entre don Diego Hurtado de Mendoza y doña María Bazán existe una persona que llama a Diego Colón (hijo del Almirante) "sobrino", sin que éste lo desmienta.

Se trata de doña Beatriz de Castro Osorio, condesa de Lemos, título que correspondía a don Fadrique de Castro y a su mujer, Aldonza Mendoza.

En la obra "Un escrito desconocido de Cristóbal Colón. El Memorial de La Mejorada", cuyo autor fué el ex Presidente de la Real Academia de la Historia don Antonio Rumeu de Armas, viene muy bien descrito un acto de espionaje en el que toman parte don Juan, rey de Portugal; don Diego Colón (hijo del Almirante); don Duarte de Almeida (Embajador de Portugal en España) y doña Beatriz de Castro y Osorio, condesa de Lemos, que había estado casada con don Dionis de Portugal y ahora lo estaba con su tío Alvaro Osorio.

El motivo del espionaje era que los portugueses se hiciesen con una copia que tenía Diego Colón en la que se registraban las posibles demarcaciones de los mares y tierras del Rey de España y de Portugal que próximamente iban a ser discutidas entre las dos naciones.
El embajador de Portugal se valió de doña Beatriz de Castro para que actuara de mediadora en la obtención de este escrito, una de cuyas copias estaba en manos de don Diego Colón, y tal vez por haber estado casada con un portugués doña Beatriz traicionó a su patria, España. El objetivo tuvo éxito.

En la carta que don Duarte escribe al rey portugués hace mención de la gran colaboración de la condesa de Lemos, sin cuya ayuda hubiese sido imposible cumplir esta misión y le expresa la gran confianza entre la condesa y Diego Colón, al que llama *su sobrino*.

Ya sabemos que es un parentesco "anómalo", sólo explicable por la relación de los títulos, pero que Diego aceptaba de buen grado.

Es decir que, si podemos colocar en ese árbol genealógico atípico a Cristóbal Colón y a Diego, este "sobrino" de la condesa, entre el Almirante don Diego Hurtado de Mendoza y esa María Bazan es otra prueba fehaciente de la identidad de la familia Colón española"

Pensamos que a alguien le parezca excesivo que Cristóbal Colón coloque en este escudo y en Jefe la paloma, pero veamos lo que dice Fernando Colón en uno de los primeros párrafos de la Historia del Almirante:

"**Diremos que verdaderamente fue Colombo o Paloma,** en cuanto llevó la gracia del Espíritu Santo al Nuevo Mundo que descubrió; mostrándose como en el bautismo de San Juan Bautista el Espíritu Santo en figura de paloma manifestando que era el Hijo Amado de Dios que no era allí conocido porque sobre las aguas del Océano llevó con la paloma de Noé el ramo de olivo y el aceite del bautismo por la unión y la paz que debían tener aquellas partes con la Iglesia que estaban encerradas en el arca de las tinieblas y la confusión; y consiguientemente son muy a propósito al sobrenombre de Colón que volvió a renovar que en griego significaba miembro para que siendo el propio suyo Cristóbal se supiese de quién era miembro, esto es, de Cristo de quien habría de ser enviado para salud de aquellas gentes; y si queremos reducirle a la pronunciación latina es Cristophorus Colonus y diremos que como se dice que San Cristóbal tuvo aquel nombre porque pasaba a Cristo por la profundidad de las aguas con tanto peligro..."[345].

¿Cómo desvelar la verdad de lo que aquí sospechamos?

---

[345] Lequenne, Michel; 1980

En el año en el que Ricardo Sanz hace esta investigación, 1982, los medios para identificar a una persona fallecida y enterrada hacía más de quinientos años no existían, y por ello se hizo un intento de averiguar si quienes se encontraban bajo la lápida podían aportar una pista sobre su identidad.

Cristóbal Colón pidió que, a su muerte, se le enterrase encadenado, pues así es como regresó de su tercer viaje tras ser hecho preso por el gobernador Francisco de Bobadilla, culpado de innumerables actos reprobables en el Nuevo Mundo.

La lógica nos llevó a pensar que, si además de los restos que se hallasen en esa tumba existiesen unos grilletes, ésta sería una prueba casi definitiva de que allí se encontraba enterrado don Cristóbal Colón, y, hechas las diligencias necesarias para exhumar los cadáveres que hubiese allí depositados, se procedió a ello. Ricardo Sanz nos lo describe así[346]:

"El día 30 de agosto del año 1983, con autorización del Señor Obispo de Sigüenza-Guadalajara, don Jesús Pla, y en presencia del Canciller de la Diócesis doctor don Clementino Martínez; el cura párroco de la iglesia de Cogolludo, don Pablo de Julián; don Angel de Frías, sacerdote natural de Cogolludo, con residencia en Guadalajara; el Notario de Cogolludo don Fernando Ramos; el doctor en Medicina y Traumatología de la Cruz Roja de Madrid, don Francisco Segura Blasco; el Licenciado en Geografía e Historia e Ingeniero Técnico en Topografía don Alfonso Carlos Sanz Núñez; el Economista don José-Tomás Albero Mur y los oficiales albañiles, y hermanos, don Constantino y don Gerardo Poveda, se procedió a la apertura de la sepultura existente en la capilla de la Iglesia de Santa María de los Remedios, en Cogolludo, en la que se encuentra la lápida a la que nos referimos en esta obra.

Toda la operación fue dirigida por el arquitecto don Domingo Torcal, en la presencia del autor de este estudio"

A medida que se iban extrayendo cada uno de los huesos, iban colocándose sobre el suelo en el lugar que le correspondería a un esqueleto, aunque, lógicamente, sin que cada uno correspondiese a un mismo cuerpo, con el fin de determinar el número de personas enterradas.

Esta tarea la llevó a cabo el traumatólogo de Cruz Roja Dr. Francisco Segura Blasco.

Entre los restos hallados, no había indicios de que en esta sepultura pudieran haber existido cadenas o grilletes. ¿Qué sería de ellas? Quizás en alguna ocasión anterior, de haber habido, el párroco o sacerdote que descubrió el sepulcro las consideraría como un acto votivo y prescindió de las mismas en este segundo, tercer o cuarto enterramiento. Pero sí hay un dato importante: Uno de ellos corresponde a una mujer.

¿Es este un hecho que anule lo averiguado hasta aquí? Estimamos que no.

En Guadalupe hay hasta novecientas cadenas y grillos dejados por prisioneros con signo votivo.

---

[346] Ob, cit. pág 154

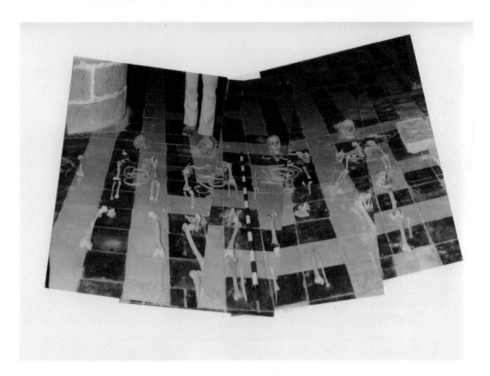

Restos de los cuerpos encontrados en el enterramiento de Cogolludo, colocados de forma ordenada, aunque sin que exista correspondencia entre los de un mismo cuerpo, para comprobar el número. Composición hecha a partir de cuatro fotografías. Foto: Alfonso C. Sanz

En la actualidad (año 2019) existen métodos que garantizan la identificación entre personas que tienen un grado de parentesco madre-hijo, y en nuestro trabajo no renunciamos a la posibilidad de realizar un estudio sobre este caso.

Solicitados los servicios de uno de los mejores especialistas de España, el profesor de medicina legal de la Universidad de Granada, D. José Antonio Lorente, nos remitió un informe sobre las actuaciones necesarias a realizar para obtener un resultado fiable al cien por cien. Ver la conclusión del informe en las páginas 354-355 de la primera edición de esta obra.

La identificación de los restos de Colón, entrañan numerosas dificultades en este caso al tener que compararlos con los de su madre para dar por válido el resultado, y ello no es posible si no conocemos dónde está enterrada doña Aldonza de Mendoza. La única posibilidad es que, de los cuerpos que se encuentran en la fosa de la iglesia de Cogolludo, dos de ellos diesen como resultado que se trata de madre e hijo, y que se pudiesen comparar con los restos de Diego o Hernando Colón.

Personado en el Museo Arqueológico de Madrid, donde estuvo depositado el sepulcro de doña Aldonza de Mendoza desde su traslado del monasterio de Lupiana, para recabar noticias del lugar en el que se encontraban los restos de dicho enterramiento, fui informado por la persona responsable, verbalmente, que no habían existido restos de dicho cuerpo en el arcón funerario al ser trasladado al Museo, por lo que la respuesta era negativa.[347]

Cristina de Arteaga, ya fallecida, historiadora y monja que investigó y publicó una obra sobre la familia Mendoza[348], y a la que hemos acudido en numerosas ocasiones en este estudio, conocido el trabajo de Ricardo Sanz le comentó:

"Me hace ilusión pensar que Cristóbal Colón tenía sangre Mendoza como yo".

En el Boletín Informativo de la Sociedad de Amigos de Cogolludo (SADECO), en la que se editan los trabajos de investigación inéditos hasta su publicación en diversos números de la misma, los hermanos Pérez Arribas, Andrés y Juan Luis, presentan sus trabajos sobre la documentación actual del Archivo Parroquial, y vienen a poner luz en un caso como este.

Para conocer exactamente el propietario del enterramiento al que nos referimos, hemos de averiguar quién ha hecho la petición en su momento para llevarlo a cabo.

Si se quiere hacer un enterramiento en el que se oculte la identidad de la persona para la que se pide autorización para darle sepultura descartamos a su familia, pues estarían dando una pista inequívoca de quien es el difunto, por lo que los hijos del Almirante quedan fuera de nuestro trabajo investigador.

Los frailes jerónimos o los franciascanos quedan tambien excluídos, al disponer en sus monasterios de cementerio propio, por lo que llamaría la atención que solicitasen autorización para alguien fuera de su comunidad.

En su trabajo, Juan Luis Pérez Arribas nos dice que en el lado del Evangelio existían dos capillas.

En el año 1676 hay constancia de que se aderezó la capilla que pertenecía a Juan de Ucedo[349], y asimismo sabemos que era preciso, para hacer una obra, obtener autorización del arzobispo por medio del visitador[350].

"En los documentos parroquiales muchas veces nos hemos encontrado con la figura del Mayordomo que era quien llevaba la contabilidad y hacía los pagos de los gastos que se originaban en la Iglesia. Estas cuentas además estaban bajo el control del cura y del consejo parroquial compuesto por cinco parroquianos siendo visadas por el visitador del arzobispado. E oficio de Mayordomo tenía una vigencia de dos años"[351].

A lo largo del año 1716 surge un contencioso administrativo promovido por el visitador

"que por cuanto el cura propio de esta Iglesia en virtud de lo que se le mandó en la visit antecedente sobre la pertenencia y reparos de las dos capillas de San Bernardo y San Cristób

---

[347] Hecha esta gestión en el año 2012 por Alfonso C. Sanz
[348] Arteaga, Cristina de. La Casa del Infantado cabeza de los Mendoza. Casa del Infantado. Madrid, 194 (Tomo I) y Madrid 1944 (Tomo II)
[349] Pérez Arribas, Juan Luis. Boletín Informativo de la Sociedad de Amigos de Cogolludo (SADECO), r 34; pág 37
[350] Ibidem; nº 34; pág 40
[351] Ibidem, nº 35; pág 62

que hay en ella, hizo informe a los señores del Consejo y en vista de él y de pedimento que presentó el fiscal de obras pías, se despachó provisión en diez y nueve de febrero de mil setecientos nueve, mandando a los herederos o descendientes de Bartolomé Hidalgo hiciesen los reparos de que necesita la de San Bernardo o renunciasen al derecho que podían tener en favor de esta iglesia. Mandó su merced haga se requiera con ella a los dichos descendientes y lo remita a los dichos señores con razón de quien es el tutor de los hijos menores de Don Juan Ucedo que pretenden tener derecho a la dicha de San Cristóbal, para que dicho fiscal pida lo que convenga, lo cual ejecute con la mayor brevedad posible, que los gastos que sobre ello se ofreciesen se abonaran al mayordomo de esta Iglesia (f.206v)[352].

Las capillas de la iglesia de Santa María presentaban un estado lamentable, de ahí el apercibimiento que hace el visitador a los que figuran como patronos de estas capillas.

Las recomendaciones que el visitador hizo en la inspección de 1716 no tuvieron los efectos esperados en cuanto a la reparación de las capillas de San Bernardo y San Cristóbal de Santa María pues vemos cómo en la revisión de 1718 el visitador incide en que se inste a los patronos de dichas capillas que las adecenten y reparen si quieren seguir usando de ellas para sus enterramientos y demás. "Mandó su merced (el visitador) a dicho cura y al Mayordomo que fuese de esta Iglesia, hagan saber el dicho requerimiento dentro de los 15 días siguientes a la notificación, pena de diez ducados"

"En el año 1724 vuelve nuevamente el asunto de la reparación de las capillas de Santa María y el consiguiente apercibimiento para acometer las obras pertinentes. Esta misma recomendación se repite en la visita de 1728. En esta ocasión se debieron de hacer las reparaciones oportunas ya que no se vuelve a hablar de este tema"[353].

"Se debieron de hacer por cuenta de la Iglesia pues dichos patronos perdieron todas las prerrogativas en favor de la Iglesia"[354].

"En el año 1751 se repararon las capillas que hay en la nave del Evangelio"[355].

Como vemos aquí no le dan nombre a las capillas y se hace caso omiso de los patronos a quien pertenecen. Es decir, con toda seguridad, han perdido sus derechos sobre las capillas el para nosotros, pese a nombre y apellido Bartolomé Hidalgo, totalmente desconocido, poseedor de la capilla de San Bernardo y Juan Ucedo propietario de la capilla de San Cristóbal.

Sabemos no obstante que la petición de la sepultura se hizo desde Uceda (Guadalajara) pues a esta villa se dirigían todas las comunicaciones para su adecentamiento y reparación por el visitador.

En el libro Uceda[356] figuran viviendo en esta Villa o relacionados con ella y en esta época del año 1500, antes o después, Juan Ucedo casado con María Uceda que falleció en el año 1525. Según declaración de su suegro llamado también Juan Ucedo ejerció el oficio de zapatero y era "Christiano nuevo".

---

[352] Ibidem; nº 35, pág 67

[354] Ibidem; nº 35; pág 68-69
[355] Ibidem; nº 36; pág 67
[356] Bueno Sanz, Lupe. Uceda: Notas sobre su historia, arte y costumbres; pág 126; ed. Amuravil. 1990

Figura otro Juan de Uceda casado con Juana Díaz que tenían varios hijos uno de ellos llamado Juan Ucedo.

Hijos de Juan de Uceda fueron Juan (de Uceda) Juana y María, ésta acusada de encender candiles los viernes por la tarde y guisar para el sábado y comer carne en Cuaresma. Fue condenada a perder sus bienes, estar en su casa sin salir durante tres meses y que lleve sobre sus vestiduras "un sambenito" con el aspa de San Andrés.

¿Es creible que un Christiano nuevo o un judío converso que practica ritos judíos pida ser enterrado en lugar preferente de una Iglesia aportando dinero para su propiedad y no salvaguardando esta propiedad poniendo su segundo apellido?

Por sus pequeñas convicciones religiosas podemos afirmar que ningún Juan Ucedo de los residentes en la Villa de Uceda hizo tal petición en la Iglesia de Cogolludo y precisamente en la Capilla de San Cristóbal.

En el testamento de Diego Colón fechado en el Monasterio de Santa María de las Cuevas el 16 de marzo de 1509 y en vísperas de emprender su viaje a las Indias como segundo Almirante de la Mar Oceana y de las Indias[357]. Termina así:

E por cuanto hasta ahora yo no tengo asignado lugar cierto para la perpetua sepultura del cuerpo del Almirante mi señor padre que santa gloria haya ni del mío, digo que mi voluntad sería y es que se hiciese una sepultura muy honrada en la Capilla del Antigua de la Iglesia Mayor de Sevilla encima del postigo que es frontero a la sepultura del Cardenal Mendoza[358] y cuando allí no se pudiere hacer mando que mis albaceas escojan la Iglesia y lugar que más competente fuere para nuestra honra y estado y salud, que allí se fabrique y haga la dicha sepultura perpetua dándole perpetua renta y dotación para ella.

En la Iglesia Mayor de Sevilla sabemos que no está enterrado el Almirante junto al Cardenal Mendoza. Se dice que está enterrado en la Capilla con verjas de hierro de la nave del Evangelio, que recibió el nombre de San Cristóbal.

Para ocultar el lugar de enterramiento la petición de la sepultura se tenía que hacer en secreto y por lo tanto con nombre falso; ¡qué mejor ocasión se les brindaba para hacerla desde la Villa de Uceda!; residían varios Juan Uceda y sin poner nunca el segundo apellido. Con este nombre pedirían la sepultura suplantando el nombre y apellido como testaferro adecuado.

Esto llevaba una cierta responsabilidad si se descubría el engaño. Lo tenía que llevar a cabo una persona protegida y que profesase un gran cariño hacia el Almirante y a l familia Colón.

El Almirante tenía muchos conocidos, pero amistades entrañables y firmes no era muchas, tal vez por no poder contarles su lugar de nacimiento y todo lo demás.

El Almirante solamente podía encomendar esta misión a sus hijos o a una persona de s total confianza. De los escritos que se conocen del Almirante, en los que manifies intimidad para expresar su estado de ánimo o preocupación por algo, figura

---

[357] Arranz, Luis. Don Diego Colón. Consejo Superior de Investigaciones Científicas. 1982
[358] Se trata de don Hurtado de Mendoza, sobrino del Gran Cardenal.

correspondencia con doña Juana de la Torre, ama del príncipe don Juan. En ellas le comenta las ingratitudes que recibe, de las que se queja por injustas.

Sabía que el ama del príncipe don Juan vivía en palacio con los reyes y que tenía tal amistad y confidencias con la reina Isabel que ello le permitiría llegar hasta la soberana para exponerle, a través esta correspondencia, sus preocupaciones por el trato de los reyes hacian de su persona.

Para explicar toda esta trama tenía que haber una relación de doña Juana de la Torre, ama del príncipe don Juan (ella siempre firmaba añadiendo a sus nombres la coletilla de ama del príncipe don Juan) con la villa de Uceda.

Uceda, al ser vendida a don Diego Velázquez de Ávila, se convirtió en condado, siendo don Diego el primer conde de Uceda. Su hijo primogénito, nacido en el primer matrimonio fue Juan Velázquez de Ávila, segundo conde de Uceda ingresó en la Orden de Calatrava en el año 1490. Casó en el Palacio Real con la hermana del marqués de Santa Cruz, siendo los padrinos los reyes y asistió a la boda el príncipe don Juan.

El hecho de casar en el Palacio Real nos hizo pensar si habría una relación de amistad o parentesco entre el conde de Uceda y doña Juana de la Torre ama del príncipe don Juan.

De nuevo recurrimos a a los frailes Jerónimos; en este caso al Catálogo de Documentos del Monasterio de Guadalupe[359] y encontramos lo que buscabamos en un principio:

2 de noviembre de 1496.
Burgos.
Matrimonio[360]

Testimonio Celebrado en el palacio del Rey y la Reina y príncipe don Juan... se desposaron...el comendador don Francisco de Ávila, hijo de Juan de Ávila y Juana de la Torre ama del príncipe don Juan, con Isabel Mexía, hija de don Diego González Mexía y de doña María de Ovando...

Ya tenemos el matrimonio reseñado anteriormente y los padres de los novios.

7 de noviembre de 1496.
Mayorazgo [361] de doña Juana de la Torre ama del príncipe don Juan que otorga a su hijo Francisco de Ávila.

11 de abril de 1499.
Mayorazgo de Juana Velázquez.
Carta de los RR. CC. autorizando a doña Juana Velázquez de la Torre ama del príncipe don Juan...

---

[359] Cuadra, Luis. Catálogo inventario de los documentos del Monasterio de Guadalupe. Dirección General de Archivos y Bibliotecas. 1973
[360] Ibidem; pág 154
[361] Ibídem; pág 154

27 de noviembre de 1500.
Mayorazgo de Ovando
De María Ovando, mujer que fue de don Diego González Mexía, a favor de su hija Isabel Mexía, mujer de Francisco de Ávila.

7 de julio de 1509.
Testamento   Instrumento de legalización con carta de pago para la liquidación que hace Cristóbal Velázquez de Ávila Caballero de Santiago en cumplimiento del _____ de su madre doña Juana Velázquez y de Ávila ama del príncipe don Juan.

Ya no hay duda. Por este documento sabemos que doña Juana Velázquez de Ávila era hermana del primer conde de Uceda don Diego Velázquez de Ávila. Lo que sospechábamos era una realidad evidente. Ya tenía explicación la presencia de doña Juana, ama del príncipe don Juan, y su intervención en la petición de la sepultura con nombre falso.

La no comparecencia a los distintos llamamientos del visitador pese a amenazarles con multas indica que en todo momento los citados se consideraban ajenos a todo aquel embrollo en que se les quería implicar.

El Almirante de la Mar Oceana don Cristóbal Colón es apresado por el juez pesquisidor don Francisco de Bobadilla enviado por los RR.CC. a las Indias con plenos poderes en detrimento del Descubridor y es enviado a Castilla preso, poniéndole grillos y buena guardia. En alta mar quisieron quitarle al Almirante las cadenas y los grillos, pero él no consintió diciendo que me las quiten aquellos que han mandado ponerlas y tenía determinado guardar los grillos y cadenas para reliquia y memoria del premio de sus muchos servicios y quiso que fuesen enterrados con sus huesos.

A pesar de la decepción en la exhumación de los cuerpos que contiene la sepultura de la capilla de la iglesia de Santa María de los Remedios, en Cogolludo, por no haber encontrado restos de estas cadenas, continuamos con nuestras investigaciones.

En las Relaciones Topográficas de la Provincia de Guadalajara[362] Bernardo Matheos, cura párroco de Nuestra Señora de la Varga (de Uceda) desde el año 1709 hasta el 16 de Junio de 1726 fecha de su muerte en Alcalá, describe unos milagros de la Santa Imagen, con un preámbulo de documentos y noticias acerca de Uceda.

En Madrid, en 1797, se publica una novena a la Santísima Virgen María de la Varga y l precede una narración del libro de Bernardo Matheos, en la que atribuye al capitán Juan d Bolea el vencimiento de una espantosa sierpe que asolaba la comarca.

De esta sierpe se supone que son algunos restos colgados en uno de los muros de la Igles de Uceda junto a las cadenas de un esclavo granadino; pero a la altura en que está aquellos restos no se puede definir a qué animal pertenecieron...

Lupe Sanz Bueno (1990), en su obra: UCEDA, *Notas sobre su Historia, Arte Costumbres*. Amuravi, pág 169, nos dice:

---

[362] Relaciones Topográficas de la Provincia de Guadalajara con Aumentos de Juan Catalina. Tomo XLI Viuda e hijos de M. Tello 1905. Pag. 372 y siguientes.

Hay testimonio escrito de una persona que hacia 1874 visitó la iglesia para cumplir una promesa:

"tuvimos ocasión de examinar personalmente, pues se halla colgado en la parte interior de la puerta principal del templo, el esqueleto de tan horrible monstruo, el cual debió pertenecer a alguna especie parecida a los que la mitología nos pinta figurando un dragón con alas.

Juan Catalina García también vio esos restos a principios del siglo XX y de ellos dice que

... a la altura en que están no se puede definir a qué animal pertenecieron. Por supuesto que es una tradición semejante a la que va unida en otros santuarios a los caimanes, sierpes y otros animales que en ellos se conservan

Es probable que sean exvotos de personas que se encontraron en peligro delante de los mismos animales, afirmando Catalina que es posible que estos casos ocurriesen en América. Esta teoría puede ser la más cierta ya que durante el siglo XVI varias familias de Uceda emigraron a la recién descubierta América"

Ricardo Sanz se pregunta si Juan Catalina sabía más de lo que escribe. Lo desconocemos, pero, lo que sí parece probado, por su manifestación, es que aquella sierpe, culebra o lagarto no la relaciona con reptiles de Castilla.

¿Qué hecho puede vincular a Cristóbal Colón con una sierpe? También hay una respuesta.

Dice Bartolomé de las Casas[363] que

"Andando en cerco de una de estas lagunas (de agua dulce) vido el Almirante una sierpe de siete palmos de larga, la cual, como vido la gente, huyó al agua, y porque no era honda, con las lanzas la mataron; hizo salar el cuero para traello a los Reyes."

Nos preguntamos si en recuerdo de esta hazaña le pone el nombre de "boca de la Sierpe" a la angostura que describe en la isla Trinidad, ya comentada, y es la misma cuya piel estuvo colgada junto a unas cadenas en la iglesia de la Virgen de la Varga en Uceda, y que Juan Catalina atribuye a las personas que fueron a América en los años siguientes al descubrimiento y de allí la trajeron

¡Qué casualidad la existencia de unas cadenas junto a una sierpe en la iglesia de Santa María de la Varga de Uceda de donde partieron las peticiones para una sepultura en la capilla de la nave del Evangelio, llamada de San Cristóbal!; petición que hizo con el nombre y apellido falso un judío converso.

"Aun falta a esta historia la capellanía que acompañaba a todo entierro principal y que se añadía de misas, rezos y donaciones"[364].

---

[363] Las Casas, Bartolomé de las. B.A.E. Tomo I. Pag 152.

[364] Arranz, Luis. Diego Colón. Consejo Superior de Investigaciones científicas. Año 1982.

Diego Colón en su testamento de 16 de marzo de 1509 en su manda tercera dice:

"Mando que luego fagan decir mil misas de difuntos por mi alma y de mi padre y madre y antecesores, de esta manera repartida: que ciento se digan en las Cuevas de Sevilla y ciento en el Antigua y otras ciento en Guadalupe y ciento en San Francisco de Sevilla **y las otras seiscientas repartidas a la Señora de los Remedios** y por los Monasterios de dicha Ciudad y si Dios dispusiese de mí en las Indias mando que las sietecientas aquí dichas y de los treinta tricenios que diré en pos de este capítulo se digan en la susodicha villa de Santo Domingo las trescientas misas y diez tricenios todo repartido en San Francisco y otras Iglesias de la dicha Villa"...

Aunque esto no sea determinante en esta tesis, lo hacemos constar aquí para conocimiento del lector. La iglesia de Cogolludo está dedicada al culto bajo la advocación de Nuestra Señora de los Remedios.

En las Relaciónes Topográficas de Guadalajara, referidas a Uceda[365] van contestando a las preguntas los señores Juan Hurtado de Valdés e Isidro de Lurueña, Regidores de la dicha villa y el bachiller Francisco Ramírez abogado vecino de esta villa (Uceda)... y encontramos una anomalía, y es que de la pregunta treinta y ocho se pasa a la pregunta cuarenta sin que conste respuesta alguna sobre lo que se demandaba en la treinta y nueve

¿Cual era la pregunta treinta y nueve? Veamos:

"Y también si en las dichas Iglesias hubiese algunos enterramientos y capillas o capellanías tan principales que sea justo hacer memoria de ellas y de sus instituidores en la dicha relación con los Hospitales y obras pías que hay en el dicho pueblo y los intituidores de ellas."[366]

No hubo respuesta a esta cuestión.

---

[365] Relaciones topográficas de la Provincia de Guadalajara. Tomo XLIII y siguientes. Pag. 353.

[366] Memorial Histórico Español. Tomo XLVII. Año 1915. Memorial de las cosas que se han de ha "embiar". Las Relaciones. Pag. V.

VI

La tesis genovesa

La tesis genovesa es la más defendida por historiadores.

Después de lo expuesto, queda por hacer una crítica a esta tesis italiana avalada por el español Altolaguirre y defendida por una gran mayoría de historiadores y escritores de prestigio. En un principio, habíamos colocado este capítulo al inicio de la obra, junto a las tesis que avalan el origen genovés del Almirante, pero no se entenderían alguno de los argumentos y las conclusiones a las que llegamos sin el conocimiernto de la existencia del *Cristóbal Genovés* que figura en el testamento de doña Aldonza de Mendoza y de la vinculación de esta poderosa familia alcarreña con el Almirante, por lo que procedemos a hacer un análisis crítico de la misma.

VI.1. Argumentos que la avalan[367]

Primer argumento: La tesis genovesa se apoya en lo que figura escrito en el Mayorazgo del 22 de febrero del año 1498[368]. En él escribe el Almirante que

"siendo yo nacido en Génova... pues de ahí salí y en ella nazí"

En este Mayorazgo se han basado los italianos para afirmar el origen genovés de Cristóbal Colón, y ello unido a una familia Colombo residente en Génova y Saona.

Afirma Michel Lequenne[369] que:

"entre los documentos falsificados, uno de los más importantes es el testamento de 1498, que lo estudios modernos han conseguido desvelar como un acto apócrifo, muy probablemente elaborado a partir del verdadero testamento, éste desaparecido, ¿pero en qué punto fue falsificado? No lo sabemos. Observamos, en todo caso, que es el único testamento de Colón que hace mención a su origen genovés"

Como vemos, Lequenne hace estas manifestaciones, pero por sí solas es posible que no quedemos convencidos de la veracidad de las mismas en cuanto a la falsificación del testamento. Por ello, es preciso recurrir a otras pruebas.

Una de ellas es la de la edad del Almirante.

Es Andrés Bernáldez, cura de Los Palacios, que alojó en su casa varias veces a Colón, y revisó sus papeles, quien nos dice:

---

[367] Estos textos los tomamos, con alguna modificación de estilo y aumentos propios, de la obra de Ricardo Sanz García, Cristóbal Colón, un genio español. Op, cit; págs. 96-105
[368] Varela, Consuelo. Cristóbal Colón. Textos y documentos completos. Alianza Editorial. Madrid. 1982, pág 192. Véase apéndice (El paréntesis y las cursivas son nuestras)
[369] Lequenne, Michel. Estudio preliminar de *Vida y Documentos. Vida del Almirante Cristóbal Colón*, por su hijo Fernando, 1980, pág XLI.

"Cristóbal Colón murió en la ciudad de Valladolid el 20 de mayo de 1506. Murió de senectute bona, es decir, a la edad de **setenta** años".

Este detalle ya lo hemos comentado. En ese tiempo, senectute bona era la edad de setenta años, considerada por la iglesia de aquel tiempo como lo que hoy conocemos como "esperanza de vida", una edad ideal hasta la que se llegaba si se tenía una buena salud, ya que, a partir de estos años, la vejez se aceleraba y con ello disminuían las actividades de las personas y se acentuaban las enfermedades.

En nuestra tesis afirmamos que Colón nació en el año 1435. Aunque pequemos de reiterativos, si restamos al año de fallecimiento (1506) los setenta años que dice el cura de Los Palacios, el resultado es que debió nacer en el año 1436, y, dependiendo del mes en que lo hiciera, pudo ser también en 1435.

Los italianos, al igual que Madariaga, ante esta evidencia que invalida toda la base argumental en la que se apoyan, alegan que Andrés Bernáldez, en lugar de setenta años quiso decir sesenta. ¿Por qué este empeño de querer corregir al autor del escrito? Sencillamente porque no les cuadraban las fechas. Aun así, en el supuesto de que diéramos por buena la corrección, tampoco sería coincidente la fecha del nacimiento dada por ellos, pues si a 1506 le restamos sesenta años, el resultado es 1446, cinco años menos del año 1451 que es cuando afirman nació "el genovés".

Hay muchas más razones para afirmar la falsedad del documento. Si Colón hizo este Mayorazgo en el año 1498, ¿cómo es posible que sus hijos no sepan dónde ha nacido su padre?, porque en él lo dice bien claro:

"siendo yo nacido en Génova, pues de allí salí y en ella nazí"

¿Es que no habían leído el testamento de su progenitor? Fernando Colón dice que no sabe dónde nació su padre porque él era joven cuando murió, sin embargo, podría habérselo preguntado a sus "tíos" Bartolomé y Diego…, es decir, se niega a decirlo.

A Luis Colón, nieto del Almirante, también le preguntaron por el lugar de nacimiento de su abuelo, y contestó: dicen que en Génova, pero yo no sé nada… buena forma de no contestar, decimos nosotros…

Se habla en el Mayorazgo de la sucesión y el orden que ha de seguirse, una vez que el Almirante fallezca. Dice así:

"y que si después de pasado un tiempo viniese a prescribir herederos legítimos"; "haya dicho Mayorazgo e le suceda al pariente más allegado a la persona que heredado lo tenía e cuyo poder prescribió, siendo hombre legítimo que se llame o se aya siempre llamado de padre e antecesores llamados de los COLON (como vemos, no dice de los Colombos)[370]. El cu en ninguna manera lo herede mujer ninguna, salvo si aquí o en otro cabo del mundo no fallase hombre de mi linaje verdadero, que se hubiese llamado y llamase el e sus antecedent de COLON. Y si esto acaeciere —lo que Dios no quiera- que en tal caso lo aya la mujer m llegada en deudo y en sangre legítima a la persona que ansí abía logrado el dicho Mayorazgo

Esta misión de observancia de todo lo que ordena

---
[370] El paréntesis, y el subrayado es nuestro

"se lo encomienda a la justicia y suplica al Santo Padre que agora es y que sucediere en la Santa Iglesia... que es mi compromiso y testamento así se cumpla" e ansí lo suplico al Rey e a la Reina Nuestros Señores y al Príncipe Don Juan su primogénito Nuestro Señor y a quien sucedieran"... "que siendo yo nacido en Génova les bine a servir aquí en Castilla"...
"Item mando al dicho Don Diego mi hijo o a la persona que herede el dicho Mayorazgo, que tenga e sostenga siempre en la ciudad de Génova una persona de nuestro linaje que tenga allí casa y mujer e le ordene renta con que se puedan vivir honestamente como persona llegada a nuestro linaje y haga pie a raíz en la dicha ciudad como d'ella, porque podrá aver de la dicha ciudad ayuda e favor en las cosas de menester suyo, pues de ahí salí y en ella nazí"...

Luego habla de la conquista de Jerusalén…

"ítem mando al dicho Don Diego o quien poseyere el dicho Mayorazgo, que procure y se trabaje siempre por la onra y bien y acercamiento de la ciudad de Génova y ponga todas sus fuerzas y bienes defender y aumentar el bien e honra de la República"

Hasta ahora, nunca Colón se había ocupado de Génova, y menos de aumentar el bien e honra de la República...

Y termina:

"ítem mando a Don Diego mi hijo a quien heredase el dicho Mayorazgo que cada vez y cuantas veces se obiere de confesar, que primero muestre este compromiso o traslado d'el y sea causa de mucho bien y descanso de su alma.
Fecho en 22 de febrero de 1498"

Parece que en este testamento Colón piensa más en su ciudad natal (¿?) que en sus herederos, hecho que contrasta con su actitud a lo largo de su vida, ya que nunca mencionó a Génova en sus escritos, ni tampoco nombró jamás a Domingo Colombo (¿su padre?) que vivía y tenía sus facultades mentales perfectas, hasta el punto de ser testigo en el escrito de un testamento del año 1494 como después se verá.

Nos preguntamos, no sin asombro, cómo es posible que confíe en el cumplimiento de todo lo ordenado en su testamento al príncipe don Juan, que había fallecido el cuatro de octubre del año anterior. ¿Es que no se había enterado de que éste había muerto, estando él en esas fechas en Sevilla y siendo sus hijos continos[371] del príncipe?

Dicen los cronistas de la época que la muerte del príncipe don Juan fue un mazazo para el pueblo y que nunca fue muerte más sentida. Que se celebraron exequias en todos los pueblos y ciudades, que la bandera enlutada se izó en las murallas y edificios más altos

---

[371]R.A.E. **contino, na. 1.** adj. ant. **continuo. 2.** m. ant. Compuesto de partes unidas entre sí. **3.** adv. m. ant. **continuamente. continuo, nua.** (Del lat. *continŭus*). **1.** adj. Que dura, obra, se hace o se extiende sin interrupción. **2.** adj. Dicho de dos o más cosas: Que tienen unión entre sí. **3.** adj. Constante y perseverante en alguna acción. **4.** adj. *Mat.* Dicho de una función: Cuyo valor cambia gradualmente con el de la variable independiente. **5.** m. Todo compuesto de partes unidas entre sí. **6.** m. *Allegado a un señor que le favorecía y mantenía. A él le debía fidelidad y obediencia.* **7.** m. Cada uno de los que componían el cuerpo de los 100 **continuos,** que antiguamente servía en la casa del rey para la guardia de su persona y custodia del palacio.

de todos los poblados, que como señal de duelo se cerraron todas las oficinas durante cuarenta días, tanto las públicas como las privadas.

Colón tuvo relación con el arzobispo Fonseca en la Oficina de la Casa de Reyes (Contratación) entre las fechas de la muerte del príncipe don Juan y la fecha del Mayorazgo. Supo del cese de contino de sus hijos por la muerte del príncipe don Juan.

Los días 18 y 19 de febrero de 1498, es decir, tres días antes de la fecha que figura en el mayorazgo, nombraban a sus hijos Hernando y Diego pajes de la Reina. ¿No se enteró de nada de esto? A pesar de todo lo expuesto, ¿dejó ordenado para que se cumplieran las órdenes de su testamento a un muerto?

Hay quien, para justificar este error, asegura que Colón dio comienzo a la redacción del testamento antes de que falleciese el príncipe don Juan, y lo terminó después de ocurrir el óbito. Ello no está justificado, pues, si conocía el fallecimiento del príncipe, sería lo normal que lo hubiese excluido del texto final o hubiese incorporado una adenda. Por otro lado, quienes afirman esto desconocen el perfeccionismo que el Almirante demuestra en todos sus escritos, y su poca pereza a la hora de escribir.

Francesillo de Zúñiga, bufón de Carlos V, exclamaba con frecuencia: ¡Escribes más que Cristóbal Colón!

En el año 1502, Colón hizo un Mayorazgo, y tenemos constancia de ello porque lo cita en su testamento hecho en 1506, poco antes de morir, sin que haga referencia a ningún otro. Por supuesto, no existe referencia al comentado de 1498.

VI.2. Las actas notariales genovesas

Es lógico que los historiadores italianos no puedan apoyarse únicamente en el mayorazgo del año 1498 para afirmar, y hacer creer al mundo que Cristóbal Colón es genovés.

Su punto fuerte para la defensa de la tesis italiana es el estudio de la familia Colombo de Génova y Saona, con quien Cristóbal Colón tenía unas relaciones indudables.

Conocemos, en parte, las relaciones de esta familia Colombo italiana por una serie de actas notariales, que son auténticas, y escritas de forma tan correcta y precisa que, en ningún caso podemos darlas por no válidas o desecharlas.

El académico español don Ángel Altolaguirre, convencido defensor de la teoría de un Colón nacido en Génova, puede ser quien más influencia ha ejercido sobre otros historiadores españoles en la defensa de esta ciudad como lugar de nacimiento del Almirante.

En sus afirmaciones, a nuestro parecer, cometió, al igual que los italianos, un error razonablemente imposible de detectar, y que Ricardo Sanz, por su profesión de médico y encontrarse en el espacio geográfico en el que se desarrollaron los hechos, fue capaz de descubrir.

Es cierto que, sin las actas notariales y el estudio realizado por Altolaguirre, tan bien expuesto, nunca hubiésemos llegado a finalizar esta tesis, hecho por otra parte natural, pues es imposible que un médico, sin la ayuda de los historiadores, pueda llegar a completar un trabajo de este tipo.

Vamos pues a hacer un análisis de estas actas y, con posterioridad, realizaremos un árbol genealógico que, desde ahora advertimos, tendrá las limitaciones inherentes a un servicio de información tal vez incompleto, pero lo suficientemente amplio como para llegar a unos resultados válidos para nuestro propósito.

Antes del inicio del estudio, recordamos la frecuencia con la que se utilizaban los gentilicios como adjetivos en el tiempo en el que se desarrollan los hechos, práctica que era ley en la mayoría de los casos.

Los gentilicios denotan la procedencia geográfica de las personas o su nacionalidad. Se tomaban de los pueblos, ciudades o aldeas del lugar de nacimiento.

Veamos algunos ejemplos de la época:

Notario Quirico de Albéndiga o Albenga. (Arbenga, en ligur) es un municipio de la provincia de Savona; se encuentra en el Golfo de Génova, en la Riviera italiana.

Notario Jacobo Calvi. Calvi es un municipio de la provincia de Benevento (Italia)

Susana Fontanarrosa. Fontanarrosa, municipio del mismo nombre en la provincia de Avellino, en la región de Campania (Italia)

Catalina Bernazza. Bernazza (Vernazza), municipio de Liguria (Italia)

Entre las personas que figuran relacionadas en las actas, hay algunas que lo hacen con dos apellidos; se debe a que, en el mismo documento, existe otra persona que coincide en el primero de ellos y podría confundirse, por lo que, añadiendo un segundo apellido se diferencian entre sí.

De ellos deduciremos que todos tienen al menos dos apellidos. El primero debe corresponder al del padre o del clan familiar, y el segundo el propio de él o ella por el lugar de nacimiento. En alguna de las relaciones figuran solamente un apellido, como hemos aclarado con anterioridad, que corresponde al que lleva el padre, o al gentilicio.

Para mejor entendimiento, vamos a poner un ejemplo:

Johannis Colombo de Maconexi es el jefe del clan familiar Colombo, y el segundo apellido (Maconexi), corresponde al lugar de nacimiento.

Otra advertencia que hemos de hacer, previa al estudio de las actas, es que, en estos documentos notariales, nos encontraremos con frecuencia con dos palabras que requieren una explicación. Si figura un nombre con vida en ese momento, al nombre se le antepone la palabra *filius*[372], y si había fallecido, se le anteponía la palabra *quondam*[373].

Para facilitar aún más el estudio de estas actas, se les ha asignado, a cada una, para diferenciarlas del resto, un número que no corresponde a la realidad, y que tiene por objeto su identificación atendiendo únicamente a su cronología[374].

ACTA Nº 1.
Lleva fecha 21 de febrero de 1429.

Consta en ella que Johannes Colombo de Maconexi, habitante en Villa Quinti, inmediata a Génova, compareció ante el Notario de esta Ciudad, Quirico de Albéndiga, declarando que colocaba a su hijo Domingo, que tenía cerca de once años, como aprendiz de tejedor en casa de Guillermo de Brabante.
Domingo: Tenía en ese momento 11 años. 1429-11= Nacido en 1418

ACTA Nº 2
1 de abril de 1439.

Diez años después, Domingo de Colombo filio Johannes, es ya maestro tejedor y toma como aprendiz a un hijo de Pedro Verzia. El Notario es Benedicto Peloso.
Domingo: figura aquí con 21 años

ACTA Nº 3
6 de septiembre de 1440.

El Monasterio de San Esteban cede en enfiteusis (cesión perpetua o por mucho tiempo de bienes, mediante el pago de un canon) a Domingo Colombo, textori pannorum (tejedor de paños) filio Johannis, un terreno en la Villa Olivella; en él se hallaba edificada una casa.
El censo que Domingo tenía que pagar anualmente era de quince sueldos y dos y medio denarios.
Aparece Domingo en los libros del Monasterio como deudor por ese concepto en los años 1456, 1457, 1459 y 1460.
Domingo: Tenía aquí 22 años

ACTA Nº 4
20 de abril del año 1448

Los hermanos Antonio y Domingo Colombo quondam Johannis, habitantes en Vil Quinti, se obligaron a pagar en Génova el resto de la dote de su hermana Battistin Notario Antonio Fazio

---

[372]Filius, ii n.: hijo, *PUE (filius terrae, hombre sin origen claro, desconocido)
[373] Quondam, adv: en cierto momento, en otro tiempo, una vez//a veces, en ciertos momentos// antes, en el pasado.
[374] Estas actas notariales han sido tomadas del Catálogo Ragionato a cura, del Dr. Aldo Agosto (1978) y del libro de Prudencio Otero (1922)

Como vemos aquí, por morir el padre (quondam), los dos hermanos, Antonio y Domingo se hacen responsables de la deuda impagada por el padre de la dote de su hermana.

Domingo: Tenía aquí 30 años

ACTA Nº 5
26 de marzo de 1451

En Génova, ante el Notario Jacobo Bomvino, Dominico de Colombo, textori pannorum lane quondam Johannis, adquirió una parcela de terreno "in potestacia Bissamanis in Villa Quarti".

Dominico: Tenía aquí 33 años

ACTA Nº 6
16 de enero de 1455

El Monasterio de San Esteban cede en enfiteusis a Dominico de Colombo textori pannorum lane, un terreno en in Burgo Stephani.

Sabemos por las actas anteriores que este Domingo Colombo es hijo de Johannis Colombo, ya fallecido. Sigue vecino en Villa Quinti.

Dominico: tenía aquí 37 años

ACTA Nº 7
4 de junio de 1460

En Génova, ante el Notario Juan Valdettaro, Dominicus Columbus es testigo y fiador de frater (hermano) Antonius Columbus, vecino de Villa Quinti, en el compromiso contraído por Antonio para colocar a su hijo Juan de aprendiz en casa del sastre Antonio Planis.

Este Juan es posible que tuviera por segundo nombre Antonius, que era el de su padre, y que sea, como después se verá, el Juan Antonio que posteriormente va a visitar a sus primos Colombos en España. Así lo explica el Dr. Altolaguirre y la historia posterior nos demostrará la verdad de esta sospecha.

Este Acta, al igual que la nº 4, ponen en claro que Johannis Columbus tuvo al menos dos hijos: Domingo y Antonio, presentes en Génova, y así se manifiesta en varias de las actas.

Dominicus: Tenía aquí 42 años

ACTA Nº 8
15 de marzo de 1462

Ante el Notario Andrea de Cairo, Domingo Columbo fue testigo de una deuda de cincuenta liras hecha a Antonio Leverone, y el 5 de julio de 1464, el mismo Dominicus Columbus quondam Johannis aparece en Génova como "formaiarius", declarando adeudar quince liras a Jerónimo delle Vigne, ante el Notario Juan Valdettaro .

Dominicus: Tenía aquí 44 años

ACTA Nº 9
17 de enero de 1466

Dominicus de Columbus quondam Johannis, textor pannorum lane, habitando en Génova, afianza en esta ciudad, ante el Notario Andrea de Cairo, la evicción (despojo que sufre el comprador de la cosa que le fue vendida o amenaza de ese despojo) de una tierra en Villa Quarti, que vendió a su primo hermano Johannis de Colombus de Maconexi. Quondam Luce.
Dominicus: Tenía aquí 48 años

ACTA Nº 10
2 de marzo de 1470

En Saona, ante el Notario Juan Gallo, Dominicus de Columbus, quondam Johannis de Quinto, textor pannorum e tabernarius, toma a su servicio a Bartolomé Castagnelli.
Dominicus: Tenía aquí 52 años

ACTA Nº 11
22 de septiembre de 1470

En Génova, ante el Notario Jacobo Calvi, Dominicus Columbus, quondam Johannis y Christofforus eius fillius, en presencia y consentimiento de su padre, toma por árbitro de sus diferencias con Jerónimo Portus a Juan Agustín de Coano.

La sentencia arbitral la dictó Coano el veintiocho del mismo mes y año ante el Notario Calvi, y por ello condenó a Dominicus Columbus et Christophorum eius fillius al pago de treinta y cinco liras a Jerónimo Portu.
Dominicus: Tenía aquí 52 años

Si Christophorum eius fillius es nuestro personaje, Cristóbal Colón, según la fecha de nacimiento de la versión italiana tenía en este acto la edad de 19 años (1470-1451)

ACTA Nº 12
31 de octubre de 1470

Extendida en Génova, ante el Notario Nicolás Raggio.
Christophorum Columbus, hijo de Dominicus, mayor de diecinueve años, en presencia autorización y consentimiento de su padre, se declara deudor de una cantidad por e resto de una partida de vino que vendieron por cuenta de Pedro Velexio de Portu.

Por esta acta y las anteriores, no hay duda de que Christophorum Columbus es hijo e Dominicus Columbus y nieto de Jhoannis Columbus.
Dominicus Columbus es lanero, y luego parece que forma sociedad con su hi Christophorum como vinatero, pues figura como deudor de una partida de vino.
Tenía Christophorum en esta época 19 años. (1470-1451) según la versión italiana, i solamente por la fecha que dan éstos, sino porque también figura en el acta que ten diecinueve años.
Dominicus: Tenía aquí 52 años

ACTA Nº 13
25 de mayo de 1471

En Génova, Suzana, filia quondam Jacobi de Fontanarubea, et uxo Dominici de Colombo testori pannorum lane, presentes, ratifican ante el Notario Francisco Comogli la venta de un inmueble a Joaquin de Fontanarubea, fratem ipsius Suzane.
Suzana es la esposa (uxo) de Dominici de Colombo
Dominicus: Tenía aquí 53 años

ACTA Nº 14
7 de agosto de 1473

En Saona, ante el Notario Pedro Corsaro, Suzana, filia quondam Jacobi de Fontanarubea de Benzagno, et uxo Dominici de Colombo de Jauna ac Christophoros el Joannis Pelegrinus, filii dectarum Dominici et Suzane i ugalium el cum autoritate et consentu dictorum, consienten en la venta que iba a hacer Domingo de una casa que poseía in civitate Janue in contrata porta Olivella.
Dominicus: Tenía aquí 55 años

ACTA Nº 15
5 de noviembre de 1476

En Génova, ante el Notario Johannis de Beneditti, Dominicus Columbus textor pannorum lane quondam Johannis, habitator Saona, cede un crédito que tenía contra Nicoli Masglio.
Dominicus: Tenía aquí 58 años

ACTA Nº 16
23 de enero de 1477

En Saona, ante el Notario Juan Gallo, "Suzana filia quondam Jacobi de Fontanerubea et uxor Dominici de Colombo laneri civis et habitoris Saone" "da consentimiento a este para la venta de la casa sita in burgo Sancti Stephani ínclita civitates Janue in contracta Sancti Andre"

En esta acta vemos lo que antes ya habíamos apreciado en algunas anteriores: Domingo Colombo era esposo legítimo de Suzana Fontanerubea.
Dominicus: Tenía aquí 59 años

ACTA Nº 17
25 de agosto de 1479

Incluimos aquí, por razón de cronología, el documento Assereto de esa fecha. En él "Cristóbal Colón" declara ante el notario acerca de una fallida partida de azúcar, quedando absuelto de responsabilidades y, con prisas, para regresar a Lisboa. Todo esto sucedió en Génova.

Cristóbal Colón declara tener veintisiete años de edad. Al no figurar el nombre de los padres no podemos considerarle con certeza miembro de la familia que estamos estudiando. En el año 1479, el apellido Colón no era utilizado ni por el Almirante, ni por ningún miembro de la familia Colombo.

Este documento apareció entre las minutas del notario.

Dominicus: Tenía aquí 61 años

ACTA N° 18

21 de julio de 1489

En Génova, ante el Notario Lorenzo Costa, Domingo Colombo hace cesión a Jacobo de Baravello de la casa fuera de la puerta de San Andrés.

Figura Domingo Colombo como administrador de sus hijos Cristóbal, Bartolomé y Jacobo, hijos también de Suzana.

La no aparición en esta Acta de Juan Pelegrino nos hace pensar y suponer que éste había muerto, ya que no vuelve a figurar en ningún documento posterior.

Dominicus: Tenía aquí 71 años

ACTA N° 19

23 de agosto de 1490

Ante el Notario Juan Bautista Perissola, Dominicus Columbus, textor pannorum lane quondam Johannis, da recibo a Juan Bautista Villa, de la cantidad que le debía por el arrendamiento de la casa sita Janua in burgo Sancti Stephani, in contrata Porte Sancti André.

Dominicus: Tenía aquí 72 años

ACTA N° 20

15 de noviembre de 1491

En Génova, Domingo Colombo, textori pannorum lane quondam Johannis, es testigo de la venta de unas tierras.

Dominicus: Tenía aquí 73 años

ACTA N° 21

30 de septiembre de 1494

Ante el Notario Juan Bautista Parissola, Domingo Colombo, olim textore pannoru lane quondam Johannis, testifica en el testamento otorgado por Catalina Vernazza.

Dominicus: Tenía aquí 76 años

Este es el último documento que conocemos. La fecha no está equivocada. Doming Colombo actúa como testigo, lo que indica que sus funciones intelectuales, pese a edad de setenta y seis años son correctas.

No conocemos ningún escrito de Cristóbal Colón en el que comunique a su padre (¿' dos años antes de esta comparecencia, la buena nueva de haber vuelto de las Indias haber encontrado todo lo que iba buscando.

Terminada la redacción de las actas, parece oportuno consignar aquí que en ellas, lógicamente, no están o figuran todos los que debían estar; unos por ausencia, y otros por ser menores de edad. Entre estos últimos consignamos a Andrea Genovés, hermano de Juan Antonio Colombo, pese a utilizar apellido distinto, que frecuentemente cambia por el de Colombo; figura en Historia de América, como veremos posteriormente, y siempre figura como hermano de Juan Antonio Colombo.

VI. 3. Análisis del cuadro genealógico y estudio de la familia Colombo italiana

Con arreglo a este estudio genealógico ya todo está resuelto y la tesis de Altolaguirre es la siguiente:

Cristóbal, hijo de Domingo Colombo, es el Almirante.
Bartolomé es el Adelantado
Jacobo, (Diego en Castilla) es el Clérigo.

Aquí se presentan algunas dudas. Veamos:

¿Cómo es posible que Cristóbal Colombo, que en el año 1470 (Acta n° 12) tenía diecinueve años, nacido por tanto en 1451, según la tesis genovesa, sea el Cristóbal Colón, Almirante, que el cura de Los Palacios afirma que nació en 1435 o 1436?

¿Cómo es posible que siendo vinatero y con problemas económicos en 1470, y sin que tengamos noticias de un salto espectacular en su vida económica e intelectual, esté en 1480 (solo diez años después) proponiéndole al rey de Portugal una nueva ruta para ir a las Indias, y este rey le dé crédito, hasta el punto de enviar un piloto-espía a recorrer la dirección indicada?

¿Cómo, en tan corto período de tiempo, aquel lanero y vinatero ha podido imponerse en matemáticas, tiene conocimiento de las obras de autores como Aristóteles, Ptolomeo, Plinio, Séneca, Santo Tomás, San Jerónimo, San Agustin; conoce las Sagradas Escrituras, ha comentado el Imago Mundi y la Historia Rerum Ubique, habla y escribe en castellano y latín; es un hombre elocuente y conoce las leyes del mar entre otras cosas?

Es algo difícil de asimilar, cuando nos dice el propio Almirante que lleva navegando desde los catorce años y más cuando la reina Isabel puso su confianza en el

"home sabio que tiene mucha plática en las cosas de la mar"

En esta historia hay un fallo insalvable. Esta pieza que el historiador Altolaguirre trata de colocar en el rompecabezas no encaja, y por ello no insistiremos más.

No obstante, esto no quiere decir que renunciemos al estudio de la familia Colombo genovesa por ver si existe alguna conexión con el Almirante.

Dice Altolaguirre que hay un Acta notarial de fecha 11 de octubre de 1496 ante el notario Juan Bautista Peloso, y convienen que Juan Antonio Colombo vaya a España en representación de sus hermanos Mateo y Amigeto, para buscar a aquel, a

Christóphorum de Colombo Almirantum regis Ispanie, siendo costeados los gastos por los tres hermanos a partes iguales.

El objeto del viaje, según Altolaguirre, era reclamar del Almirante el pago de un crédito que tenía contra él, heredado sin duda de su padre, una vez que los tres tienen a cobrarlo el mismo derecho, y, acuerdan, que si dicho Juan "recuperabit aliquam qualitatem pecunie" la cantidad recuperada debía repartirse a partes iguales con sus hermanos Mateo y Amigeto.

Dice Altolaguirre de la importancia de este documento, puesto que identifica a Cristóbal Colón de Italia y al de España.

"Christophoro Colunbo Almirantum Regis Hispanie" le llaman sus primos hermanos, hijos de Antonio Colombo, hermano de Domingo, padre de Cristóbal, Bartolomé y Jacobo.

Es de todo punto inverosímil, nos dice Altolaguirre, suponer que todo fueron coincidencias y que el Cristóbal Colón de España, a pesar de todo lo expuesto, no tuviera relación alguna de parentesco con los Colombo de Génova.

A esta relación del viaje nos remitimos al Archivo Notarial di Stato in Génova[375].

El latín es macarrónico, y dice así:

"En el nombre del Señor Amén.
Johannes Columbo de Quinto, Mateus de Columbo et Amigetus de Columbo (**siempre Columbo, hacemos constar nosotros**) hermanos, hijos que fueron de Antonio con todas las facultades de conocimiento, manifiestan que el dicho Jhoan debe ir a España para encontrar al Señor Cristóbal de Columbo, Almirante del Rey de España, y que todos los gastos que deba hacer el dicho Juan **para encontrar** al dicho señor Cristóbal debe pagarlos por terceras partes por la ocasión arriba dicha y si el dicho Juan recupera algo de dinero por ir al dicho lugar de España para encontrar al dicho señor Cristóbal, **la dicha cantidad de dinero que recupere e mismo Juan debe repartirla con los dichos Mateo y Amigeto por terceras partes y así quedar de acuerdo"[376]

Luego, lo que sigue, está escrito en tan mal latín, que más bien se adivina lo que quier decir, y es lo siguiente:

"que todo está bajo pena del doble al que se vuelva atrás"

En primer lugar, llama la atención el tratamiento, tan reverencioso, que unos prim carnales dan a un pariente suyo tan cercano. También llama la atención la forma d liquidar las cuentas los tres hermanos, como si se tratase de dos etapas y con d objetivos distintos:

Primer objetivo: Que vaya Juan a España *a encontrar* al Señor Almirante del rey liquidar los gastos originados por el viaje, a repartir entre los tres hermanos.

[375] *Raccolta Colombina*, parte II, vol I, documento LXXXIII
[376] El subrayado y las negritas son nuestras

Segundo objetivo: Si Juan recupera algo de dinero por ir a España a encontrar al dicho señor Cristóbal, la cantidad *que recupere* Juan debe repartirse con los dichos Mateo y Amigeto por terceras partes.

El argumentario, pues, es el siguiente:

Juan viene a España a ver al Almirante (objetivo primero que conlleva gastos y el importe de los mismos es repartido, y pagado entre los tres).

Veamos qué ocurre con la deuda. La economía de Antonio Colombo nunca le permitió prestar dinero a nadie. Cuando coloca a su hijo Juan como aprendiz de sastre (acta nº 7), su hermano es testigo y fiador en el compromiso contraído por este acto. Es decir, que Antonio Colombo ha de recurrir a su hermano para resolver un hecho tan baladí como avalar a su propio hijo, y ello sin duda porque no está en disposición económica de hacerlo.

En el acta nº 4, de 20 de abril de 1448, Domingo y Antonio Colombo se obligan a pagar la dote de su hermana Battistina al fallecer su padre, que no había cumplido este compromiso con su yerno.

En este acta figuran Domingo y Antonio, pero, por tener otro hermano en Castilla, ellos asumen la ausencia de éste, *Cristóbal Genovés*, con el compromiso formal de cobrarle posteriormente la parte que le corresponde.

Esta es la única deuda que puede tener Antonio Colombo, **una deuda forzada por las circunstancias.**

¿Pagó esta deuda Antonio Colombo? Creemos que no, y a ello tuvieron que hacer frente sus hijos, y, además con un gran retraso, debido a las edades casi infantiles, cuando su padre la aceptó.

La deuda que viene a cobrar Juan Antonio a Castilla es a su tío "*Cristóbal Genovés*", el personaje que figura en el testamento de doña Aldonza de Mendoza, y una vez cobrada la han de repartir entre los tres (Juan, Mateo y Amigeto) y solamente entre ellos, porque sus otros hermanos no han intervenido en cancelarla. Y decimos esto porque afirma Altolaguirre que es deuda de su padre, y en este caso tendrían derecho a cobrarla no solo los tres hermanos, sino todos ellos.

Otro hecho. ¿Está dentro de lo razonable que piensen los tres hermanos que el Almirante, tan ceremoniosamente tratado, y ante un compromiso adquirido por él (¿?), se niegue a saldar la deuda? Y menos aún, ¿que el Señor Almirante, como le tratan y llaman, les abone solamente una parte y el resto piensen que se lo vaya a pagar a plazos?

Si la deuda la tiene que pagar su tío "Cristóbal Genovés", posiblemente ya fallecido, debido al tiempo transcurrido desde el año 1435, única vez que figura este nombre en un documento, podemos explicarnos que los tres hermanos alberguen dudas para cobrarla en su totalidad y tengan que hacerlo en varios plazos.

Para terminar este apartado, queremos resaltar cómo Juan Antonio, Mateo y Amigeto se apellidan siempre Colombo.

VI.4. Colombos genoveses que vienen a España

Como veremos con los datos de las actas notariales estudiadas, hemos podido confeccionar otro cuadro genealógico[377] enriquecido aportando nuevos nombres que luego la historia nos irá proporcionando.

Adelantamos igualmente que para hacer más claro el cuadro hemos prescindido de Juan Pelegrino, que muerto en el año 1489 o antes —no representa el menor papel en este estudio. Igualmente hemos prescindido de Blanchinetta, hija de Antonio, que sabemos se casó con un quesero y no se vuelve a hablar de ella, pero nombramos a Battistina, que de una forma tangencial figura en esta historia (hija de Juan Colombo de Maconexi).

Se han incluido, no obstante, entre los hijos de Antonio Colombo, además de Juan Antonio Colombo, Benedicto Colombo, Mateo Colombo, Tomás Colombo y Amigeto Colombo, el ya anteriormente citado Andrea, que firmando así en unos documentos, en otros lo hace como Andrea Genovés o como Andrea Colombo Genovés.

Cabe pensar, al menos como hipótesis, que es posible que este cuadro genealógico sea incompleto, porque basado en las actas notariales, quizá por ausencia en las ciudades de Génova y Saona de algún elemento de la familia, o que independizado de ésta y con un bienestar económico no quiera discutir a sus hermanos las migajas de una herencia miserable o tal vez llena de deudas.

CONSIGNEMOS AQUI LA LEGITIMIDAD DE LOS HIJOS DEL MATRIMONIO FORMADO POR DOMINGO Y SUZANA.

Hijos que llevan por nombre Cristóbal, Bartolomé y Jacobo y por primer apellido Colombo y por segundo Genovés; es decir, todos son nacidos en Génova o en sus proximidades.

Está muy claro y con honestidad científica afirmamos que había una relación indudable entre esta familia genovesa y el descubridor de América, y esto nos lo demuestra la venida a Castilla, procedentes de Italia, de Juan Antonio y Andrea Colombo, hijos los dos de Antonio Colombo, que vemos en el cuadro como jefe del clan familiar Colombo Maconexi.

¿Cuándo vienen Juan Antonio Colombo y su hermano Andrea a Castilla?

Juan Antonio llega a Castilla antes del 30 de mayo de 1498, y decimos esto porque en esta fecha ya figuraba en la tripulación del Tercer Viaje del Almirante, que salió de Sanlúcar de Barrameda en esa fecha.

---

[377] Ver al final de este capítulo

De Andrea Colombo no podemos precisar el año con toda seguridad, pero se encontraba en Castilla antes del día 9 de mayo de 1502 porque acompañó al Almirante en el cuarto viaje.

Por el mismo Almirante sabemos que Juan Antonio Colombo y Andrea Colombo eran hermanos, así lo escribe Cristóbal Colón en carta[378] dirigida al padre Gorricio y que transcribimos:

Sevilla 4 de enero de 1505.

"Reverendo y muy devoto padre: Diego Méndez es venido de la Corte. Don Diego queda bueno. El Señor Adelantado y Don Fernando no eran llegados. Yo os le enbiaré allá con las nuebas de todo. Yo non sey que diga a mi deseu de veros y comunicar algo que non es de péndula. Las escrituras que tenéis querríalas ver y eses privilegio querría mandar a hacer una casa (caja) de corcha enforrada de cera; Pidos por merced, que si el Donato, aquel hombre honrado, oviere de venir acá que con él me enbieis todo o con Andrea hermano de Juan Antonio portador d'ésta. De mi mal cada día estoy mejor, gracias a Nuestro Señor.

 Al padre prior en su merced me encomiendo y de todos esos religiosos.

Fecha oy sábado IIII de henero.

A lo que Vuestra Reverencia mandare.

.S.

.S.A.S.

X M Y

Xpo : FERENS"

Creemos muy interesante describir la venida de Juan Antonio a Castilla y el encuentro con el Almirante, porque es en estos momentos cuando vemos los lazos que les unen, al obrar de una forma no premeditada, sino espontánea, y reconocer la reacción de ambos. Si el escrito es narrado por un extraño, en este caso Bartolomé de las Casas, todo adquiere un inusitado valor.

Juan Antonio Colombo viene a cobrar una deuda de su padre y lo primero que observamos es que no vuelve a Italia, pues se enrola con el Almirante en su tercer viaje.

Veamos cómo nos lo describe el Padre Bartolomé de las Casas, que por primera vez emprendía viaje a las Indias y sentiría la lógica emoción de su aventura y el anhelo de no perderse detalle de todo lo que allí iba sucediendo.

Así escribe Bartolomé de las Casas:

"Partió, pues, nuestro primer Almirante en nombre de la Santísima Trinidad (como él dice y así siempre solía decir), del puerto de San Lúcar de Barrameda[379], miércoles 30 días de mayo de 1498...

---

[378] Varela, Consuelo; op, cit, 1982. Pág 326
[379] Partió de San Lúcar el 3º viaje. Nota al margen, de letra de Las Casas

«... se partió para la isla de Madeira... (por camino no acostumbrado por el escándalo que pudieran hacer con una armada de Francia, nos dice el Almirante).

"... el sábado, a 16 de junio, partió con sus seis navíos de la isla de la Madera, y llegó martes siguiente a la isla de la Gomera"[380]

"Aquí en la isla Gomera determinó el Almirante de enviar los tres navíos derechos a esta isla Española, porque si él se detuviese, diesen nueva de sí, e alegrar y consolar a los cristianos con la provisión de los bastimentos, mayormente dar alegría a sus hermanos el Adelantado y Don Diego, que estaban por saber dél harto deseosos. Puso por capitán de un navío a un Pedro de Arana, natural de Córdoba, hombre muy honrado y bien cuerdo, el cual yo muy bien cognoscí, hermano de la madre de don Hernando Colón, hijo segundo del Almirante y primo de [Diego]381 Arana, el que quedó en la fortaleza con los treinta y ocho hombres que halló a la vuelta muertos el Almirante. El otro capitán del otro navío se llamó Alonso Sánchez de Carvajal, regidor de la ciudad de Baeza, honrado caballero. El tercero, para el otro navío, fué Juan Antonio Columbo, ginovés(sic), deudo del Almirante, hombre muy capaz y prudente y de autoridad y con quien yo tuve frecuente conversación..."

Como vemos en este relato de Las Casas describe muy bien a Pedro de Arana..., cita todos los parentescos que éste tiene con la madre de Hernando Colón (aquí parece que debía haberse ahorrado el apellido de Hernando, pero lo escribe). Cómo era primo de Diego de Arana aquel que quedó con 38 hombres..., y que era de Córdoba...

De Alonso Sánchez de Carvajal nos dice que era regidor de la ciudad de Baeza, que era honrado caballero.
¿Y qué nos dice de Juan Antonio? Le apellida Columbo, diferenciando este apellido con el del hijo del Almirante, al que llama Hernando Colón unas líneas antes...e indica su procedencia: ginovés.

También nos dice que era deudo del Almirante.

Cita la palabra deudo, que significa pariente, pero en un sentido muy amplio, pues tiene la misma raíz que deudor, y deudo lo mismo hace referencia a familiar que a dinero, que a atenciones o favores recibidos.

Si Las Casas "sabía" que era pariente, qué duda cabe que hubiese puesto claramente e tipo de parentesco y no habría diferenciado a Juan Antonio y a Hernando con apellido diferentes.

Fijémonos también cómo el Almirante a sus "hermanos" le llama Adelantado a uno y a otro Diego.

Muchas palabras del castellano tienen varios significados y, a lo largo del tiempo, s utiliza el mismo vocablo para referirse a hechos distintos. Hemos tratado de saber significado que en aquellos tiempos daban a la palabra deudo y lean con nosotros es frase:

"El Marqués de Santillana tenía un poderoso ejército, formado *por familiares y por deudos.*"

---

[380] Las Casas, Bartolomé de, op, cit, tomo I, cap. CXXX, págs. 347-348
[381] En blanco en el original

Se ve bien claro la distinción que hace entre familiares y no familiares (deudos)[382].

Lo que sí se observa es la gran estima del Almirante por esta *familia* genovesa, ¿es extraño sabiendo todo lo que suponemos de "Cristóbal Genovés" del testamento de Doña Aldonza de Mendoza?

Otra duda. ¿Cómo a un aprendiz u oficial de sastre (ver Acta nº 7), Cristóbal Colón le nombra capitán de navío?

El Capitán de navío tenía por misión guardar el orden dentro del barco. El capitán piloto, era el responsable de todo lo que afectaba a la navegación.

Estudiemos ahora el trato y comportamiento que existía entre el Almirante y sus hijos Diego y Hernando con esta familia genovesa que ahora llega a Castilla.

Nunca Colón ni sus hijos Diego y Hernando mostraron, en sus escritos, parentesco alguno con Juan Antonio y Andrea. En este caso, o no escribieron el apellido o les aplicaron siempre el apellido Colombo o Genovés o Colombo Genovés o Genovés simplemente.

Juan Antonio y Andrea nunca hicieron alarde y manifestación de ser parientes del Almirante.

En Autógrafos de Cristóbal Colón, de la Duquesa de Berwick y de Alba[383] del año 1892, nos relata la información de Hernando Colón sobre los gastos hechos en Jamaica por su padre (cuarto viaje). Dice que Andrea llevaba los gastos hechos por Colón... bastimentos para comer toda la gente y que eran muy caros... Navío que hubo de reparar poniéndole en seco y adobarle para pasar a Castilla... gastos de calafates, carpinteros y marineros... Velas nuevas... había que comprar un mástil, porque el otro se rompió... que tenía el cargo de tener la cuenta (dice Hernando Colón) Andrea. Dice también que Francisco Morillo compró las cosas necesarias y como al tiempo de la partida le pagó en oro..., como toda la gente no cabía en el navío, el Almirante fletó uno de Diego Rodríguez, vecino de Sevilla y que oyó al Almirante y a Andrea (así, sin apellido) que llevaba la cuenta, que ésta se montaba en más de mil y doscientos pesos en oro.

Como vemos, Hernando Colón nunca asigna a Andrea el apellido Colón, al igual que Las Casas, y nunca establece parentesco entre ellos.

En una carta de Fray Juan de Leudelle de Picardía dirigida al Cardenal Cisneros[384], con odio no reprimido, acusa al Almirante y a sus hermanos:

---

[382]RAE. Deudo, da
      del latín *debitus*, debido
    1. m. y f. **pariente** (II que tiene relación de parentesco)
    2. m. **parentesco**
    3. m.desus. **deuda**
    tomar alguien **en** su **deudo** a otra persona
    1. loc.ver. desus. **Emparentar con ella**

[383] Duquesa de Berwick y de Alba, 1982, pág 44.
[384] Gil, Juan y Varela, Consuelo, op, cit, 1984, págs. 286-287

"E porque el Comendador escribe a Vuestra Señoría cómo el Almirante e sus ermanos se quisieron alçar e ponerse en defensa juntando indios y cristianos"

Allí nadie habla de otros parientes, y se trata de un escrito de octubre de 1500.

Fray Juan de Robles igualmente acusa al Almirante[385]:

"no quiero alargar más, sino rogaros por amor de Nuestro Señor Jesucristo, pues El os comunicó singularmente el celo de las ánimas, y veis cuán poco se curan d'ello, que lo favorezcáis, como siempre avéis hecho, e trabajéis cómo el Almirante ni cosa suya vuelva más a esta tierra, porque se destruirá todo y en esta isla no quedaría cristiano ni religioso"

En el Memorial que acompañó a estas Cartas también acusan al Almirante diciendo que no se le permita volver a esta Isla...

"Item, que Vuestra Señoría trabaje con Sus Altezas cómo no consientan venir a esta tierra ginoveses, porque la robarían y destruirían, que por cobdicia d'este oro que se ha descubierto, Juan Antonio Ginovés trabajaba ya de hacer partido con los vecinos de la isla acerca de los bastimentos, porque otros no pudiesen venir aquí con mercadurías..."[386].

Como vemos, a Juan Antonio le apellidan Ginovés y no Colombo (apellido este de Ginovés no usado ya por Cristóbal Colón), lo que indica que no pensaban en parentesco entre los dos, porque puestos a acusar y gravemente, hubiese tenido más fuerza decir: *y su primo Juan Antonio Colombo o Colón le ayudó en su conducta*. Por otro lado, al acusar a los genoveses se está refiriendo a Juan Antonio, y no al Almirante.

En la carabela llamada "Santiago de Palos", que llevaba por capitán a Francisco Porras, iba como escudero Andrea Ginovés. No era pariente del Almirante porque lo hubiese llevado como escudero suyo.

Encontramos también a Andrea Colombo, domiciliado en la ciudad de San Salvador de Cuba, como procurador de don Diego Colón ya nombrado Almirante. Nunca hace manifestaciones (Andrea Colombo) de parentesco con su jefe; hecho por razones humanas y normales impensable.

En el informe de Bartolomé Colón sobre el cuarto viaje (año 1507-1509), estando en Roma, aparece un hombre enigmático a quien, con honestidad científica, los italianos n han podido encajar en la familia de Génova o Saona: Es Andrea (así figura en e documento), nombrado repetidas veces por fray Mateo de Benevento como Columbu Nepos (Colombo sobrino de Cristóbal). Este fraile le da el calificativo de "maestre ma esforzado de nuestro tiempo" y nos dice: Durante su viaje a la India tomó la altura polar. Observó muchos eclipses de luna que no aparecían en nuestro mundo. ¿Quién es es Columbus Nepos citado como Andrea?[387]

Algunos historiadores italianos le hacen hijo de Juan Antonio Colombo para encajar p su parentesco como sobrino de don Cristóbal (el Almirante), como en el documento afirma, pero esto es imposible, por la corta edad que tendría para tomar tantos datos. I

---

[385] Ibídem, pág 287
[386] Ibidem, pág 289
[387] Gil J. y Varela, C. op, cit, 1984, pág 325

el Andrea Genovés del cuarto viaje, y al hablar de Colombo, *sobrino de don Cristóbal*, se está refiriendo al "*don Cristóbal*", repetidamente citado por nosotros, del testamento de doña Aldonza de Mendoza. Estando en Roma no necesita aclarar a qué don Cristobal se refiere, pues no es al Almirante, sino a su tío Cristóbal Genovés.

Y ahora, para aclarar toda la relación de esta familia genovesa Colombo con el Almirante don Cristóbal Colón, no haremos sino repetir aquello que escribió su hijo Hernando:

... " bien que el almirante conforme a la patria donde fue a vivir (Castilla agregamos nosotros) y a empezar su nuevo estado limó el vocablo (Colombo agregamos) para conformarlo con el antiguo y distinguir los que procedieren de el de los demas que eran **parientes colaterales** y asi se llamo Colon"[388] .

¿Puede expresarse más claro que Cristóbal Colón no era hijo legítimo de Domingo Colombo y Susana Fontanarrosa y que, sin embargo, era el hijo adoptado por el Cristóbal Genovés, ya nombrado del testamento de Doña Aldonza de Mendoza y, por lo tanto, no tenía ningún parentesco natural con los Colombos italianos?

A Altolaguirre, para completar la historia verdadera del gran Almirante, le faltó el conocimiento de la existencia del Cristóbal Genovés del testamento de doña Aldonza de Mendoza, verdadero hermano de Domingo y Antonio e hijos los tres de Johannis Colombo de Maconexi.

Hemos repetido varias veces cómo los apellidos obedecían a distintos hechos o motivos y así decíamos que Colombo era el apellido que pertenecía al jefe del clan o apellido de la familia y que iba seguido por otro que correspondía al lugar de nacimiento. Ejemplo Maconexi, lugar de nacimiento del abuelo. Genovés por el lugar donde habían nacido sus hijos y nietos.

Hemos visto, que a partir de la fecha del fallecimiento en Valladolid, y ateniéndonos a lo que figura en documentos escritos, la fecha de nacimiento se sitúa en 1435 o 1436, dependiendo del mes en que se produjo, y cómo Salvador de Madariaga coincide en afirmar que el Almirante *tuvo que nacer en 1436*, pero, como no le cuadra el año con su teoría, achaca a una "errata" de Andrés Bernáldez los años que pone en el documento escrito por el cura de Los Palacios.

Otros autores coinciden en asignar el año de nacimiento a 1435 o 1436, y al mismo llegamos por caminos diferentes.

Tampoco encaja la fecha de nacimiento que afirma la tesis genovesa, 1451, (justificado por Madariaga *el error* (¿?), con el año 1446, que sería el resultado de restar al año del fallecimiento los supuestamente sesenta años de edad: 1506-60 = 1446

No podemos dejar de reseñar aquí el texto de Las Casas[389] en el que relata los hechos del Almirante en la mar, en una ocasión de peligro para él, por lo que engaña a toda una tripulación de marinos expertos, y que dice así:

---

[388] Colón, Hernando, Vida del Almirante, Cap I. 1980, pag 4
[389] Las Casas, Bartolomé de. Ob, cit. Pág 23-24

..."En otra que escribió a los mismos ínclitos Reyes, de la isla Española, por el mes de enero año de 1495, haciendo mención de cómo engaña muchas veces los que rigen las naos en las navegaciones, haciendo uno por otro, de donde provienen peligrar muchos navíos y muchas veces, dice así: A mí acaeció que el rey Reynel[390], que Dios tiene, me envió a Túnez para aprender la galeaza Fernandina, y estando ya sobre la isla de San Pedro, en Cerdeña, me dijo una saltía que estaban con la dicha galeaza dos naos y una carraca; por lo cual se alteró la gente que iba conmigo, y determinaron de no seguir el viaje, salvo de se volver a Marsella por otra nao y más gente. Yo, visto que no podía sin algún arte forzar su voluntad, otorgué su demanda, y mudando el cebo de la aguja, dí la vela al tiempo que anochecía, y, otro día, al salir el sol, estábamos dentro del cabo de Carthagine, tenidos todos ellos por cierto que íbamos a Marsella, etc."

La prueba de la verdad de tal historia es que la carta la dirige el Almirante a Hernando, hijo del Rey Juan II de Aragón, a quien Renato combatía.

La autenticidad de esta carta no ha sido puesta en duda por nadie.

¿Cuándo se dio esta batalla para apresar la "Fernandina"? Unos historiadores hablan del año 1460; **nueve años tendría Colón,** y ya era capitán, mandaba un navío y engañaba a una tripulación de marineros, si nos atenemos a su nacimiento en el año 1451, como dicen los italianos. No debemos creerlo.

Situemos la batalla en época posterior, pensando que las luchas terminaron en el año 1473; pensamos que también es demasiado pronto con veintidos años, para engañar a una tripulación y saberse imponer a unos marineros que fueron equivocados deliberadamente por su imberbe capitán. Por si ello fuera poco convincente, vemos cómo a la edad de diecinueve años se nos presenta por los italianos, en una de las actas notariales[391] que aportan como documentos fidedignos para demostrarnos su origen, ejerciendo la profesión de *tratante de vinos*. La pregunta inmediata es: ¿era a esa edad vinatero, o un experto marino? ¿Cómo pasó en tres años de ser un tratante de vinos a un conocedor de las artes marineras?

¿Por qué el empeño de algunos historiadores en modificar los textos originales Sencillamente porque no les encajan con las tesis por ellos expuestas...

Unos años más adelante, el Almirante se cartea con Toscanelli. ¿En tan escaso tiemp ha sido capaz de intercambiar con este sabio de la época opiniones científicas?

VI. 5. Resumen

A manera de apéndice queremos terminar este libro con una serie de hechos que no ha sido específicamente tratados o que tienen sólo una importancia relativa para el fin q nos hemos propuesto en el texto anterior, que no es otra que demostrar la naturale castellana de Cristóbal Colón, pero que puedan contestar a una serie de preguntas que haya hecho el lector.

---

[390] Renato de Anjou
[391] Actas nº 11 y 12

Una primera pregunta: ¿Por qué Colón se obstina en no revelarnos el lugar de nacimiento y el nombre de sus padres?

La razón es muy sencilla: algunos pueden pensar que por ser hijo ilegítimo de una mujer viuda. Esto hay que desecharlo; en aquella época tenía una importancia muy relativa el ser hijo legítimo o ilegítimo. El Cardenal Mendoza, pese a su dignidad, nunca ocultó ser el padre de sus hijos; es más, trabajó y consiguió que el Papa les reconociera como tal para crear para ellos unos mayorazgos. Ejemplos como éste los podemos encontrar fácilmente en aquella época.

El motivo principal de esta ocultación del nacimiento de Colón estimamos que fue éste:

Don Iñigo López de Mendoza, primer Marqués de Santillana, con virtudes muy encomiables y tal vez por haber vivido rodeado de pleitos promovidos por su madre en contra de doña Aldonza Mendoza, su hermanastra, siguió esta corriente, cometiendo hechos reprobables tratando de incumplir el testamento de doña Aldonza y apoderarse de los casi infinitos bienes que ésta tenía. Hemos de decir en descargo del Marqués que cuando se encuentra enfermo y se retira a Guadalajara para aparejarse antes de morir, nombra confesor suyo al prior de Lupiana fray Esteban de León, con quien había tenido una lucha encarnizada por oponerse éste a sus pretensiones; es decir, que busca el perdón del fraile y su arrepentimiento.

Cristóbal Colón, cuando llega a Castilla en el año 1485, encuentra gravísimas dificultades para llevar adelante su proyecto. Sólo los frailes de La Rábida le apoyan, pero a ello se une el duque de Medinaceli, don Luis de la Cerda, que le tiene en su casa como invitado distinguido durante dos años; luego será el Cardenal Mendoza, don Pedro González de Mendoza, quien le favorezca. Sin la ayuda de estos dos personajes la aventura de las Indias hubiese sido imposible para España. A estos señores se unieron todos los miembros de la noble familia Mendoza.

Cristóbal Colón, al nombrar a doña Aldonza su madre y el lugar de nacimiento, ponía en evidencia la anormal conducta del marqués de Santillana con él. No podía hablar, le estaban ayudando en su proyecto los hijos y nietos de don Iñigo López de Mendoza. Y decimos los hijos porque creemos que, si unos le apoyaron a cara descubierta, otros lo hicieron de una forma velada, como es el caso de Lorenzo Suarez de Figueroa.

Uno de los principios establecidos para esta investigación ha sido creer en todos los casos lo que afirma el Almirante en sus escritos. En la Lettera raríssima Colón se lamenta de muchos hechos y comienza con aquellos párrafos llenos de nobleza y misterio:

"O estulto y tardo a creer y a servir a tu Dios, Dios de todos ¿qué hizo El mas por Moisés o por David su siervo?... Las Indias que son parte del mundo, tan ricas, te las dio por tuyas... De los atamientos de la Mar Occeana que estaban cerrados con cadenas tan fuertes, te dio las llaves... Yo assí amortecido oí todo, mas no tuve yo respuesta a palabras tan ciertas, salvo llorar por mis yerros. Acabó él de hablar cualquiera que fuese diciendo: No temas, confía: todas estas tribulaciones están escritas en piedra mármol, no sin causa."[392]

---

[392] Varela, Consuelo; op cit., 1982; pág 297

¿Dónde están escritas estas tribulaciones? Ricardo Sanz las buscó en edificios levantados por los Mendoza.

En Mondéjar (Guadalajara), el marqués de Mondéjar construyó la iglesia de Santa María Magdalena.

Los maestros canteros fueron Cristóbal de Adonza y su hijo Nicolás de Adonza.[393]. Extraño el nombre y apellido del maestro cantero, teniendo en cuenta la anomalía que el Almirante tenía al escribir.

De Granada se pasaban combatientes al ejército cristiano. ¿Se pasaron estas dos personas? ¿Fueron bautizadas y actuó de padrino Colón y viendo que eran buenos canteros las recomendó al marqués de Mondéjar?

"Yo diré[394] que, sin conocer si doña Aldonza había parido, "sabía" por la representación que hay en la fachada de esta iglesia de Mondéjar, detrás de unas columnas, en unos espacios de piedras blancas (hoy deterioradas por la acción erosiva de los elementos del clima) minuciosamente talladas, que allí estaban representados hechos de la vida de Colón: un indio con sus plumas; sirenas (Colón dice en el primer viaje haber visto saltar en el mar unas sirenas); una iguana; una mazorca de maiz; y una tina con dos niños en su interior, que significa parto gemelar".

¿Habría personas que conocían la identidad de Colón y la historia de su nacimiento y quién era su madre?

Afirmamos casi con seguridad que sí. Por el trato recibido de ellos, le conocieron las siguientes personas:

Fray Esteban de León, Jerónimo prior de Lupiana (Guadalajara).

El Cristóbal Genovés del testamento de doña Aldonza y el ama, su mujer.

Los hijos de este matrimonio Bartolomé y Diego.

Los hijos del Almirante, Diego y Hernando.

Los frailes de La Rábida, al menos fray Antonio de Marchena, confesor de la reina, fray Juan Pérez que fue el representante de Cristóbal Colón en las Capitulaciones.

Los Reyes Católicos le conocieron poco antes de concederle el título de Almiran "dende agora".

Juan Coloma, que redactó las Capitulaciones representando a los reyes.

Fray Bartolomé de las Casas, tan íntimamente ligado a la vida y hechos del Almirante. Su Historia de las Indias está escrita con muchas señales referidas a la vida de Colón su trayectoria. No consintió Bartolomé de las Casas que se publicara su obra hasta q

---

[393] Herrera Casado, 1973; pág 129
[394] Ricardo Sanz García; op cit.

pasaran cuarenta años de ocurrida su muerte. ¿Por temor a que alguien se reconociera en ella?

Me interesaba[395] saber si conocía la historia del Almirante el historiador jesuita Hernando Pecha[396], que era confesor de la sexta duquesa del Infantado, con acceso a su biblioteca y muy sabio en estudios genealógicos. Tenía que saberlo, pero unido tan familiarmente a los Mendoza, ¿cómo lo expresaría?

En La Historia de Guadalaxara, escrita por él, con preámbulo de su hermano jesuita y biógrafo fray Felipe de la Ossa, nos dice del padre Hernando que era muy apacible, de una sinceridad colombina, de una gran bondad y sin doblez ni engaño. ¿Sinceridad colombina? Si hay alguien que haya pasado a la historia como mentiroso, nadie como Cristóbal Colón. En esa frase nos expresa Felipe de la Ossa que la historia verdadera de Cristóbal Colón la conocía Hernando Pecha.

Hay un hombre enigmático en esta historia de las Indias. Nos referimos a Vespucio. Lo encontramos en Sevilla en 1493. Es factor de Juanoto Berardi, este asentador de vituallas de todo tipo para las navegaciones de las Indias por los Reyes Católicos.

Vespucio se nos presenta con el nombre de Alberico Vespucio el año 1497 en sus falsos viajes al Nuevo Continente.

Niega Bartolomé de las Casas estos viajes de Vespucio por considerarlos falsos[397]

"Y es bien aquí de considerar la injusticia y agravio que aquel Américo Vespucio parece haber hecho al Almirante, o los que imprimieron sus cuatro navegaciones, atribuyendo a sí o no nombrando sino a sí solo, el descubrimiento desta tierra firme. Y por cierto todos los extranjeros que destas Indias en latín o en su lenguaje materno escriben y pintan o hacen cartas o mapas, llámanla América, como descubierta y primero hallada por Américo. Porque como Américo era latino y elocuente, supo encarecer el primer viaje que hizo y aplicallo a sí mismo, como si fuera el primer capitán dél, habiendo ido por uno de los que fueron con el capitán Alonso de Hojeda, del que arriba dejimos, capítulo 139, o por marinero o porque puso como mercader alguna parte de dineros en el armada, mayormente cobró autoridad y nombre por haber dirigido las navegaciones que hizo al Rey Renato, de Nápoles. Cierto usurpan injustamente al Almirante la honra y honor y privilegio, que por ser el primero que con sus trabajos, sudores y industris dio a España y al mundo el cognoscimiento desta tierra firme, como lo había dado de todas estas occidentales Indias, merece el cual privilegio y honor reservó la Divina Providencia para el Almirante don Cristóbal Colón, y no para otro, y por esto nadie debe presumir de se lo usurpar ni dar a sí mismo ni otro, sin agravio e injusticia y pecado, cometida en el Almirante, y por consiguiente, sin ofensas de Dios"

Lo niega la Duquesa de Berwick[398], pues al relacionar todos los hombres que iban en las naves no aparece el de Vespucio.

---

[395] Ricardo Sanz García
[396] Los Pecha eran parientes de los Mendoza
[397] Las Casas, Op, cit; Tomo I, cap CXXXIX; págs 371 y 373.

[398] Berwick, Autógrafos de Cristóbal Colón; pág 25 y siguientes

¿Por qué este hombre que primero se llama Alberico y así firma los primeros papeles sobre el descubrimiento, luego se llama Amerigo? Con este nombre lo llama Colón en su carta del año 1505 y con grandes elogios de su persona.

No hay rastro de él desde el año 1500 hasta el 1505. ¿Dónde estuvo? Por lógica, con los portugueses, pero al servicio de Castilla. ¿Por qué deducimos esto? Porque su nombre nos dice el Vizconde de Santarem no figura ni en la Torre do Tombo ni en la biblioteca de Bari, luego fue con nombre falso, y los Reyes Católicos le recompesarán luego dándole carta de naturaleza castellana en el año 1505; asignándole un sueldo de 50.000 maravedíes, y sumándole otros 25.000 maravedíes anuales, cuando el sueldo de un piloto era de 20.000 maravedíes al año.

¿Por qué el cambio de nombre por el de Amerigo y por qué con ese nombre se bautizó el Nuevo Continente? Aunque esto último es muy conocido, dice Julio Dacon en 1888 que el nombre de Amerigo no ha existido ni en España ni en Portugal ni en Italia, hasta que se lo puso Vespucio.

VI. 6. Cierre personal[399]

"Ha terminado mi trabajo. Atrás quedan las seis o siete horas diarias de mi jubilación dedicadas al estudio del más grande personaje de la Historia humana. Ha sido un "trabajo gozoso" en el que he empeñado mi vida de estos once años y que quiero brindar a los guadalajareños, de quien tanto cariño he recibido, y a España entera. Sé que nuestro Almirante de la Mar Océana se sentirá también contento. ¡Cuántos recuerdos de España siempre y en todo lugar! En La Española nos dirá:

"Oigo el cantar de cien pájaros diferentes, en este momento oigo el cantar de un ruiseñor, igual que Castilla en mayo."

"El agua mansa como el río en Sevilla."

"Verduras en tanto grado como en el mes de mayo en Andalucía."

"Las noches tan templadas como mayo en España."

El Almirante siente nostalgia de la Patria estando tan lejos de los Reinos de Castilla.

Nombra a Coruña y Fuenterrabía para expresar una distancia en La Española. Las tierras mu lindas como las huertas de Valencia en mayo. Siempre pensando en su España.

Doy fin a mi estudio y si lo comencé como él iniciara su Descubrimiento, "En Nombre de Santa Trinidad...", como el Almirante quiero terminar el mío.

Se terminó el libro el día 10 de marzo de 1994, víspera de Santa Paula"

---

[399] Este es el cierre que hace Ricardo Sanz García en su último libro

Con posterioridad a las ediciones primera y segunda, y como consecuencia de la continua investigación que se sigue haciendo, se han producido hechos que avalan esta tesis, como son la relación que existe entre el Almirante y su cocinero, familiar suyo que figura como testigo en su testamento, o el escudo encontrado en una construcción de abastecimiento de agua, del siglo XVI, que representa los emblemas de la familia, coincidentes con los de los Mendoza alcarreños, o el hallazgo, como consecuencia de la lectura, una vez más, de la Historia de las Indias, del nombre que quiso el Descubridor poner a las nuevas tierras, que coincide, también, con el topónimo de un paraje en los aledaños de Espinosa de Henares, nos motiva para proceder a la exhumación de los restos existente en la sepultura de la iglesia de Santa María de los Remedios, en Cogolludo, que ya lo fueron en el año 1983, pero en esta ocasión, para hacer un análisis del ADN y un estudio antropomórfico de los personajes allí depositados.

Desde el año 2002, en el que nos pusimos en contacto con el Dr. D. José Antonio Lorente, Catedrático de Medicina Legal, Toxicología y Antropología Física de la Universidad de Granada, España, han sido varios los intentos de hacer este trabajo, pero las trabas burocráticas o económicas de los organismos oficiales a los que llamamos en su momento, desbarataron este trabajo. Una vez exhumada la sepultura y conocido este análisis, si se llega a hacer este trabajo, las conclusiones serán:

Si el análisis de ADN coincie con el resultado de los ya analizados en la catedral de Sevilla: Habremos dado conformidad a esta tesis de noble castellano, y supondrá un vuelco en todas las teorías o hipótesis relativas a los diversos lugares que se proclaman como lugar de nacimiento del Almirante.

Si ninguno de los cuerpos depositados en la sepultura de la iglesia de Cogolludo se corresponde con los de Cristóbal Colón:

Ello no invalida la tesis y los argumentos y documentos que en este trabajo se aportan, sino que, simplemente, confirman que el grueso del cuerpo del Almirante sigue en paradero desconocido, quedando en la urna de la Catedral de Sevilla unos restos de escaso tamaño, insuficientes para confirmar que el "cuerpo" se encuentre solamente allí, pues esos restos podrían pertenecer a cualquier miembro de la familia, pues serían coincidentes de dos hermanos o nietos , pero no son definitivos al 100 por 100, al no pertenecer a madre e hijo.

A quien afirme que, al no estar los restos buscados en la sepultura de Santa María de los Remedios de Cogolludo (Guadalajara), esta tesis queda invalidada, respondemos que no es así, pues, lo único que sería concluyente es que esos restos no pertenecen al Almirante.

Recordemos la búsqueda que se hizo en su momento, por el equipo del Dr. Lorente, de los restos de Federico García Lorca, en el lugar en el que se afirmaba contenían el cuerpo de este gran poeta español, y el resultado fue negativo.

Ello no quiere decir que García Lorca no fue asesinado, o que no nació en Fuente Vaqueros, o que no fue un gran poeta. Lo único que concluye es que en aquel lugar no está enterrado el poeta. En este caso, las circunstancias son opuestas, pues de Colón sabemos dónde murió, pero no dónde nació, y de García Lorca sabemos dónde nació, pero no dónde está enterrado.

VII
Una historia escrita en piedra

Cogolludo

Los hechos aquí relatados, y conocida la personalidad del Almirante, nos estimulan para buscar más allá de los documentos escritos en algún objeto que permanezca en el tiempo más que un simple papel, fácil de eliminar o por detrerioro en el tiempo susceptible de desaparecer, y que nos pueda aportar más datos que corroboren la apasionante vida de este personaje de la historia, sobre el que se han escrito tantas interpretaciones de sus hechos y escritos.

Para ello, y siendo coherentes con lo investigado, hemos hecho un estudio de los elementos escultóricos de las edificaciones que se realizaron en el lugar de los hechos en épocas coetáneas o posteriores a los años vividos por el Almirante.

Iniciamos nuestra investigación en Cogolludo, pequeña villa, en la actualidad, al norte de la provincia de Guadalajara, pero enclave importante en la Edad Media por su situación geográfica, en la divisoria de la campiña del valle del Henares y la sierra que separa las provincias de Guadalajara, Soria y Madrid.

Vista general de Cogolludo (Guadalajara). Foto: Alfonso C. Sanz

El nombre le viene de la raíz latina Cucullus-i (*cogulla o capuz*) al que se le une sufijo *utu*, más tadre *udo* (semejante a), formandos ambos vocablos la palabra *Cuculli udo* (semejante a la cogulla) que podríamos traducir por *"monte en forma de capucha*

Según el diccionario de Pascual Madoz, en el año 1847, Cogolludo era partido judicial de la provincia de Guadalajara, audiencia territorial de Madrid, y perteneciente a la diócesis de Toledo. Las casas, doscientas sesenta y cuatro, se distribuyen entre quince calles y dos plazuelas, aparte la plaza Mayor. Tiene una escuela de instrucción primaria concurrida por 93 alumnos a cargo de un solo maestro. Conforman la villa de Cogolludo Monasterio, Arbancón, San Andrés del Congosto, Membrillera, Carrascosa, Espinosa de Henares, Aleas y Romerosa. Está cercado por muralla de cal y arena que mandó hacer don Luis de la Cerda, primer duque de Medinaceli, "que es la mejor que han visto en otra villa o ciudad del reino y ansí lo han oído decir ser la mejor que hay en toda España"[400]

En el año 1580 había en Cogolludo dos conventos. Uno de misioneros franciscanos, que se llamaba San Antonio, fundado por don Juan de la Cerda en 1557.[401]

En el siglo XVII fue constituído el colegio de Misioneros, donde se formaban hombres que acudían a evangelizar tierras americanas.

Había otro convento de carmelitas varones, fundado por el vecino de Cogolludo don Juan de la Fuente Corral, que lo construyó a su costa en la zona más baja del casco urbano, fuera de la zona amurallada, del que hoy solo quedan restos de la iglesia. En la actualidad (2018), está en fase de restauración.

Durante la guerra de la Independencia, Cogolludo fue ocupado alternativamente por las tropas napoleónicas y por Juan Martín, el Empecinado, perdiéndose en las contiendas entre ambos bandos todo cuanto había de valor artístico, así como los dos conventos, el castillo, y parte del palacio ducal.

El documento más antiguo conocido de Cogolludo data del reinado de Alfonso VI, conquistador de Toledo, y posiblemente de Cogolludo, ya que la villa debió pasar a sus manos al mismo tiempo que la Ciudad Imperial. Se trata de un documento del año 1100 por el que el monarca y la reina Isabel donaban al abad del monasterio de San Pedro de Gumiel la villa de Fonciana, declarando en el mismo que esta estaba situada entre los términos de Hita y Cogolludo.[402] Fonciana es hoy un despoblado de Espinosa de Henares.

En el año 1138 se menciona de nuevo Cogolludo en un documento por el que se reparten las rentas eclesiásticas de la diócesis de Toledo, correpondiendo a los canónigos de la misma la tercera parte de la Alcabala de Cogolludo, entre otras.

En 1176, don Alfonso VII donó Cogolludo a la Orden de Calatrava, pasando posteriormente por una época confusa sobre la pertenencia o no a la misma, pues el infante don Enrique el senador, hijo de Fernando III, en su testamento incluye una cláusula que dice: *"Otrosí mando que den la villa de Cogolludo a la Orden de Calatrava cuya es"*, y posteriormente, en 1334, Alfonso XI dicta sentencia para que se devolviese Cogolludo a la Orden, que injustamente le habían quitado.

---

[400] Afirmación hecha por los encuestados por Madoz.
[401] Hoy desaparecido; solamente queda un arco de entrada al mismo, recuperado y colocado en la entrada del Parque Municipal.
[402] Loperráez publicó este documento en el tomo III de su "Historia del Obispado de Osma"

El 19 de abril de 1335, el maestre Garci López otorgó en donación a Íñigo López de Orozco, alcalde de Escalona, la villa y castillo de Cogolludo, alegando como fundamentos no sólo la merced, por los servicios que a Orozco debía la Orden, sino *"porque el castillo e villa nuestra de Cogolludo a mucho menester de ser reparar y adobar"*.

En 1363, don Íñigo López de Orozco le otorgó un privilegio de franqueza, por el que libró a los vecinos de todos los tributos foreros que pagaban, salvo el llamado "pan de pecho".

Después de la batalla de Nájera, el rey don Pedro el Cruel mató a don Íñigo López de Orozco el día 3 de abril de 1367, y Cogolludo pasó a la viuda de éste, doña Marina Meneses, pero en el reparto que se hace de los bienes de esta señora entre sus hijas, nueve años después, no figura Cogolludo, por lo que se puede pensar que de nuevo había pasado a propiedad de la Orden de Calatrava.

El rey Enrique II de Castilla había desposado a su hija ilegítima, pero reconocida, doña María de Castilla, con don Diego Hurtado de Mendoza, Almirante de Castilla, e hijo de don Pedro González de Mendoza, muerto en la batalla de Aljubarrota.

Doña María de Castilla recibió de su padre, el rey Enrique II, las villas de Cogolludo y Loranca, disfrutando de ambas el matrimonio con el Mendoza. Al fallecimiento de ambos heredó Cogolludo su hija legítima doña Aldonza de Mendoza, de cuya vida ya hemos hecho referencia anteriormente. La toma de posesión se produjo el día 15 de mayo de 1404, con las formalidades de uso.

En Cogolludo se asienta en la actualidad, en la zona más elevada del terreno, la iglesia de Santa María de los Remedios, iniciándose su construcción en la primera mitad del siglo XVI, y se finalizaron, según una inscripción que existe en una de las columnas que limitan el atrio de entrada al recinto, en el año MDLXXVIII.

Iglesia de Santa María de los Remedios. Cogolludo. Foto: Alfonso C. Sanz

Restaurada en 1992, consta su planta de tres naves. Su estilo es renacentista en su portada, pero con formas e influencias góticas en su interior.

Existe otra iglesia, en una zona más baja y en contacto con el caserío, dedicada a San Pedro.

De construcción anterior a la de Santa María de los Remedios, en ella no se conserva ninguna decoración escultórica o pictórica que se pueda relacionar con el Descubrimiento de América.

En la Plaza Mayor se alza el palacio de los Duques de Medinaceli, construido bajo el proyecto y dirección de Lorenzo Vázquez, entre los años 1492 y 1505.

Con anterioridad a esta obra, Vázquez fue el autor de la parte principal de la fachada del Colegio de la Santa Cruz de Valladolid, en la que muestra en su paramento el almohadillado característico de los palacios quattrocentistas, y la puerta en arco de medio punto con frontón circular encima, que alberga en su tímpano la representación del Cardenal Mendoza arrodillado ante Santa Elena. En los detalles escultóricos se advierte su directo entroncamiento con el arte quattrocentista, quizá debido a una formación en Italia, tal vez en Bolonia.

Con más claridad se aprecia el entronque italiano en la obra del palacio de Cogolludo edificado para don Luis de la Cerda y Mendoza.

El paramento totalmente almohadillado y la puerta ricamente decorada están en estrecha relación con el colegio de la Santa Cruz. Algún crítico de arte afirma que la fachada del de Valladolid sirvió como "ejercicio" para realizar la de Cogolludo.

Figura: Fachada renacentista, cuya fecha de construcción se data entre los años 1492 y 1505.
Foto: Alfonso C. Sanz

La fachada del Palacio de Medinaceli se caracteriza por su simetría en torno a la única puerta de acceso, sobre la que se coloca en lugar destacado el escudo de esta familia.

Como es tradicional en este tipo de arquitectura, este escudo se encuentra en la mayoría de los elementos destacados de la obra, como es la arquería del patio y la chimenea del Salón de Cazadores o Salón rico, esculpida en yeso.

En Cogolludo estaba el Duque de Medinaceli en el año 1493, como hemos demostrado a través del documento escrito por él al Cardenal Mendoza dándole cuenta de la llegada del Almirante a Lisboa y que había descubierto todo lo que iba buscando, fechado el 19 de marzo de ese año, y que se conserva en el Archivo Histórico de Simancas.

También se afirma en este documento que Cristóbal Colón había vivido en su casa durante dos años, por lo que es de suponer que, en ese tiempo, el Almirante habría conocido este municipio de Cogolludo, aunque no hubiese pasado todo este tiempo aquí.

En un municipio que se encuentra a tres kilómetros de Cogolludo, Arbancón, es conocida la versión, transmitida de padres a hijos, de que Colón estuvo allí comiendo cabrito asado, plato tradicional de la zona.

Por todo ello, este es un edificio que debe ser estudiado con detenimiento, por si en su escasa decoración hay algún motivo que nos aclare su vinculación a nuestro personaje, y la encontramos, como a continuación se expone, por medio de diferentes frutos americanos, desconocidos en fechas anteriores al descubrimiento, e incluso alguno en la fecha de construcción de esta obra. Empecemos con el escudo ducal, que centra la fachada.

Figura: Sobre la puerta principal de la fachada, y centrando todo el edificio, se encuentra el escudo de los Medinaceli. Foto: Alfonso C. Sanz

La descripción del escudo de los Medinaceli es la siguiente:

Cuartelado primero y cuarto de gules, y un Castillo de oro, que es de Castilla, partido de plata, y un León de gules coronado de oro, que es de León; segundo y tercero de azur, y tres Flores de Lis de oro, que es de FRANCIA (*sic*). El Escudo timbrado de una Corona Ducal de oro, engastada de pedrería, floronada de ocho florones de lo mismo, rodeado de collar de la Orden: el todo baxo de un *Manto Ducal de escarlata, forrado de Arminios dobles*[403]

Las imágenes de los tenentes del escudo, en un principio, llamaron mi atención porque el cuerpo de ambos no responde a la iconografía tradicional de ángeles o querubines.

Hice una fotografía para poder observar con más detenimiento lo que el escultor quiso representar y, girando la imagen en la pantalla del ordenador, se asemejaba a una piña americana. Así lo di por bueno en un primer momento, y como tal lo expliqué a quienes les enseñaba y describía los elementos vinculados con América contenidos en esta fachada.

Acompañando a un buen amigo, éste se opuso en este caso a lo que yo le había descrito, afirmando que a él le parecía que el cuerpo de los ángeles o querubines era el de un ave del paraíso, sin saber exactamente a qué nombre respondía.

¿Por qué habían de ser dos piñas americanas? Invertirlas no tendría sentido si es que la intención del escultor fuese que se identificasen como tales. La duda había calado, y el razonamiento era más lógico que el que yo exponía.

Figura: Vista de la imagen de uno de los querubines que sujetan el escudo y su comparación con imagen de un quetzal. El cuerpo y la cola de este ave, están representados en el "ángel" del escudo. Fot Alfonso C. Sanz y Luis M. Cuaresma

Consultado a un especialista (Fernando López Mirones, biólogo), la respuesta fue:

"El ave que sujeta el escudo es un quetzal. Se trata de un ave sagrada de muchas etnias de Sudamérica, y con sus plumas se hacían los tocados de los jefes".

En la Gran Enciclopedia Larousse (1975) Vol. 8. pág 841, lo describe así:

"QUETZAL. n.m. (voz nàhuatl)
_ Ornitol. Trogoniforme de unos 40 cm de long, incluida la cola, de pico amarillento, comprimido, curvo en el extremo, patas de color pardo amarillento, iris pardo y copete de plumas desflecadas desde el pico a la cerviz. (Presentan las coberteras alares largas y curvas, y las coberteras de la cola muy desarrolladas, en especial las dos centrales, de unos 80 cm de long. El color es verde tornasolado con dorado, excepto las remeras y las timoneras medianas, negras; las tomoneras extremas, blancas, y el pecho, el abdomen y la subcola, de un rojo escarlata vivo. Habita en los bosques centroamericanos, hasta 2000 m de alt. Es de régimen frugívoro, y anida en troncos huecos. Los quetzales son las mayores aves del orden y las más bellas del Nuevo mundo. Especie *Pharomacrus mocinno*; familia trigónidos [Sin. CALURO, CURUCÚ]"

A continuación, se estudian dos imágenes muy significativas por la importancia que tienen en saber interpretarlas correctamente, y por lo que significan en la decoración de este palacio, único y primero en incorporar el estilo renacentista italiano a España de la mano de las familias de los Medinaceli y los Mendoza.

Se trata ahora de dar respuesta a lo que el escultor, o director del proyecto y la obra, nos han querido transmitir, y si tiene relación con el Descubrimiento de América. Recordemos que la datación de este edificio es de los años 1492 a 1505.

Es evidente que está clara la relación de un vínculo americano, conocido por el Almirante en las nuevas tierras conquistadas, con el edificio del duque de Medinaceli, su protector, en Cogolludo.

Siguiendo con el examen de los elementos decorativos de esta magnífica fachada, analizamos los detalles de la puerta de acceso al mismo.

Sobre el arco de la puerta central, figuran esculpidas tres figuras que representan tres flores de Lis, elementos que forman parte de la armería del escudo de los Medinaceli por su origen frances. La flor de Lis, desde el siglo XII, fue emblema de la casa real francesa, y a partir del siglo XIV, el escudo real francés se representó con tres flores de Lis.

En este caso, el escultor, o quien le haya dado la orden de hacer estas tallas, parece que nos quiere representar las flores de Lis, pero, salvo el diseño que las semeja, lo que ha representado son mazorcas de maíz.

Figura: Imagen del arco que hay sobre la puerta principal del Palacio de Cogolludo, en el que, en el centro y a los lados, se colocan tres "flores de Lis", que es de Francia, según la descripción heráldica del escudo de los Medinaceli. Foto: Alfonso C. Sanz

Figura. Detalle. Mazorca de maíz simulando una Flor de Lis, en el centro del arco semicircular Foto: Alfonso C. Sanz

Esta silueta ha sido interpretada por algunos historiadores como una palmeta.

En mis trabajos como profesor asociado del departamento de Geografía de la Universidad Complutense de Madrid, y en prácticas de estudio del medio físico, era habitual una excursión con los alumnos a Cogolludo. Tambien como asesor-guía del Departamento de Geografía de la Universidad de Alcalá de Henares, se preguntaba a los alumnos, una vez identificado el modelo, qué veían que pudiese ser representativo de América.

En todos los casos, la respuesta era, por unanimidad, el maíz.

A pesar de esta evidencia, y ante la insistencia de alguno de las personas que habían afirmado que se trataba de palmetas, decidimos consultar al Dr. en Biología D. Emilio Blanco Castro, colaborador del Jardín Botánico de Madrid, coordinador científico del apartado de biología del Atlas Nacional de España, y director de un programa de Naturaleza en Radio Nacional de España en aquel momento.

También lo hicimos con doña Daniela Bogdanic y con un grupo de fitoterapeutas chileno; con la Dra. María Teresa Sánchez Salazar, del Instituto de Geografía, UNAM de Ciudad de México; y con don Fernando López-Mirones, biólogo español de reconocido prestigio.

Se les mostró, a través de correo electrónico, las imágenes de la figura central y una de los laterales, esculpidas sobre el arco, sin mostrar el motivo por que cual queríamos conocer su opinión. La pregunta era: ¿Qué ves en estas imágenes?

Don Emilio Blanco dijo:

"poco te puedo ayudar creo, yo veo claramente el maíz en mazorca y en manojo"

Doña Daniela Bogdanic hizo el siguiente comentario:

"Por un lado veo lo que parece una Mazorca, o Maíz o Choclo como llamamos acá en Chile. Pero en la imagen más pequeña parece ser otro cereal de Sudamérica, uno llamado Quinoa".

El grupo de Fitoterapeutas informó:

"en una imagen sale representado una Mazorca de Maíz. Pero en la más clara, es como un ícono de Fertilidad y la verdad puede ser más algo icónico que una imagen figurativa"

La Dra en Geografía Dª María Teresa Sánchez Salazar informó:

La primera imagen parece una planta de maíz, pues tiene la mazorca al centro y se ven los granitos de maíz cubiertos por dos hojas que protegen la mazorca, y las hojas que se encuentran a ambos lados del tallo. No obstante, sería una planta de maíz medio estilizada, pues las mazorcas suelen surgir al inicio de cada una de las hojas de manera alternada a uno y otro lado del tallo.

La planta que aparece en la segunda imagen me parece a mí que no podría ser una planta de maíz, pues no aparecen las hojas laterales, solo la mazorca central y las laterales, sin hojas, por lo que me parece menos probable que sea una planta de maíz.

Don Fernando López Mirones dijo:

Los frisos de la fachada del Palacio de los Duques de Medinaceli en Cogolludo que me enseñaste me parecen mazorcas de maíz en su mata, cuando se están abriendo, tal y como las he visto muchas veces en América.

Una vez hecha la consulta y obtenida una respuesta unánime en cuanto a lo que está representado en la imagen central que hay sobre el arco, podemos ya hacer el siguiente comentario:

La Dra. Sánchez, en su informe sobre la segunda imagen, se refiere a una planta y no lo ve como planta, pues carecen las mazorcas de hojas, pero habla de "la mazorca central y las laterales", por lo que entendemos que sí está confirmando que son mazorcas de maíz

En conclusión: si detenemos nuestra vista en las tres flores de Lis que se esculpen sobre el arco, observamos que se trata, en la que se encuentra en el centro superior, de una mazorca de maíz preñada de frutos y abierta con sus hojas. En las laterales sobre el mismo arco, las flores de Lis se representan mediante un manojo de mazorcas bien granadas, sin hojas. No obstante, el lector puede sacar sus propias conclusiones.

Figura: Imagen de una "flor de Lis" situada a la izquierda del arco semicircular. Foto: Alfonso C. Sanz

Figura: Imagen de una "flor de Lis" situada a la derecha del arco semicircular. Foto: Alfonso C. Sanz

Según la R:A:E: maíz. (Del taíno *mahís*).

1. m. Planta de la familia de las Gramíneas, con el tallo grueso, de uno a tres metros de altura, según las especies, hojas largas, planas y puntiagudas, flores masculinas en racimos terminales y las femeninas en espigas axilares resguardadas por una vaina. Es indígena de la América tropical, se cultiva en Europa y produce mazorcas con granos gruesos y amarillos muy nutritivos.

2. m. Grano de esta planta.

La Gran Enciclopedia Larousse[404] nos dice sobre la llegada a España de esta planta:

"Su paso e implantación en Europa fue mucho más lento que el de otros productos americanos. Hasta 1604, en que el gobernador de La Florida, González Mendez de Cancio, lo introdujo en Asturias, no apareció en el Viejo Continente"

Si hasta el año 1604 no llega a España, y lo hace por Asturias, región más adecuada para el cultivo de esta planta que Cogolludo, por la necesidad para su desarrollo de abundante agua para el riego que no se da en el centro de la Península, ¿cómo es que se conoce y se esculpe en este monumento entre los años 1492 y 1505, fecha de la construcción del palacio, cien años antes de su llegada al norte de España?

Quien ordenó su colocación en lugar tan preferente no hay duda que conocía el producto, y no solo eso, sino que lo tuvo que dibujar para que el escultor lo plasmara en

---

[404] Gran Enciclopedia Larousse. Ed. Planeta. Barcelona, 1975. Tomo 6; pág 854

piedra. No cabe duda que lo hizo bien, o que el artesano tenía ante sus ojos un ejemplar como modelo. En cualquiera de los casos, de nuevo, tenemos ante nosotros otra indicación más de la vinculación de los Medinaceli, protectores de Colón, y de Cogolludo en particular, con el descubrimiento del Nuevo Mundo. No nos olvidemos que es en esta villa donde el 19 de marzo de 1493 se da cuenta del descubrimiento de América, por vez primera, en la carta que escribe el duque de Medinaceli al Cardenal Mendoza[405]

Existen más elementos vinculados al Descubrimiento en la decoración de esta fachada, como son plantas tropicales y perlas.

Uno de los elementos que describe San Jerónimo a Rústico en su epístola, ya comentada en un capítulo anterior, es: *"y dicen, que trae muchas especies de olores aromáticos de la fuente del paraíso donde nace el carbunclo, y la esmeralda, y las margaritas resplandecientes, y las perlas, ó aljofar, con que las señoras ilustres gustan tanto de adornarse"*

Figura: Decoración frutal y de perlas en las jambas de la puerta principal del Palacio de los Duques (Medinaceli en Cogolludo. Foto: Alfonso C. Sanz

También en el Palacio de Cogolludo figuran en la decoración de las jambas laterales, sobre la puerta principal dos filas de perlas, y frutos tropicales.

En una primera valoración, nos atrevemos a afirmar que quien esculpió los element descritos en la fachada del palacio de los Medinaceli, en Cogolludo, conocía l productos procedentes de América, o fue perfectamente documentado, y su colocaci

---

[405] En otro capítulo ya hemos dejado claro la aparición, en 2019, de una carta del rey de Portugal al rey Fernando, anterior a ésta.

no es fruto de una mera casualidad, dejando un testimonio duradero para que, en su momento, como es el aquí presentado, fuese "descubierto" por algún investigador.

Siguiendo con la obra de Lorenzo Vázquez vinculada en esta época con las familias Medinaceli y Mendoza, pasamos a investigar si en alguna otra de ellas figura algún elemento que nos permita identificar otros testimonios del Descubrimiento de América.

Mondéjar

Mondéjar es un municipio de la provincia de Guadalajara, que en los siglos XV y XVI tuvo un gran peso en las decisiones políticas y económicas del Reino.

De toda la familia Mendoza, quien destacó sobre los demás fue el primer marqués de Mondéjar, don Íñigo López de Mendoza, porque en su vida atesoró virtudes superiores a las de sus coetáneos, y su comportamiento con el Almirante fue siempre de apoyo desde la sombra. Quizás algún día pueda localizarse algún documento que valide lo que aquí nos atevemos a afirmar.

Además de ostentar el título de primer marqués de Mondéjar, concedido por los Reyes Católicos, era también el segundo conde de Tendilla. Elías Tormo no dudó en llamarle "el Gran Tendilla" para distinguirle de otros del mismo nombre y título.

Nació en Guadalajara en 1442, y tuvo una esmerada educación. Casó con su prima María Lasso de la Vega, propietaria de la mitad de Mondéjar. La otra parte correspondía a Catalina Lasso de la Vega que, al enviudar del duque de Medinaceli, la cedió a María Lasso, pero fue reclamada esta parte por el segundo esposo de Catalina, don Pedro de Castilla, por lo que pleitearon las dos familias, resolviendo las diferencias los Reyes Católicos.

Don Íñigo participó en la guerra de Granada, y fue embajador de los Reyes Católicos en Nápoles, apaciguando las diferencias entre el Papa Inocencio VIII y el rey de Nápoles. Regresó a Castilla en 1488.

Como persona culta, estableció relaciones en Italia con Pedro Mártir de Anglería, que le acompañó en su regreso a Castilla, conoció a Leonardo da Vinci, e importó, entre otras, la nueva corriente arquitectónica del Renacimiento, de la que nos dejó una buena muestra en las obras construídas durante su marquesado.

Hombre leal a sus amigos, es conocida la actitud que tomó con motivo de un problema económico del arzobispo jerónimo fray Hernando de Talavera. Para hacer frente a la escasez de medios económicos, éste tuvo que empeñar las joyas de su propiedad. Enterado el conde de Tendilla, las adquirió y se las devolvió a su amigo, con el importe del rescate.

Pedro Mártir de Anglería es una de las referencias imprescindibles para conocer los sucesos de los primeros viajes del Almirante, al que conoció antes de la conquista de Granada. Estuvo presente en Barcelona en el recibimiento que los reyes le hicieron al Almirante a su regreso del primer viaje, y sin duda compartió con el de Tendilla los conocimientos que tenía de la vida de Colón.

El marqués hizo varios testamentos. En el de 5 de mayo de 1489 se ordena construcción del convento de San Antonio, en Mondéjar, luego tenemos la certeza que en esa fecha no se habían iniciado las obras de este edificio. En el segundo testamento, redactado en 1515, ordena la finalización de la construcción del convento con capacidad para veinte frailes. Por estos datos, afirmamos que fue construido entre 1489 y 1515.

El convento fue obra del arquitecto Lorenzo Vázquez, el mismo que proyectó el palacio de los duques de Medinaceli en Cogolludo.

En la actualidad se encuentra en rehabilitación, al haber pasado la propiedad al Ayuntamiento de Mondéjar. Fue declarado Monumento Nacional en 1921.

Sobre la puerta principal de su fachada centrando el arco figura esculpida, al igual que en el Palacio de Cogolludo, la imagen de maíz en racimo.

Convento de San Antonio en Mondéjar. (2017). Foto: Alfonso C. Sanz

La imagen que presenta la fachada en la actualidad, una vez limpia de restos acumulados en años de abandono por el Estado, han podido verse modificados, no en su esctructura original, pero sí en sus detalles de dimensiones pequeñas debido a la erosión del agua y viento sobre la roca, siendo ésta de naturaleza "blanda".

En la imagen siguiente, mostramos un detalle de la figura que corona el arco de la puerta principal de acceso al Convento, tomada en el año 1984.

Se trata de maíz en racimo, semejante a la decoración de este mismo fruto en el palacio de Cogolludo, que en la actualidad ha perdido parte de los detalles del fruto, pero son visibles e identificables tras la restauración.

Detalle escultórico en la fachada de San Antonio de Mondéjar. Maíz en racimo. (1984)
Foto: Alfonso C. Sanz

La obra de Lorenzo Vazquez también se pone de manifiesto en el Palacio de don Antonio de Mendoza, en Guadalajara, y se extiende a otras regiones españolas, y así consta su participación en el castillo de La Calahorra (Granada), encargado por Rodrigo Díaz de Vivar y Mendoza, marqués de Cenete, entre 1500 y 1513.

Evidentemente es indudable la influencia del marqués de Mondéjar en la "importación" del protorrenacimiento hispano y de la labor de Lorenzo Vázquez en la introducción del Renacimiento en Castilla. Con su estilo se relacionan directamente varios maestros de Castilla la Nueva, y así vemos su influencia en la obra juvenil de Alonso de Covarrubias, que será el autor del claustro del Monasterio de San Bartolomé de Lupiana (Guadalajara) y, principalmente en la de Cristóbal de Adonza.

Éste, Cristóbal de Adonza, es el autor de la iglesia parroquial de Santa María Magdalena, en Mondéjar, y en su fachada se esculpe, sin que hasta la fecha se halla hecho un estudio multidisciplinar de su significado, una leyenda, de la que Ricardo San García[406], hace un análisis detallado.

Cristóbal Colón, en su cuarto viaje, dirige un escrito a los Reyes[407] en el que dice: …

"O estulto y tardo a creer y a servir a tu Dios, Dios de todos, ¿qué hizo El más por Moisés o p David, su siervo? Desde que nasçiste, siempre El tuvo de mi grande cargo. Cuando te vido e edad de que El fue contento, maravillosamente hizo sonar tu nombre en la tierra. Las India que son parte del mundo tan ricas, te las dio por tuyas; tú las repartiste adonde te plugo, y

---

[406] Sanz García, Ricardo. Cristóbal Colón Alcarreño, o América la bien llamada, y Cristóbal Colón, un genio español.
[407] Varela, Consuelo; Ob, cit; 1982; pág 291. (El subrayado y la negrita son nuestras).

dio poder para ello. De los atamientos de la mar Océana, que estaban cerrados con cadenas tan fuertes, te dio las llaves; y fuiste ovedescido en tantas tierras y de los cristianos cobraste tanta honrada fama. ¿Qué hizo El más a tu pueblo de Israel, cuando le sacó de Egipto, ni por David, que de pastor hizo Rey en Judea? Tórnate a El y conoce ya tu yerro: su misericordia es infinita. Tu bejez no impedirá a toda cosa grande. Muchas heredades tiene El grandíssimas. Abraam pasava de çien años cuando engendró a Isaac, ni Sara era moça. Tú llamas por socorro. Inçierto, responde: ¿quién te ha afligido tanto y tantas veces: Dios o el mundo? Los privilegios y promesas que da Dios no las quebrante, ni dice, después de aver recibido el servicio, que su intención no era esta y que se entiende de otra manera, ni da martirios por dar color a la fuerza. El va a pie de la letra; todo loo que El promete cumple con acrescentamiento. Esto es su uso. Dicho tengo lo que tu Criador ha fecho por ti y haçe con todos. Ahora>>. Me dixo, <<muestra el galardón d´estos afanes y peligros que as pasado sirviendo a otros>>. Yo, así amortecido, oí todo, mas no tuve yo respuesta a palabras tan ciertas, salvo llorar por mis yerros. Acabó El de fablas, quienquiera que fuese, diciendo: <<No temas, confía: **todas estas tribulaciones están escritas en piedra mármol y no sin causa**>>[408].

Ricardo Sanz García, en su obra Cristóbal Colón Alcarreño afirma que su línea de investigación se basa en haber creído al Almirante en todo lo que dejó escrito, ya comentado, frente a otros historiadores que han seguido la teoría italiana, que trata al Descubridor como una persona enferma, con delirios de grandeza.

Colón era un hombre fuera de lo común, y tenía las ideas muy claras, y, como se dice vulgarmente, los pies sobre la tierra.

Si, como hemos visto en el palacio de los Medinaceli en Cogolludo y en el monasterio de San Antonio de Mondéjar se han incorporado a sus detalles escultóricos de la fachada productos nuevos en Castilla procedentes de la recién descubierta América, buscamos en otras obras realizadas por la familia Mendoza, por si encontramos "**las tribulaciones escritas en piedra mármol "**

En Mondéjar localizamos otra de las obras de la época. Se trata de la ya comentada iglesia de Santa María Magdalena, cuyo arquitecto es Cristóbal de Adonza. En la puerta norte, y detrás de las columnas que flanquean la puerta de acceso al templo se encuentran unas pilastras que se integran en la fachada, compuestas de cuadrículas de piedra tallada, a modo de viñetas, que podrían corresponder a la historia escrita en piedra de la que nos habla el Almirante.

Para interpretar la simbología esculpida en estas piedras de la iglesia de Santa María Magdalena, de Mondéjar, hemos hecho uso de varias obras especializadas[409].

En las páginas siguientes se presentan los dibujos de los motivos que contienen los diferentes cuadros en los que se divide este espacio. El trabajo realizado por Rafael Pérez Fernández en 1985 está tomado directamente del original, ya que, dado el estado de deterioro de las figuras, debido a la exposición a la intemperie durante tantos años, algunas se reconocerían con dificultad en esta época utilizando la fotografía analógica.

---

[408] Ibídem; págs. 297-298
[409] Cirlot, Juan-Eduardo. Diccionario de símbolos. Editorial Labor. 1982
Ibídem, Diccionarios de símbolos. Siruela. Madrid. 2010
Pérez Rioja, J.A. Diccionario de símbolos y mitos. Ediciones Castilla, S.S. 1962.
Deneb, León. Diccionario de símbolos. Selacción temática de los símbolos más universales. Biblioteca Nueva. Madrid. 2001.

Iglesia de Santa María Magdalena, en Mondéjar (Guadalajara) Foto: Alfonso C. Sanz

Al disponer de métodos de más calidad para la obtención de imágenes, éstas se han tomado en el año 2013, con máquina de fotografía digital, y, para que no exista duda de las mismas, se presentan alguna de ellas en las dos versiones.

Los dibujos de Rafael Pérez Fernández figuran en la segunda obra de Ricardo Sanz García: "Cristóbal Colón Alcarreño, o América la bien llamada", y, al no haberse modificado el conteniido de la obra esculpida desde su realización, hemos creído oportuno incluirlos de nuevo en esta publicación, al responder fielmente a lo que está en la fachada de la iglesia, y como aclaración a algunos de ellos, difícilmente visibles en la actualidad a través de la fotografía.

Fachada y laterales de la puerta principal
Iglesia de Santa María. Mondéjar

Laterales de la iglesia de Santa María, en Mondéjar.Foto: Alfonso C. Sanz

Detrás de las columnas está escrita en piedra "una historia" que hasta hoy no ha sido interpretada por ningún historiador o especialista en el lenguaje de símbolos, por lo que entendemos que sería muy interesante un estudio interdisciplinar de estas imágenes.

A continuación, se presentan, de manera individual, las imágenes de estas estelas verticales divididas en cuadrículas, recogidas en dibujo por Rafael Pérez Fernández.

Para que las imágenes tengan el tamaño adecuado para su observación, las columnas las hemos analizado individualmente, derecha e izquierda desde el espectador colocado frente a la fachada, y a su vez hemos dividido la leyenda, cada una de ellas, en dos partes: superior o inferior.

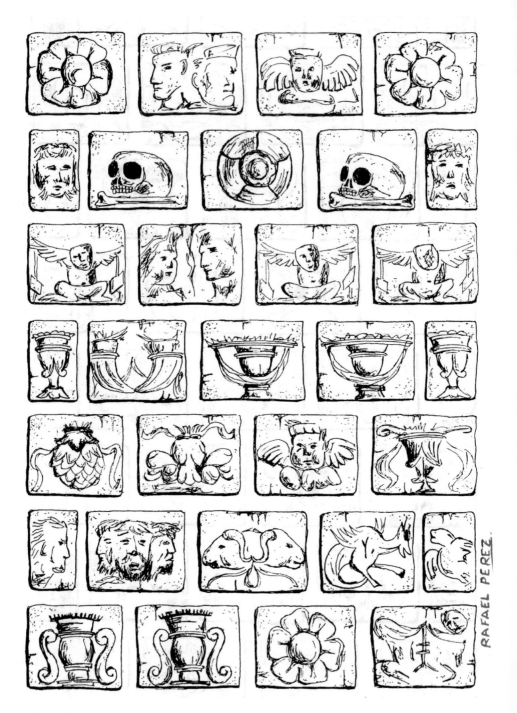

Pilastra derecha. Parte superior.

268

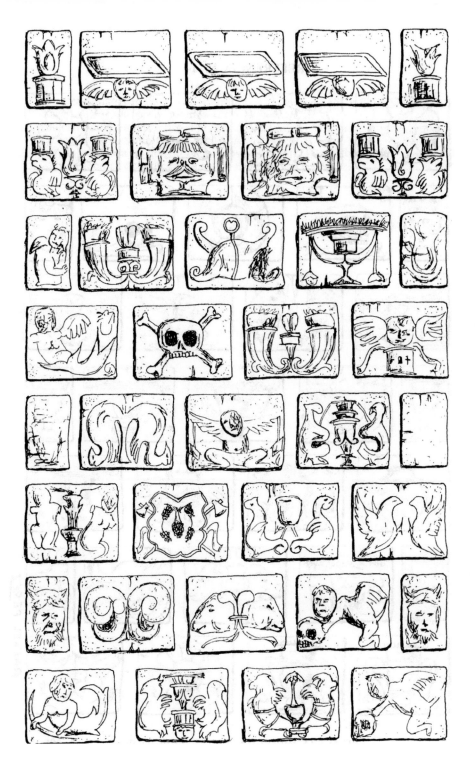

Pilastra derecha. Parte inferior

Comentarios de la pilastra derecha e izquierda.

En la primera línea horizontal (pilastra derecha, parte superior) se observa, flanqueados por dos detalles florales (¿margaritas/perlas?) dos cabezas opuestas una a la otra y una cabeza de niño con alas (¿serán los padres de un niño ya fallecido?).

Imagen de una de las cabezas. La otra imagen queda oculta a la fotografía al quedar detrás de una de las columnas. Foto: Alfonso C. Sanz

El ángel es símbolo de lo invisible, de las fuerzas que ascienden y descienden entre e origen y la manifestación[410]

En la segunda línea, centrada por un símbolo circular, y simétricas, dos calaveras y e los extremos dos caras ¿coronadas?

"La muerte, simbolizada en el esqueleto/huesos/tumba, ha sido vista siempre como un **viaj** que traslada al muerto hasta la otra orilla, en donde espera la transfiguración en la vic definitiva. El viaje se realiza con el único equipaje de la búsqueda de la verdad, que, como si u día hubiera sido abandonada, ahora es nostálgicamente añorada"[411]

En la tercera línea figuran tres figuras aladas y en un cuadro dos figuras de un persona joven y otro de más edad (¿juventud y senectud de un personaje?)

[410] Cirlot, Juan Eduardo. Diccionario de símbolos. Ediciones Siruela. Madrid, 2010; pág 82
[411] *Ibídem*, pág 188

Imagen de los personajes que flanquean la segunda fila de la pilastra derecha superior. Viñetas 5 y 9. Las calaveras quedan detrás de las columnas

En la cuarta diversas copas.

"En la tradición cristiana, el destino ha sido servido por Dios al hombre en una copa que éste tiene que beber. Bebiéndola, el hombre acepta la voluntad de lo alto"[412].

En la quinta línea piña; ¿?; cabeza de niño con alas cubierta, y copa

En la sexta línea cara; tres cabezas, dos carneros, dragón y figura sin identificar

En la imagen, dos cabezas de carneros opuestas

En la última línea dos copas, margarita y rara figura muy erosionada, con cabeza aislada en el extremo superior derecho.

---

[412] Deneb, León. Diccionario de símbolos. Biblioteca Nueva. 2001; pág 288

Personaje de edad adulta

En la sexta linea de la pilastra derecha, parte superior, figura de un presonaje; en el centro de la línea, cabeza de dos carneros unidas.

La flor, es una imagen del "centro" y, por consiguiente, una imagen arquetípica del alma.[413]

La margarita, al igual que la rosa, es sangre de los mártires derramada[414]

El dragón, "entre sus numerosas interpretaciones simbólicas, en la Edad Media y en Occidente, en términos generales, se define como "algo terrible que vencer", pues solo el que vence al dragón deviene en héroe"[415]

Recordemos la iconografía representada en los púlpitos del Burgo de Osma y Sigüenza que veremos más adelante, en los que figura San Jorge venciendo al dragón.

Imagen de la margarita que centra las viñetas de la segunfa fila.

[413] Cirlot,Juan Eduardo. Diccionario de símbolos. Ed. Siruela; 2010; pág 212.
[414] Deneb; op, cit. Pág 110
[415] Cirlot, ob, cit; pág 180

Imágenes de personas jóvenes con rasgos orientales. Foto: Alfonso C. Sanz

Calavera con dos pares de huesos cruzados.
Esta misma representación se encuentra en la mitad superior de la lápida que cierra la
sepultura de la iglesia de Santa María, de Cogolludo.
¿Corresponde a un gemelo?
Foto: Alfonso C. Sanz

Imagen de animal alado desconocido, de cabeza humana. Foto: Alfonso C. Sanz

Cabeza de ¿indio con pluma? Foto: Alfonso C. Sanz

Dos niños saliendo de una tina. ¿parto gemelar? Foto: Alfonso C. Sanz

Otro extraño personaje de edad más avanzada que los anteriores. Foto: Alfonso C. Sanz

Escudo heráldico de boca cuadrangular con los ángulos en curva, y llaves en abismo, símbolo propio de la heráldica eclesiástica, con dos cordones a los lados y, pendientes de ellos, una borla en sus extremos.
¿Hace referencia al apoyo recibido del Cardenal Mendoza?
Foto: Alfonso C. Sanz

Pilastra izquierda

Llama la atención que, en el segundo recuadro de la primera fila, (pilastra izquierda, parte superior) figura de nuevo maíz en racimo, al igual que en Cogolludo y en el monasterio de San Antonio. Este es un elemento que une las tres obras. En el extremo derecho de esta primera fila está representada la cabeza de un indio, al que, además de los rasgos físicos, se le ha añadido una pluma.

En la segunda fila, al igual que en otro recuadro de la tercera fila de la pilastra inferior derecha, figura una calavera con dos huesos cruzados.

Según el Diccionario de símbolos consultado[416]:

La calavera, en sentido general, es el emblema de la caducidad de la existencia, cual aparece en los ejemplos literarios de Hamlet y del Fausto. Sin embargo, como la concha del caracol, es en realidad "lo que resta" del ser vivo una vez destruido su cuerpo. Adquiere así un vaso de vida y del pensamiento.

---

[416] Op cit; pág 122

En la tercera fila la cara de un joven (¿con rasgos indios en sus ojos?), acompañado de diversas formas de copas.

En la cuarta un cuerpo deforme y tres formas vegetales

En la quinta una cara (muy deteriorada) de un niño alado, tres torres y dos dragones

En la sexta dos niños saliendo de una tina. ¿Parto gemelar de doña Aldonza de Mendoza?, recordemos los nombres de Alfón el Doncel, asesinado, y Rodrigo de Mendoza (el Almirante), hijos de doña Aldonza de Mendoza.

En otro recuadro, el último de la octava línea de la pilastra izquierda, parte superior, figura AVE, primera parte de AVE MARIA GRATIA PLENA, de la familia Mendoza.

La cabeza, representada en varias de las viñetas, tiene diversas acepciones:

"dicta la creatividad y dirige todos los movimientos"
"La cabeza es símbolo del gran poder"
" Es símbolo del espíritu, por tanto, de la vida"
"Asociada con la cabeza está el **aura**, que es símbolo de la luz divina que posee a quien la tiene, convirtiéndolo en un ser sagrado en quien habitan todos los misterios de la luz, del sol y del fuego"[417]

En otras viñetas:

Dos palomas frente a frente (pilastra derecha, parte inferior, fila 6)

Un niño alado arrastra una calavera (pilastra derecha, parte inferior, fila 7)

Tres fortalezas o conventos y, sobre ellos, tres antorchas. ¿La fe recibida en los conventos de San Bartolomé de Lupiana, La Colombaia y Guadalupe?

Escudo con las llaves de San Pedro ¿hace referencia al apoyo del Cardenal Mendoza?

En todas las pilastras, calavera con huesos colocados en posiciones distintas: bajo l cabeza (pilastra derecha, superior, fila 2), cruzados (pilastra derecha superior, fila 4 pilastra izquierda superior, fila 2; pilastra izquierda inferior, fila 1) o cruzados doble (pilastra izquierda, parte inferior, fila 8)

Hasta aquí, una somera descripción aislada de algunas viñetas, pendiente de que s análisis e interpretación sean realizados por especialistas.

[417] Deneb, ob, cit, págs. 196-197

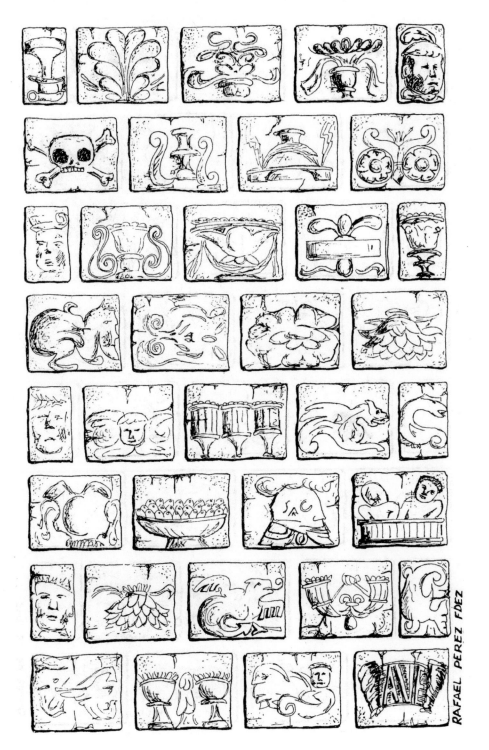

RAFAEL PÉREZ FDEZ

Pilastra izquierda. Parte superior

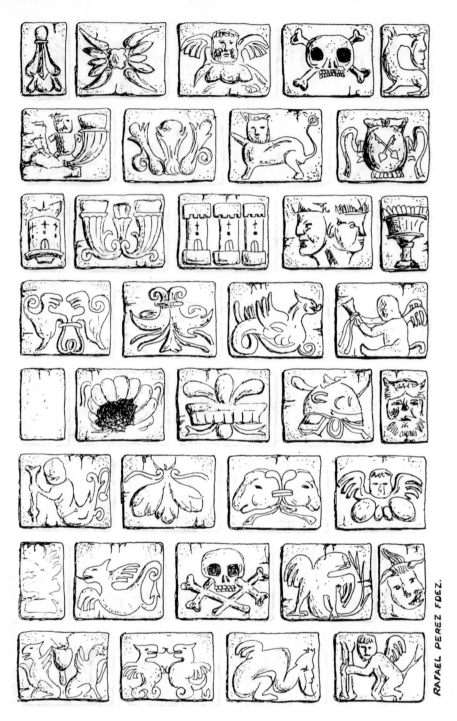

Pilastra izquierda. Parte inferior.

La iglesia Nueva de Uceda

Uceda es un municipio de la provincia de Guadalajara próximo a Cogolludo, del que formó parte de su partido judicial hasta la segunda mitad del siglo XX.

A lo largo de esta tesis, y en relación con la frase de Colón: "No soy el primer Almirante de mi familia", surge un personaje muy vinculado al descubridor por mantener con él una relación de confianza fuera de lo corriente puesta de manifiesto a través de los diferentes intercambios de cartas entre ambos y su contenido que así lo demuestra.

Doña Juana de la Torre ya es conocida nuestra, pues hemos visto la influencia que tenía ante la Reina Isabel y el príncipe don Juan, y la complicidad con el Almirante, quien a través de sus confidencias manifestadas en la correspondencia epistolar que con ella mantenía posiblemente le hacía llegar éstas a la Reina.

Al igual que en las ocasiones anteriores, si es cierto que hubo tan íntima relación, y doña Juana de la Torre estaba vinculada a Uceda, debería haber en algún lugar que sea duradero al paso del tiempo un indicio que nos vincule con el descubrimiento de América o con el Almirante.

Por este motivo buscamos en los edificios de la época del descubrimiento o posteriores, por ver si en ellos se pone de manifiesto algún elemento que esté relacionado con América.

De la primitiva iglesia de la Virgen de la Varga, de comienzos del siglo XII, en la actualidad queda el arco de entrada y unos ábsides restaurados recientemente. Su uso es de cementerio municipal, y no existe ninguna escultura ni en su exterior ni en el interior que nos pueda relacionar con América.

Existe una iglesia "Nueva" construida en los años posteriores al Descubrimiento cuyo encargo se hizo a Juan del Pozo en 1553, vecino de Cogolludo, y maestro de cantería de reconocido prestigio, y a Diego Espinosa, maestro albañil y vecino de Alcalá de Henares.

Ya el gentilicio de quienes han realizado la obra, Cogolludo y Espinosa, tan vinculados a esta tesis, nos ponen en guardia para intuir que aquí vamos a encontrar algo interesante.

En las fachadas laterales exteriores de la iglesia no existe nada que nos llame la atención, pues están exentas de decoración alguna, pero sí destaca un grupo escultórico que se encuentra sobre la puerta de la fachada principal.

Se trata de una composición en la que la Virgen de la Varga ocupa el lugar central de un grupo en el que, a su derecha (mirando el espectador a la izquierda), figura un hombre de edad avanzada, en postura sedente, encadenado de pies y manos a una argolla, y con un templo al fondo en el que figura una lámpara con una candela.

Detalle escultórico sobre la puerta principal de la Nueva Iglesia de Uceda. Foto: Alfonso C. Sanz

Detalle del personaje encadenado. Foto: Alfonso C. Sanz

Ocupa el otro extremo del grupo escultórico un soldado que lucha con un animal al que se identifica en distintas obras con especies distintas, y de fondo hay unas olas de mar. Las vestiduras se asemejan a las de las imágenes que tenemos de los conquistadores.

Detalle del soldado que lucha contra un dragón sobre olas de mar. Foto: Alfonso C. Sanz

Corresponden estas esculturas a una tradición que se remonta al año 1560, relatada por el sacerdote B. Matheos como el primer milagro de esta Virgen. Lo describe Lupe Sanz Bueno en su estudio de Uceda, op, cit; pág 212. Cuenta como

"Diego Illescas, natural de Uceda, hallándose peleando contra los moros en las guerras de Granada, cayó prisionero y fue llevado cautivo a Orán, allí fue encadenado con pesadas cadenas, asidas a tres argollas, que le pusieron en la garganta y en los pies.

Diego era ardiente y sincero devoto de Nuestra Señora de la Varga y siempre que podía le rogaba con fervor que le librase de sus cadenas y le sacara de aquellas húmedas mazmorras, restituyéndole sano y salvo a su patria. Así se hallaba en la víspera de la festividad del 15 de agosto, cuando de repente se despertó fuera de la prisión y puesto en un camino en entera libertad, aunque con las cadenas, como san Pedro cuando el ángel le sacó de la prisión de Herodes. Echó a andar y al cabo de un día de camino se encontró a la puerta del templo de Santa María de la Varga, asido aún a sus cadenas, que colocó como exvoto en el templo. En 1797, el autor de *la Novena* dice que aún se conservaban las cadenas en la iglesia y así también se afirma que estaban en 1874"

Otra tradición dice que el personaje representado corresponde al capitán Juan Vela de Bolea, que cruzó el Elba de noche él solo, en la campaña de Flandes, luchando al lado del emperador Carlos V, y consiguió desmantelar las barcazas que tenía amarradas el enemigo para combatir contra las tropas españolas.

El animal responde a una leyenda popular en la que se afirma que una sierpe horrible y monstruosa devoraba a cuantos animales y personas se presentaban en la zona y que fue vencida por este capitán. Tambien se afirma que hasta principios del siglo XX su piel estuvo expuesta como exvoto en la iglesia (vease sobre este tema la página 209, del capítulo V.7)

Consultados cuatro biólogos de la Comunidad de Madrid sobre el tipo de animal representado en la escultura afirman todos ellos sin lugar a duda que se trata de un dragón. Recordemos que la Academia de Geografía de la República Argentina dice:

"Lo que se discute y se niega es que América no haya sido la península de Thinae, el continente del Dragón..."[418]

Vemos, pues, en este caso, una serie de elementos que nos hacen pensar que son unas pruebas circunstanciales, como el año de construcción de esta iglesia, 1553, a poco tiempo del Descubrimiento; que el pueblo de Uceda esté vinculado a doña Juana de la Torre, ama del príncipe don Juan y confidente epistolar del Almirante; que el autor de la construcción sea originario de Cogolludo; que el albañil se llame Diego y Espinosa, nombres tan vinculados a Colón; que figure un anciano encadenado con la mirada dirigida hacia lo alto y un templo con una candela que significa la Luz de la Fe; que el soldado vista con ropas que le identifican con uno de los soldados representados en los cuadros que describen el Descubrimiento, y que el animal sea uno de los que se creía eran defensores de las nuevas tierras en su acceso a través del oceano, tambien representado en esta escultura mediante olas de mar y descritos por el Almirante en numerosas ocasiones, y por San Jerónimo en su epístola a Rústico.

Para cualquier estudioso, Uceda, en la actualidad, no representa ningún enclave importante, pero en el siglo XV formaba parte de los lugares estratégicos del centro peninsular.

En las Relaciones topográficas de Felipe II[419] se dice que:

"Uceda era villa importante; en aquel tiempo pertenecía a la provincia de Guadalajara, partido judicial de Cogolludo. Era anejo a ella Torrelaguna y otros pueblos que la rodeaban. Estaba totalmente amurallada y en un cerro próximo había un castillo muy fuerte y seguro (hoy no quedan de él ni las ruinas) donde estuvieron presas personas importantes como el futuro Cardenal Cisneros y el Duque de Alba entre otros; allí tuvieron reuniones importantes para e destino de nuestra Patria"

En la misma obra se dice que la iglesia estaba dedicada a la Virgen de la Varga, mu venerada en todo el contorno.

En la pregunta n° 44 encontramos este párrafo:

"Finalmente se ha de considerar como es antiguo este pueblo y principal anda en la Geographias descripciones de España que vulgarmente se dicen mappas y así se ve en la descripción m: nueva que ahora anda del año mil quinientos setenta y siete, sacada de los antiguos ques cierta curiosa por participar de carta de marear con sus derrotas y rombos y delineaciones de los trein y dos vientos que suponen los mareantes..."

---

[418] Gandía, Enrique de. El Descubrimiento de América en los Viejos y Nuevos historiadores de Colón, Publicación Especial, n° 2. Buenos Aires, 1989. pág 39.
[419] Tomo XLIII. Tip. de la viuda e hijos de M Tello. Año 1905. Pag. 352 y siguientes.

Realmente es curioso, como así se afirma, un documento cartográfico de tierra adentro, en el que figuran términos y datos marineros

Estas Relaciones topográficas de Uceda están ampliadas y mejoradas por escritos de los cronistas alcarreños Juan Catalina García; el doctor Layna Serrano y Manuel Pérez Villamil que llaman "Aumentos". Nos hablan de una Novena a la Santísima Virgen María de la Varga (año 1797); preceden a la Novena noticias históricas de la imagen y, a continuación, el sacerdote Bernardo Matheos (párroco en Uceda desde 1709 hasta 1726 que muere en Alcalá el 16 de junio), nos habla de "noticias infundadas que han inventado" como por ejemplo atribuir al Capitán Bolea el vencimiento de una espantosa sierpe que asolaba la comarca[420].

"De esta sierpe se supone que son algunos restos colgados en el muro de los pies juntamente con las cadenas de un esclavo granadino";

"pero a la altura que están aquellos restos no se puede definir a qué animal pertenecieron".

 "Por supuesto que es una tradición semejante a la que va unida en otros santuarios a los caimanes, sierpes y otros animales que en ellos se conservan. Es probable que sean exvotos de personas que se encontraron en peligro con estos animales"

"yo creo (apoya Juan Catalina) que estos casos ocurrieron en América".

Bartolomé de las Casas[421] nos relata el siguiente suceso:

"Andando en cerco de unas lagunas de agua dulce vido el Almirante una sierpe de siete palmos en larga la cual como vido la gente huyó al agua y porque no era honda con las lanzas la mataron; hizo el Almirante salar el cuero para traello a los Reyes".

Nosotros nos hacemos la siguiente pregunta: ¿Correspondería este exvoto a esa sierpe?

Vemos, pues, que los restos de la piel del animal se encuentran junto a unas cadenas que, en este caso, asignan a un esclavo granadino. ¿No estarán vinculados estos dos elementos, conocidas las circunstancias del encadenamiento del Almirante al regreso de su tercer viaje y este animal que trajo el Almirante, como dice Las Casas y que Juan Catalina afirma que corresponden a casos ocurridos en América?

Tenemos otra pregunta: ¿Es posible que se den tantos casos a la vez y que se deban al azar? La respuesta la dejamos sin respuesta, pero la comentamos para su conocimiento.

En la imagen siguiente se puede observar la semejanza existente entre la representación escultórica del guerrero de la fachada de la iglesia Nueva de Uceda y un grabado del desembarco en La Española, publicado por Theodor de Bry, en Frankfurt, en el siglo XVI. Nos atrevemos a afirmar que ambos corresponden a la misma época.

---

[420] Relaciones topográficas de la provincia de Guadalajara. Tomo XLIII. Tip. de la viuda e hijos de M. Tello. Año 1905. Pag. 373.

[421] Ob, cit. Historia de las Indias. Tomo 1; pág 152

Veremos que no es casual esta escultura, y veremos en el apartado siguiente que también en Lupiana se representa una escena similar.

Véase la semejanza entre las vestimentas de los conquistadores (pintura de De Bry, del siglo XVI) y personaje de la iglesia de Uceda. Fotos de Alfonso C. Sanz

El monasterio de San Bartolomé de Lupiana

Si en esta investigación existe un lugar que sirve de eje sobre el que gira toda la historia y vida del Almirante, este es el monasterio jerónimo de San Bartolomé de Lupiana (Guadalajara)

Hemos visto cómo desde el fallecimiento de doña Aldonza de Mendoza, las dificultades para su enterramiento y el reparto de su herencia, tan sencillo si solamente existiese un heredero, que era su hermanastro el marqués de Santillana, se complican en torno a personajes ligados a este monasterio, como es el prior fray Esteban de León.

Algo puede haber quedado grabado allí, al igual que hemos visto en Cogolludo, Mondejar y Uceda. ¿Por qué no intentar localizar alguna señal que nos vincule en la actualidad con estos otros monumentos de la familia Mendoza?

La diferencia entre este monumento y los anteriores es que no fue mandado edificar por ninguno de los Mendoza, salvo la iglesia que la mandó modificar en sus dimensiones doña Aldonza de Mendoza en su testamento, como hemos tenido la oportunidad de comprobar.

El monasterio fue propiedad de la Orden Jerónima desde su fundación hasta el 8 de marzo del año 1836, que pasó a manos privadas por la desamortización de Mendizábal.

El conjunto monumental pasó a ser propiedad de la familia Páez Xaramillo, de Guadalajara, y posteriormente fue adquirida por los marqueses de Barzanallana.

La construcción, desde su fundación en torno a 1370, sufrió modificaciones, la más importante su claustro, en el siglo XVI, edificándose una de las obras más bellas del Renacimiento español, obra de Alonso de Covarrubias que fue declarada Monumento Nacional en 1931.

En la actualidad el claustro ha sido escenario de alguna de las historias llevadas al cine o la Televisión, y se han habilitado alguna de las antiguas estancias del convento para eventos de empresas o bodas.

Al ser de propiedad particular no está abierto al público como lugar turístico, por lo que es preciso solicitar permiso previo para la visita.

Visité con Ricardo Sanz García, mi padre, por primera vez este monasterio en el año 1976 y posteriormente, para la edición de su primera obra, lo hice fotografiando los capiteles que más adelante se verán.

En una de las recientes inspecciones realizada el 25 de abril de 2009, para revisar de nuevo los detalles escultóricos a incluir en esta obra, me llamó la atención una magnífica talla en madera que se encontraba en un pasillo sin protección alguna, sin que la hubiesemos advertido en visitas anteriores, y, como nuestro objetivo era hacer un reportaje fotográfico de lo que pudiese estar relacionado con esta tesis, fotografiamos desde distintos ángulos la figura que se representaba, y que corresponde a un hombre de edad avanzada, apoyado sobre un cabrestante y con un rosario entre sus manos.

A la pregunta de a quien representaba aquella figura, la encargada de atendernos nos espetó: ¡Es Cristóbal Colón!

Escultura de Cristóbal Colón, obra de Agapito Ballmitjana i Barbany. Véase que en su mano derecha lleva un rosario. Foto: Alfonso C. Sanz

Sorprendidos por esta información, volvimos de nuevo a la figura por ver si encontrábamos algo que nos llamase la atención, y lo hizo el hecho de que está encadenado. En la mano derecha, apoyada sobre una de sus piernas, que se encuentran cruzadas, porta un rosario entre sus dedos, y la muñeca del mismo brazo la abraza una argolla de la que parten unos eslabones de una cadena que finalizan en otra argolla que rodea la muñeca del brazo izquierdo. Porta en la mano izquierda una prenda de cabeza similar a un bonete. Se cubre con una capa que denota distinción por sus pliegues y la amplitud de la misma. En la siguiente imagen vemos una pintura con el mismo tema.

Cristóbal Colón, sentado sobre un cabo enrollado en el suelo, se apoya sobre un objeto tan marinero como un cabrestante. Foto: Alfonso C. Sanz

Recordemos que, en la exhumación de la sepultura que hay en la iglesia de Santa María de Cogolludo, uno de los objetos que se buscaban como probables era la existencia de grilletes o restos de cadenas, al haber dejado dicho el Almirante que le enterrasen encadenado, en recuerdo a su presencia ante los reyes en este estado como consecuencia de las acusaciones de Bobadilla.

En el ordenador, y ampliando la imagen, observamos la firma del autor de aquella obra. Se trata de Agapito Vallmitjana i Barbany (Barcelona, 1833-1905).

Comprobado que este autor tiene en su relación de obras, entre otras la de Cristóbal Colón, que se trata de un artista de reconocido prestigio, y que esta obra es auténtica, se comunicó esta información a los propietarios del Monasterio, y ante la posibilidad de que fuese expoliada, se retiró a un lugar seguro. En la actualidad no está a la vista del público visitante.

Desde la muñeca de la mano izquierda, sujeta por una argolla, pasa sobre las piernas una cadena has la muñeca de la mano derecha. Foto: Alfonso C. Sanz

En el claustro renacentista de Lupiana existen, en el piso inferior desde el que se acce al jardín central, y en su esquina oeste, una serie de columnas cuyos capiteles difier en la decoración del resto. Llaman la atención los elementos que parecen indicar al que desconocemos. Ya se le dio una interpretación en el primer libro de Ricardo Sar incluidas imágenes de quien esto escribe, pero por la importancia que estimamos tien en esta tesis, pasamos a describir, acompañando a los textos imágenes de mayor calid

Que estos detalles estén colocados en la esquina oeste, ¿tendrá que ver con el Nue Mundo, tambien al oeste de las tierras conocidas hasta el descubrimiento? No le dan importancia, pues no suponen ninguna prueba, pero dejamos constancia de ello.

En uno de los capiteles, en la base superior sobre la que se apoya el arco del claustro de forma cuadrada, se representa una calavera que centra cada una de las caras, y en cuatro esquinas hay en cada una una cabeza de carnero. Recordemos la representación de carneros en las estelas de la iglesia de Mondéjar.

Capitel de Lupiana. Calavera y carneros. Foto: Alfonso C. Sanz

Claustro de Lupiana. Detalle escultórico. Foto: Alfonso C. Sanz

En una ménsula del arco que cierra el claustro, sobre la pared exterior, se representa una cabeza de un anciano en la parte superior, dos ángeles a los lados, y una cabeza alada de un infante en el centro inferior.

¿Nos está indicando que, de un parto doble (los dos ángeles), uno de los recien nacidos no ha pasado de la juventud (Alfón el Doncel), pues está representado con alas; es decir,

ya ha pasado a otra vida, y el otro ha llegado a la senectud Rodrigo de Mendoza, ¿versus Cristóbal Colón?

Otro de los elementos, ya comentado al describir la lápida de la iglesia de Santa María de Cogolludo, representa entre dos cabezas de niños aladas en las esquinas un pichón (¿Colombo?). El cuerpo del ave representada no está desarrollado, pues las alas son pequeñas y el plumaje del cuerpo escaso. La cabeza tampoco está proporcionada con la de una paloma ya crecida, al igual que figura en la lápida de la sepultura de la iglesia de Cogolludo.

Claustro de Lupiana. Capitel y detalle. Foto: Alfonso C. Sanz

Si comparamos este palomo del capitel del claustro del monasterio de Lupiana con el que está esculpido en la lápida de la iglesia de Nuestra Señora de los Remedios, en Cogolludo, se observa que ambos tienen la misma disposición: cabeza de pichón sin desarrollar, girada a la derecha; alicortos, y posición de las patas estendidas, con las garras abiertas y la cola entre ambas.

Detalle de una de las imágenes representadas en la sepultura de la iglesia de Cogolludo

¿Habría algún elemento arquitectónico o decorativo que siguiese sorprendiéndonos?

Para nuestro asombro, la pregunta tiene una respuesta afirmativa.

En una de las paredes del claustro, en la esquina sur, y sobre una puerta, existe una escultura hecha en madera algo deteriorada debido al tiempo transcurrido, que nos sorprende por lo que representa:

Tiene forma rectangular. En el centro de la escena se encuentra sentado, con el cuerpo inclinado ligeramente hacia detrás, un personaje de edad avanzada, con las manos seccionadas posiblemente debido al paso del tiempo o a otras motivaciones, aunque en su origen debieron estar unidas. El ropaje que viste es sencillo. Está cubierto el cuerpo por una túnica de una pieza, de cuello redondo y abierto por delante.

De su cintura cuelga una argolla de grandes dimensiones, a la que se engancha una cadena que cae rota sobre el suelo. El otro extremo de la cadena lo porta un ángel en su mano derecha. Los eslabones han sido quebrados, y el ángel, con su mano izquierda, recoge al anciano por el codo de su brazo derecho.

Al fondo figura la fachada de un edificio sólido, con puerta cerrada con una argolla su centro, y dos soldados, a la izquierda del cuadro, portando sendas armas para guarc la entrada o salida.

En una puerta de cuarterones, situada en la parte derecha, la mitad inferior está vacíe ha sido cubierta por cinco filas de ladrillos.

La mitad superior de la puerta está dividida en cuatro filas de tres cuarterones cada un

La primera fila de cuarterones está exenta de decoración.

En la segunda fila podemos observar dos tallas en los cuarterones extremos, sin que en la actualidad se aprecie bien su contenido, aunque parecen representar dos cabezas muy deterioradas.

En la tercera fila está mejor conservada la representación del primer cuarterón, que contiene la cabeza de un anciano de pelo ensortijado y barba abundante. Los otros dos espacios están deteriorados, aunque da la impresión de que el del extremo derecho estuvo vacío, y el central es posible que tuviese en su interior alguna representación, hoy difícilmente identificable.

La cuarta fila está vacía en sus extremos, y en el cuadrado central hay dos líneas en forma de V que no sabemos si son continuación de otras que hubiesen existido en la parte inferior ya desaparecida.

Los dos guardianes visten de forma diferente. El más cercano al ángel calza botas de caña hasta media pierna, abiertas en la parte delantera del pie a modo de sandalias.

La parte inferior del vestido está compuesta por un calzón amplio que va desde la cintura hasta debajo de la rodilla; camisa abierta y mangas recogidas por encima del codo, y gorro en la cabeza. Porta en su mano derecha una alabarda.

El otro soldado lleva unas botas altas abiertas en su extremo superior y calzón corto bombacho que le queda por encima de la rodilla. El torso lo cubre con una camisa de manga larga, y porta sobre su mano derecha una lanza con punta de flecha en su extremo superior. La cabeza la cubre un gorro de similares características que el anterior.

A la vista de lo conocido sobre el enterramiento del Almirante, y la misma imagen en la representación del templo y guardianes de la Iglesia Nueva de Uceda (Guadalajara) y del anciano encadenado en la escultura de Vallmitjana en Lupiana (aunque ésta es de fecha muy posterior) ¿se puede decir que no hay relación entre ellas?

En nuestra interpretación, las escenas de Uceda y esta de Lupiana representan la muerte del Almirante, y su llegada al paraíso. El ángel le libera de las cadenas que le atan a la tierra; el templo del fondo es el Templo de Dios, y los soldados son sus guardianes.

Por si fuera poco, sobre la fachada de los restos de la iglesia de Lupiana, hoy en estado de ruina, de la que únicamente quedan los muros exteriores, hay un escudo, también tenido en cuenta en esta tesis en el apartado en el que se estudia la armería del escudo del Almirante.

Lupiana. Escudo sobre la fachada de la iglesia del Monasterio. Foto: Alfonso C. Sanz

Únicamente exponemos aquí la imagen del escudo, en el que están representadas en el primer cuartel las armas de la Real Orden de la Banda, que la incluyen los Mendoza en la armería familiar; en el segundo cuartel se colocan las armas de los reyes de Castilla; el tercer cuartel lo ocupa la armería del Almirante de Castilla don Fadrique Enríquez de Velasco (ver esta imagen en el capítulo del Escudo del Almirante) El cuarto cuartel, partido longitudinalmente, incluye en la partición izquierda, de nuevo, la armería de la Real Orden de la Banda y cinco estrellas de ocho rayos puestas en sotuer en la partición derecha. Veamos qué significado tienen las estrellas en heráldica:

"Las *Estrellas* es el mueble más usitado, y que se ve en las Armerías, no diferenciándose de las *rosetas*, o *rodetes* de las espuelas (que del propio modo se ven muy ordinariamente en muchos Escudos) en otra cosa, sino en que estas tienen una abertura redonda en el centro, las *Estrellas* están cerradas.

Las *Estrellas* tienen ordinariamente cinco rayos, o puntas derechas, viéndose indiferentement de seis, y de ocho rayos del mismo modo rectos; pero lo regular es blasonando esta figur especificar el número de rayos pasando de cinco.

ROXAS en España, trae de oro, y cinco *Estrellas* puestas en sotuer de ocho rayos de azur.

El año de 1352 se estableció en París por el Rey Juan una Orden de Caballería de la *Estrell* para atraer a su partido los grandes Señores de aquella Corte, que se hallaban mal contento por haber degollado en la carcel a el Condestable Raould, último Conde de Euson.

De las Órdenes de Caballería del *Creciente*, y de la *Estrella* quedó en ponerlas algunos p Armas, y de ellos el haberlas usado sus sucesores.

La *Estrella* es la imagen de la *fecundidad*, y significa la *Grandeza*, la *Verdad*, la *Luz*, *Magestad*, y la *Paz*, simbolizando la *Prudencia*, que es la regla de los Virtuosos; y por eso I Platónicos se persuadieron, que las almas de los Héroes eran estas *Estrellas*, que brillaban el Firmamento, donde volvían después que morían, manifestando desde allí las accior generosas, que habían hecho en esta vida."

(Marqués de Avilés. Madrid.1780. Ciencia Heroyca reducida a las Leyes Heráldicas del Blasón. Tom págs 312-313)

Sigüenza

Pero no solamente existen estos elementos cuya relación con el descubrimiento y la vida del Almirante pueden estar relacionadas. En la catedral de Sigüenza es posible que también exista algún elemento relacionado con nuestra investigación.

Abelardo Merino[422]dice:

"...basándose en el solo cimiento de las confusas apreciaciones de una decidida protección del Purpurado al Almirante, alguien imaginó que el recuerdo de su actuación beneficiosa hubo de cristalizar en un monumento simbólico: en el púlpito del lado de la epístola de la incomparable catedral de Sigüenza.

En este predicatorio, de forma octógona y hecho de alabastro, sobre un sencillo fuste coronado por un precioso capitel, de ornamentación profusa, una de sus facetas ostenta, en altorrelieve, la figura de la Virgen con el Niño en brazos, al parecer sobre una embarcación (curva con castillete en uno de los levantados extremos), en la que se ha cerído ver una representación de la Santa María. Así como de las otras dos figuras de los frentes de los lados contiguos, a la mujer coronada se la considera Isabel la Católica, mientras el personaje con lanza, que hiere al dragón, resultó, <<seguramente>>, don Fernando el Católico, <<que como no era Rey de Castilla, no lleva corona>>. A Villamil le bastan tales supuestos para dejar volar su fantasía y su pluma.

No podemos dejarnos arrastrar por tan arrebatados lirismos.

Nadie se puede imaginar a don Fernando <<sin corona, por no ser Rey de Castilla>>, y matando dragones a lanzadas....

Todo tiene explicación mucho más fácil. El logogrifo nos lo da todo resuelto el otro púlpito compañero, que, con carácter provisional, según lo demuestra acaso que anduvo mucho tiempo sin baranda en la escalerilla, existe en la catedral del Burgo de Osma. Es igualmente gótico, con tres bajorrelieves que representan la Virgen, San Miguel y San Jorge, sobre los cuales, bajo el pasamanos, hay la inscripción siguiente: Anuntia populo meo scelera eorum. Don Nicolás Rabal nos dice que fué costeado por el señor don Pedro Gonsáles de Mendoza en el año 1478 (dejó la diócesis oxominense en 1483) precisamente cuando se firmaba Cardenalis Sanctae Mariae, cuando nadie soñaba con el descubrimiento de América...

Su monumento de mármol, lo recogido diligentemente por la Historia debe bastar como glorioso galardón para recordar siempre la parte importantísima que tuvo el Gran Cardenal de España en el descubrimiento del Nuervo Mundo y en los hechos subsiguientes, en verdad trascendentalísimos para la Humanidad toda".

Para que el lector tenga una percepción fiel de estos dos púlpitos a que se refiere Abelardo Merino, hemos tomado unas imágenes de los mismos para su comparación.

---

[422] Merino, Abelardo. El Cardenal Mendoza. Ed. labor, S.A. Barcelona 1942, pág 134

1. Púlpito del Cardenal Mendoza en la Catedral de Sigüenza (Guadalajara).
2. Púlpito del Cardenal Mendoza en la Catedral del Burgo de Osma (Soria). Foto: Alfonso C. Sanz

1. Púlpito de la Catedral de Sigüenza. ¿Santa Elena o Isabel la Católica coronada? La imagen de Señora porta un libro en su mano izquierda.
 2. Púlpito de la Catedral del Burgo de Osma. Santa Elena. La imagen de la Señora porta tres clavos su mano izquierda. Foto: Alfonso C. Sanz.

1. Púlpito de la Catedral de Sigüenza. ¿Representación del Descubrimiento o Santa María alla Navicella? La Virgen, sobre una barca, porta al Niño en sus brazos.
2. Púlpito de la Catedral del Burgo de Osma. En este caso la barca se asemeja más a una media luna, pero podría tratarse del mismo elemento (una barca) Foto: Alfonso C. Sanz

1. Púlpito de la Catedral de Sigüenza. ¿Representación del Rey Fernando sin corona luchando con un dragón, o San Jorge?
2. Púlpito de la Catedral de Burgo de Osma. San Jorge luchando contra el dragón. Foto: Alfonso C. Sanz.

De la comparación de las imágenes de ambos púlpitos no se puede afirmar ni desmentir categóricamente que la iconografía del de Sigüenza esté representando el Descubrimiento de América. La disposición de las tres escenas en los dos púlpitos es la misma.

Colocándose el espectador de frente a ambos púlpitos, en primer lugar, de izquierda a derecha, figura una imagen que en Sigüenza porta un libro en sus manos, y en El Burgo de Osma lleva algo de difícil identificación para un observador inexperto (¿tres clavos?). Abelardo Merino dice que las imágenes representadas en el púlpito de Sigüenza se corresponden con la Virgen, San Miguel y San Jorge. Las imagenes de la Virgen y San Jorge están claras, pero la de San Miguel es muy diferente a como ésta es representada habitualmente, que es con armadura romana y provisto de una lanza o espada con la que amenaza a un demonio o un dragón.

En este púlpito nos surge una duda: ¿Quién es el personaje femenino que porta un libro, en la primera representación? La cabeza está coronada y los ropajes corresponden a algún personaje de la nobleza (¿?). Evidentemente no se trata de San Miguel, y representar dos veces a la Virgen en el mismo escenario nos parece poco creible.

La segunda figura, a la derecha de la anterior, representa claramente a la Virgen. En este caso lleva en brazos en ambos púlpitos al Niño. La única diferencia está en que, en la del Burgo de Osma, anterior al Descubrimiento, la Señora parece que pisa la imagen de la luna (¿?), en tanto que en la de Sigüenza se encuentra sobre una barca.

La tercera escena del púlpito del Burgo de Osma simboliza a un San Jorge con coraza, lanza y escudo venciendo al dragón, que se representa en este caso alado, como en la escena de la Iglesia Nueva de Uceda.

En la representación de Sigüenza parece que figura la misma temática. Por la posición del brazo derecho del personaje, y porque en la mano derecha existe un orificio que indica que en algún momento portaba una lanza que ha desaparecido de la escena, podría tratarse de un San Jorge y no del rey Fernando. La única diferencia con la figura del Burgo de Osma se encuentra en la vestimenta de ésta: El gorro que cubre la cabeza no es un casco guerrero ni el manto que le cubre el cuerpo se corresponde con un traje de combatiente, sino más bien encaja con el de un noble.

En ambos púlpitos está esculpido el escudo del Cardenal Mendoza, aunque la colocación respecto a las figuras comentadas es diferente: En el de la catedral de Sigüenza figura, en el orden que hemos establecido desde la posición del observador, de frente al mismo, en primer y en último lugar, en tanto que en el del Burgo de Osma lo hace al final solamente.

Para resolver las dudas, decidimos hacer de nuevo una visita y una consulta responsable del Patrimonio de la catedral de Sigüenza, D. Julián García.

Realizada ésta el día 18 de febrero de 2013, D. Julián nos dió la siguiente explicación:

"No se conoce la procedencia de la referencia a San Jorge vinculada al Cardenal Mendoza.

Don Pedro González de Mendoza recibió del Papa Sixto IV, el día 7 de marzo de 1437, el título de Cardenal de Santa María in Domnica; en algún momento se le añade el título de San Jorge y de la Santa Cruz de Jerusalen (él tiene devoción a la Cruz porque nació un tres de mayo, fiesta de la Santa Cruz, hasta la reforma del Calendario litúrgico promovida por el Concilio Vaticano II, que la desplazó al quince de septiembre, posiblemente cuando es nombrado Arzobispo de Toledo y Patriarca de Alejandría en 1482).

Por su título de Cardenal de la Santa Cruz de Jerusalén puede aparecer en sus escudos o retratos la cruz de Jerusalen (cruz griega, es decir, de brazos iguales, potenzada, terminada en sus extremos por una barra a modo de T) y por el título de Patriarca de Alejandría, la cruz patriarcal (de doble travesaño).

En el púlpito de Sigüenza, la santa con el libro abierto en su mano izquierda, que conserva el extremo encuadrado de un madero (Cruz) en su mano derecha, es la madre del emperador romano Constantino (por ello la corona de reina), santa Helena, que, según la tradición, mandó hacer excavaciones en Jerusalén, en el lugar donde se alzaba el Calvario, hasta descubrir el madero de la Cruz del Señor. De ahí que en la iconografía lleve una cruz en su mano derecha. El cardenal Pedro González de Mendoza tuvo como segundo (-tercer) título cardenalicio el de la Santa Cruz de Jerusalén, Basílica romana construída sobre la que fue la residencia de Santa Helena y su hijo Constantino el Grande.

La imagen de la Virgen María con el Niño en brazos, en referencia a la Basílica romana de Santa María in Domnica, también conocida como Santa María alla Navicella, porque en la plaza donde se alza este templo se situó ya en el siglo VII la escultura romana de una barca, transformada posteriormente en fuente. Este fue el primer título cardenalicio de D. Pedro González de Mendoza, hasta el año 1478.

Finalmente, el guerrero que vence al dragón es San Jorge. Sobre la armadura lleva una capa y sobre su cabeza un gorro de época (es frecuente la representación sin su casco de guerra, incluso cuando aparece sobre el caballo, o con la cara descubierta), en este caso le falta la lanza en la mano derecha, en la que se encuentra el orificio por el que, sin duda, en su estado original, se encontraba esta arma.

La iterpretación que da a la figura del Burgo de Osma es la siguiente:

"Como hipótesis, pues no tengo una buena imagen del púlpito del Burgo de Osma, la representación de Santa Helena puede tener en la mano izquierda los tres clavos de la Cruz (la leyenda dice que al regresar por mar de Jerusalém, una tormenta hace peligrar el barco, entonces ella lo calma arrojando uno de los clavos de la Cruz, los otros dos los llevará a su hijo Constantino)".

Las imágenes de la Virgen y San Jorge no nos ofrecen a nosotros ninguna duda.

Las otras posibles interpretaciones que se le puedan dar a la comparación de las dos obras las dejamos al lector o a expertos más cualificados que nosotros. Aquí solamente queda el testimonio de la existencia de ambas, y la polémica que en torno a ellas se han planteado entre diferentes especialistas en arte, aunque estimamos que los razonamientos aquí expuestos por don Julián García son los mejor documentados y a los que damos una mayor credibilidad

Hemos hecho un recorrido por las obras arquitectónicas de las familias Medinaceli y Mendoza que pudiesen darnos testimonio de alguna de las diferentes fases de la vida del Almirante y comprobamos que existe una vinculación entre ellas y el Descubrimiento que no atribuímos a la casualidad.

La vinculación del Almirante con la Orden Jerónima es evidente, y está relacionada con los diferentes monasterios que se encontraban en Lupiana, Guadalupe, Siena y Génova.

En numerosas ocasiones hemos dudado de que nuestras averiguaciones tuviesen un carácter definitivo en la demostración de que el Almirante fuese español y castellano atendiendo solamente a uno de los argumentos que se aportan a este estudio, pero, como decía don Manuel Ballesteros Gaibrois a don Ricardo Sanz García, en las numerosas y largas conversaciones en las que estuve presente, y que parecían más un examen a cátedra que un simple intercambio de presentación de pruebas y argumentarios, es casi imposible que se puedan dar tantas "casualidades" que nos lleven a la misma persona sin que sean una realidad.

Por último, no queremos dejar de exponer el texto que figura en un cuadernillo que se reeditó en Guadalajara, con motivo del V Centenario del Descubrimiento de América, y que, bajo la dirección de D. Gabriel Vergara Martín[423] responde a un acuerdo del Claustro de Catedráticos del Instituto de Guadalajara en septiembre de 1919, para celebrar la Fiesta de la Raza, para que se aportara por parte de los alumnos del Instituto y los demás Centros Oficiales de enseñanza una sucinta relación de los naturales de la provincia de Guadalajara que se distinguieron en América.

En dicha relación figura, en primer lugar, don Diego de Mendoza.

"Natural de Guadalajara, que fue con Cristóbal Colón en su primer viaje a América, sin que se tenga otra noticia de él, que la de que se quedó allí, cuando regresaron a la península los expedicionarios el 16 de enero de 1493, siendo uno de los 43 hombres que dejó el descubridor mandados por Diego de Arana, todos los cuales perecieron en luchas intestinas a manos de los caciques Mayreni y Caanabó, que destruyeron el fuerte de Navidad que habían construido para su resguardo"

De nuevo un Diego y un Mendoza guadalajareños en la misma persona, compartiendo el viaje del descubrimiento de un Nuevo Continente con el Almirante don Cristóba Colón, e incluso dando su vida en la defensa de las nuevas tierras conquistadas.

Desde estas líneas, y con los argumentos expuestos, reivindicamos el origen castellan del Almirante de la Mar Oceana, con las mismas prerrogativas que tenía el Almirante d Castilla.

Sabemos que habrá voces que no estén de acuerdo con nuestras conclusiones y otros l apoyarán. A los primeros les animamos a que desmonten nuestras afirmaciones justifiquen la existencia y el contenido de los documentos que aquí presentamos cc otros que rebatan el argumentario de los mismos. A quienes hayamos convencid

---

[423] Vergara Martín, Gabriel. Noticias acerca de algunos naturales de la provincia de Guadalajara que se distinguieron en América. 2ªedición.Imprenta de los hijos de Gómez Fyentenebro, calle Bordadores, 10 Madrid. 1919. Reeditado por AACHE ediciones. Guadalajara, 1992.

gracias por creer, como nosotros, a Cristóbal Colón. Difundan esta tesis y amplíen los estudios siguiendo este hilo conductor.

La Historia de los acontecimientos pasados varía en ocasiones con nuevos descubrimientos, (véase el del escudo de Santo Domingo, en 2019) y documentos (el aparecido en el archivo de la nobleza, en Toledo dando cuenta de la llegada a Lisboa del Almirante en 2019) que desmienten a quienes, con su buen hacer, en función de los medios con los que contaban, han llegado a mostrarnos unos hechos ciertos en un momento dado, pero revisables a medida que se han conocido nuevas fuentes. Creemos que este es nuestro caso, y por ello lo presentamos tal y como entendemos que sucedieron los hechos.

Queremos dar las gracias a tantos historiadores y bibliotecarios que han buceado en los viejos pergaminos, a veces indescifrables por su estado de conservación, y han dado a conocer el contenido de los mismos. Creemos que resta mucho por investigar, y es posible que en alguna vieja biblioteca o archivo esté el documento clave que termine de desvelar, de manera todavía más contundente, si es que alguien considera que lo aquí expuesto no es suficiente, el origen de nuestro castellano almirante.

Muchos han sido quienes nos han animado a continuar las investigaciones en momentos de desfallecimiento. Muchos también nos han aportado su saber abriéndonos nuevas vías de estudio, incluso proporcionándonos datos, bibliografía y experiencia en la interpretación de documentos que debían ser analizados con rigor científico del que carecíamos, y hemos aprovechado sus conocimientos y expuesto sus informes para ser lo más objetivos posible.

Otros han manifestado su apoyo siguiéndonos en las numerosas conferencias dadas en estamentos que se interesaban por mostrar a sus asociados y a los asistentes una visión diferente del descubrimiento y de la figura del Almirante, tan denostado en España por personajes que ni siquiera han leído en ocasiones nada sobre su obra.

Y seguimos buscando entre legajos, notas y publicaciones, más datos objetivos que apuntalen todavía más los razonamientos aquí planteados.

A todos vosotros, lectores interesados en ampliar vuestros saberes, ¡Gracias!

Conclusiones

A la vista de tantos hechos aquí expuestos, nos atrevemos a afirmar:

- ✓ Que Cristóbal Colón es castellano, y nació en Espinosa de Henares (Guadalajara) el 18 de junio de 1435
- ✓ Fue su madre doña Aldonza de Mendoza, duquesa de Arjona, que falleció de parto doble, y su padre D. Diego Manrique, hijo del Adelantado D. Pedro Manrique.
- ✓ Su hermano gemelo, Alfón el Doncel, fue asesinado cuando tenía cinco años.
- ✓ Cristóbal Colón fue educado e instruido por los monjes jerónimos en los monasterios que la Orden tenía en Lupiana (Guadalajara), Guadalupe (Cáceres), Siena o Génova, permaneciendo oculta su identidad para evitar que tuviese el mismo final que su hermano.
- ✓ En estos monasterios adquirió los conocimientos científicos y humanísticos que demostró tener a lo largo de toda su vida, y el latín, que lo escribía con soltura.
- ✓ Nunca escribió en italiano. Siempre lo hizo en latín o castellano.
- ✓ La herencia de su madre le fue usurpada por su tío el marqués de Santillana.
- ✓ Sus hermanos no lo eran por línea directa.
- ✓ Tenía una dislalia que le hacía pasar por extranjero en España
- ✓ Su lengua manifestaba las mismas anomalías que sus antecesores.
- ✓ Heredó de su abuelo, don Diego Hurtado de Mendoza, el título de Almirante, con las mismas prerrogativas que el Almirante de Castilla.
- ✓ No mintió cuando afirmó que no era el primer Almirante de su familia.
- ✓ La presentación a los Reyes Católicos se hizo a través del duque de Medinaceli y del Cardenal Mendoza, primos suyos.
- ✓ La concesión del título de Almirante "dende agora" concedido por los Reyes Católicos es porque le correspondía, al ser nieto de don Diego Hurtado de Mendoza, Almirante de Castilla, e hijo de doña Aldonza de Mendoza, duquesa de Arjona
- ✓ En la armería de su escudo figuran las armas de su madre y de su abuelo porque le corresponden por sangre.
- ✓ Su actitud y comportamiento a lo largo de su vida es la misma que seguían los monjes jerónimos, y así se recoge en su doctrina.
- ✓ El Diario de Colón en el primer Viaje, llamando a las primeras tierras India igual que las llamaba San Jerónimo, y la descripción que hace de ellas e Almirante en numerosas ocasiones, coincidiendo con las reseñadas por Sa Jerónimo en la carta de éste a Rústico, nos indica que la conocía por habers educado en la Orden Jerónima. Su religiosidad la puso de manifiesto a lo larg de toda su vida.
- ✓ Según el padre Las Casas, el Almirante quiso que las nuevas tierras descubiert se llamasen Santas Gracias, topónimo que coincide con el de un poblado romar que se asentaba en la margen derecha del río Henares, a unos centenares (metros del pueblo del que afirmamos es originario: Espinosa de Henares.
- ✓ El cocinero del Almirante era primo suyo. Le encadenó al regresar del terc viaje para salir de una situación embarazosa ante Francisco de Bobadilla, figura ocho años después como testigo, junto a otros sirvientes, en el Testamen de Colón. Se llamaba Espinosa.
- ✓ Un escudo hallado recientemente en unas excavaciones de Santo Doming coincide en sus atributos con las armas que el Almirante coloca en el suyo, en

punta del mismo, y figura en la heráldica de los Mendoza en numerosos monumentos de esta familia de la provincia de Guadalajara.

✓ Existe la posibilidad de que esté enterrado con su madre, doña Aldonza de Mendoza, en Cogolludo (Guadalajara).

✓ La posibilidad de realizar una prueba de ADN, como algunos lectores habrán pensado que resta por hacer para llegar a una conclusión definitiva, existe, pero ello plantea muchas dificultades por lo siguiente:

✓ Las muestras a comparar han de corresponder, para un resultado positivo, al Almirante y a su madre.

✓ Cristóbal Colón no sabemos dónde está enterrado con exactitud, ya que en los lugares en los que pudo estar había otros cuerpos, sin que se pueda asegurar en la actualidad que restos que se encuentren en las urnas localizadas sean los suyos.

✓ Tampoco se conoce exactamente dónde se encuentra el cuerpo de doña Aldonza de Mendoza, su madre según nuestra tesis.

✓ Para hacer el examen con seguridad plena, hay que aplicar la técnica de estudio de ADN mitocondrial y ADN autosómico, siendo el procedimiento el siguiente:

✓ 1.- Exhumación de ambos restos.

✓ 2.- Su estudio y análisis antropológico.

✓ 3.- Su valoración previa al análisis genético (por ver si son muestras viables para ADN)

✓ 4.- Análisis genético de ADN mitocondrial y ADN autosómico para demostrar la relación madre – hijo.

✓ El realizar estas pruebas nos lleva a dos soluciones. En el primer caso, de coincidir los análisis de uno de los cuerpos allí enterrados con el de la mujer, los identificaría como madre e hijo. Si ambos también coinciden con los restos analizados en la catedral de Sevilla, sería la prueba definitiva del lugar en el que se encuentra enterrado el Almirante.

✓ En el segundo caso, si estas circunstancias no se dan, habremos descartado uno de los lugares de su posible enterramiento, pero ello no será motivo para descartar ninguno de los documentos y hechos estudiados en este trabajo para su identificación.

Como vemos, el Almirante consiguió el objetivo propuesto de no descubrir su verdadero lugar de nacimiento ni la identidad de sus padres, pero, a pesar de ello, y debido a que en sus escritos le pudo el subconsciente, y a los documentos escritos de quienes le rodearon, creemos haber desvelado el secreto tan bien guardado durante tantos años.

Apéndice genealógico

Cuadro genealógico a partir de don Pedro González de Mendoza, con personas que intervinieron en esta historia

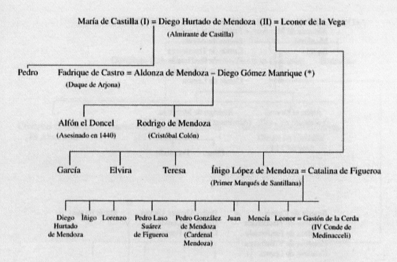

María de Castilla (I) = Diego Hurtado de Mendoza (II) = Leonor de la Vega
(Almirante de Castilla)

Pedro   Fadrique de Castro = Aldonza de Mendoza – Diego Gómez Manrique (*)
         (Duque de Arjona)

Alfón el Doncel   Rodrigo de Mendoza
(Asesinado en 1440)   (Cristóbal Colón)

García   Elvira   Teresa   Íñigo López de Mendoza = Catalina de Figueroa
                                (Primer Marqués de Santillana)

Diego   Íñigo Lorenzo Pedro Laso   Pedro González   Juan   Mencía   Leonor = Gastón de la Cerda
Hurtado   Suárez   de Mendoza   (IV Conde de
de Mendoza   de Figueroa (Cardenal   Medinacceli)
                                        Mendoza)

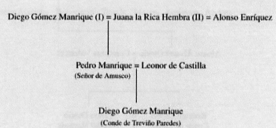

Diego Gómez Manrique (I) = Juana la Rica Hembra (II) = Alonso Enríquez

Pedro Manrique = Leonor de Castilla
(Señor de Amusco)

Diego Gómez Manrique
(Conde de Treviño Paredes)

* En muchos documentos figura como Diego Manrique.

(*) En muchos documentos figura como Diego Manrique.

Personas que heredaron diversos títulos y haciendas del matrimonio de los duques de Arjona (don Fadrique de Castro y doña Aldonza de Mendoza)

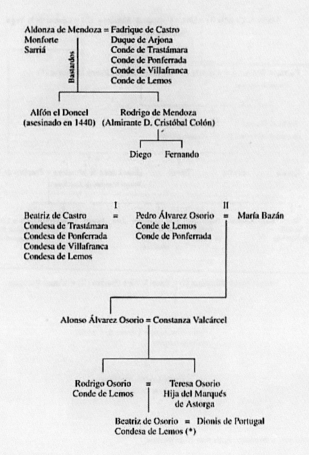

Aldonza de Mendoza = Fadrique de Castro
Monforte   Duque de Arjona
Sarriá   Conde de Trastámara
               Conde de Ponferrada
               Conde de Villafranca
               Conde de Lemos

Bastardos

Alfón el Doncel   Rodrigo de Mendoza
(asesinado en 1440) (Almirante D. Cristóbal Colón)

Diego   Fernando

I   II

Beatriz de Castro   =   Pedro Álvarez Osorio   =   María Bazán
Condesa de Trastámara   Conde de Lemos
Condesa de Ponferrada   Conde de Ponferrada
Condesa de Villafranca
Condesa de Lemos

Alonso Álvarez Osorio = Constanza Valcárcel

Rodrigo Osorio   =   Teresa Osorio
Conde de Lemos   Hija del Marqués
                      de Astorga

Beatriz de Osorio =   Dionis de Portugal
Condesa de Lemos (*)

(*) La Condesa de Lemos llama «sobrino» a Diego Colón.

Cuadro de la familia Colombo.
Tesis genovesa (*)

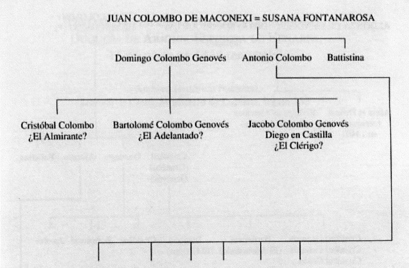

JUAN COLOMBO DE MACONEXI = SUSANA FONTANAROSA

Domingo Colombo Genovés   Antonio Colombo   Battistina

Cristóbal Colombo
¿El Almirante?

Bartolomé Colombo Genovés
¿El Adelantado?

Jacobo Colombo Genovés
Diego en Castilla
¿El Clérigo?

Juan Antonio Benedicto Tomás Mateo Amigeto Andrea

(*) En este cuadro solamente figuran dos hijos de Juan Colombo de Maconexi.

Cuadro de la familia Colombo.
Tesis castellana

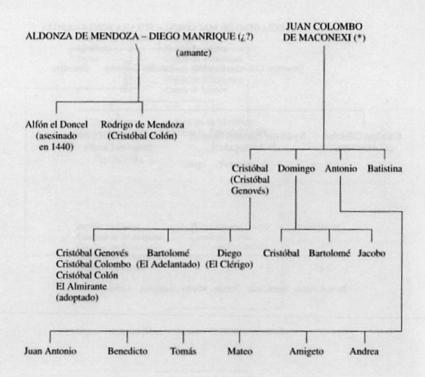

ALDONZA DE MENDOZA – DIEGO MANRIQUE (¿?)
(amante)

JUAN COLOMBO
DE MACONEXI (*)

Alfón el Doncel
(asesinado
en 1440)

Rodrigo de Mendoza
(Cristóbal Colón)

Cristóbal
(Cristóbal
Genovés)

Domingo   Antonio   Batistina

Cristóbal Genovés
Cristóbal Colombo
Cristóbal Colón
El Almirante
(adoptado)

Bartolomé
(El Adelantado)

Diego
(El Clérigo)

Cristóbal   Bartolomé   Jacobo

Juan Antonio   Benedicto   Tomás   Mateo   Amigeto   Andrea

(*) En este cuadro está incluido Cristóbal Colombo Genovés, conocido en Castilla como Cristóbal Genovés,
    y se corresponde con el personaje que figura en el testamento de doña Aldonza de Mendoza.

AMPLIACIÓN DEL CUADRO GENEALÓGICO INTERCALANDO EN ÉL A LOS PADRES DE DOÑA ALDONZA

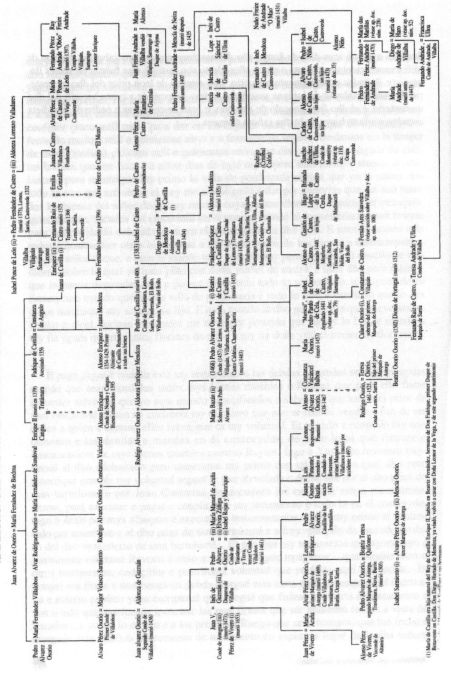

Apéndice documental

TESTAMENTO DE DON DIEGO HURTADO DE MENDOZA, ALMIRANTE DE CASTILLA, OTORGADO EN EL ESPINAR, ALDEA DE SEGOVIA, ANTE EL ESCRIBANO GONZALO MARTÍNEZ, EL 2 DE ABRIL DEL AÑO 1400

(Testimonio en pergamino y copia simple. Archivo Histórico Nacional, Casa de Osuna, legajo 1.762)

En el nombre de dios amen. Sepan quantos este testamento vieren commo yo don diego furtado de mendoça almirante maior de la mar estando en mi seso e entendimyento e en toda mi salud... por ende yo el dicho don diego furtado almirante... otorgo e conosco que fago e hordeno e establesco este mi testamento en esta manera que se sigue:

Primeramente ofresco mi anyma a dios Padre que la crió e el cuerpo a la tierre onde es formado, et mando que quando fuere la voluntad de dios de me levar deste mundo en que agora só, quel mi cuerpo sea enterrado en el monesterio de sant francisco de guadalfajara, en el su havito, en par de la sepoltura de doña maria mi muger fija del Rey don enrique que dios perdone, et mando quel dia de mi enterramyento que se junten el cabildo de los clérigos de la dha villa e los frayles de las bórdenes del dho monesterio de sant francisco et de sant antolin e los de sant bartholomé de lupiana e los monges de santa maria de sopetrán e las monjas de los monesterios de santa clara e de sant bernardo de la dicha villa guadalfajara, e que me fagan los ofiçios e esequias e honrras acostumbradas, e mando que dén al cabildo de los dhos clérigos su derecho acostunbrado por quanto pero gonçales de mendoça mi padre que dios dé santo parayso hera cofrade del dho cabildo e por quanto yo finqué su fijo maior heredé el dho cabildo e por ende ellos sontenudos de rrogar a dios por su anyma e por la mia. E otrosi mando que dén a cada una de las dhas hórdenes de sant francisco e de sant antolin e de sant bartholomé e de santa maria de sopetrán e de santa clara e de sant bernardo los salarios acostunbrados que ovieren a aver, e mando que desdel dia de mi enterramyento fasta un año conplido, que lleven ofrenda por mi anyma de pan e vino e çera al dho monesterio de sant francisco cada dia, e mando que dén por su trabajo a la persona que

levare esta ofrenda dies varas de paño en cabo del año. E mando a la cruzada e a la tri-
nitat e a santa olalla de barçelona e a santa maria de guadalupe e a santa maria de toledo e a santa maria de sopetrán e a santa maria de sebilla, a cada una veynte mrs. E
otrosi mando que los dhos monges del dho monesterio que digan quinientas misas
reveladas por mi anyma, e otrosi que digan assimesmo otras quinientas misas por las
anymas de fernando e pedro mis hermanos que y yazen, e mando que les dén para
alçar la capilla del dho monesterio myll mrs. E mando que digan los frayles del dho
moesterio de sant bartholomé de lupiana myll misas reveladas por mi anyma, e mando
que les dén para alçar la capilla del dho monesterio ocho myll mrs. E otrosi mando
que resen las dhas monjas del dho monesterio de santa clara de la dha villa guadalfajara myll salterios por mi anyma e que les den dies marcos de plata para faser una arca
queençierren el cuerpo de dios. Otrosi mando que resen las monjas de santa clara de
otordesillas myll salterios por mi anyma e que les dén dies marcos de plata para faser
una arca... E mando a los frayles de santa maria de guadalupe que digan myll misas
por mi anyma e que les dén dies marcos de plata para faser una arca... Otrosi mando
que me digan las monjas de santa maria la Real de las huelgas de burgos myll misas
por mi anyma e que les dén dies marcos de plata para faser una arca. Otrosi mando al
cabildo de los clérigos de la yglesia de santa maria de toledo que me digan myll misas
en la dha yglesia por mi anyma e que les dén dies marcos de plata para faser una
arca... Otrosi mando a los frayles del dho monesterio de sant françisco de la dha villa
guadalfajara que me digan myll misas por mi anyma e que les dén dies marcos de plata para faser..., e mando que toda esta plata que yo mando commo dho es, que la dén
de la plata de mi bajiella. Otrosi mando para sacar catibos dies myll mrs que yo he por
Juro de heredat de la martiniega de madrit, que los dén al monesterio que se á de faser
en santa maria de tocha çerca de la dha villa de madrit, e mas quarenta myll mrs para
la obra del dho monesterio, e si se non fisiera el dho monesterio mando que dén los
dhos seys myll mrs a estos monesterios que se siguen, en esta manera: los dos myll
mrs al monesterio de santa maria de sopetrán para dos capellanyas perpétuas, e los
otros dos myll mrs al monesterio de santo domingo de madrit para otros dos capellanyas perpétuas e los otros dos myll mrs al monesterio de santa clara de toledo para otras
dos capellanyas perpétuas, e que estas dhas seys capellanyas que sean cantadas por las
anymas de mi padre e de mi madre e por la mia. Otrosi mando al monesterio de sant
françisco de la dha villa guadalfajara toda la plata e los onrramentos de mi capilla.
Otrosi mando que mis hermanas doña elbira e doña maria e doña ynés que sean pagadas de todo lo que ovieren de aver en la herençia de mi padre e de mi madre segunt
loys mendes mi maiordomo maior mostró por su quenta que les devo de la dha
herençia, otorgando e fasiendo Recaudo cada una dellas por ente escrivanos públicos
que para mano de la dha herençia. Otrosi mando que a mi fijo garçia que le muden el
nonbre e le digan iohan furtado de mendoça, e mándole las mis villas e lugares de hita
e buytrago e el Real de mançanares e la casa de mendoça con los mis logares de
fonçea e arino e vehavarri e donaquia e las hermandades de lacosmonte e ibarrundia e
badayoz e iruraes e arrosva e çugutia e margarita, e las casas de çenbrana e todas las
otras heredades e bienes que yo é allende ebro, e a pedrezuela e sant agostin e el colmenar e el cardoso e el vado e el puerto de somosierra, e rrobregordo e alcobendas, e
la mi terçia parte que yo é en tamajon con las fortalesas e vasallos e Rentas e pechos e
derechos, e montes e sotos e rrios e prados e pastos e dehesas, con aguas corrientes e

estantes e Juridiçiones e con todas las otras heredades e bienes e cosas que y son, e con todas sus pertenençias, segunt e en la manera que las yo é e por mi se mantienen. Otrosi, le mando las casas maiores de guadalfajara que son en la collaçion de la yglesia de santiago, con todas las heredades e bienes que yo é en la dha villa guadalfajara e en su tierra. Otrosi, le mando las casas maiores que é en madrit que son a la collaçion de sant ysidro e las heredades e bienes e sotos e prados e pastos que yo é en alvendea e palomarejo, e las mis heredades de sant estevan en térmyno de sebogia con sotos e dehesas e prados e pastos e Rios e aguas corrientes e estantes e Juridiçiones, con todas las otras cosas que a mi pertenecieren e pertenescer deven segunt e en la manera que por mi se mantienen, las quales dhas villa e logares e heredades e bienes e cosas sobredichas le mando segunt que a mi pertenesce e en la manera e forma que pero gonçales de mendoça mi padre que dios dé santo parayso lo hordenó assi por el mi mayoradgo que a mi fiso commo por los otros mayoradgos que fiso a mis hermanos fernando e iohan e pero que a mi pertenescen, salbando lo que yo dí a Yénego lopes de mendoça mi hermano, pero que mando al dho garçia mi fijo que deje e desenbargue a maria gonçales mi tia muger de miguel lopes de lescano la hermandat de yrusder para en su bida de la dha mi tia porque assi lo mandó el dho pero gonçales mi padre por su estamento e que se aprobeche la dha mi tia de toda la dha hermandat en toda su bida, en mando que de las Rentas destos dhos bienes que yo mando al dho garçia mi fijo, que sean sacadas çient myll mrs e que sean dados e entregados a los mis albaçeas contenydos en este mi testamento, para conplir e pegar lo contenydo en él, en ante que le sean entregados al dho garçia mi fijo villa nin logar nyn otros bienes algunos destos que le yo mando. Otrosi mando a doña aldonça mi fija la villa de cogolludo con su castillo e aldeas. E a loranca de tajuña, el pozo de portillo, e la heredat de torralva con todos los otros logares e heredades e bienes quel Rey don enrrique dió a doña maria mi muger que dios perdone. E otrosi, en emienda de los çiento e çinquenta myll mrs que la dha doña maria mi muger mandó a la dha doña aldonça mi fija de sus arras los quales le hé yo a dar, e otrosi le he a dar el mueble de la casa de la dha doña maria que ella mandó a la dha doña aldonça mi fija al qual mueble rrescibió mi señora doña aldonça de ayala que dios perdone e la dha mi fija nunca oyo dello cosa alguna, e otrosi en emienda de quinse myll mrs que ella á de merçet del Rey don iohan que dios perdone e despues de nuestro señor e Rey don enrrique que dios mantenga, los quales he yo levado desde que la dha doña maria mi muger finó acá, mándole la mi villa de tendilla e el mi lugar de coveña e las casas maiores que yo hé en toledo con la meytat del mi logar de novés con las casas e heredades que yo hé en el dho logar novés e en tierra de toledo, e los çinquenta cafises de sal que hé en las salinas de antiença. E otrosi, mando más a la dha doña aldonça mi fija los mis logares de algecilla e palazuelos e robredarcas e las mis casas e heredades de utande e espinosa e membrellera e carrascosa e cutamilla e el monte e heredat e soto de tejér, e el molino de sahelices, e las mis casas e heredades de jirueque e castilblanco e mandayona, todas las quales dhas villas e logares le mando con sus aldeas e vasallos e Renta e pechos e derechos e montes e prados e sotos e rrios e pastos e dehesas e aguas corrientes e estantes de Juridiçiones e con todas las otras heredades e bienes e cosas que y son e con todas las pertenençias segunt e en la manera que las yo hé e por mi se mantienen. Otrosi, le mando mas a la dha aldonça, mi fija todo el ajuar e todas las otras cosas que estén en las mis casas de guadalfajara e de buytrago e de madrit, e que cunpla ella lo que yo mando a las otras mis fijas sus hermanas theresa e elbira. E otrosi le mando a la dha doña aldonça mi fija todo el mi aljofar e toda la mi plata dorada.

Otrosi, mando a mi fija elbira laso todos los lugares e vasallos, e Rentas e pechos e derechos e bienes e Juridiçiones que yo hé en liébana contodas las cosas que yo y hé e me pertenescen e segunt e en la manera que por mi se mantienen, e otrosi le mando çiento e çinquenta myll mrs de moneda bieja. E otrosi le mando dos camas onrradas con sus paramentos e sus estrados de mantas e de alhonbras, e un paño franzés e quatro mantas de pared e más çinquenta marcos de plata e dose onças de alfojar.

Otrosi, mando a mi fija theresa la villa de çervera con su casa fuerte e todos los logares que yo hé en pernia e en campo de suso, con todos los vasallos e Rentas e pechos e derechos... Otrosi le mando más çiento e çinquenta myll mrs de moneda bieja, e otrosi le mando más dos camas onrradas con sus paramentos e sus estrados de mantas e alhonbras e un paño franzés e quatro mantas de pared e más çinquenta marcos de plata e dose onças de aljofar.

Otrosi, mando a mi fijo Yénego la mi villa de otor de humos con sus aldeas e vasallos e Rentas, e pechos, e derechos e montes e... contodas las otras cosas e heredades e bienes que y son...

Otrosi, mando a doña leonor de la vega mi muger, que sea entregada de çiento e veynte myll mrs que á de aver de sus arras en los pechos e derechos del Real de mançanares qués rrenta de tres años cada año quarenta myll mrs. E otrosi, le mando e emienda de los treynta myll mrs que quedan que á de aver, las casas e heredades de olmos de la picaza, e de villodre.

Otrosi, mando que sea guardada, e conplida la donación que fise a mi Prima mençia garçia de ayala del mi lugar de baraxas con todos los vasallos e Rentas e pechos e derechos, e que le non sea puesto enbargo nin contrario alguno enello por los dhos mis fijos e fijas nin por algunos dellos, ca mi voluntad ese tengo por bien que la dha mençia garçia de ayalla mi Prima aya e tenga el dho logar de baraxas segunt e en la manera que por dha donaçion que yo la fise se contyene. E mando más a la dha meçia garçia mi Prima por su vida, los dies myll mrs que yo hé por Juro de heredat en madrit, e despues de su vida de la dha mençia garçia mi Prima, que se tornen a la dha doña aldonça mi fija.

Otrosi, mando que todas las capellanyas e misas quel dho pero gonçales de mendoça mandó por su testamento que fueran dichas e cantadas, que se digan e canten en aquellos logares e yglesias e monesterios quél mandó por el dho su testamento, e que le cunplan e fagan conplir assi mis herederos.

Otrosi, mando que todas las dehudas que yo dejo escriptas en mi escripto e firmadas de mi nombre que devo, e todas las otras dehudas que fueren parescidas que devo por Recaudos ciertos e a personas de buena fama que binieron jurando que les devo alguna cosa, mando que sean pagadas de mis bienes e que gelas paguen mis albaçeas que en mi testamento dejo nonbrados o qualquiera dellos, pero mando e tengo por bien que non sean dadas ny entregadas nyngunas ni alguna de las dhas mis villas e fortalesas e logares e bienes que yo mando a los dhos mis fijos e fijas nin algunos dellos, fasta que sean conplidas e pagadas todas las dhas mandas que en este mi testamento se contyenen. E conplido e pagado todo esto que yo mando en este mi testamento commo dho és, fago mis herederos legitimos en el Remanente que fincare de todos mis bienes muebles e rrayses, a los dhos mis fijos e fijas en igual grado, e para conplir e pagar todo lo contenydo en este mi testamento segunt e en la manera que yo lo mando, fago mis albaçeas e testamentarios a fray pedro hermano del obispo de burgos maestro en santa theologia, e a fray pasqual frayle del monesterio de sant bartholomé de lupiana e a fray gonçalo mi confesor e a doña mençia fija de diego gomes e de doña ynés de ayala, e a mençia garçia de ayala mis primas, e a loy mendes de toledo mi maiordomo maior, a todos seys en uno e cada uno dellos por sí, e apodérolos en todas las mis villas e fortalesas e logares e vasallos e... para que cunplan e paguen este mi testamento... Otrosi, dejo por tutores de los dhos garçia de yénego e elbira e theresa mis fijos e de la dha doña leonor mi muger y de sus bienes dellos, a la dha doña leonor mi muger e a pero lopes de ayala mi tio, e a iohan furtado de mendoça mi tio prestamero maior de biscaya, e a diego lopes de medrano e al dho loys mendes mi maiordomo. E otrosi, dejo por tutora e guardadora de mi fija doña aldonça e de sus bienes a la dha doña mençia garçia de ayala mi prima..., e reboco todos los otros testamentos e mandas e cobdecillos por mí fechos ante deste mi testamento, e mando e quiero e tengo por bien que ninguno ny alguno dellos nonvala nin faga fee, salbo este mi testamento que yo agora fago e otorgo, el qual es mi testamento e postrimera voluntad... E porque esto sea firma e non venga en dubda, mandé faser deste testamento dos cartas en un pergamino de cuero, las cuales yo otorgué ante gonçalo martines escrivano de nustro señor el Rey..., en el espinar aldea e térmyno de la çibdad de segobia viernes dos dias de abril año del nascimyento de nuestro salvador Ihu xpo de myll e quatroçientos años. Testigos que a todo esto que dho és fueron presentes... iohan fernandes fijo de benito garçia, e ferrant martines de peñalba notarios de nuestro señor el Rey, e iohan martines de gobés vesinos de guadalfajara, e iohan rroys bachiller en leyes vesino de molina del conde, e loys garçia de cordova notario otrosi del dho señor el Rey e abogado en la corte del dho señor Rey...

Testamento de Doña Aldonza de Mendoza, Duquesa de Arjona. Espinosa de Henares, 16 de junio de 1435 (en vitela)

(Archivo Histórico Nacional,
Sección de Clero, Monaterio de Lupiana, legajo 362)

In dei nomine amen

Al tpo de mj finamjeto p mando q mjs albaceas se enforme del negrago de su cauallero besjno de guadalfra. mj vasallo q fue = descargue sobre ello mj amjna p mado q pagua axptual ginoues tres mjl mrs p mando q pague afadsto Maramo lo q mostrare q le deuo por mj aluala p / mado q pague agdalo gua brujatno besmo de

PARTE DISPOSITIVA

(Desde la línea séptima del original, en su página primera)

...sepan quantos esta carta de testamento bieren commo yo doña aldonça de mendoça duquesa de arjona condesa de trastamara muger de my señor don fadrique duque de arjona conde de trastamara cuya anima dios aya... Otorgo e conosco que fago e ordeno e establesco esta carta de my testamento a servyçio de dios e de la virgen gloriosa bien abenturada señora santa marya su madre e de toda la corte çelestial, estando enferma del cuerpo de la dolençia que dios me quiso dar pero en my seso e en my entendimyento temiendo de la muerte qués natural de la qual ninguna criatura del mundo non puede fuir nin della escapar...

Primeramente mando que si desta dolençia yo finare, quel my cuerpo sea enterrado en el monesterio de sant bartolomé de lupiana de la orden de sant gerónymo qués çerca de la villa de guadalfaiara, e sea ende puesto e sepultado segunt que adelante dirá. Ytem quiero e mando que la iglesia e capilla mayor del dho monesterio de sant bartolomé sean ensanchados en luengo e ancho de manera que sea fecha una iglesia convenyble segunt my estado e del dho monesterio, e la iglesia tenga dos capillas con sus altares uno a la mano derecha e otro a la esquyerda de convenyble anchura e altura, e que en la capilla mayor de la dha iglesia que se há assi de faser sea enterrado my cuerpo en medio della antel altar mayor para lo cual sea fabricada una sepultura de alabastro convenyble a my persona, el qual esté apartado de la postrimera grada del altar mayor susodicho en manera que non pueda aver otra ende sepultura entre el dho altar e la mya. Et mando para faser la dhaepultura myll florines de oro, e en tanto que se fisieren las obras sobredichas mando quel my cuerpo sea puesto en depósito en el dho monesterio en lugar e por la manera que ordene el prior que a la sason ende fuer. It. mando al dho monesterio de sant bartolomé los çinquenta cafises de sal que yo hé en cada año de Juro de heredat en las salinas de nro señor el Rey en tierra de atiença e pídole por merçet que ge los confirme... Otrosi mando al dho monesterio de sant bartolomé el my poso de sal que disen de portillo que es en las dhas salinas de tierra de atiença... Et mando mas al dho monesterio... dies e nueve escusados apanyaguados de los que yo hé de Juro de heredat en cada año en la billa de guadalfaiara. E otrosi mando más al dho monesterio tres paños françeses de los paños que yo tovyere al tiempo de my finamyento para que çerquen la capilla de my sepultura, de los quales sea el uno el meior que yo tovyer e los otros sean de los medianos. E otrosi mando más al dho monesterio çient mill mrvs para dos pares de ornamentos de oro o de seda muy Ricos e para cálises e cruses e para una custodia en que esté el cuerpo de dios e para otros ornamentos. Et mando más al dho monesterio los mys balaxes e çafiros e perlas questán puestas en un sartal de perlas mayores e en otro sartal de perlas menores para un calis e unas anpollas e un portapás e una crús, todo de oro, en lo qual todo aya veynte marcos de oro para servycio del dho altar mayor, e Ruego e pido de graçia al prior e frayles del dho monesterio que fagan cantar por my anyma perpétuamente dos capellanyas, e que los frayles a quien fueren encomendadas las dhas capellanyas digan en cada semana çinco misas Resadas por cada capellanya. Otrosi, les Ruego que me fagan anyversario perpétuo en el dia de my finamyento disiendo anteanoche vigilia de tres liçiones, e otro dia dél misa de Requien todo cantado e salgan sobre my sepultura disiendo un Responso cantado despues de la vigilia e otro despues de la misa. E item mando que sean fechas mys exequias e enterramyentos e septenaryo e cabo de año segunt mys albaçeas ordenaren... Otrosi mando por las anymas del Rey don enrrique my abuelo (Enrique II) e del Rey don Juan my tio e del Rey don enrrique my primo e de mys avuelos pero gonçales e doña aldonça, e del almyrante my padre e de my señora doña marya my madre e de my hermano pero gonçales, e por la mya, que sean dichas tantas misas e treyntenarios Revelados e llanos quantas ordenaren e mandaren my primo el adelantado pero manrrique e los otros mys albaçeas que con él serán... E otrosi mando que sea dado de vestir a pobres e sea fecha limosna a órdenes e santuarios asy de los acostunbrados commo a los non acostunbrados o a personas vergonçantes e otros lugares piadosos quanto los dhos mys albaçeas ordenaren... E otrosi mando para Redempçion de captivos xpianos que están en tierra de moros dos mill doblas de oro valadis e mando que estas doblas sean dadas a la persona que entendieren mys albaçeas que lo fará fielment, la qual persona... vaya con el comendador de sant antolin de guadalfaiar el primer viaje que ovier de faser para sacar captivos después de my finamyento, e los captivos que faser para sacar captivos despues de my finamyento, e los captivos que dho comandador sacare fasta en la dha quantia que los pague la dha persona.—E otrosi mando a sata marya de los llanos mill mrvs e un frontal de seda que le prometí de dar, e mando a la hermyta del Rey de la magestad (El Alto Rey en la sierra de su nombre) çerca de tamajon mill mrvs e una vestimenta de seda con sus aparejos, e mando a santa marya de cogolludo dos mill mrvs, e mando a la iglesia de sant pedro de la misma villa mill mrvs, e mando a la hermyta de Santana qués en la villa de tendilla quinientos mrvs e un vestimento de seda con sus aparejos, e otrosi mando al monesterio de sant françisco de guadalfaiara dies mill mrvs para la obra, e mando al hermytorio de sant miguel de la salçeda qués çerca de tendilla dos mill mrvs, e mando a santo domingo de loranca mill mrvs e un paño de çendal verde e blanco para sobre el altar, e mando al hermytorio de san julian de la cabrera mill mrvs, e otrosi mando que sean fechos seys vestimentos de seda sin oro con sus aparejos e seys capas de seda e seys cálises de plata de cada dos marcos e medio, e que sean dados a las iglesias donde los dhos mys albaçeas vieren que cunple, e otrosi mando almonesterio de sant benyto de valladolid çient florines porque Rueguen a dios por my anyma e porque les só tenuda fasta en veynte e çinco florines, e otrosi por quanto el duque my señor my marido me ovo dado en arras quando con él me casé dose mill doblas de oro castellanas por las quales me obligó la villa de ponferrada e por non me las aver pagado a çierto plaso segun el contrato que entre nós pasó yncurrió (en) çiertas penas por lo qual la dha villa se posee agora por mya por mandado de nro señor el Rey e es mya, por ende mando quel dho monesterio de sant benyto de valladolid aya en el portadgo de la dha villa para sienpre jamás çinco myll mrvs, e mando que si los frayles del monesterio de sant françisco de valladolid e las monjas de santa clara desta misma villa o alguno dellos mostraren... que les devo alguna cosa mando que les sea pagado... e mando que dén al dho monesterio de sant françisco de valladolid donde yase enterrada my tia doña leonor fija del Rey don enrrique quinse mill mrvs porque Rueguen a dios por el anyma de la dha my tia... Ytem mando al monesterio de las monjas de valfermoso çinco mill mrvs. Ytem mando al monesterio de santa clara de guadalfaiara çinco mil mrvs, e mando al monesterio de las monjas de sant bernardo de guadalfaiara dos mil mrvs, e mando al monesterio de santa marya de la merçet de guadalfaiara çinco mill mrvs, e mando al monesterio de santo domingo de madrit çinco mill mrvs porque Rueguen a dios por el anyma de my tia doña mençia la que me crió e por la mya, e mando al monesterio de sant françisco de madrit dos mill mrvs, e mando al monesterio de sant françisco de atiença mill mrvs, e mando al monesterio de sant blás de villaviçiosa dos mill mrvs, e mando al monesterio de los toros de guysando mill mrvs, e mando al monesterio de santa marya del paular cerca de Rascafria dos mill mrvs de cada año perpétuamente señaladamente en la martinyega que a my pertenesce en el Real de mançanares, e mando al monesterio de sant françisco de toledo dos mill mrvs, e mando al monesterio de santo domingo el Real de toledo tres mill mrvs, e mando al monesterio de sant pedro martyr de toledo dos mill mrvs, e mando al monesterio de santa marya de la sisla qués çerca de 'toledo tres mill mrvs, e mando a las beatas de casa de mayor fernandes de guadalfaiara dies mill mrvs, e mando a las beatas de la moreria de guadalfaira dos myll mrvs, e mando a las beatas de casa de doña marya garçia de toledo çinco mill mrvs. Item, mando al monesterio de santa marya de guadalupe un coraçon de plata en que aya dos marcos e una cabeça de plata en que aya otros dos marcos de plata, e otrosi mando que todas las debdas de diesmos e primyçias que por çierte enformaçion fecha con deliberaçion por mys albaçeas que fueren falladas a que yo só tenuda de todos los tienpos pasados sean pagadas..., e otrosi por quanto yo ove tomado de mys vasallos algunas cosas alliende de lo que a my eran obligados de derecho, mando que les sea satisfecho e pagado, e mando que sea satisfecho bartolomé sanches my vasallo vesino de cogolludo de lo que my mayordomo dixier o él jurare que le devo a él me prestó, e seala pagada una mula que me prestó. I tem mando que sean pagados e satisfechos çiertos vasallos myos vesinos de cogolludo e su tierra, de çiertos mrvs que me prestaron, de lo que lope my mayordomo dixier e ellos Juraren que les yo devo, Item, mando que todos los maestros e peones que han labrado en las mys casas de guadalfaiara e en otras partes qualesquier en mys lavores, que sean pagados e satisfechos.... e mando que sean pagados a costança de Roys cherino e a sus fijos e al bachiller de Roys los mrvs que se fallare por buena quenta que les yo deviere al tienpo de my finamyento, e mando que mys albaçeas se enformen del negoçio de Juan Cavallero vesino de guadalfajara my vasallo que fue e decarguen sobrello my anyma...(1), e mando que paguen a Gonçalo Garçía boticario vesino de Guadalfaiara lo que se fallare por buena quenta que le devo.

_____

(1) Falta aquí por transcribir una parte del testamento original. Figura en la tercera hoja del mismo, y en ella dice: "... mando pagar a Cristóbal Genovés tres mil maravedies"... (Ver ampliación de esta línea del original en la página 177.)

(Original ampliado en página 32)

Otrosi, por quanto yo por mandado del señor duque my marido cuya anyma dios aya me obligué a diego lopes de astuñyga por dos mill florines quel ovo menester para yr a la coronaçion del Rey de aragon (Fernando *el de Antequera*) e despues ovo libramyento del dho señor duque fasta en quantia de çinquenta mill mrvs de los quales yo no sé quantos se cobraron por lo qual non só tenuda a toda la obligaçion mas a parte della..., por lo que se fallare que a my atañe mando que mys albaçeas satisfagan e descarguen my anyma..., e mando que sean pagadas a diego de mendoça my primo fasta quatroçientas fanegas de trigo e çevada poco mas o menos... las quales yo mandé tomar del pan quél tenya en alperpe (?) quando yo estava en coveña. Otrosi mando al dho diego de mendoça la my casa de alcolea con todas sus heredades e pertenençias. Item mando mas al dho diego de mendoça la heredad de sila qués çerca de guadalfaiara con las casas viejas que fueron de pero melendes questán pegadas a las myas e que agora moro en la dha guadalfaiara, las quales le mando desde la puerta que agora és que solia ser ventana de Red, Et mando mas al dho diego de mendoça çinquenta mill mrvs para Reparar las dhas heredades, e mando mas al dho diego my primo dies escusados apanyaguados de los que yo hé en la dha alcolea para que labren sus heredades, e mando a Juan contreras o a su muger marya de medrano mill florines de oro o la heredat de burguillos ques en tierra de toledo con su casa e viñas e pertenençias... It. mando a loy de contreras fijo de dho Juan de contreras dosientos florines de oro y mando a teresa de orosco my criada quarenta mill mrvs e a los dies mill dellos que le sean dados en axuar e los treynta mill que los echen en heredat; y mando a teresa carrillo my criada treynta mill mrvs, los diez mil en axuar...; a ysabel lopes my camarera fija de ama, tresientos florines e quiero que dellos sea conprada una heredat para ella e para sus fijos e que la non puedan vender ella ny su marido ny enpeñarla. Item mando mas a la dha ysabel lopes una cama de Ropa que sea convenyble segunt su estado, e mando a mayor fernandes de guadalfaiara la del castillo, çinco mill mrvs e mas mill mrvs que le devo de cierto paño que della tomé, e mando a catalina de hyta çinco mill mrvs, e mando a ferrant ximenes de hyta dos mill mrvs..., e mando a garçia fijo de lope ximenes dos mill mrvs, e mando a martinyllo el negro e haçan e audallá mys esclavos que sean todos libres e forros e que sea dado a cada uno dellos mill mrvs para conque bivan, e mando a pedro de velasco e a pedro de baldés e a sancho de cuyas e a garçia Rodrigues mys omes a cada uno dos mill mrvs, pero sean descontados al dho pedro de mill mrvs que tenya ya Reçebidos, e mando a lope de toledo my criado dos mill mrvs, e mando a llorenço de castilnovo mill mrvs e a garçia de castro tres mill, e a Juan de talavera tres mill mrvs, e a Juan lopes my alguasil las casas en que mora en cogolludo, e mando que sea pagado e satisfecho a luçia muger de lorenço fernandes de lo que lope my mayordomo dixiere que le es devydo de lo que yo ove a dar en casamyento, e mando a marya sanches my criada mill mrvs, e a alfonsillo e a su esposa çinco mill mrvs, e a ferrandillo el negrillo dos mill mrvs, e mando a my panadera marya garçia mill mrvs, e que los fijos de xana e hacan sean forros, e a los mys omes de pié de que en este my testamento no se fase mençion expresa a cada uno tresientos mrvs, e a los moços de las mulas a cada uno çiento e çinquenta mrvs, e a Juan de valladolid mill mrvs, e que satisfagan a mys asemyleros de sus soldadas lo que les fuer devydo, e que paguen a ferrando de avyla veynt mill mrvs que le devo poco mas o menos los quales me prestó e mándole mas çinco mill mrvs por el serviçio que me ha fecho; e marya su esposa para axuar tres mill mrvs por a más de los veynte mill que devo al dho ferrando quiero que sea contento con esto que le mando; e mando a Juana fija de ysabel lopes my camarera çinco mill mrvs, e mando a mendoça fijo de diego furtado tresientos florines, e a Juan de valderas dos mill mrvs, e a diego de leon tres mill mrvs, e a alfonso de heredia tres mill, e mando que dén al maestro fray pedro gonçales my confesor çinco mill mrvs para dar en los lugares onde él sabe que só obligada, e a ferrando medina mill e quinientos mrvs e a ferrando de segovia tresientos e a la muger de mosé (moisés) çidicaru mill e quinientos mrvs que dise que le só obligada de çiertas lavores que me fiso, e a alfon dias de hyta my copero mill mrvs, e mando al adelantado pero manrrique my primo la villa de ponferrada segunt que yo la poseo con todo lo otro que nro señor el Rey me es obligado a dar por mejorias que me son tenudos los bienes del señor duque my marido cuya anuma dieos aya commo en otra qualquier manera, sacados los çinco mill mrvs que yo mandé al monesterio de sant benyto para sienpre jamás señaladamente en el portadgo de la dha villa. E item le mando más todos e qualesquier otros bienes que a my pertenescan de los bienes e heredamyentos del dho señor duque, e item le mando todo lo que a my pertenesce en el castillo de valdiorras sobre lo qual yo trato plito con doña ysabel de castro, e quel dho pero manrrique lo pueda demandar aver e poseer en su bida todo lo sobredicho, e despues de su finamyento mando que la dha villa de ponferrada e todo lo otro sobredicho que lo aya diego manrrique my sobrino su fijo. E item mando al dho pero manrrique nueveçientas doblas e çient florines los quales me deve por prestido que dellos le fise, e mando a my tia ygnés quatroçientos florines de oro e a my tia doña ysabel tresientos florines de oro.

E paga pagar e conplir este my testamento e las debdas e mandas en él contenydas mando que sean vendidos todos mys bienes muebles e Rayzes que para ello fuere menester salvo los que yo aqui mando espaçificados e salvo los que saben el prior de sant bartolomé e Juan de contreras my escudero que non se han de vender e han de ser dados a quien e commo ellos saben que es my voluntad. Et pagado e conplido my testamento e las debdas e mandas en él contenydas, de todo lo al que fincare e Remanesciere de mys bienes muebles commo Rayses, fago e Ynstituto heredero unyversal al dho adelantado pero manrrique my primo con tal condiçion quel dho pero manrrique cumpla my voluntad segunt le fuer Revelada e declarada por el dho prior de sant bartolomé e por Juan Contreras my escudero los cuales la saben plenamente. Otrosi, para executar e pagar e conplir este my testamento e todo lo en él contenydo, fago e dexo por mys albaçeas e executores testamentarios al dho my primo el adelantado per manrique e al dho prior de sant bartolomé e a fray gonçalo de asevedo profeso del dho monesterio de sant bartolomé... Et por este my testamento que agora fago e postrimera voluntad Revoco e caso e anulo e dó por nyngunos... qualesquier otro o otros testamentos, codeçillos e postrimera voluntad que yo fasta aqui aya fecho... Et porque sea firme e non benga en dubda otorgué esta carta de testamento antel escrivano e notario público yuso escripto al qual Rogué que fisiese una carta de testamento e dos o más quantas fuesen menester las mas firmes que sér pudieren fechas a vista de letrados... e yo asi lo otorgo e a los presentes Ruego que sean testigos, que fué fecho e otorgado este público instrumento de testamento en espinosa lugar de la dha señora duquesa a dies e seys dias de Junyo año del nascimyento del nro salvador Ihu xpo de mill e quatroçientos e treynta e çinco años. desto son testigos que fueron presentes llamados e Rogados espeçialmente para esto, fray estevan de leon prior del dho monesterio de sant bartolomé de lupiana susodicho, e fray estevan de vayona vicario del dho monesterio, e el dho fray gonçalo de asevedo, e Juan de contreras e pedro de mendieta escuderos e famyliares de la dha señora duquesa...

TESTAMENTO DE DON IÑIGO LÓPEZ DE MENDOZA, PRIMER MARQUÉS DE SANTILLANA, GUADALAJARA, 8 DE MAYO DE 1455, ANTE EL ESCRIBANO PEDRO LÓPEZ DE GUADALAJARA

(Copia en la Colección Salazar de la Academia de la Historia, tomo M-10, también existen dos traslados en mal estado de conservación en el Archivo Histórico Nacional, Casa de Osuna, legajo 1762)

Sepan quantos esta carta de testamento vieren Commo yo don yñigo lopes de mendoça marqués de santillana, conde del Real, señor de la vega, otorgo e conosco que fago e hordeno este my testamento e postrimera voluntad estando sano e en my sesso y entendimyento natural a Reverencia de dios padre, fijo e espíritu sancto tres personas e una esençia divinal y a Reverençia e loor de nuestra señora la virgen maria a quien yo sienpre ove e tengo por my avogada en todos mys fechos y a toda la corte celestial. Primeramente ofresco my anyma a dios padre que la crió y el my cuerpo a la tierra donde fué formado, e mando que quando la boluntad fuere de nuestro señor de me llevar desta vida presente, quel my cuerpo sea sepultado en la capilla maior del monesterio de sant françisco de la villa de guadalaxara, çerca de la sepoltura de my señor y my padre el Almyrante, yo e la marquesa mi muger que dios aya, e mando que el dia de my enterramyento me fagan offiçios a disposiçion y hordenanças de los executores que yo nonbrare de my testamento, y por quanto yo entiendo mediante ñuestro Señor hordenar e hazer my codezillo çerca de los legatos e mandas e pias causas commo entienda qués salud de my anyma e descargo de my conçençia por ende conplido e pagado lo que ansi por my será dispuesto e hordenado e mandado por el dho my codezillo e por este my testamento en el Remanente e fincable de todos mys bienes muebles e Rayçes y semovientes ynstituyo e establesco por mis lexitimos e Universales herederos a don diego furtado e a don Pedro de mendoça obispo de Calahorra e a don yñigo e a don lorenço e a don Juan e don furtado e a doña leonor de la vega condesa de medinaçeli e a doña maria de mendoça e a doña mençia mis fijos e fijas e a doña catalina e a doña marina mis nietas fijas de mi fijo don pero laso que dios aya, en la manera siguiente:

—Primeramente, mando quel dho don diego furtado my fijo aya e herede las mys cassas maiores de my morada de la villa de guadalaxara con la bodega que disen del almyrante, y las villas e lugares de mys maiorazgos que yo ove y heredé como fijo maior legitimo, de my señor e my padre don diego furtado de mendoça que dios aya, almyrante de Castilla, que son las villas de Ita e Buytrago y sus tierras y el my condado de mançanares con los lugares de pedrezuela y san agostin, y el colmenar de la sierra e vado y cardoso e somosierra e robregordo con la tercia parte de tamajon e spinosa. Otrosi, el lugar de vallermoso y fresno de torote y subçedió e fué subrrogado en lugar de la mitad de novés e de las Cassas e heredamyentos de toledo e su tierra que eran de my maiorazgo, y la my casa fuerte de mendoça con las mys hermandades de alava y la my villa de fronçela (Foncea), e otrosi la my villa de saldaña y su tierra por quanto yo la troqué por çiertos lugares y otras cosas que yo tomé e aparté de los dhos mys maiorazgos para dar a alguno de los dhos mys fijos los quales son la villa de coveña, algeçilla y palazuelos y Robredarcas e el pozo de la sal de portillo con las seysçientas fanegas de sal que yo tengo assentadas e puestas en lo salvado de las salynas de atiença, e carrascosa e cutamilla y las heredades e rrentas de pan que yo hé tenydo e tengo en tierras e térmyno de atiença que son del dho my maiorazgo, lo qual todo segund que por my fué moderado con el dho lugar fresno de torote que yo assimysmo aparté e aparto del dho my maiorazgo para disponer dél en otra manera, es Raçonable e Justa equibalencia y satisfaçion la dha villa de saldaña con su fortalesa, bega, tierras e vasallos e Jurisdiçion Rentas e pechos e derechos para que susceda e sea avido por maiorazgo en lugar de las dhas villas e lugares e vasallos e Rentas e cossas que yo assi tomé e aparté de los dhos mys maiorazgos segund dho és. E otrosi, la my villa de torija la qual se escedió e es del dho my maiorazgo por quanto la yo ove en troque e por troque del my lugar de alcovendas e de las cassas e heredamyento de la villa de madrid e sus tierras que asimysmo hera e aparté de los dhos mys maiorazgos para la dar en el dho troque.

—Otrosi, mando quel dho don diego furtado my fijo aya por maiorazgo la my villa de santillana por ser my título el qual despues de my pertenesce a él e lo deve aver como fijo maior, e ansimysmo mando que aya e herede como bienes de maiorazgo la my cassa de la vega con los lugares de su maiorazgo por quanto la dha cassa de la vega y su maiorazgo sienpre fué e la tuvo e heredó el fijo lexitimo o fija maior descendiente del linage de los de la vega e yo lo ove e heredé commo fijo maior lexitimo descendiente del dho linage en aquella manera, las quales dichas villas e lugares con sus vasalos e castillos e fortalesas e Rentas e pechos e derechos y penas e caloñas e térmynos e distritos e terretorios e Juresdiçion alta e baxa mero misto ynperio con todo lo otro demás e allende de lo de suso por my declarado al señorio de las dhas villas e lugares e tierras e cada una dellas pertenesciente anexo e conexo, con los maravedis de la martiniega de guadalaxara, quiero e mando que sea todo avido por maiorazgo y lo aya e herede el dho don diego furtado my fijo con los cargos e vínculos e pactos e firmesas e condiçiones que yo obe e tenia y hé e tengo los bienes de los dhos maiorazgos que yo ove e heredé del dicho señor el Almyrante my padre, e dexando e quedando aparte lo susodicho assi por my dispuesto e hordenado de los dhos maiorazgos, para que los aya e herede el dho don diego furtado my fijo en la manera que dha és, por quanto en todos los otros mys bienes partibles my voluntad e intinçion es, conformándome con la Razon e Justiçia en aquello que de derecho e con buena conçiençia puedo, disponer de todos mys bienes a my voluntad sacando e dexando para my la quinta parte de todos mys bienes muebles e Rayçes para hacer dello los legatos e mandas profanos e pias causas que entiendo que son e devo y entiendo faser para en descargo de my conçiençia e salud de my anyma, lo qual entiendo legar e mandar e disponer e haçer por el dho my codezillo.

—Quiero e mando e hordeno quel dho don diego furtado my fijo, aliende e demás de la parte que le pertenesce aver e heredar de los dhos mys bienes partibles a Razon de diez heredados que son los dhos mys fijos e fijas e nietas, que aya la terçia parte de todos los dhos mys bienes sacando la dha quinta parte segund dho diez herederos, en la qual tercia parte de los dhos mys bienes partibles yo mexoro al dho don diego furtado my fijo en aquella mexor manera que yo puedo haçer e mexorar de derecho, e por quanto yo cassé a las dhas condesa doña maria e a doña mençia mys fijas e dí a cada una dellas de su dote e casamyento a la dha condesa veynte myll florines corrientes contados a çinquenta cada un florin, e a la dha doña menzia treynta e dos myll florines corrientes estimados al mismo prescio, e a la dha maria dí myll por aver Reçevido menor quantia en el dho lote que ninguna de sus hermanas yo entiendo emendar en el dho my codezillo y avida consideraçion a la quantia que yo dí a cada una de las dichas mys fijas en el dho dote e a la emienda que entiendo faser a la dha doña maria del dho dote, e otrosi aviendo Respeto e consideraçion al valor de los dhos mys bienes partibles, yo entiendo ser descargado de my conçençia que son asaz satisfechas de la parte que a cada una dellas pertenesçeria e devia aver e heredar de los dhos mys bienes trayendo e tornando cada una dellas a partiçion el dote que assi Resçibió la dha doña maria con la emienda que segund dho és la entiendo faser. Por ende mando que cada una de las dhas mys fijas se aya por contenta e satisfecha e pagada con el dho su dote e la dha doña maria con la dha emienda y satisfaction que le entiendo faser segund dho és, de la parte que les pertenesce e pertenescia aver e heredar en qualquier manera de los dhos mys bienes partibles a Razon de diez herederos.

—Otrosi, por quanto yo ove la mytad de la villa de mondexar de la señora Reyna doña maria que dios aya y me traspasó todo el derecho que ella avia e le pertenescia e esperava aver e pertenescer a la dha mytad de la dha villa en qualquier manera e por qualquier Razon despues de la fin e muerte de Joan carrillo de toledo señor que fué de la dha villa y la otra mytad traspasó en el dho Joan carrillo por cierta quantia de mrs. que nos ygualamos con su Señoria de los quales yo le dí e pagué a la dha señora Reyna çierta quantia de mrs. en maior número de la mytad que yo avíalo de dar por Razón de la dha conpra de la dha villa con la demasia que assi pagué, e hize graçia e donaçion de todo ello con sus vasallos e Rentas e pechos e derechos e térmynos e distritos e terretorios e Juresdiçión çevyl e crimynal alta e baxa mero mixto ynperio con todo lo demás pertenesciente al señorio de la mytad de la dha villa al dho don pero lasso my fijo en casamyento para que casasse con doña juana carrillo fija lexitima del dho joan carrillo, la qual dha mytad de la dha villa e de todo lo que dho és a ella pertenesciente e anexo e conexo visto por my e platicado es la Razon segund my conçençia sería e es tanto y más que la parte que cavria e pertenesciere aver e heredar de los dhos mys bienes partibles a las dhas doña catalina e doña maria mys nietas fijas del dho don pero lasso my fijo a Razon de diez herederos trayendo la mytad de la dha villa con lo que dho és a colaçion e partiçion entre mys herederos con los otros mys bienes, por ende mando que las dichas mys nietas se ayan por contentas e pagadas e satisfechas con la mytad de la dha villa que yo assi di al dho don pero lasso my fijo en casamyento en la manera que dha és, de la parte que les pertenesce aver e heredar de los dhos mys bienes, y segund dho és quiero e mando que los otros mys bienes partibles, sacando dellos la dha quinta parte e la terçia parte en que yo assi mexoro al dho don diego furtado my fijo, que los ayan e hereden por yguales partes los dhos mys fijos, conviene a saver, el dho don diego furtado, e el dho obispo de calahorra, e don yñigo e don lorenço e don joan e don furtado; y porque en la partiçion de los dhos bienes non se podrian assi acordar e por esta causa podrian entrellos nascer algunas discordias e disençiones e otros daños e enconvenyentes e por los evitar e quitar e porque cada uno dellos sepa e conosca la parte que á de aver, avida por my Justa e ygual consideraçion yo fize e hago por este my testamento division e partiçion de los dhos bienes en esta manera: —Por quanto como quiero que sea en número de vasallos, mas en alguna manera de scuderos e labradores los vezinos e moradores en los lugares de los mys valles de asturias e santillana y merindad de liévana y lugares que yo tenga en canpo de suso, sacado e dexado aparte lo por my susodicho que deve aver e heredar como fijo maior el dho my fijo don diego furtado en la manera que dha és en que no án parte los otros mys fijos, mas la dha my villa de santillana e la my cassa de la vega con su maiorazgo lo qual para se sostener Requiere segund la calidad de que son los vasallos maiores trabaxos e costas que no los vasallos que yo hé e tengo desta parte de aquende los puertos, por ende e por otras Razones e causas Justas que a ello me mueben, mando quel dho don diego furtado my fijo assi en satisfaçion e emienda e pago de la dha terçia parte de los dhos bienes que yo le fago de mexoria como de la sesta parte que á de aver e le pertenesce aver e heredar de los mys bienes a Razon de seis herederos, que aya los dhos vasallos e escuderos e labradores con todas las Rentas e pechos e derechos e térmynos e distritos e terretorios e Juresdiçion çevyl e crimynal alta e baxa mero mixto ynperio e con todas las fortalesas e castillos e casas fuertes e llanas que yo hé e tengo e me pertenescen en qualquier manera e por qualquier Razon con todo lo demás perteneciente, anexo e conexo al Señorio de los dhos valles e lugares e merindad assi en asturias de santillana como de liévana y lugares de campo de suso y las dos terçias partes de tamajon que fueron de my muger la marquesa que dios aya, para que lo aya el dho don diego furtado my fijo por suio e como señor, por la manera que ayuso será declarado.

Otrosi, mando quel dho don pero de mendoça mi fijo obispo de calahorra, aya e se contente en la parte que le pertenesce aver e heredar de los dhos mys bienes a Razon de seis herederos, los lugares de monesterio e canpello que fueron assimesmo de la dha my muger, con sus vasallos. Rentas pechos e derechos, térmynos e distritos e terretorios, Juresdiçion cevyl e cremynal alta e baxa, mero mixto ynpero e con todo lo demás pertenesciente al señorio de los dhos lugares, con el quel Ruego e mando al dho my fijo que se aya por el contento de la parte que le pertenesce aver e heredar de los dhos mys bienes caso que non sea tanto como le pertenesciera suelto por libre, assi por ser perlado como por otras causas que a ello me mueben.

—Otrosi, mando quel dho don yñigo my fijo en emienda e satisfaçion e pago de la parte que le pertenesce aver e heredar de los dhos mys bienes, aya e herede la villa de tendilla e los lugares de fuente el viejo e balconete e Retuerta e ayélamos de suso e almuña e aranzueque e meco, con todos sus vasallos e Rentas e pechos e derechos e térmynos e terretorios y con la Juresdiçion çevyl e cremynal alta e baxa mero mixto ynperio e con todo lo demás pertenesciente al señorio de los dhos lugares e a ellos e a cada uno dellos e de cada uno dellos anexo e conexo, e otrosi que aya la heredad que yo le dí en monedero, térmyno e jurisdiçion de la villa de guadalaxara.

—Otrosi quel dho don lorenço my fijo aya e herede en emienda e satisfaçion de la parte que le pertenesce aver e heredar de los dhos mys bienes a Rason de seis here-deros, la villa de coveña e daganzo con el passo del montazgo del ganado e con los vasallos e Rentas, e pechos... e con todo lo demás pertenesciente al Señorio de los dhos lugares a ellos e a cada uno dellos anexo e conexo.

—Otrosi, mando quel dho don Juan my fijo aya e herede... los mys lugares de palazuelos e algezilla e Robredarcas e cutamylla e carrascosa e ledanca con el pozo de la sal del portillo e con las seiscientas fanegas de sal que yo hé e tengo de Juro de heredad en lo salvado e situado en los libros del Rey nuestro señor en las salinas de Atienza, con todas las otras heredades e Rentas de pán que yo hé e tengo e me perte-nescen en qualquier manera e por qualquier Rason, los quales dhos lugares de suso declarados mando que aya con todos sus vasallos e Rentas e pechos e... con todo lo más pertenesciente al Señorio de los dhos lugares e de cada uno dellos e con los pania-guados que yo hé e tengo en los lugares e heredades de la dha tierra de Atienza.

—Otrosi, mando quel dho don furtado my fijo aya e herede... los mys lugares de Pioz e El pozo con el passo del montazgo del ganado e el lugar de serracines e fresno de torote con todos sus vasallos e Rentas e pechos... e con todo lo otro pertenesciente anexo e conexo al Señorio de los dhos lugares e de cada uno dellos.

—Otrosi, por quanto yo dí al prior e frayles del monesterio de sant bartolomé de lupiana dos myll quinientos mrs de Juro de Heredad de los mrs que yo hé de las dhas martiniegas de la villa de Guadalaxara e su tierra, que son de my maiorazgo, por çier-tos bienes Rayces e heredamyentos quel dho monesterio avia e tenia, mando quel dho monesterio e prior e frayles ayan perpétuamente los dhos dos myll e quinientos mrs en las dhas martiniegas, no enbargante que yo aya mandado por este my testamento al dho don diego furtado my fijo los mrs de las dichas martiniegas del dho maiorazgo, e mando que se consuman e entren en las equivalencias que yo he fecho e fago al dho don diego furtado my fijo, en los bienes que yo he tomado e apartado de los dhos maiorazgos.

—Otrosi, por quanto yo tengo noventa e çinco apaniguados del Rey nuestro señor en el Arçedianazgo de Guadalaxara escusados e exemptos de todos pechos e derechos segund se contiene en la carta de Previllegio e Sentençia que tengo sobre esta Rason e si partiessen como bienes partibles se perderian por tienpo y no se podrian assi sostener, por ende mando que aya e tenga el dho don diego furtado my fijo los dyhos apaniaguados con las heredades tierras de pan llevan que son en tierra de Guadalaxara salvo la heredad de monedero que yo dí e cabe en su parte al dho don yñigo my fijo con los cargos e vínculos que án de tener los otros bienes de los otros maiorazgos, e avida consideraçion a lo que los dhos apaniaguados e herederos podrian valer e en emienda e satisfaçion de los Reparos e hedefiçios e gastos que yo he fecho e mandado faser assi en las dhas cassas maiores commo en otros qualesquiera lugares e partes assi de los maiorazgos commo en los lugares y cosas que no son de maiorazgo de aquello que los dichos mys fijos devian aver por ser de Rason e Justiçia e por descargo de my conçencia, e porque si en alguna manda el dho don diego furtado my fijo demás de lo dicho lleva e le mando mas parte de lo que deve aver segund la forma de suso declarada por la hordenança e disposicion deste my testamento, mando quel dho don diego furtado my fijo aya de dar e pegar e dé e pague a cada uno de sus hermanos excebto el dho don pero obispo de calahorra myll doblas de oro de la vanda, que sean quatro myll doblas, las quales mando que les dé e pague desde el dia que la voluntad fuere de nuestro Señor de me llevar desta presente vida, fasto los dos años primeros siguientes.

—Otrosi, mando que ayan mas e Repartan entre los dhos mys fijos don yñigo e don lorenço e don Juan e don furtado los veynte myll mrs de Juro de heredad de los que fueron de la dha my muger, por yguales partes, de los quales a my me pertenesce la mytad de aquellos que ella conpró durante entre nosotros el matrimonyo, y que en estos dhos veynte myll no aya parte por Rason del terçio de mexoria ny por Rason de la parte de su herençia el dho don diego furtado my fijo, salvo solamente los dhos don yñigo e don lorenço e don Juan e don furtado segun dho és, con los quales dhas quatro myll doblas e con los dhos veynte myll mrs de Juro segun dho de heredad en la manera que dha és, mando e Ruego a los dhos mys fijos que sean contentos e satisfechos por la parte que devien aver por causa de lo contenido en este capítulo.

—Otrosi, por quanto yo fize graçia e donaçion a my fijo don pero lasso de valfermoso de las Sogas e a don lorenço de la villa de torixa con sus vasallos e Rentas e Juresdiçion y con todas las otras cosas pertenescientes al señorio de cada uno de los dichos lugares segund se contiene en la donaçion que cada uno dellos á e tiene sobre esta Rason, por quanto el dho lugar del valfermoso e la dha villa de torixa se vendieron e son subrrogados en lugar de otros bienes que yo tomé e aparté de mys maiorazgos segund de suso en este my testamento es contenydo de lo qual yo no he fecho ny fize emienda ny satisfaçion al dho don diego furtado my fijo a quien despues de my vienen e pertenescen mys maiorazgos, y assimysmo porque yo no pude faser las dichas donaciones a los dichos mys fijos por la dha Rason e por ser bienes de los dhos mys maiorazgos, por ende yo Reboco e doy por ningunas e de ningund efetto e valor las dichas donaçiones e cada una dellas que yo ansi fize a los dhos don pero lasso e don lorenço mys fijos del dho lugar de valfermoso e de la dha villa de torixa segund dho és, e mando que aya e tenga el dho don diego furtado my fijo e los que despues dél subçedieren e ovieren de aver los dhos mys maiorazgos, el dho lugar de valfermoso e la dha villa de torixa como bienes de maiorazgo en la manera e forma e segund e como ya de suso por my seria declarado, y por cuanto el dho don pero lasso my fijo hedificó e labró e fizo hedificar e labrar en el dho lugar de valfermoso una fortalesa e otras casas despues que yo le dí la dha donaçion del dho lugar, mando que se aya ynformaçion en la mexor manera que se pueda saver quanto es lo que assi gastó en lo susodicho y que todo lo que assi montare e se fallare que se gastó en las dhas labores e hedefiçios, que lo dé e pague el dho don diego furtado my fijo a doña catalina e a doña maria mys nietas fijas lexitimas herederas del dho don pero lasso my fijo, lo qual mando quel dho don diego furtado my fijo haga e cumpla e pague e se averigue e aya dha ynformaçion desde el dia que a nuestro Señor plaçera de me llevar desta presente vida fasta en dos años, en maravedis de Juro de heredad situados en lugares que vengan bien a las dichas mys nietas, o en otra manera como sean contentas, de los que assi montaren las dhas labores e hedeficios.

—Otrosi, por quanto yo dí my consentimyento e mandado y poder a algunos de los dhos mys fijos para que obligassen çiertos lugares mios do ovieren sus dotes e arras sus mugeres, assi al dho don diego furtado my fijo commo a don pero lasso e don yñigo e don lorenço y segun el Repartimyento que he fecho de my hazienda seria agravio que las dichas arras e dotes estuviesen cargados en los lugares do se obligaron, especialmente en aquellos lugares que án de aver algunos de los dichos mys fijos segund la disposiçion deste my testamento que án de ser de aquel o aquellos que obligaron por las dhas arras e dotes las dichas villas e lugares o qualquier dellos, por ende mando e hordeno que cada uno de los dhos mys fijos passe e asiente las arras e dote cada uno de su muger en los lugares e heredamyentos que yo doy e señalo a cada uno en la parte de su herençia o en qualesquier dellos, por tal manera que los otros lugares e villas que yo mando que ayan los dhos mys fijos ni alguno dellos non sean obligados a las dhas arras e dotes, puesto que ayan passado las dhas obligaçiones las en quanto a my atañe por causa de los dhos poderes e consentimyentos que yo assi dí a los dhos mys fijos e a cada uno o a qualquier dellos por las dichas arras e dotes e por qualquier o qualesquier dellos, yo lo Reboco e doy por ninguna e de ningund efetto e valor.

—Otrosi, por cuanto yo fize graçia e donaçion al dho don diego furtado my fijo del my lugar de yunquera, yo Reboco e doy por ninguna la dha donaçion por quanto assi el dho lugar de yunquera commo otros heredamyentos e bienes raiçes e muebles de que yo no dispongo cosa alguna por este my testamento, lo tomo e aparto y quiero en quenta de la quinta parte de todos mys bienes muebles e Rayces que yo quiero e puedo tomar e apartar, e quiero e tomo e aparto para cunplir e hacer las cosas que yo hordenare o mandare y entiendo mediante nuestro Señor por el dho my cobdecillo hordenar e mandar para descargo de my conçençia e salud de my anyma, por ende mando al dho don diego furtado my fijo que passe las arras e dote de my fija doña brianda su muger a que está obligado el dho lugar de yunquera, en otros qualesquier lugares e bienes que he señalado e doy e asigno que aya en la parte de su herençia e de la terçia parte de mys bienes en que yo le mexoro.

—Otrosi, quiero e mando y hordeno quel dho don diego furtado my fijo no pueda vender ny enpeñar ny dar ny trocar ny enagenar por dote ny por arras ny por casamyento ny por otras ny algunas maneras e alienaçion en ningun tienpo los bienes e lugares sobredichos que yo le doy e mando que aya por este my testamento, assi de la parte de su herençia commo de la terçia parte de mexoria que le yo fago de los dhos mys bienes ny cosa alguna ny parte dellos por deuda ny por fiadura ny por malefiçio ny por testamento ny por donaçion ni por otra Razon ni causa alguna que sea o ser pueda, salvo por las arras y dote de la dha doña brianda su muger y desado aparte esto de las dhas arras e dote quíero e mando demás de los susodicho, que los dhos bienes que yo doy e declaro por este my testamento que aya el dho don diego furtado de su parte de la dha subçesion y herençia y de la terçia parte que yo le fago de mexoria de los dhos mys bienes, pagadas las dichas arras e dote, que todos ellos sean subjetos a Resulaçion de vinculados con los vínculos e pactos e fuerças e firmesas e sustituçiones que son y están los bienes de los maiorazgos que yo hé e tengo e heredé e ube por fin e muerte del dho Almyrante don diego furtado my señor e my padre, los quales fizieron e hordenaron Pero gonçales de mendoça my aguelo e my señora doña aldonça de ayala su muger que dios aya, de quien los ubo e heredó el dho señor Almyrante my padre en tal manera, que los dhos bienes que assi á de aver el dho don diego furtado my fijo de la parte de su herençia e del terçio de mexoria, los aya e tenga en toda su vida e despues dél los aya e herede con los dhos vínculos e pactos e firmesas e fuerças quél dho don diego furtado los á de tener en la manera que dha és, el su fijo maior lexitimo que obiere e toviere e heredare los dhos maiorazgos descendiendo la dha subçesion de grado en grado segund e como por la manera e forma que en los dhos maiorazgos del dho pero gonçales de mendoça my aguelo y la dha doña aldonça de ayala su muger se façe mençion, por quanto my voluntad es que assi los dihos lugares e villas e heredamyentos que yo mando assi al dho don diego furtado my fijo, como a cada uno de los otros mys fijos, que non sean partidos ny salgan en ningun tienpo de my linage, mas antes que lo aya e herede por la via e forma e manera declarado por este my testamento.

—Otrosi, mando e hordeno quel dho don yñigo my fijo aya e tenga la dha villa de tendilla y los dhos lugares que le yo assi mando que aya e herede de los dhos mys bienes segund es declarado de suso en este my testamento, en toda su vida e que non los pueda vender ny enpeñar ny dar... salvo solamente que los pueda obligar e qualquier cosa e parte dellos por las arras e dote de my fija doña elvira su muger, por tal manera que despues del dho don yñigo la dha villa e lugares, pagadas las dichas arras e dote, lo aya e herede el su fijo maior lexitimo que oviere e dexare al tienpo de su finamyento e assi descendiendo de grado en grado quanto a la subçesion e sostituçion de los dhos bienes por la horden e manera e segund e como e con las fuerças e pactos e vínculos e firmesas quel dho don diego furtado my fijo es declarado que á de aver e tener y heredar las dhas villas e lugares e vasallos y todo lo otro que le yo assi mando e á de aver de la parte de su herençia e de la terçia que le yo fago mexoria de los dhos mys bienes en la manera que dha és, y si caso sea, que a dios non plega, quel dho don yñigo my fijo e los otros descendientes por línia derecha de lexitimo matrimonyo que despues dél vernán assi de Varones como de mugeres no dexaren fijo ny fija que deva aver e heredar los dhos bienes en la manera susodicha, mando que a fallescimyento de todos los Varones e mugeres descendientes del dho don yñigo por línia derecha segund dho és, que la dha villa de tendilla e los dhos lugares con todo lo a ello anexo e pertenesciente segund que lo á de aver el dho don yñigo en su vida, que lo aya e herede el que oviere e heredare al tiempo y sazon los dhos bienes de maiorazgos con los cargos e vínculos.

335

—Otrosi, mando que qualquier que subçediere en la dha villa de tendilla e luga-res de suso declarados que assi á de aver el dho don yñigo, por casamyento o en otra manera, que los non pueda aver ny terner salvo si tomare o traxere el apellido e armas de mendoça. Y por esta mysma manera e via e forma y con las dichas condiçiones e vínculos e pactos e firmesas e sostituçiones de suso declarado que á de aver e tener en su vida el dho don yñigo la dha villa de tendilla e los dhos lugares, mando e dispongo quel dho don pero de mendoça obispo de calahorra e los dhos don lorenço e don Juan e don furtado mys fijos ayan e tengan e hereden las dhas villas e lugares e bienes e heredamyentos que cada uno dellos á de aver e heredar y les mando que ayan e here-den, en tal manera y con tal condiçion, que qualquiera dellos que, no oviere o dexare fijo o fija o otros descendientes de lexítimo matrimonio naçidos al tiempo de su finam-yento que aya de aver e heredar los dhos sus bienes, que los aya e herede el maior de my linage de los de mendoça que al tienpo e sazon oviere e heredare y tubiere los dhos bienes de los mys maiorazgos en la manera que dha és, y por quanto el dho don Pero de mendoça my fijo obispo de calahorra non puede aver ny dexar fijos lexitimos ny fijas de lexítimo matrimonyo, naçidos e procreados, mando que los dhos lugares que le yo assi mando que aya e herede por este my testamento, quiero e dispongo que des-pues de su vida los dhos lugares los aya e herede y tenga el que al tienpo y sazon subçediere e tubiere los dhos mys maiorazgos segund dho és.

—Otrosi, por quanto yo he dispuesto e hordenado de my hazienda entre los dhos mys fijos en la manera que me paresçió e pareçe segund my conçençia que los devia disponer e haser e assimysmo de los vasallos e heredamyentos y Rentas e pechos e derechos que dexó la dicha marquesa my muger, de lo qual sacado lo que compró de su dote e arras y otros qualesquier bienes que truxo al tienpo de su casamyento a my perteneceria e pertenece la mytad por ser avido e mexorado e ganado durante entre nosotros el matrimonyo, lo qual yo dispuse e fise por ygualar a todos mys fijos en la manera de suso por my declarada, assi mys bienes commo de los de la dha my muger, por ende yo les mando e Ruego que se aya por contento cada uno dellos con la parte de los dhos mys bienes e de la dha my muger e con lo otro y demás que yo le asigno por la manera e segund y como e en la forma que en este my testamento está declara-do, e que no vayan ny passen contra ello ellos ny alguno dellos ny por alguna Rason sopena de my bendiçion, y si por ventura a los dhos mys fijos non les plugiere estar a esta my hordenança e disposiçion y con poca obediençia querrán ir o venir contra ello y contra cosa alguna o parte dello, que sea a su eleçion de los dhos don Pero obispo de calahorra e don yñigo e don lorenço e don Juan e don furtado si todos ellos fueren en esta concordia, de tomar e que tomen para haser partiçion e partir entre sí todos los bienes que yo mando al dho don diego furtado my fijo que no son de los de maiorazgo en la manera de suso por my declarada que yo le mando que aya por este my testa-mento, assi de su parte que le pertenesce a Rason de seis herederos commo por Rason de la terçia parte de mexoria que yo le fago de los dhos mys bienes, los quales son los vasallos de los dhos valles de asturias de santillana e merindad de liévana y lugares de canpo de suso assi labradores como escuderos y Rentas e pechos e derechos y con todo lo demás por my declarado y dispuesto sobre esta Rason, dexando aparte para el dho don diego furtado my fijo la my villa de santillana y la my cassa de la vega con su maiordomazgo en que no án ni deven aver los otros mys fijos segund que por my ya de suso es declarado, y quel dho don diego furtado my fijo aya e tome para sí por Rason de la dha terçia parte de los dhos mys bienes en que yo le mexoro como otrosi por la parte que le pertenesce de los dhos mys bienes a Rason de seis herederos, todas las villas e lugares y vasallos e tierras e heredamyentos y Rentas e pechos e derechos con la Juresdiçion çevyl e crimynal alta e baxa mero mixto ynperio e contodo lo otro además que yo mandava e disponia que oviessen los dhos mys fijos, lo qual todo es desta parte de aquende los puertos, y si caso será que los dhos mys fijos digan o pidan que quieren que assi lo de asturias de santillana o la merindad de liévana y lugares de canpo de suso como lo desta parte de aquende los puertos que yo mandé a los dhos mys fijos assi de mys bienes como de la dha my muger se partan por eguales partes a Rason de seis herederos, mando e declaro que en tal caso se haga e partan assi, e que lo uno e lo otro se parta entre ellos por partes yguales quedando en el dho don diego furtado my fijo la dha my villa de santillana e la cassa de la vega con su maiordomazgo por quanto perteneçe a él como fijo maior myo por las causas de suso por my declaradas, e otrosi aviendo o llevando de todos los otros bienes partibles assi la terçia parte de los dhos bienes que yo le fago de mexoria, como otrosi la parte que a él pertenesce como a qualquier otro de los dhos mys fijos a Rason de seis herederos. Y si por ventura alguno o algunos de los dhos mys fijos querrán estar e passar lo por my declarado e hordenado y dispuesto que cada uno dellos deve aver, e alguno o algunos dellos querrán lo contrario disiendo que quiere o quieren aver su parte en lo uno e en lo otro, mando e hordeno que qualquier o qualesquier de los dhos mys fijos querrán o pedirán que se faga partiçion con él o con ellos de lo uno e de lo otro excebto e sacado lo quel dho don diego furtado á de aver en la manera que dha és, que le dén su parte que le pertenescia assi de lo uno como de lo otro a aquel o aquellos que lo querrán.

—Otrosi, quiero e mando e hordeno que agora los dhos mys fijos don diego furtado e don Pero obispo de calahorra e don yñigo e don lorenço e don Juan e don furtado querrán estar e passar o qualquier o qualesquier dellos por la disposiçion que yo fago e mando e hordeno en este my testamento de la partiçion de los dhos bienes quiero que cada uno o cualesquier dellos aya su parte por partiçion entre ellos o entre qualesquier dellos o en otra manera, que los dhos bienes que cada uno dellos assi oviere sean subjetos a Restituçion e aya e herede cada uno dellos su parte con los cargos e sostituçiones e vínculos e pactos e firmesas y segund e como e por la via, forma e manera que de suso por my es declarado, y si qualquier de los dhos mys fijos hiciere el contrario angenando o vendiendo o trocando o malmetiendo los dhos bienes contra la forma de lo por my susodicho e dispuesto sobresta Rason, hordeno e mando por este mismo fecho aya perdido e pierda los dhos sus bienes que assi mando que sean subjetos a Restituçion en la manera por my declarado y los aya o herede el su fijo maior e assi de uno en otro descendiente por los varones y henbras segund que por my de suso es hordenado, y Revoco todos los otros testamentos e cobdeçillos y cada uno e qualquier dellos que yo aya fecho e otorgué fasta aqui e fiçe e otorgué en qualquier manera e por qualquier Rason, por quanto my voluntad no es que valan e sean firmes ny ayan fuerça ny vigor ny efecto, salvo este my testamento y el cobdeçillo o cobdeçillos que yo hordenare e otorgare e hiçiere despues de la fecha del otorgamyento deste my testamento, lo qual quiero que vala por my testamento e si no valiere por testamento mando que vala por my conbdeçillo o por my postrimera voluntad en aquella mexor manera que pueda e deva valer de derecho, que fué fecha e otrogada esta carta de testamento en la villa de Guadalaxara a ocho dias de mayo año del nascimyento de nuestro salvador ihu xpo de myll e quatroçientos e çinquenta e çinco años. Testigos que fueron presentes Rogados e llamados espeçialmente para lo que dho és, Juan de la pena maiordomo maior del dho Señor e el alcayde fernando de gaona e el bachiller fernan gonçalez de carrion, e diego fijo de Pero lopes contador, e diego de lescano criado del dho Señor. —E yo Pero lopes de Guadalaxara escrivano de nuestro Señor el Rey e su notario público en la su corte e en todos los sus Reynos fuí presente a lo que dho és en uno de los dhos testigos, y por otorgamiento del dho Señor marqués esta scriptura de testamento fize escrevir, la qual va scripta en seis fojas de papel deste quaderno de pliego entero, y en pié de cada plana dellas va puesta una firma de my nonbre, y soy ende testigo, E por ende fize aquí este mio Si= no que es a tal, en testimonyo de verdad.

CODICILO QUE OTORGÓ DON IÑIGO LÓPEZ DE MENDOZA, PRIMER MARQUÉS DE SANTILLANA, EN JAÉN, A 5 DE JUNIO DE 1455, ANTE EL ESCRIBANO DIEGO FERNÁNDEZ DE LEÓN

(Copia simple en el Archivo de Osuna,
Sección del Histórico Nacional, legajo 1.762)

Sepan todos los que este my cobdeçillo verán e todas sus cláusulas Como yo don Yñigo Lopes de Mendoça marqués de Santillana conde del Real, estando sano por graçia de nuestro Señor e fuera de toda psion e trabajo de enfermedad e en aquel berdadero juisio y seso que (   ), queriendo que todabia finque e quede en su fuerça e vigor el testamento que yo fise en la villa de Guadalfajara queriéndome partir para esta guerra e tala contra Granada en este mes de mayo que agora pasó que fué en el año de myll e quatroçientos e çinquenta y çinco años e pasó por ante Pero Lopes mi contador escrivano del Rey nuestro señor e por ante los testigos que a ello fueron presentes, e no ningun otro testamento nyn cobdeçillo que yo aya fecho en otros tiempos, el qual yo fago e establesco e ordeno en esta manera que se sigue:

—Mando primeramente mi anyma a nuestro señor que la crió e mi cuerpo a la tierra, el qual yo mando que sea sepultado en el monesterio de sant Françisco de Guadalfajara detrás de los sepulcros de los señores mis anteçesores que perdone dios, el qual sea puesto entre las sepolturas de la marquesa mi muger e de mi fijo don Pero Laso que dios aya, e mando que mis obsequios se fagan a bien bista e hordenaçion de mys testamentarios, pospuestas todas ponpas e otras cosas que en qualquier manera se acuestan a banagloria, nyn por my mandado que se traygan nyngunos lutos en espeçial de xergas, nyn se fagan duelos nyn llantos.

—Ante de todas cosas mando que como quiera que yo aya dado el mi lugar de Yunquera e fecha graçia e donaçion dél a mi fijo don Diego Furtado, en el qual están asignadas las arras de mi fija doña Brianda su muger, que luego el dho logar sea entregado a aquellos que yo deje por mis mançesores e albaçeas, para que lo bendan a quien mas dará por él para conplir las mandas que yo fago e hordeno en este mi cobdeçillo. E sy por ventura mi fijo don Diego Furtado en lo tal non consintiera o en qualquier manera lo enpachara lo qual yo non quiero nyn plega a dios, que por ese mesmo fecho mando que pierda e aya perdido el terçio de mejoria de todos mys bienes rrayses que yo fize le fago, le me plase que aya e sea el dho terçio de mejoria Repartido entre los otros mis fijos e todo lo otro, ca yo todabia quiero que la bendida del dho lugar Yunquera aya lugar e pase, e si lo enpachare vaya en cargo de su conçençia, las quales arras mando que sean asignadas e apotecadas en la my villa de Veleña e su tierra segunt que por my testamento lo mandé, e sy non lo mandé e me fincó por olvido, mándolo agora.

—Ytem, mando que la mytad de los muebles e dehesas que fincaron de la marquesa mi muger que dios aya, que pertenesce a my segunt soy çertificado por buenos e grandes letrados, con todos los otros mys muebles asy joyas, perlas e piedras como oro e plata e paños franceses e paramentos de cama e jaeses de la Jineta, e todas las armas que yo tengo en my casa de Guadalfajara e mys fortalesas e mis libros, si non solamente çiento asy latinos como de Romançe castellano, francés e toscano, e en estos çient libros mando e es my voluntad secuenten fasta veynte volúmenes que quiero me enbiará o traherá mi fijo el obispo de Calahorra, pero sy non los troxere nyn enbiare todabia el çiento de los otros sea fasta çiento, que les mando e me plase que don Diego Furtado mi fijo escosga e faga el ynbentario e sean puestos en la libreria que yo fize en mys casas de Guadalajara, e sea todo puesto con el dho lugar de Yunquera en poder de mys mancesores e se benda todo en pública almoneda por pregon, para complimyento e descargo de my anyma e para las dehudas que mando pagar e las otras mandas que yo fago asy a yglesias como a monesterios e a otros qualesquier personas.

—Mando ansymesmo por muchos cargos que yo tengo de la my villa de Hita asy de los cavalleros e escuderos della por muchos e buenos e leales servyçios que me án fecho en las guerras e fronteras en que yo hé estado en este Reyno y de los buenos omes mys vasallos della por muchos serbicios que dellos hé Reçebido asy en enprestidos como en pedidos, liebas e otras muchas cosas e asymesmo por los muchos trabajos que Reçibieron en la guerra que yo fize a Torija juntamente con el señor arçobispo de Toledo e antes syn él, que ayan por suya e para sienpre jamás la dha my villa de Torija con la Juresdiçion e Justiçia çevyl e cremynal e cons us térmynos e pastos por la misma manera que án e tienen al my lugar de Trijueque e los otros lugares mios de su Juresdiçion. E es my voluntad que por quanto ellos án de faser su çerca, que se tenga conellos la misma manera que se tiene con los del dho lugar de Trijueque acerca de pagar e contribuyr en la çerca de la my dha villa de Hita, y esto mando e es my voluntad no obstante la graçia que yo fize de la dha my villa de Torija a don Lorenço my fijo, por quanto el my lugar de Alcovendas que yo dí por ella es mayoradgo e non lo pude faser nyn es mi voluntad, que yo por my testamento he mandado la manera que se á de tener con don Lorenço my fijo como con los otros mys fijos ygualmente, quanto al terçio de mejoria que yo mando a don Diego Furtado my fijo, el qual todavia me plase que aya e asymesmo le mando sopena de my bendicion que nunca esta my villa de Torija parta de la my villa de Hita porque en nynguna guisa cunple por muchas rrazones, ny baya ny benga contra esto ny contra nynguna cosa en my testamento contenydas y en este my cobdeçillo e postrimera voluntad.

—Ytem, mando que todos los mrs que montare la otra meytad de los muebles que fincaren de la marquesa mi muger que perdone dios, e dehudas, que sean para pagar las mandas que ella fizo a sus criados e que sean para sacar çinquenta catibos que ella mandó en su testamento, e lo fincable sea Repartido por mys fijos e suyos e por mys nietas fijas de don Pero Laso qe dios aya.

—Mando otrosi que de qualesquier deudas que se fallaren que yo debo a qualesquier persona, agora de conpras que yo aya fecho, agora de tierras, rraçiones, quitaçiones e sueldo, sean pagadas a mas de aquellas de que yo en espeçial me Recuerdo e aqui serán espaçificadas, mostrándolo por escripturas o testigos que fagan fee.

—Otrosi, mando que por quanto demás del enpeñamyento que my primo Yñigo Lopes de Valdés me fiso de la villa de Veleña e su castillo e tierra por çierto preçio e de la bendida que despues della me fizo mi primo Pero Melendes de Valdés segund parescerá por las escripturas que sobresta rrason pasaron las quales se fallarán en mys arcas, que al dho my primo Pero Melendes sea dada la heredat de Morata que por mya sy se podrá aver, e sy non le sea dado, agora en heredades con escusados, agora en mrs de Juro e de heredat en la comarca donde a él mejor berná otra tanta Renta quanta oy rrinde la dha my villa de Veleña assy en mrs como en pán e ganado e otras qualesquier cosas, pero es my voluntad que todo aquello que le será dado lo él Reçiba e finque para despues de su bida en aquel o aquellos que de derecho devia aver e le pertenescia en qualquier manera sy a my no fuere bendida la dha my villa de Veleña, e quiero e mando que aya toda la dha Renta por la manera que dha és, descontando dello la heredad de Sila e ansymesmo los sesenta myll mrs que yo dí a Yñigo Lopes de Valdés su hermano my primo, e la heredad de Alcolea sy asymesmo de derecho con buena conçençia se le deberá descontar, lo qual judgué e determiné e abran lugar de determynar e judgar mis mançesores e albaçeas, e las casas que fueron del dho Yñigo Lopes que son açerca de las casas myas que fueron de la señora duquesa my hermana que perdone dios; lo qual mando que sea e pase assy, por quanto antes que yo de Guadalfajara me partiese para esta guerra fué assy apuntado e acordado entre my e el dho my primo Pero Melendes.

—Ytem, mando que como quiera que al tienpo quel Rey don Iohan que perdone dios me dió e fiso merçet de los doze logares que fueron de tierra de Guadalfajara en rrenumeraçion de los serbiçios que yo fise en la guerra daragon estando por capitan en la villa de Agreda, los quales logares fueron de la Ynfanta doña Cathalina que perdone dios, yo la fallé en posesion de todos los montadgos e pasos de ganados que van o bienen por los logares de Daganzo e Pios, porque yo dubdo que con buena conçençia lo pueda ocupar nyn tomar e los caballeros e escuderos de Guadalfajara nyn yo despues dellos assy como lo tomé e defendí e posehí e tengo fasta oy, Ruego a los dhos caballeros e escuderos que sy les placera, Reçiban por ello doçientas obejas que yo este dho dia quando de Guadalfajara me partí les proferí en cada un año, las çiento en el dho paso de Daganzo e las otras çiento en el derecho e paso de Pios, e demás mando e me plase que ayan el derecho que disen del berde que podrá seer fasta myll e quinientos mrs cada año de rrenta poco más o menos, el qual ellos me comandaron mostrando ser contestos de lo que yo fasia con el dho derecho del berde, e demás desto aya la dha

villa de Guadalfajara e le sean dados veynte mill mrs en dineros para Reparo del portillo de la çerca questá caydo açerca de la puerta de Albar Yañes, pero si desto ellos o la
mayor parte dellos non serán contentos, para mas descargo de my conçençia todabia
mando e es mi boluntad que mys herederos estén con ellos a Justiçia e sy suyo és gelo
déjen bisto por buenas personas o de conçençia, syn nyngun debate ny question de
pleyto.

—Ytem, mando e es my voluntad no obstante que por la berdat que en tal tienpo
debo desir çiertamente e me tengo por dicho que Johan Martines Redondo de las fac-
torias e rrecaudamyentos de dineros e pan e otras cosas que por my tenya de muchos
años a esta parte me fué e és en muchos cargos, en pago de los quales él me dió una
heredad que él tenya en Venalaquer que todabia por lo que a my es honesto de hazer,
sea tornada a veer e Recebir su quenta por mis testamentarios o sea oyda su Rason e
defendida por my contador Pero Lopes, e asy visto mando que se faga aquello que por
mis testamentarios en cargo de sus conçençias será visto e deçidido ansy de la Retener
commo de gela dexar.

—Mando otrosi, que por cuanto este otro dia en Guadalfajara me fué mostrado
una albalá mia e conoscimyento de çiertos mrs de que yo hera a cargo de un mercader
ytaliano por mrs que creo que pueden seer fasta dies o dose myll, e yo le Respondi que
los quisiere tomar en Thomás de Cordova el qual los devia a la marquesa mi muger
que perdone dios de çierto çensal que ella le dió para faser algunas pieças de plata en
Varçelona, que si por bentura no le án seydo pagados, que se le paguen.

—Ytem, mando que de los veynte e quatro myll mrs que yo hé de Juro de heredad en los libros del Rey nuestro señor, sean dados los veynte myll dellos al Ospital de
sant salbador que yo hé mandado faser en la my villa de Buytrago, e demás desto rruego e mando a mi fijo don Diego Furtado que demás de los dhos veynte mill mrs con-
tando enello la renta del molino que yo conpré qués al pié del alcaçar de la dha my
villa, e las heredades e casas que fueron de Alonso de la Peña, quitas las que yo dí a
Juan de la Peña su hermano e las arras de su muger e ansy en pán de la martiniega
commo en el ganado del paso del montadgo que yo procuré a hube a plaser del
Conçejo de la Mesta en la dha my villa y se coge en la puente del Villar, e los quatro
myll mrs del pecho de las viñas del dho Ospital an cada año fasta en quantia de otros
treynta myll mrs, assy que por todos sean çinquenta myll mrs, e mando conprar demás
desto todas las Camas e Ropa e las otras preseas que sean necesarias al serbiçio de los
pobres, de los mrs que yo dexo a mis albaçeas para que distribuyan por my anyma.

—Ytem, mando que por quanto yo he enojado algunas personas que alli tienen
molinos, assy cristianos commo Judios los quales porque fueren a moler a my molino
e non a otro soltaban la terçia parte e la meytad de los derechos e maquillas porque
ninguna persona fuese a moler a los dhos sus molinos, yo Rogué e mandé a los de la
dha my villa que biven de los muros adentro que en Remuneraçion e por non querer
Regraçiar e serbir la esenpçion e franquesa que les yo dí de todos los pechos Reales
pagándolos por ellos e mios, que si por bentura lo querrán faser graçiosamente por el
traspaso ya dho lo fagan commo ya me prometieron, e donde non por esta cabsa non

serán apremyados nin molestados, nin les sea fecha ynpusiçion nin premia alguna porque lo fagan. En la iglesia del qual Ospital mando que sirban dos capellanes que digan cada dia una misa del dia, los sábados de nuestra Señora e los lunes de Requien por las anymas de mis antecesores e mia e de la marquesa mi muger e de mi fijo don Pero Laso que perdone dios, a los quales dos capellanes de la Renta del dho Ospital mando que le sean dados al uno seys myll mrs e un cafíz de trigo e dos cafizes de cevada e esto sea a Andres Gonçales e al otro tres myll mrs e esto sea el capellan que agora és en Robledillo del qual yo gané el benefiçio del dho lugar de Robledillo, porque me disen qués buen honbre y asás pertenesciente para serbir la dha capellanya, e si estos o qualquier destos fallesciere sean otros dos, tanto que sean buenas personas e honestas quales my fijo don Diego Furtado querrá con acuerdo del guardian qués o fuere del monesterio de sant Julian de la Cabrera e de los rregidores de la dha my villa de Buytrago.

—Mando ansymesmo quel amo de don Yñigo my nieto fijo de don Diego Furtado mi fijo e el ama su muger sy querrán estén en el dho Ospital e les dén la Rasion e de bestir e calçar de cada un año en aquella manera que nescesario les será, los quales mando que tengan dos mugeres para lavar la Ropa de los pobres e dos collazos con una o dos bestias que traygan cada dia leña para adobar de comer e se calentar los dhos pobres, a los quales onbre e mugeres mando que sea dado el mantenimyento de cada dia e bestuario e calçado nescesario.

Ytem mando que en la yglesia del dho Ospital sean fechos tres altares el primero en la capilla mayor y este altar sea fecho en çinco gradas por donde suban a él e debaxo sea fecha una sacristerya (sic) a la manera de la questá en el altar de santa Maria de fuera de la villa de Guadalfajara y sea puesto alli el Retablo de los ángeles que yo mandé faser al maestre Jorge Ynglés pintor con la ymagen de nuestra Señora, de bulto, que yo mandé traer de la feria de Medina, y en las otras dos nabes de la yglesia sean fechos los otros dos altares, en el de a mano derecha sea puesto el otro Retablo de Santiago e de sant Sebastian e sant Jorge, e en el de la mano isquierda sea puesto el Retablo en questán pintados sant Françisco e sant Luys e sant Antonio, e san ellos puestos en los sobrealtares que alli se fisieron mandándolos pintar e acabar en la manera que cunple.

—Mando assymesmo que al dho Ospital sea dada la Casulla que fué de la marquesa mi muger que perdone dios, de aseytuní Carmesí con su frontal e las cruzes blancas e con su alba e estola e manípulo, e la crús de plata que fué de su capilla, e la portapás de plata del Zafir, e el su caliz e patena que yo mandé dorar, e la canpanilla de plata.

—E mando assymesmo que al dho Ospital sea dada la Casulla negra e el frontal e las cruzes carmesies e con su estola e manípulo e alba e çon la crús grande de Azabache e con la otra guarniçion toda de azabache es a saber Candeleros de azofar que yo conpré el otro año, e los dos espejos e çiertas portapases e dos basines que yo conpré ansymesmo para en que esten las lánparas del dho Ospital.

—Ytem, mando que de los quatro myll mrs fincables de Juro de heredad que yo hé del Rey nuestro señor de los veynte myll mrs ya dhos, sean dados los dos myll dellos al monesterio de sant Bernaldo de Guadalfajara en limosna porque las monjas del dho monesterio sean tenudas de rrogar para sienpre jamas por las anymas de mis anteçesores e mia e de la marquesa mi muger e de don Pero Laso mi fijo que perdone dios e puedan mejor serbir a dios e por grand deboçion que a aquel bienabenturado santo cobré e tengo, e demás desto mandé que para sienpre tengan e ayan los dos apanyaguados assy commo los yo tengo por Juro de heredad, de que les yo fise e fago limosna de gran tienpo acá.

—Ytem, mas mando que los otros dos myll mrs fincables se den a my fija doña Leonor monja del monesterio de santa Clara de Guadalfajara para su mantenimyento y despues de su bida que queden al dho monesterio porque las monjas dél sean tenudas de Rogar a dios por las anymas de mis antecesores e mia e de la marquesa my muger e de don Pero Laso my fijo que perdone dios.

—Ytem, mando quel monesterio de santa Maria de Sopetrán aya en cada un año para sienpre jamás los dies myll mrs de la martiniega de Hita de que yo les fise limosna al tienpo que yo estava sobre la villa de Torija, e rruego a my fijo don Diego Furtado que no obstante sea mayoradgo, que lo aya por bien e le plega dello e despues a los que dél vernán en quien la dha my villa fincare. Et demás desto les sean dados de cada año los otros dies myll mrs que yo me proferí de les dar en cada un año fasta en veynte años porque ellos assy mesmo diesen otros veynte myll mrs de los Reditos del monesterio por el mesmo tienpo de los dhos veynte años, por tal que en este tienpo sea Reparada, labrada a adereçada la yglesia e todo el monesterio en aquella mejor manera que se podrá hazer a buena bista de mi fijo don Diego Furtado e del prior qués o será del dho monesterio, al qual rruego e mando que con todas sus fuerças se trabaje porque assy agora commo de aqui adelante e para sienpre, el dho monesterio esté só la filiaçion e mando del Prior de sant Benito de Valladolit.

—Ytem, mando que si por bentura mi fijo don Diego Furtado e dende adelante su mayor heredero o los que dél vernán non querrán consentir e contradirán agora o en algund tienpo en la limosna de los dies myll mrs de la martiniega que yo fago al dho monesterio de santa Maria de Sopetrán, quel dho monesterio aya para sienpre jamás la my heredad de Heras con el molino e guertas e alamedas e viñas e bodegas e tierras de pan lebar, la qual yo conpré de don çagut Baquix judio my vasallo vesino de la my villa de Hita, porque los monjes dél sean tenudos de rrogar a dios por las anymas de mis anteçesores e mia e de la marquesa my muger e de don Pero Laso my fijo que perdone dios e por todos los de my casa.

—Ytem, mando que paguen al monesterio de Santa Cathalina de Jahen dos myll mrs de que les yo soy en cargo de una canpana e un crusifijo que lo mandé lebar del dho monesterio a la villa de Guelma quando por graçia de nuestro Señor yo la gané de los moros enemigos de nuestra fee.

—Ytem, mando que por quanto los clérigos de la yglesia de Santiago de Jahen ser me án quexado que les soy en cargo de un caliz de plata que por my mandado se llebó a la dha villa de Guelma el qual yo creo que les mandé pagar, en pero por descargo de my conçençia sy por bentura en cargo les soy, mando que sea apresciado lo que balia e les sea pagado.

—Otrosi, mando que los veynte e un myll mrs que son la meytad de los quarenta e dos myll mrs que la marquesa my muger que dios aya tenia sytuados en la villa de Guadalfajara e de otra manera del Rey nuestro señor, la qual meytad me pertenesce, sean rrepartidos en esta guisa: —Mando que sean dados a doña Maria my fija muger del adelantado Per Afan que dios perdone, tres mill mrs E sean dados assymesmo al monesterio de santa Maria de Sopetrán otros çinco myll mrs, e esto se entienda sy por bentura el Rey non los querrá pasar o no les fuere çiertas las dosientas fanegas de pán que mi muger la marquesa que dios aya les dió en su bida. E al monesterio de Santa Clara de Guadalajara e de sant Antholin por ciertas casas que les yo mandé derribar en el Alcalleria de la dha villa, abida ynformaçion de lo que rrentaban, les sea pagado otro tanto de los dhos mrs, de Juro de heredad.

—Ytem, mando que sea dado al hermita de santa Maria de Asperina qués entre la villa de Castillo de Villavega e Bárçena, la my Casulla e frontal de paño morisco con su alba e estola e manípulo que se traya de cada ora en my capilla e una crús de plata dorada questá en Toledo la qual tiene Diego Albares, platero a faser un pié, el qual mando que le sea pagado, e assymesmo le sea dado el caliz blanco de plata que yo traygo cada dia en my capilla.

—Ytem, mando la my casulla de aslytuní açul con la crús de my debisa, con su frontal e almáticas e con su alba e estola e manípulo y con toda la guarniçion de plata que me truxeron de Barçelona es a saber crús, candeleros, portapás e anpollas e canpanyll y con el bazin de la ofrenda y ostiario de plata blanco, al monesterio de sant Françisco de Guadalfajara.

—Ytem, mando que por quanto yo tomé unas casas que fueron de Lope de Toledo que estaban por el monesterio de sant Françisco de Guadalfajara e las dí a Mary Gonçales de Obeso fija de Gutierres Ruis de Obeso que perdone dios, e como quiera que aquellos e los otros bienes me tengo por dicho pertenesciesen a my por algun cargo en quel dho Lope hera a la señora duquesa (de Arjona) my hermana que perdone dios, que todabia sea dado al dho monesterio de sant Françisco toda la madera labrada e dorada que se avia de poner en la torre de las casas que fueron de la dha señora my hermana que perdone dios, la qual madera está en los albahares de mi casa de Guadalfajara, en emienda e Remuneraçion de las dhas casas, para faser el Capítulo del dho monesterio donde estan enterrados my tio e señor don Yñigo Lopes de Mendoça e la señora doña Ynés Manuel su muger, e mando a my fijo don Diego Furtado que cada dia trabaje a faga acabar las tres capillas que yo mandé faser e están començadas en el dho monesterio, assy de los mrs que yo al dho monesterio fise cobrar los quales les debia my primo Diego Furtado de Mendoça señor de Pliego, commo de los otros dies myll mrs de las capellanyas que nuestros aguelos dexaron al dho monesterio segund que lo concerté con los frayles e el ministro lo obo por bien por quanto en my conçençia en ninguna cosa non beo nin entiendo que mejor se puede dispensar, al qual assymesmo Ruego e mando que mande faser las sepulturas de la marquesa my muger e don Pero Laso mi fijo que perdone dios, en aquella mejor manera que a él parescerá e ansymismo faga al dho monesterio la limosna e ayuda quél podrá e a él bien bista será, para las dhas obras.

—Ytem, mando que la casulla mya la qual yo dexé en santa Clara de Guadalfajara por dies myll mres enpeñada los quales son para la obra de sant Françisco, que luego la quiten e la dén al dho monesterio assy commo yo mando en la cláusula de arriba donde se contiene.

—Mando el azetre e las tablas que assymesmo yo mandé enpeñar e lo tiene el abadesa my hermana en veynte e çinco myll mrs. le quiten e den los dhos mrs a la persona que yo mande, para su casamyento tanto que luego case e nón en otra manera, e quel dho azetre e tablas sea Rescibido para my en quenta de la parte que de los bienes de la marquesa mi muger que dios perdone yo hé de aver segunt dho és, y el azetre sea dado al monesterio de sant bartolomé segund en este mi cobdeçillo se contyene, e las tablas a mi fija doña brianda, las quales le yo mando e dó.

—Ytem, mando que sean dados a Martin Suarez e a Pero Gonçales Gallego y a Joan Alonso de Toro que fueron catibos en la villa de Guelma, los quatro moros e una mora esclabos que yo tengo en la villa de Guadalfajara, para ayuda de sus Rescates.

—Ytem, mando que sean pagados, qualesquier enprestidos que a my sean fechos por algunos clérigos de mis tierras es espeçial Françisco Martines cura que fué de Trijueque, o a sus herederos, e a otro abad de Montejo a sus herederos e asymesmo a qualesquier otros clérigos que yo sea en cargo.

—Ytem, mando asymesmo que se dé a la iglesia de Santiago de Guadalfajara para Reparo della veynte myll mrs, que yo fise quitar para el dho Reparo algunos homes de Armas e Ginetes de los de my casa asy de los de cada dia commo de tierra, los quales mrs sean dados a alguna persona de conçiençia e dé Recaudo para que los gaste en la dha obra.

—Ytem, mando que por quanto yo concerté con los mis vasallos de Pedrezuela que en este año me diesen tres myll mrs por la meytad de Montalbillo que yo digo ser mia a gelos non lieben, que todabía sean tenudos de Reçebir e Reçiban en los dhos pastos de Montalbillo fasta quinientas cabeças de ganado sy el mi Ospital de Buytrago las tobiere e las querran alli traer.

—Ytem, por quanto yo hé mandado que los mercaderes de la çibdad de Burgos me paguen çierta inpusiçion en el my puerto de Monbardo de las lanas que por allí pasan, que se bea bien sy lo yo debo levar sin cargo, e donde nó, mando que lo non paguen de aqui adelante.

—Ytem, mando quel Retablo del monumento do nuestro Señor está sepultado sea dado al monesterio de santa Maria de Sopetrán para que los monjes lo pongan donde a ellos bien bisto será.

—Ytem, mando que sean dados para conplir el anyma de my fijo don Pero Laso que perdone dios, çien myll mrs a mis nietas sys fijas sy su aña es conplida por quanto yo gelos debia y me los él prestó sobre las tresientas e setenta e quatro perlas que Sancho de Herbás su camarero dio a Ortega criado de la marquesa my muger que perdone dios e las tiene a bueltas a otras cosas myas.

—Mando a my hermana la abadesa de santa Clara, çinco myll mrs. —Mando al monesterio de santa Clara de Carrion çinco myll mrs. —Mando al monesterio de santo Domingo de Madrit tres myll mrs. —Mando al monesterio de san Bartholomé de Lupiana el Azetre de plata con su hisopo que fué de la marquesa my muger que dios perdone.— Ytem mando a las monjas de sant Blás de Çifuentes tres myll mrs porque rruegen a dios por las anymas de la marquesa my muger e de don Pero Laso mi fijo que dios perdone e por la mia. —Ytem mando al monesterio de sant Julian de la Cabrera para la fábrica dél tres myll mrs. —Mando al monesterio de Bonabal myll mrs. —Mando a la yglesia de santa Maria de afuera de la villa de Guadalfajara para el Reparo della tres myll mrs. —Mando para la obra de santa Maria de Toledo myll florines de oro. —Mando al monesterio de sant Françisco de Alcalá de Henares çinquenta myll mrs para la obra dél por algunos cargos que yo tenia al señor arçobispo de Toledo mi primo don Alonso Carrillo por lo que yo tomé de los bienes de don Joan de Çerezuela su antecesor, no obstante que por me faser graçia me fijo Remision de todo ello sin ningun preçio porque pertenescian a él e yo los Recebí en presencia de fray Rodrigo de Oña e del doctor Pero Diaz de Toledo.

—Mando e rruego a my fijo don Diego Furtado e a los otros mys fijos que Reçiban todos estos criados e serbidores myos continos familiares de my casa, es a saver segund cada uno heredará e bastará su facultad, e porque non se les faga tan grand cargo les busquen sus casamyentos porque despues de my fin non se pueda desir nin se fallen desabrigados, e esta mesa manera les rruego e mando que tengan con los criados de la marquesa my muger e de don Pero Laso my fijo que perdone dios. Assymesmo rruego e mando a my fijo don Diego Furtado que dé a Joan de Contreras por toda su bida los çinco myll mrs que le yo dó cada año por el cargo que dél tengo (1) Ytem, le rruego e mando que las fortalesas mias tengan de aqui adelante por él los mis Alcaydes que las tienen agora con las pertenençias, tierras, graçias e merçedes que les yo fago de cada año. —Ytem, rruego e mando a él e a los otros mys fijos, que la gente de Armas e Ginetes e Peones de tierra myos, se Repartan entre sy, es a saber commo ya dije, segund las Rentas e facultad de cada uno, porque todos ellos me án muy bien serbido e lealmente e tengo dellos gran cargo, e asy se deve creer e esperar que farán dellos. —Ytem, rruego e mando a my fijo don Diego Furtado que al doctor Pero Dias de Toledo e al bachiller Fernan Gonçales de Hita e a Diego Garçia de Guadalfajara haya rrecomendados e sean e queden en su casa e ayan dél aquella mesma Rasion e quitaçion que de my havian. —Ytem, le rruego e mando que Joan de la Peña en toda su bida aya e tenga dél qualesquier graçias e merçedes que de my tenia, por muchos e leales serbiçios que me fiso, e despues de su bida aya rrecomendados a

---

(1) Juan Contreras; este es el traidor a Doña Aldonza y los cinco mil mrs más que le da cada año es el precio de la traición.

sus fijos en todas cosas, tanto que no sean cargosas a my ny a él (2). Ytem le rruego e mando que Pero Lopes my contador sea ansy suyo commo es myo e con aquella mesma rrasion e quitaçion por quanto yo sienpre le hé fallado bueno e leal serbidor. — Mando que sean dados a Joan de Camargo que perdone dios o a sus herederos, quatro myll mrs por un cavallo que yo conpré estando en esta çibdad de Jahen por Capitan despues quél murió, lo save fray Alonso de Portillo my confesor e Gonçalo Fernandes de Sebilla alcayde de la my villa de Veleña.

—Ytem, mando a Alonso Ponze my capellan, çinco myll mrs. —...a Andrés Gonçales my capellan, tres myll mrs. —...a Pero de Guadalfajara my capellan, çinco myll mrs. —...a Garçia Martines my capellan, dos myll mrs. —...a los tres niños de my Capilla, a cada uno dos myll mrs e rruego al obispo my fijo que los aya rrecomendados. —...a Bustamante çient doblas de la vanda. —...a Françisco de la Vega dos myll mrs. —...a Pero Gaytan dies mill mrs. —...a Pero de la Vega dies myll mrs asy para ayuda de su casamyento commo por algunas cosas que dise que le devo aunque yo non lo sé. —...a Andrés de Ayala seys myll mrs. —...a Joan de Ronda para ayuda de su casamyento dies myll mrs. —...a Françisco de Villasirga dies myll mrs. —...a Luis Melandes dos myll mrs. —...a Pedro de Hita my copero, seys myll mrs. —...a Pedro de Hita my posentador, seys myll mrs. —...a Aliano dies myll mrs. —...a Guebara, el caballo de my estandarte e el Arnés myo de la guisa. —...a Villegas, el caballo de la Jineta e el Arnés mio de la Jineta. —...a Diego de Plasençia dos myll mrs. —...a Martin de herrada escudero de mis nietos, dos myll mrs. —...al fijo de Lope Gonçales my alcayde que fué de my castillo de Hita e de Marina Rodrigues my parienta, un Arnés de los questán en my Cámara e unas cubiertas e çinco myll mrs para un caballo, e rruego a my fijo el obispo que lo Reçiba en su casa por quanto la marquesa my muger que perdone dios lo tenía para él. —...a Machin my despensero dos myll mrs. —...a Corbalán my despensero tres myll mrs. —...a Joanin my panadero, dos myll e quinientos mrs. —...a Joan de Tordelaguna, tres myll mrs. —...a Joan de Soria, dos myll mrs. —...a Pedro Dalfaro dos myll mrs. —...a Andrés my Vallestero, dos myl mrs. —...a Diego de Morillas, tres myll mrs. —...a Diego de Gamarra dos myll mrs. —...a Joan de Zenbrana seys myll mrs. —...a Solórzano çinco myll mrs. —...a Joan de Castro, tres myll mrs. —...a Joan de Brihuega, tres myll mrs. —...a Lope de las Finojosas, dos myll mrs. —...a Martin de Montalvo, tres myll mrs. —...a Cornejo, dos myll mrs. —...a Joan de Jahen tres myll mrs. —...a Alonso de Cuenca, my brasero, dos myll mrs. —...a Pedro Mexia rrepostero de la plata, tres myll mrs. —...a Pero de Ziruelos, dos myll mrs. —...a Sancho de Çifuentes, dos myll mrs. —...a Fernando de Brihuega, tres myll mrs. —...a Hortega, çinco myll mrs. —...a Cathalina Ortiz, çinco myll mrs. —...a Pedro de Guadalfajara, tres myll mrs. —...a Albarillo el Roxo, çinco myll mrs. —...a Garçia moço de mys caballos, ocho myll mrs. —...a Fernandillo moço de mys espuelas, tres myll mrs. —...a Joan Gonçales my portero, tres myll mrs. —...a maestre Joan de Bruxelas tres myll mrs. —...a my hermano cuatro myll mrs. —...a Villarrofuel moço de my botilleria, dos myll mrs. —...a Joan de Hita moço de la plata, dos myll mrs. —...a joan my barbero, dos myll mrs. —...a Çelada my faraute, tres myll

_____

    (2) Aquí expresa el Marqués el agradecimiento a Juan de la Peña, alcalde de Buitrago y testigo falso en la «compra» de Beleña.

mrs. —...a Antonillo my tronpeta, dos myll mrs. —...a Rodrigo de la Ballesta, dos myll mrs. —...a Joan de Cueto criado de la marquesa my muger que dios aya, dos myll mrs. —...a Fernando el negro, myll mrs. —...a Joan de Hita rrepostero de la plata, myll mrs. —...a Alonso de Carmona my hortelano, dos myll mrs. —...a Fernando de Trasmiera, dos myll mrs.— ...a Joan de Camargo el que tiene los moros, dos myll mrs. —...a los homes de apié, a cada uno myll mrs. —...a moço Sollastre, de my casa, tres myll mrs. —...a Mahomad Pullate my bonbardero, çinco myll mrs. —...al otro moço de mis caballos conpañero de Garçia, myll mrs.

—Ytem, mando que todos los mrs que fincaren e Restaren demás desto que yo mando, se rreparatan e se dén a aquellas personas que en la villa de Guadalfajara asy christianos commo Judios o moros e en mis tierras se fallaren que espeçialmente me ayan prestado dineros, e sy non bastare a todos sean rreparatidos a bien bista de mis mançesores, rrogándoles que por amor de dios me perdonen lo que non les puedo pagar nyn soy a tienpo, e asymesmo los otros pedidos e liebas o otros qualesquier serbiçios que con rrason non les pude ny debiera hechar ny llebar, porque dios perdone a ellos.

Para lo qual todo faser e conplir establesco por mis albaçeas e mançesores al señor arçobispo de Toledo my primo pidiéndole por merçet que por el debdo e amistad que entre nosotros á seydo e és a la cosa más presto e mejor efeto aya, lo quiera açebtar, e a my fijo el obispo de Calahorra e a my fijo don Yñigo e a fray Esteban de Leon e a fray Alonso de Portillo mis confesores, a los quatros todos mando que sea entregado el my logar de Yunquera e todas las otras cosas por la manera que de suso es dicho, e rruego a nuestro señor que commo ellos los fizieren por my anyma ansy lo faga él por la suya. —Fecho en la muy noble çibdad de Jahen a çinco dias del més de junio del Señor de myll e quatroçientos e çinquenta e çinco años. —*El marqués.* —Testigos que fueron presentes al otorgamyento del dho cobdeçillo, Alonso Ponçe e Andrés Gonçales capellanes del dho marqués de Santillana los quales bieron firmar e otorgar e sellar con el sello de sus Armas. E yo Diego Fernandez de Leon escrivano de cámara del Rey nuestro señor fuy presente en uno de los dhos testigos al otorgamyento deste cobdeçillo el qual vá escripto en ocho fojas de pliego de papel de la marca menor con esta en que vá my firma, e debaxo de cada plana de las dhas ocho fojas bá señallado del dho señor marqués, por rruego del quel seyendo en uno testigo con los susodichos capellanes, las firmé de my nonbre. *Diego fernandes de leon.*

CODICILO QUE OTORGÓ DON IÑIGO LÓPEZ DE MENDOZA, PRIMER MARQUÉS DE SANTILLANA, EN JAÉN, A 5 DE JUNIO DE 1455, ANTE EL ESCRIBANO DIEGO FERNÁNDEZ DE LEÓN

(Copia simple en el Archivo de Osuna,
Sección del Histórico Nacional, legajo 1.762)

PARTE DISPOSITIVA

Primeramente mando a Yénego mi fijo todas las villas e lugares e vasallos e casas fuertes que yo hé, salvo las villas e lugares e castillos que yo mando a mi fijo Furtado e a doña Aldonça mi fija segunt que aqui dirá.

—E mando a Furtado mi fijo la mi villa de otordehumos con su castillo e tierras e que lo tenga e administre doña Leonor mi muger, en su bida.

—Otrosi, mando a doña Aldonça mi fija las mis villas de Tendilla e Cogolludo con su castillo e tierra, e Lorança e Coveña con sus tierras e térmynos, e Algesilla e Palazuelos e Robredarcas con sus térmynos, e el Poso de portillo qués çerca de las salinas de Atiença, con todas las otras heredades que yo hé en tierra de Atiença en labranças commo en casas e molinos e otros heredamyentos qualesquier.

—E atento lo que yo hé en muebles, en moneda e en debdas es lo que aqui dirá. En moneda de oro e plata e moneda de cornados, fasta honse myll florines los quales están en quatro talegas selladas con los sellos de alfonso gonçáles de Roa escrivano del Rey e Luis mendes my mayordomo maior, en cada talega una sillera en que entren los sellos. Et en debdas contra çiertas personas, fasta dies e siete myll florines. E en otras debdas de moneda blanca, fasta quatro myll florines. E en Recabdamyento del dho alfonso gonçáles de rroa, fasta seys myll florines, que podrá montar su rrecabdamyento de moneda blanca e moneda vieja en que puede montar lo dós seys myll florines. Et todo lo que monta lo que dho és, mando que doña Leonor my muger e mys fijas doña Elvira e doña Teresa que ayan dellos veynte myll florines e doña Aldonça my fija dies myll florines e Mençia garçia de ayala mi prima dos myll florines.

—E otrosi mando que dén al monesterio de Valfermoso catorce myll mrs de moneda vieja.—Et al monesterio de sant Bernardo de aqui de guadalfajara, seis myll mrs de moneda vieja.—Et al monesterio de santa maria de Sopetrán, quinse myll mrs de moneda blanca. Et que les sean desenbargadas todas las capellanyas que dexaron en sus testamentos Pero gonçales my padre e doña Aldonça my señora que dios perdone, asy las de aqui commo las de Valfermoso e sant Bernardo. Et todo lo que sobrare conplido todo esto que yo mando, quiero que sea para pagar las debdas que en qualquier manera yo devo a qualesquier personas.

—Ytem, mando que toda la plata que está labrando en valencia diego gutierres jurado de Toledo que tiene por my cargo dello e otrosi la plata que está en dos arcas de que tiene la Remembrança dello doña Mençia garçia mi prima, que se Repartan en esta guisa; la meytad a doña Leonor mi muger e la otra meytad a doña Aldonça mi fija.

—Ytem, mando quel aljofar que tiene mio la dha mençia garçia, que la terçia parte dello que lo aya doña Leonor mi muger e la otra terçia parte doña Aldonça mi fija e la otra terçia parte mis fijas doña Elvira e doña Teresa.

—Ytem, mando que todos los paños mios de mi vestir e todo lo muebles asy paramentos e paños de pared commo todas las otras cosas, que aya la meytad dello doña Leonor mi muger, e la terçia parte de la otra meytad mi fija doña Aldonça, e las otras dos terçias partes de la dha meytad mis fijas doña Elvira e doña Teresa.

—Ytem, mando que toda la plata que yo mandé a çiertas yglesias e monesterios segund que se contyene en los testamentos que yo fise en la dha villarreal e en el Espinar de segobia signados commo dho és, que se dé e cunpla por la manera que en los dhos testamentos o en qualquier dellos se contiene. E esto, que se dé e cunpla de la plata mia que está en las dos arcas de que tiene la Remembraça mençia garçia mi prima.

—Ytem, mando que los seys myll mrs que yo hé en cada año de merçet por Juro de heredat en la mantiniega de Madrit que sea los quatro myll mrs dellos para el monesterio de santo domingo de madrit e los dos myll para el monesterio de sant françisco de ally de madrit para seys capellanyas perpétuas que canten por anyma de mi padre e de mi señora que dios perdone, e por la mía.

—Ytem, mando que los dies myll mrs que yo hé por Juro de heredat en las Rentas e pechos e derechos de madrit, que los aya doña Aldonça mi fija para sienpre jamás.

—Ytem, mando a ferrant gomes de villarreal mi escribano por cargo que dél tengo en emienda del oficio de las merçedes quél avia en la casa del Rey e le perdió por mi quando vino a bevir conmigo, seys myll mrs e que le sean luego pagados.

—Ytem, mando que dén a fray Martin de santorcad frayre de la orden de sant françisco por la yndulgençia que me truxo del papa, çient florines de oro del cuño de Aragon.

—Ytem, mando que dén a Loy mendes mi mayordomo mayor dosientos florines de oro del cuño de Aragon, los çiento que dió por mi mandado a Pero ferrandes de melgosa, platero de Burgos, et los otros çiento que me dió a mi en la dha Burgos para dar a doña Leonor mi muger e çiertas personas. Et otrosi mando que sean suyos del dho Loys mendes los dosientos florines que prestó sobre las casas de ferrando dias de mendoça de aqui de Guadalfajara, e esomesmo los çiento e sesenta e siete florines que dió a rrodrigo ordoñes por la debda que le devia el dho ferrando dias, aunque los debdos sean fechos en mi nonbre, porque los él prestó de sus dineros. Et dole poder conplido al dho Loys mendes para que los pueda cobrar de la otra parte para sy, e sy menester fuere, que pueda ynjuisiae sobrello fasta que los aya e cobre todos enteramente segunt e en la manera que se contyene en las cartas de los debdos.

—E otrosi mando que si yo desta dolençia finare, que se Repartan por toda mi gente que de cada dia continuadamente andan conmigo, sesenta myll mrs de moneda blanca, e que los repartan fray iohan martines e fray gonçalo de la orden de sant françisco mis criados e confesores e loys mendes mi mayordomo, todos tres en uno juntamente aguisada e Razonablemente segunt que a ellos mejor visto fuere segunt dho és e sus conçençias, las quales les sean en cargo sobrello, et que la dha mi gente que quede e biva con mi fijo yñigo.

—Et mando que ante que cosa alguna de lo contenydo en este mi codeçillo e testamento o en qualesquier dellos se cunpla, que se paguen todas las debdas que yo devo a qualesquier personas... este mi cobdeçillo e postrimera voluntad, el qual fué hecho e otorgado por el dho señor almirante en la dha Guadalfajara dentro de los sus palaçios yasiendo el en cama doliente, en presençia de mi el escrivano (ferrant gomes de villarreal) e notario público e testigos del iuso escriptores, lunes çinco dias de mayo año de nascimyento del nuestro salbador ihy xpo de myll e quatroçientos e quatro años...

CARTA DEL ALMIRANTE CRISTÓBAL COLÓN DEL 15 DE FEBRERO DE 1493 A LUIS DE SANTÁNGEL, ESCRIBANO DE RACIÓN DE LOS REYES CATÓLICOS

Señor: porque sé que habréis placer de la grande vitoria que nuestro Señor me ha dado en mi viaje vos escrito ésta, por la cual sabréis cómo en veinte días pasé las Indias con la armada que los ilustrísimos Rey y Reina nuestros Señores me dieron, donde yo fallé muy muchas islas pobladas con gente sin número, y dellas todas he tomado posesión por sus Altezas con pregón y bandera real extendida, y no me fué contradicho. A la primera que yo fallé puse nombre *San Salvador*, a conmemoración de su Alta Majestad, el cual maravillosamente todo esto ha dado: los indios la llaman *Guanahani*. A la segunda puse nombre la isla de *Santa María de Concepción*; a la tercera, *Fernandina*; a la cuarta, *la Isabela*; a la quinta, *isla Juana*, e así a cada una nombre nuevo. Cuando yo llegué a la *Juana* seguí la costa della a Poniente, y la fallé tan grande que pensé que sería tierra firme la provincia de Catayo; y como no fallé así villas y lugares en la costa de la mar, salvo pequeñas poblaciones, con la gente de las cuales non podía haber fablas, porque luego fuían todos, andaba yo adelante por el dicho camino, pensando de non errar grandes ciudades e villas; y al cabo de muchas leguas, visto que non había innovación, y que las costas me levaba al Setentrión de adonde mi voluntad era contraria, porque el invierno era ya encarnado, yo tenía propósito de hacer dél al austro, y también el viento medio adelante, así como de la *Juana*, lo cual y topo, y volví atrás fasta un señalado puerto de adonde envié dos hombres por la tierra para saber si había rey o grandes ciudades. Andovieron tres jornadas y hallaron infinitas poblaciones pequeñas y gentes sin número, mas non cosa de regimiento, por lo cual se volvieron.

Yo entendía harto de otros indios, que ya tenía tomados, como continuamente esta tierra era isla, e así seguí la costa della al Oriente ciento y siete leguas, fasta donde facía fin; del cual cabo había otra isla al Oriente, distante desta diez e ocho leguas, a la cual puse luego nombre *la Española*; y fuí allí, y seguí la parte del Setentrión, así como de la *Juana*, al Oriente ciento e setenta y ocho grandes leguas por vía recta del Oriente, así como de la *Juana*, lo cual y todas las otras son fortísimas en demasiado grado, y ésta en extremo; en ella hay muchos puertos en la costa de la mar sin comparación de otros que yo sepa en cristianos, y fartos ríos y buenos y grandes ques maravilla: las tierras dellas son altas y en ellas muy muchas sierras y montañas altísimas, sin comparación de la isla de *Cetrefrey,* todas fermosísimas, de mil fechuras y todas andables y llenas de árboles de mil maneras y altas, y parescen que llegan al cielo; y tengo por dicho que jamás pierden la foja según lo que puedo comprender, que los vi tan verdes y tan fermosos como son por mayo en España. Dellos están floridos, dellos con fruto, y dellos en otro término según es su calidad; y cantaba el ruiseñor y otros pájaros de mil maneras en el mes de noviembre por allí donde yo andaba. Hay palmas de seis o de ocho maneras, ques admiración verlas por la diformidad fermosa dellas; mas así como los otros árboles e frutos e yerbas: en ella hay pinares a maravilla, e hay campiñas grandísimas, e hay miel, e de muchas maneras de aves y frutas muy diversas. En las tierras hay muchas minas de metales e hay gente inestimabile número.

La *Española* es maravillosa: las sierras y las montañas y las vegas y las campiñas y las tierras tan fermosas y gruesas para plantar y sembrar, para criar ganados de todas suertes, para edificios de villas y lugares. Los puertos de la mar, aquí non habria creencia sin vista, y de los ríos muchos y grandes y buenas aguas: lo más de los *cuales traen oro.* En los árboles y frutas y yerbas hay grandes diferencias de aquellas de la *Juana*; en ésta *hay muchas especies, y grandes minas de oro* y de otros metales. La gente desta isla y de todas las otras que he fallado y he habido noticia, andan todos desnudos, hombres y mujeres, así como sus madres los paren, aunque algunas mujeres se cobijan un solo lugar con una foja de yerba o una cosa de algodón que para ello hacen ellos. No tienen fierro ni acero: armas, ni son para ello; non porque non sea gente bien dispuesta y de fermosa estatura, salvo que son muy temerosos a maravilla.

Non tienen otras armas salvo las armas de las cañas cuando están con la simiente, a la cual ponen al cabo un palillo agudo, y no osan usar de aquéllas: que muchas veces me acaeció enviar a tierra dos o tres hombres a alguna villa para haber fabla, y salir a ellos dellos sin número, y después a alguna villa para haber fabla, y salir a ellos dellos sin número, y después que los veían llegar fuían a non aguardar padre e hijo; y esto no porque a ninguno se haya fecho mal, antes a todo cabo adonde yo haya estado y podido haber fabla, les he dado de todo lo que tenía así paño como otras cosas muchas, sin recibir por ello cosa alguna, mas son así temerosos sin remedio. Verdad es que después que se aseguran y pierden este miedo ellos son tanto sin engaño y tan liberales de lo que tienen, que no lo creeran sino el que lo viese. Ellos de cosa que tengan pidiéndosela jamás dicen que no; antes convidan a la persona con ello y muestran tanto amor que darían los corazones, y quier sea: cosa de valor, quier sea de poco precio, luego por cualquiera cosa de cualquiera manera que sea que se les dé por ello son contentos.

Yo defendí que non se les dieren cosas tan ceviles como pedazos de escudillas rotas e pedazos de vidrio roto y cabos de agujetas; aunque cuando ellos esto podían llegar les parescía haber la mejor joya del mundo: que se acertó haber un marinero por una agujeta, de oro peso de dos castellanos y medio, y otros de otras cosas, que muy menos valían, mucho más. Ya por blancas nuevas daban por ellas todo cuanto tenían aunque fuesen dos ni tres castellanos de oro, o una o dos de algodón filado. Fasta los pedazos de los arcos rotos de las pipas tomaban y daban lo que tenían como bestias;

así que me pareció mal e yo lo defendí. Y daba yo gracias mil cosas buenas que yo llevaba porque tomen amor; y allende desto se farán cristianos, que se inclinan al amor y servicio de sus Altezas y de toda la nación castellana; e procuran de ayudar e no dar de las cosas que tienen en abundancia que nos son necesarias.

Y non conocían ninguna seta ni idolatría, salvo que todos creen que las fuerzas y el bien es en el cielo: y creían muy firme que yo con estos navíos y gente venía del cielo, y en tal acatamiento me reciben en todo cabo después de haber perdido el miedo. Y esto non procede porque sean ignorantes, salvo de muy sotil ingenio, e hombres, que navegan todas aquellas mares, que es maravilla la buena cuenta quellos dan de todo, salvo porque nunca vieron gente vestida ni semejantes navíos. Y luego que llegué a las Indias, en la primera isla que fallé, tomé por fuerza algunos dellos para que deprendiesen y me diesen noticia de lo que había en aquellas partes; e así fué que luego entendieron y nos a ellos cuando por lenguas o señas; y éstos han aprovechado mucho; hoy en día los traigo que siempre están de propósito que vengo del cielo por mucha conversación que hayan habido conmigo. Y éstos eran los primeros a pronunciarlo adonde yo llegaba, y los otros andaban corriendo de casa en casa, y a las villas cercanas con voces altas: «Venid a ver la gente del cielo.» E así todos, hombres como mujeres, después de haber el corazón seguro de nos, venieron que non quedaba grande ni pequeño que todos traían algo de comer y de beber, que daban con un amor maravilloso.

Ellos tienen en todas las islas muy muhas canoas, de manera de fustas de remo; dellas mayores, dellas menores, y algunas y muchas son mayores que una fusta de dieciocho bancos: non son tan anchas, porque son de un solo madero; mas una fusta no terná con ellas al remo, porque van que no es cosa de creer, y con éstas navegan todas aquellas islas, que son innumerables, y traen sus mercaderías. Algunas destas canoas he visto sesenta y ochenta hombres en ella, y cada uno con su remo. En todas estas islas non vide mucha diversidad de la fechura de la gente, ni en las costumbres, ni en la lengua, salvo que todos se entienden, que es cosa muy singular; para lo que espero que determinarán sus Altezas para la conversión dellas a nuestra Santa Fe, a la cual son muy dispuestos.

Ya dije cómo yo había andado ciento siete leguas por la costa de la mar, por la derecha línea de Occidente a Oriente, por la isla *Juana*; según el cual camino puedo decir que esta isla es mayor que Inglaterra y Escocia juntas: porque allende destas ciento siete leguas me quedan de la parte de Poniente dos provincias que yo no he andado, la una de las cuales llaman *Cibau*, adonde nace la gente con cola: las cuales provincias non pueden tener una longura menos de cincuenta o sesenta leguas, según puedo entender destos indios que yo tengo, los cuales saben todas las islas. Esta otra *Española* en cerco tiene más costa que la España toda desde Colunia por costa de mar, fasta Fuenterrabía, en Vizcaya, pues en una cuadra anduve ciento treinta y ocho grandes leguas por recta línea de Occidente a Oriente. Esta es por desear, e vista es para nunca dejar, en la cual, puesto que de todas tenga tomada posesión por sus Altezas, y todas sean más abastadas de lo que yo sé y puedo decir, y todas las tengo por de sus Altezas, cual de ellas pueden disponer como y tan cumplidamente como de los reinos de Castilla, en esta *Española* en lugar más convenible y mejor comarca para las minas del oro y de todo trato así de la tierra firme de acá como de aquella de allá de Gran Can, adonde habrá gran trato e ganancia, he tomado posesión de una villa grande a la cual puse nombre la villa de Navidad, y en ella he fecho fuerza y fortaleza, que ya a estas horas estará del todo acabada, y he dejado en ella gente que basta para semejante fecho con armas y artillerías e vituallas para más de un año, y fusta y maestro de la mar en todas artes para facer, y grande amistad con el rey de aquella tierra, en tanto grado que se presciaba de me llamar y tener por hermano; e aunque le mudasen la voluntad a ofender esta gente, él ni los suyos non saben qué son armas, y andan desnudos como ya he dicho, e son los más temerosos que hay en el mundo. Así que solamente la gente que allá quedó es para destroir toda aquella tierra; y es isla sin peligro de sus personas sabiéndose regir.

En todas estas islas me parece que todos los hombres son hombres contentos con una mujer, y a su mayoral o rey dan fasta veinte. Las mujeres me parece que trabajan más que los hombre, ni he podido entender si tienen bienes propios, que me pareció ver que aquello que uno tenía todos hacían parte, en especial de las cosas comederas. *En estas isla fasta aqui no he hallado hombres mostrudos como muchos pensaban*; mas antes es toda gente de muy lindo acatamiento, ni son negros como en Guinea, salvo con sus cabellos correndíos, y no se crían adonde hay espeto (1) demasiado de los rayos solares: es verdad quel sol tiene allí gran fuerza, puesto ques distante de la línea equinoccial veinte e seis grados: en estas islas adonde hay montañas grandes ahí tiene fuerza el frío este invierno; mas ellos lo sufren por la costumbre e con la ayuda de las viandas, como son especias muchas y muy calientes en demasía; *ansí que monstruos non he hallado* ni noticia, salvo de una isla ques aquí en la segunda cala, entrada de las Indias, ques poblada de una gente que tienen en todas las islas por muy feroces, los cuales comen carne viva.

Estos tienen muchas canoas con las cuales correntodas las islas de India y roban y toman cuanto pueden. Ellos non son más disformes que los otros; salvo que tienen costumbre de traer los cabellos largos como mujeres, y usan arcos y flechas de las mismas armas de cañas, con un palillo al cabo por defecto de fierro que non tienen. Son feroces entre estos otros pueblos, que son en demasiado grado cobardes; mas yo no los tengo en nada más que a los otros. Estos son aquellos que trocaban las mujeres de matrimonio, ques la primera isla partiendo en España para las Indias que se falla, en la cual non hay hombre ninguno. Ellas non usan ejercicio femenil, salvo arcos y flechas, como los sobredichos de cañas, y se arman y cobijan con láminas de alambre, de que tienen mucho. Otra isla me aseguran mayor que la *Española* en que las personas non tienen ningún cabello. En ésta *hay oro sin cuento*, y déstas y de otras traigo conmigo indios para testimonio.

En conclusión, a fablar desto solamente que se ha fecho, este viaje que fué así de corrida, pueden ver sus Altezas que yo les daré oro cuanto hobieren menester con muy poquita ayuda que sus Altezas me darán: agora *especería* y algodón cuanto sus Altezas mandaren, y almáciga cuanta mandaren cargas; e de la cual fasta hoy no se ha fallado, salvo en Grecia y en la isla de Xío, y el señorío la vende como quiere, y lignaloe cuanto mandaren cargas, y esclavos cuantos mandaren cargar, e serán de los idólatras; y creo haber fallado ruibarbo y canela y otras mil cosas de sustancia fallaré que habrán fallado la gente que yo allá dejo, porque yo no me he detenido ningún cabo en cuanto el viento me haya dado lugar de navegar, solamente en la villa de Navidad, en cuanto dejé asegurado e bien asentado. E a la verdad mucho más ficiera si los navios me sirvieran como razón demandaba.

Esto es cierto y eterno Dios nuestro Señor, el cual da a todos aquellos que andan su camino victoria de cosas que parecen imposibles, y ésta señaladamente fué la una, porque aunque destas tierras hayan fablado otros, todo va por conjetura sin alegar de vista; salvo comprendiendo tanto que los oyentes los más escuchaban y juzgaban más por fabla que por otra cosa dello. Así que pues nuestro Redentor dió esta victoria a nuestros ilustrísimos Rey e Reina e a sus reinos famosos de tan alta cosa, adonde toda la cristiandad debe tomar alegría y facer grandes fiestas, dar gracias solemnes a la Santa Trinidad, con muchas oraciones solemnes por el tanto ensalzamiento que habrán ayutándose tantos pueblos a nuestra Santa Fe, y después por los bienes temporales que non solamente a la España, mas todos los cristianos ternán aquí refrigerio e ganancia, esto segundo ha fecho ser muy breve: fecha en la carabela sobre las islas de Canarias, quince de febrero de noventa y tres (1).

Después desta escrita (2), estando en mar de Castilla, salió tanto viento conmigo Sur y Sueste, que me ha fecho descargar los navios por correr aquí en este puerto de Lisbona hay, que fué la mayor maravilla del mundo, adonde acordé de escribir a sus Altezas. En todas las Indias he siempre hallado los tiempos como en mayo adonde yo *fuí en noventa y tres días, e volví en setenta y ocho*, salvo que estas tormentas me han detenido tres corriendo por esta mar. Dicen acá todos los hombres de la mar que jamás hobo tan mal invierno ni tantas pérdidas de navios. Fecha a los cuatro de marzo (3).

---

(1) No eran las Canarias, sino las Islas Azores.
(2) Anima que venía dentro de la carta.
(3) Esta carta envió Colón al escribano de ración de las islas halladas en las Indias y otra al tesorero de sus altezas.

Carta del Duque de Medinaceli al gran Cardenal Don Pedro Gonzalez de Mendoza en Cogolludo el 19 de marzo de 1493

Reverendísimo Señor. No sé si sabe Vuestra Señoría cómo yo tove en mi casa mucho tiempo a Cristóval Colomo, que se venía de Portogal y se quería ir al rey de Françia para que emprendiese de ir a buscar las Indias con su favor y ayuda; e yo lo quisiera provar y enbiar desde el Puerto, que tenía buen aparejo con tres o cuatro caravelas, que no me demandava más; pero como vi que hera esta empresa para la Reina, Nuestra Señora, escrevilo a Su Alteza desde Rota y respondióme que gelo enbiase. Y yo gelo embié entonçes y supliqué a Su Alteza, pues yo no lo quise tentar y lo adereçava para su serviçio, que me mandase hazer merced y parte en ello, y que el cargo y descargo d'este negoçio fuese en el Puerto. Su Alteza lo reçibio y lo dio en cargo a Alonso de Quintanilla; el cual me escrivió de su parte que no tenía este negoçio por muy çierto, pero que, si se acertase, que Su Alteza me haría merced y daría parte en ello; y después de averle bien esaminado, acordó de enbiarle a buscar las Indias. Puede aver ocho meses que partió y agora él es venido de buelta a Lisbona y ha hallado todo lo que buscava y muy complidamente, lo cual luego yo supe; y por fazer saber tan buena nueva a Su Alteza, gelo escrivo con Xuares y le enbío a suplicar me haga merced que yo pueda embiar en cada año allá algunas caravelas mías. Suplico a Vuestra Señoría me quiera ayudar en ello e gelo suplique de mi parte, pues a mi cabsa y por yo detenerle en mi casa dos años y averle endereçado a su serviçio se ha hallado tan grande cosa como ésta; y porque de todo informará mas largo Xuares a Vuestra Señoría, suplícole le crea.

Guarde Nuestro Señor vuestra reverendísima persona como Vuestra Señoría desea.

De la mi villa de Cogolludo, a XIX de março [1493].

Las manos de Vuestra Señoría besamos.

INSTITUCIÓN DEL MAYORAZGO
22 DE FEBRERO DE 1498

En el nombre de la Santísima Trinidad, el cual me puso en memoria, y después llegó a perfecta inteligencia que podría navegar e ir a las Indias desde España, pasando el mar Océano al Poniente, y así lo notifiqué al Rey don Fernando y a la Reina doña Isabel nuestro señores, y les plugo de me dar aviamiento y aparejo de gente y navíos, y de me hacer su Almirante en el dicho mar Océano, allende de una raya imaginaria que mandaron señalar sobre las islas de cabo Verde, y aquellas de los Azores, cien leguas que pasa de Polo a Polo, que dende en adelante al Poniente fuese su Almirante, y que en la tierra firme e islas que yo fallase y descubriese, y dende en adelante, que destas tierras fuese yo su visorrey y gobernador, y sucediese en los dichos oficios mi hijo mayor, y así de grado en grado para siempre jamás, e yo hobiese el diezmo de todo lo que en el dicho almirantazgo se fallase e hobiese e rentase, y asimismo la octava parte de las tierras, y todas las otras cosas, e el salario que es razón llevar por los oficios de Almirante, Visorrey y Gobernador, y con todos los otros derechos pertenecientes a los dichos oficios, ansí como todo más largamente se contiene en este mi privilegio y capitulación que de sus Altezas tengo.

E plugo a Nuestro Señor Todopoderoso que en el año de noventa y dos descubriese la tierra firme de las Indias y muchas islas, entre las cuales es la Española, que los indios della llaman Aytre y los monicongos de Cipango. Después volví a Castilla a sus Altezas y me tornaron a recibir a la empresa e a poblar e descubrir más, y ansí me dió Nuestro Señor vitoria, con que conquisté e fice tributaria a la gente de la Española, la cual boja seiscientas leguas, y descubrí muchas islas a los caníbales, y setecientas al Poniente de la Española, entre las cuales es aquella de Jamaica, a que no llamamos de Santiago, e trescientas e treinta e tres leguas de tierra firme de la parte del Austro al Poniente, allende de ciento y siete de la parte del Setentrión, que tenía descubierto al primer viaje con muchas islas, como más largo se verá por mis escrituras y memorias y cartas de navegar. E porque esperamos en aquel alto Dios que se haya de haber antes de grande tiempo buena e grande renta en las dichas islas y tierra firme, de la cual por la razón sobredicha me pertenece el dicho diezmo y ochavo y salarios y derechos sobredichos: y porque somos mortales, y es bien que cada uno ordene y deje declarado a sus herederos y sucesores lo que ha de haber e hobiere, e por esto me pareció bien de componer desta ochava parte de tierras y oficios e renta un mayorazgo, así como aquí abajo diré.

Primeramente que haya de suceder a mí don Diego, mi hijo, y si dél dispusiere Nuestro Señor antes que él hobiese hijos, que ende suceda don Fernando, mi hijo, y si dél dispusiere Nuestro Señor sin que hobiese hijo, o yo hobiese otro hijo, que suceda don Bartolomé, mi hermano, y dende su hijo mayor, y si dél dispusiere Nuestro Señor sin heredero, que suceda don Diego, mi hermano, siendo casado o para poder casar, e que suceda a él su hijo mayor, e así de grado en grado perpetuamente para siempre jamás comenzando en don Diego, mi hijo, y sucediendo sus hijos, de uno en otro perpetuamente, o falleciendo el hijo suyo suceda don Fernando, mi hijo, como dicho es, y así su hijo y prosigan de hijo en hijo para siempre él y los sobredichos don Bartolomé, si a él llegare e a don Diego, mis hermanos. Y si a Nuestro Señor pluguiese que después de haber pasado algún tiempo este mayorazgo en uno de los dichos sucesores, viniese a prescribir herederos hombres legítimos, haya el dicho mayorazgo y le suceda y herede el pariente más llegado a la persona que heredado lo tenía, en cuyo poder prescribió, siendo hombre legítimo que se llame y se haya siempre llamado de su padre e antecesores, llamados de los de Colón. El cual mayorazgo en ninguna manera lo herede mujer ninguna, salvo si aquí ni en otro cabo del mundo no se fallase hombre de mi linaje verdadero que se hobiese llamado y llamase él y sus antecesores de Colón. Y si esto acaesciere (lo que Dios no quiera) que en tal caso lo haya la mujer más llegada en deudo y en sangre legítima a la persona que así había logrado el dicho mayorazgo; y esto será con las condiciones que aquí abajo diré, las cuales se entienda que son ansí por don Diego, mi hijo como por cada uno de los sobredichos, o para quien sucediere, cada uno dellos, las cuales cumplirán, y no cumpliéndolas, que en tal caso sea privado del dicho mayorazgo, y lo haya el pariente más llegado a la tal persona, en cuyo poder había prescrito, por no haber cumplido lo que aquí diré: El cual así también le cobrarán si él no cumpliere estas dichas condiciones que aquí abajo diré, e también será privado dello, y lo haya otra persona más llegada a mi linaje, guardando las dichas condiciones que así duraren perpetuo, y será en la forma sobre escrita en perpetuo. La cual pena no se entienda en cosas de menudencias que se podrían inventar por pleitos, salvo por cosa gruesa que toque a la honra de Dios y de mí y de mi linaje, como es cumplir libremente lo que yo dejo ordenado, cumplidamente como digo, lo cual todo encomiendo a la justicia, y suplico al Santo Padre que agora es, y que sucederá en la Santa Iglesia agora, o cuando acaesciere que este mi compromiso y testamento haya de menester para se cumplir de su santa ordenación e mandamientos, que en virtud de obediencia y so pena de excomunión papal lo mande; y que en ninguna manera jamás se disforme; y asimismo lo suplico al Rey y a la Reina nuestros señores, y al príncipe don Juan, su primogénito nuestro señor, y a los que le sucedieren por los servicios que yo les he fecho: e por ser justo que les plega, y no consientan ni consienta que se disforme este mi compromiso de mayorazgo e de testamento, salvo que quede y esté así, y por la guisa y forma que yo le ordené para siempre jamás, porque sea servicios de Dios Todopoderoso y raíz y pie de mi linaje y memoria de los servicios que a sus Altezas he hecho, que siendo yo nacido en Génova les vine a servir aquí en Castilla, y les descubrí al Poniente de tierra firme las Indias y las dichas islas sobredichas. Así que suplico a sus Altezas que sin pleito, ni demanda, ni delación, manden sumariamente que este mi privilegio y testamento valga y se cumpla, así como en él fuere y es contenido; y asimismo lo suplico a los grandes señores de los reinos de su Alteza, y a los del su Consejo y a todos los otros que tienen o tuvieren cargo de justicia o de regimiento, que les plega de no consentir que esta mi ordenación e testamento sea sin vigor y virtud, y se cumpla como está ordenado por mí; así por ser muy justo que persona de título e que ha servido a su Rey e Reina e al reino, que valga todo lo que ordenare y dejare por testamento o compromiso e mayorazgo e heredad, e no se le quebrante en cosa alguna ni en parte ni en todo.

Primeramente traeré don Diego, mi hijo, y todos los que de mí sucedieren y descendieren, y así mis hermanos don Bartolomé y don Diego mis armas, que yo dejaré después de mis días, sin entreverar más ninguna cosa que ellas, y sellará con el sello dellas.=Don Diego, mi hijo, o cualquier otro que heredare este mayorazgo, después de haber heredado y estado en posesión de ello, firme de mi firma, la cual agora acostumbro, que es una X con una S encima, y una M con una A romana encima, y encima della una S y después una Y griega con una S encima con sus rayas y virgulas, como yo agora fago: y se parecerá por mis firmas, de las cuales se hallarán muchas y *por ésta parecera.*

Y no escribirá sino *el Almirante*, puesto que otros título el Rey le diese o ganase: esto se entiende en la firma y no en su ditado que podrá escribir todos sus títulos como lo pluguiere; solamente en la firma escribirá *el Almirante*.

Habrá el dicho don Diego, o cualquier otro que heredare este mayorazgo, mis oficios de Almirante del mar Océano, que es de la parte del Poniente de una raya que mandó asentar imaginaria su Alteza a cien leguas sobre las islas de los Azores, y otro tanto sobre las de cabo Verde, la cual parte de Polo a Polo, allende de la cual mandaron e me hicieron su Almirante en la mar, con todas las preeminencias que tiene el Almirante don Henrique en el almirantazgo de Castilla, e me hicieron su Visorrey e Gobernador perpetuo para siempre jamás, y en todas las islas y tierra firme, descubiertas y por descubrir, para mí y para mis herederos, como más largo parece por mis privilegios, los cuales tengo y por mis capítulos, como arriba dije.

Item: que el dicho don Diego, o cualquier otro que heredare el dicho mayorazgo, repartirá la renta que a nuestro señor pluguiere de le dar en esta manera so la dicha pena.

Primeramente, dará todo lo que este mayorazgo rentare agora y siempre, e dél e por él se hobiere e recaudare, la cuarta parte cada año a don Bartolomé Colón. Adelantado de las Indias, mi hermano, y esto fasta que él haya de su renta un cuento de maravedís para su manteniemiento y trabajo que ha tenido y tiene de servir en este mayorazgo el cual dicho cuento llevará, como dicho es, cada año, si la dicha cuarta parte tanto montare, si él no tuviere otra cosa; mas teniendo algo, o todo de renta, que dende en adelante no lleve el dicho cuento ni parte dello, salvo que desde agota habrá en la dicha cuarta parte fasta la dicha cuantía de un cuento, si allá llegare, y tanto que él haya de renta fuera desta cuarta parte cualquier suma de maravedís de renta conoci-

da de bienes que pudiere arrendar o oficios perpetuos, se les descontará la dicha cantidad que aquí habrá de renta, o podría haber de los dichos sus bienes o oficios perpetuos, e del dicho un cuento, será reservado cualquier dote o casamiento, que con la
mujer con quien él casare hobiere: así que todo lo que él hobiere con la dicha su mujer
no se entenderá que por ello se le haya de descontar nada del dichocuento, salvo de lo
que él ganare o hobiere, allende del dicho casamiento de su mujer, y después que plega a Dios que él o sus herederos, o quien dél descendiere, haya un cuento de renta de
bienes y oficios, si los quisiere arrendar, como dicho es, no habrá él ni sus herederos
más de la cuarta parte del dicho mayorazgo nada, y lo habrá el dicho don Dios, o
quien heredare.

Item: habrá de la dicha renta del dicho mayorazgo, o de otra cuarta parte della,
don Fernando, mi hijo, un cuento cada año, si la dicha cuarta parte tanto montare, fasta
que él haya dos cuentos de renta por la misma guisa y manera que está dicho de don
Bartolomé, mi hermano, él y sus herederos, así como don Bartolomé mi hermano y los
herederos del cual así habrán el dicho un cuento, o la parte que faltare para ello.

Item: el dicho don Diego y don Bartolomé ordenarán que haya de la renta del
dicho mayorazgo don Diego mi hermano, tanto dello con que se pueda mantener
honestamente, como mi hermano que es, al cual no dejo cosa limitada porque él quiere
ser de la Iglesia, y le darán lo que fuere razón, y esto sea de montón mayor, antes que
se dé nada a don Fernando, mi hijo, ni a don Bartolomé, mi hermano, o a sus herederos, y también según la cantidad que rentare el dicho mayorazgo; y si en esto hobiese
discordia, que en tal caso se remita a dos parientes nuestros, o a otras personas de
bien, que ellos tomen la una y él tome la otra, y si no se pudiesen concertar, que los
dichos dos compromisarios escojan otra persona de bien que no sea sospechosa a ninguna de las partes.

Item: que toda esa renta que yo mando dar a don Bartolomé y a don Fernando y
a don Diego mi hermano, la hayan y les sea dada, como arriba dije, con tanto que sean
leales y fieles a don Diego, mi hijo, o a quien heredare, ellos y sus herederos; y si se
fallase que fuesen contra él en cosa que toque y sea contra su honra y contra acrecentamiento de mi linaje e del dicho mayorazgo, en dicho o en fecho, por lo cual pareciese y fuese escándalo y abatimiento de mi linaje y menoscabo del dicho mayorazgo o
cualquiera dellos, que éste no haya dende en adelante cosa alguna: así que siempre
sean fieles a don Diego o a quien heredare.

Item Porque en el principio que yo ordené este mayorazgo tenía pensado de distribuir, y que don Diego, mi hijo, o cualquier otra persona que le heredase, distribuyan
dél la décima parte de la renta en diezmo y conmemoración del Eterno Dios
Todopoderoso en personas necesitadas, para esto agora digo que por ir y que vaya adelante mi intención; y para que su Alta Majestad me ayude a mí y a los que esto hereda-
ren acá o en el otro mundo, que todavía se haya de pagar el dicho diezmo en esta
manera.

Primeramente de la cuarta parte de la renta deste mayorazgo, de la cual yo ordeno y mando que se dé y haya don Bartolomé hasta tener un cuento de renta, que se entiende que en este cuento va el dicho diezmo de toda la renta del dicho mayorazgo, y que así como creciere la renta del dicho don Bartolomé, mi hermano, porque se haya de descontar de la renta de la cuarta parte del mayorazgo algo o todo, que se vea y cuente toda la renta sobredicha para saber cuanto monta el diezmo dello, y la parte que no cabiere, o sobrare, a lo que hobiere de haber el dicho don Bartolomé para el cuento, que esta parte la hayan las personas de mi linaje en descuento del dicho diezmo, los que más necesitados fueren y más menester lo hobieren, mirando de la dar a persona que no tenga cincuenta mil maravedís de renta, y si el que menos tuviese llegase hasta cuantía de cincuenta mil maravedís, aya la parte el que pareciere a las dos personas que sobre esto aquí eligieren, con don Diego o con quien heredare: así que se entienda, que el cuento que mando dar a don Bartolomé son, y en ellos entra la dicha parte sobredicha del diezmo del dicho mayorazgo, y que toda la renta del mayorazgo quiero e tengo ordenado que se distribuya en los parientes míos más llegados al dicho mayorazgo, y que más necesitados fueren, y después que el dicho don Bartolomé tuviere su renta un cuento y que no se le daba nada de la dicha cuarta parte, entonces y antes se verá y vea el dicho don Diego, mi hijo, o la persona que tuviere el dicho mayorazgo, con las otras dos personas que aquí diré la cuenta en tal manera, que todavía el diezmo de toda esta renta se dé y hayan las personas de mi linaje más necesitadas que estuvieren aquí o en cualquier otra parte del mundo, a donde las envíen a buscar con diligencia, y sea de la dicha cuarta parte, de la cual el dicho don Bartolomé ha de haber el cuento: los cuales yo cuento y doy en descuento del dicho diezmo, con razón de cuenta, que si el diezmo sobredicho más montare, que también esa demasía salga de la cuarta parte y la hayan los más necesitados, como ya dije, y si no bastare, que lo haya don Bartolomé hasta que de suya vaya saliendo, y dejando el dicho un cuento en parte o en todo.

Item: que el dicho don Diego, mi hijo, o la persona que heredare, tomen dos personas de mi linaje, los más llegados y personas de ánima y autoridad, los cuales verán la dicha renta y la cuenta della, todo con diligencia, y farán pagar el dicho diezmo de la dicha cuarta parte de que se da el dicho cuento a don Bartolomé, a los más necesitados de mi linaje que estuvieren aquí o en cualquier otra parte: y pesquisirán de los haber con mucha diligencia, y sobre cargo de sus ánimas. Y porque podría ser que el dicho don Diego, o la persona que heredase, no querrán por algún respeto que revelaría al bien suyo e honra e sostenimiento del dicho mayorazgo, que no se pusiese enteramente la renta dello: yo le mando a él que todavía le dé la dicha renta sobre cargo de su ánima, y a ellos les mando sobre cargo de sus conciencias y de sus ánimas, que no lo denuncien ni publiquen, salvo cuanto fuere la voluntad del dicho don Diego, o de la persona que heredare, solamente procure que el dicho diezmo sea pagado en la forma que arriba dije.

Item: porque no haya diferencias en el elegir destos dos parientes más llegados que han de estar con don Diego, o con la persona que heredare, digo que luego yo elijo a don Bartolomé, mi hermano, por la una, y a don Fernando, mi hijo, por la otra, y ellos luego que comenzaren a entrar en esto sean obligados de nombrar otras dos personas, y sean los más llegados a mi linaje y de mayor confianza, y ellos eligierán otros dos al tiempo que hobieren de comenzar a entender en este fecho. Y si irá de unos en otros con mucha diligencia, así en esto como en todo lo otro de gobierno, e bien e honra y servicio de Dios y del dicho mayorazgo para siempre jamás.

Item: mando al dicho don Diego, mi hijo, o a la persona que heredare el dicho mayorazgo, que tenga y sostenga siempre en la ciudad de Génova una persona de nuestro linaje que tenga allí casa e mujer, e le ordene renta con que pueda vivir honestamente, como persona tan llegada a nuestro linaje, y haga pie y raíz en la dicha ciudad como natural della, porque podrá haber de la dicha ciudad ayuda e favor en las cosas del menester suyo, pues que della salí y en ella nací.

Item: que el dicho don Diego, o quien heredare el dicho mayorazgo, envíe por vía de cambios, o por cualquiera manera que él pudiere, todo el dinero de la renta que él ahorrare del dicho mayorazgo, y haga comprar de ellos en su nombre e de su heredero unas compras a que dicen *Logos*, que tiene el oficio de San Jorge, los cuales agora rentan seis porciento, y son dineros muy seguros, y esto sea por lo que yo diré aquí.

Item: porque a persona de estado y de renta conviene por servir a Dios, y por bien de su honra, que se aperciba de hacer por sí y se poder valer con su hacienda, allí en San Jorge está cualquier dinero muy seguro, y Génova es ciudad noble y poderosa por la mar; y porque al tiempo que yo me moví para ir a descobrir las Indias fuí con intención de suplicar al Rey y a la Reina nuestros señores, que de la renta que de sus Altezas de las Indias hobiese que se determinase de la gastar en la conquista de Jerusalén, y así se lo supliqué; y si lo hacen sea en buen punto, y si no, que todavía esté el dicho don Diego, o la persona que heredare deste propósito de ayuntar el más dinero que pudiere, para ir con el Rey nuestro señor, si fuere a Jerusalén a le conquistar, o ir solo con el más poder que tuviere: que placerá Nuestro Señor que si esta intención tiene e tuviere, que le dará él tal aderezo que lo podrá hacer, y lo haga; y si no tuviere para conquistar todo, le darán a lo menos para parte dello: y así que ayunte y haga su caudal de su tesoro en los lugares de San Jorge en Génova, y allí multiplique fasta que él tenga tanta cantidad que le parezca y sepa que podrá hacer alguna buena obra en esto de Jerusalén, que yo creo que después que el Rey y la Reina nuestros señores, y sus sucesores, vieren que en esto se determinan, que se moverán a lo hacer sus Altezas, o le darán el ayuda y aderezo como a criado e vasallo que lo hará en su nombre.

Item: Yo mando a don Diego mi hijo y a todos los que de mí descendieren, en especial a la persona que heredare este mayorazgo, el cual es como dije el diezmo de todo lo que en las Indias se hallare y hobiere, e la octava parte de otro cabo de las tierras y renta, lo cual todo con mis derechos de mis oficios de Almirante y Visorrey y Gobernador es más de veinte y cinco por ciento, digo: que toda la renta desto, y las personas y cuanto poder tuvieren, obliguen y pongan en sostener y servir a sus Altezas o a sus herederos bien y fielmente, hasta perder y gastar las vidas y haciendas por sus Altezas, porque sus Altezas me dieron comienzo a haber y poder conquistar y alcanzar, después de Dios Nuestro Señor, este mayorazgo; bien que yo les vine a convidar con esta empresa en sus reinos, y estuvieron mucho tiempo que no me dieron aderezo para la poner en obra: bien que desto no es de maravillar, porque esta empresa era ignota a todo el mundo, y no habia quien lo creyese, por lo cual les soy en muy mayor cargo, y porque después siempre me han hecho muchas mercedes y acrecentado.

Item: mando al dicho don Diego, o a quien poseyere el dicho mayorazgo, que si en la Iglesia de Dios, por nuestros pecados, naciere alguna cisma, o que por tiranía alguna persona, de cualquier grado o estado que sea o fuere le quisiere desposeer de su honra o bienes, que so la pena sobredicha se ponga a los pies del Santo Padre, salvo si fuese herético (lo que Dios no quiera) la persona o personas se determinen e pongan por obra de le servir con toda su fuerza e renta e hacienda, y en querer librar el dicho cisma, e defender que no sea despojada la Iglesia de su honra y bienes.

Item: mando al dicho don Diego, o a quien poseyere el dicho mayorazgo, que procure y trabaje siempre por la honra y bien y acrecentamiento de la ciudad de Génova, y ponga todas sus fuerzas e bienes en defender y aumentar el bien e honra de la república della, no yendo contra el servicio de la Iglesia de Dios y alto Estado del Rey o de la Reina nuestros señores, e de sus sucesores.

Item: que el dicho Don Diego, o la persona que heredare o estoviere en posesión del dicho mayorazgo, que de la cuarta parte que yo dije arriba de que se ha de distribuir el diezmo de toda la renta, que al tiempo que don Bartolomé y sus herederos tuvieren ahorrados los dos cuentos o parte dellos, y que se hobiere de distribuir algo del diezmo en nuestros parientes, que él y las dos personas que con él fueren nuestros parientes, deban distribuir y gastar este diezmo en casar mozas de nuestro linaje que lo hobieren menester, y hacer cuanto favor pudieren.

Item: que al tiempo que se hallare en dispusición, que mande hacer una iglesia, que se intitule Santa María de la Concepción, en la isla Española en el lugar más idóneo, y tenga un hospital el mejor ordenado que se pueda, así como hay otros en Castilla y en Italia, y se ordene una capilla en que se digan misas por mi ánima y de nuestros antecesores y sucesores con mucha devoción: que placerá a Nuestro Señor de nos dar tanta renta, que todo se podrá cumplir lo que arriba dije.

Item: mando al dicho don Diego, mi hijo, o a quien heredare el dicho mayorazgo, trabaje de mantener y sostener en la isla Española cuatro buenos maestros en la santa teología, con intención y estudio de trabajar y ordenar que se trabaje de convertir a nuestra santa fe todos estos pueblos de las Indias, y cuando pluguiere a Nuestro Señor que la renta del dicho mayorazgo sea crecida, que así crezca de maestros y personas devotas, y trabaje para tornar estas gentes cristianas, y para esto no haya dolor de gastar todo lo que fuere menester; y en conmemoración de lo que yo digo, y de todo lo sobrescrito, hará un bulto de piedra mármol en la dicha iglesia de la Concepción en el lugar más público, porque traiga de continuo memoria esto que yo digo al dicho don Diego, y a todas las otras personas que le vieren, en el cual bulto estará un letrero que dirá esto.

Item: mando a don Diego, mi hijo, y a quien heredare el dicho mayorazgo, que cada vez y cuantas veces se hobiere de confesar, que primero muestre este compromiso, o el traslado dél, a su confesor, y le ruegue que le lea todo, porque, tenga razón de lo examinar sobre el cumplimiento dél, y sea causa de mucho bien y descanso de su ánima. Jueves en veinte y dos de febrero de mil cuatrocientos noventa y ocho.

.S.

S. A. S.

X M Y

El Almirante.

EPISTOLAS
SELECTAS

DEL MAXIMO DOCTOR

DE LA IGLESIA

S. GERONIMO,

TRADUCIDAS

DE LATIN EN LENGUA CASTELLANA,

POR EL LICENCIADO

FRANCISCO LOPEZ CUESTA,

DEDICADAS

A JESU-CHRISTO, REDENTOR
y Señor nuestro.

CON LICENCIA.

MADRID : EN LA IMPRENTA DE RAMON RUIZ.
AÑO DE MDCCXCIV.

EPISTOLA III

Para uno, que se llamaba Rústico, natural de Francia, y hacía vida de Monge en su patria propia. Enseñale lo que debe hacer conforme a su estado y dice que es más seguro vivir en algún Monasterio en compañía de otros, que en soledad y sin compañía. Hay en esta epístola doctrina, no sólo para Religiosos, sino aun para toda suerte de personas.

Ninguna cosa hay más feliz, y dichosa, que el christiano, al qual se promete por premio de sus obras el Reyno de los cielos; pero ninguno vive en mayor trabajo, y miseria, pues anda en peligro de perder cada día, y momento, la vida de su alma. No hay cosa más fuerte que él, *Job 42*, pues vence al demonio: ninguna hay más flaca que él, *Isaia 40*, que se dexa vencer de su carne. Del uno y del otro hay muchos exemplos. Quanto á lo primero, estando el Buen Ladron en la cruz, creyó que Christo era Dios verdadero; y luego mereció oír aquellas dichosas palabras: «*Lucarzi*», *Joan. 12. Luc. 22.* Yo te doy mi palabra de que hoy entrarás conmigo en el paraíso. Quanto á lo segundo, Judas, estando en la cumbre del estado Apostólico, cayó en abismo de traycíon; y no bastó para enfrenarlo, y detenerlo, que cometiese tan gran maldad, ni vendiese como á puro hombre al que habia echado de ver, que era Dios verdadero, ni el sentarlo el Señor á su mesa con tanta familiaridad, ni el darle el pan mojado en su plato, ni el recibirle con beso de paz, quando iba a entregarle á sus enemigos. ¿Qué cosa puede ser mas baxa, ni mas vil, que la Samaritana? Pues no solamente creyó ella en Christo, *Joann. 4.*, y despues de haber tenido seis maridos, halló uno, que era el Señor; y conoció al Mesias junto a la fuente; al qual no conoció el pueblo Judayco en el templo; sino que allende de esto fue principio; y autor de la salud de muchos; y mientras los Apóstoles habian ido á comprar de comer, ella recreó al que tenia hambre, y sustentó al Señor, que venia cansado. ¿Quien fue mas sábio que Salon? *5. Reg II*, y con todo eso, el amor, y aficion de las mugeres le hizo hacer cosas de loco. Buena cosa es la sal, y asi Dios no admitia ningun sacrificio, *Lev. 20.*, si no iba rociado con ella. Y por esto manda el Apóstol, *Col. 4.*, que nuestras pláticas vayan siempre saboreadas con gracia, y sal de sabiduría: mas si la sal pierde su virtud, *Matth. 9.*, arrojanla en la calle, y en tanto grado pierde la dignidad del nombre, que no vale, ni aun para el muladar, con que suelen sazonarse los campos de los que creen, y engrosarse, y hacerse fertil el suelo esteril de las almas. Todas estas cosa digo, hijo mio Rustico, para enseñaros luego al principio, que habeis comenzado un negocio muy grande, y que la empresa, que seguis está muy alta; y que hollando ya, como hollais, y acoceando, como acoceais, las pasiones, y malas inclinaciones, que como mozo, y aun barbiponiente, es forzoso tener, subís á un grado, y estado de edad perfecta; y asi advertid, que el camino por donde entrais, es muy peligroso, y resvaladizo, y que no será tan grande la honra, que se sigue, saliendo con victoria, como la deshonra y afrenta, no saliendo con ella despues de la caida. No hay para que yo andarme floreando, y guiando mi arroyuelo de eloquencia, por los prados de las virtudes, ni para qué cansarme en mostraros la hermosura de diferentes flores, qué pureza tengan en sí los lirios, y azucenas, y qué vergüenza las rosas, ni qué prometa la purpura de la violeta con su color en el reyno de los cielos, ni tampoco lo que la pintura de varias piedras rutilantes nos ofrece, porque ya pienso lo sabeis muy bien todo: pues por la misericordia Divina teneis en la mano la esteva del arado-espiritual, y habeis subido ya al techo y terrado con el Apóstol San Pedro. *Luc. 9. Ad. 10.* El qual, estando hambriento entre los Judíos, mató la hambre con la Fé de Cornelio, y apagó la sed, que tenia de la incredulidad de ellos con la conversion de los Gentiles, y conoció que todos los hombres podían salvarse en aquella sábana quadrada que vió baxar del cielo á la tierra, que fue un retrato de los quatro Evangelios. Y lo que habia visto baxar en la figura de aquella sábana blanquísima, vió otra vez subirlo a lo alto, y que arrebataba la muchedumbre de los creyentes, yt los llevaba de la tierra al cielo, *Matth. 5.*, para que se cumpla la promesa del Señor, que dice: Bienaventurados los limpios de corazon, porque ellos verán a Dios.

Todo lo que deseo ahora daros á entender, como si os llevase de la mano, y lo que como marinero experimentado, y que se ha visto en muchos peligros, quiero enseñaros como á visoño pasagero, y nuevo en el oficio de guiar á otros, es, en qué ribera está el corsario, que quiere robarnos la castidad, y que sepáis donde está aquella roca, que llaman Caribdis, y la raiz de todos los males, que es la avaricia, donde los perros de los murmuradores, semejantes á Scylo, de los quales habla el Apóstol, *Galat 5.*, quando dice: Porque mordiéndonos unos á otros, no nos consumamos los unos á los otros. Enseñaros he tambien, como algunas veces estando seguros, á nuestro parecer, y en grande tranquilidad, y bonanza, vamos á fondo con las Sirtes Libicas de los vicios. También os diré, qué animales ponzoñosos cria el desierto de este mar. Bermejo, en el qual hemos de desear, que sea ahogado el verdadero Faraon con su exército, con muchas dificultades, y peligros llegan á la gran ciudad del cielo, y que en entrambas riberas hay gentes vagabundas, ó por mejor decir moran en ellas unas bestias ferocisimas, siempre solícitas, y siempre á punto de guerra, que llevan su provision, y mantenimiento para todo el año. Mirad, que todo este mar del mundo está lleno de peñascos escondidos, y duros, y de vados no conocidos; y asi el atalayador, y experimentado, se ha de sentar en lo mas alto del mastil, ó gavia, para avisar desde alli como se ha de regir, y gobernar el navio, y rodearlo de una parte a otra. Prosperamente sucede esta navegacion, quando en seis meses llegan los navegantes al puerto de la sobredicha ciudad, desde el qual se comienza á descubrir el gran mar Occeano; por el qual con mucha dificultad se llega á las Indias en un año entero, y continuo, y al rio Ganges, que llama la santa Escritura Fison; *Genes. 2.*, el qual rodea la tierra del Evilath, y dicen, que trae muchas especies de olores aromáticos de la fuente del paraíso donde para enseñaros luego al principio, que habeis comenzado un negocio muy grande, y que la empresa, que seguis está muy alta; y que hollando ya, como hollais, y acoceando, como acoceais, las pasiones, y malas inclinaciones, que como mozo, y aun barbiponiente, es forzoso tener, subís á un grado, y estado de edad perfecta; y asi advertid, que el camino por donde entrais, es muy peligroso, y resvaladizo, y que no será tan grande la honra, que se sigue, saliendo con victoria, como la deshonra y afrenta, no saliendo con ella despues de la caida. No hay para que yo andarme floreando, y guiando mi arroyuelo de eloquencia, por los prados de las virtudes, ni para qué cansarme en mostraros la hermosura de diferentes flores, qué pureza tengan en sí los lirios, y azucenas, y qué vergüenza las rosas, ni qué prometa la purpura de la violeta con su color en el reyno de los cielos, ni tampoco lo que la pintura de varias piedras rutilantes nos ofrece, porque ya pienso lo sabeis muy bien todo: pues por la misericordia Divina teneis en la mano la esteva del arado-espiritual, y habeis subido ya al techo y terrado con el Apóstol San Pedro. *Luc. 9. Ad. 10.* El qual, estando hambriento entre los Judíos, mató la hambre con la Fé de Cornelio, y apagó la sed, que tenia de la incredulidad de ellos con la conversion de los Gentiles, y conoció que todos los hombres podían salvarse en aquella sábana quadrada que vió baxar del cielo á la tierra, que fue un retrato de los quatro Evangelios. Y lo que habia visto baxar en la figura de aquella sábana blanquísima, vió otra vez subirlo a lo alto, y que arrebataba la muchedumbre de los creyentes, yt los llevaba de la tierra al cielo, *Matth. 5.*, para que se cumpla la promesa del Señor, que dice: Bienaventurados los limpios de corazon, porque ellos verán a Dios.

Todo lo que deseo ahora daros á entender, como si os llevase de la mano, y lo que como marinero experimentado, y que se ha visto en muchos peligros, quiero enseñaros como á visoño pasagero, y nuevo en el oficio de guiar á otros, es, en qué ribera está el corsario, que quiere robarnos la castidad, y que sepáis donde está aquella roca, que llaman Caribdis, y la raiz de todos los males, que es la avaricia, donde los perros de los murmuradores, semejantes á Scylo, de los quales habla el Apóstol, *Galat 5.*, quando dice: Porque mordiéndonos unos á otros, no nos consumamos los unos á los otros. Enseñaros he tambien, como algunas veces estando seguros, á nuestro parecer, y en grande tranquilidad, y bonanza, vamos á fondo con las Sirtes Libicas de los vicios. También os diré, qué animales ponzoñosos cria el desierto de este mar. Bermejo, en el qual hemos de desear, que sea ahogado el verdadero Faraon con su exército, con muchas dificultades, y peligros llegan á la gran ciudad del cielo, y que en entrambas riberas hay gentes vagabundas, ó por mejor decir moran en ellas unas bestias ferocisimas, siempre solícitas, y siempre á punto de guerra, que llevan su provision, y mantenimiento para todo el año. Mirad, que todo este mar del mundo está lleno de peñascos escondidos, y duros, y de vados no conocidos; y asi el atalayador, y experimentado, se ha de sentar en lo mas alto del mastil, ó gavia, para avisar desde alli como se ha de regir, y gobernar el navio, y rodearlo de una parte a otra. Prosperamente sucede esta navegacion, quando en seis meses llegan los navegantes al puerto de la sobredicha ciudad, desde el qual se comienza á descubrir el gran mar Occeano; por el qual con mucha dificultad se llega á las Indias en un año entero, y continuo, y al rio Ganges, que llama la santa Escritura Fison; *Genes. 2.*, el qual rodea la tierra del Evilath, y dicen, que trae muchas especies de olores aromáticos de la fuente del paraíso donde nace el carbunclo, y la esmeralda, y las margaritas resplandecientes, y las perlas, ó aljofar, con que las señoras ilustres gustan tanto de adornarse; y donde estan los montes de oro, á lo quales es imposible llegar los hombres, por los grifos, y dragones y otros monstruos de cuerpos inmensos que hay en ellos, con que mostró Dios quanto aborrece el vicio de la avaricia, pues tales guardas puso en estas cosas. ¿Pero direisme por ventura, que á que proposito digo todo esto? NOTA: Ello mismo casi se lo dice; y es, para mostraros, que si los hombres del siglo negociadores pasan tan grandes trabajos para alcanzar unas riquezas perecederas, é inciertas, y que por ventura, despues de haber trabajado, no podran llegar adonde estan, y por guardar despues con tatos peligros de sus animas, lo que con tantos adquirieron; ¿que será razon, que haga el negociador de Christo, que habiendo vendido todos sus bienes, busca aquella preciosa margarita de la gloria? El qual con el precio de todas sus riquezas, *Matth. 13.*, compró la heredad, y campo, en que halló el tesoro, que ni lo podrá descubrir el ladron, ni llevarselo el robador.

Referencias Bibliográficas

Todas las obras incluidas en este apartado se encuentran recogidas en la Biblioteca Colombina "Ricardo Sanz García", y son propiedad del autor.

Pueden consultarse en la página web: www.cristobalcoloncastellano.es

D. Ricardo Sanz García

Printed by Amazon Italia Logistica S.r.l.
Torrazza Piemonte (TO), Italy

48364725R00210